Sergio José Ibáñez
Sebastián Feu
Javier García-Rubio

(COORDINADORES)

LOS PROCESOS DE FORMACIÓN Y RENDIMIENTO EN BALONCESTO

PROGRESOS CIENTÍFICOS PARA SU MEJORA

©Copyright: Los autores
©Copyright: De la presente Edición, Año 2019 WANCEULEN EDITORIAL

Título: LOS PROCESOS DE FORMACIÓN Y RENDIMIENTO EN BALONCESTO. PROGRESOS CIENTÍFICOS PARA SU MEJORA
Autores: SERGIO JOSÉ IBÁÑEZ, SEBASTIÁN FEU Y JAVIER GARCÍA-RUBIO (COORDINADORES)

Editorial: WANCEULEN EDITORIAL
Sello Editorial: WANCEULEN EDITORIAL DEPORTIVA

ISBN (Papel): 978-84-17964-96-2

ISBN (Ebook): 978-84-17964-97-9

DEPÓSITO LEGAL: SE 2304-2019

Impreso en España. 2019

WANCEULEN S.L.
C/ Cristo del Desamparo y Abandono, 56 - 41006 Sevilla
Dirección web: www.wanceuleneditorial.com y www.wanceulen.com
Email: info@wanceuleneditorial.com

Reservados todos los derechos. Queda prohibido reproducir, almacenar en sistemas de recuperación de la información y transmitir parte alguna de esta publicación, cualquiera que sea el medio empleado (electrónico, mecánico, fotocopia, impresión, grabación, etc.), sin el permiso de los titulares de los derechos de propiedad intelectual. Cualquier forma de reproducción, distribución, comunicación pública o transformación de esta obra solo puede ser realizada con la autorización de sus titulares, salvo excepción prevista por la ley. Diríjase a CEDRO (Centro Español de Derechos Reprográficos, www.cedro.org) si necesita fotocopiar o escanear algún fragmento de esta obra.

ÍNDICE

Prólogo 7

Capítulo 1. APORTACIONES DE LA SEMIOTRICIDAD A LA ENSEÑANZA DEL BALONCESTO. Raúl Martínez de Santos 9

Capítulo 2. DEL TALENTO AL EXPERTO: FACTORES CONDICIONANTES DE SU DESARROLLO DURANTE LA FASE DE ESPECIALIZACIÓN. Alberto Lorenzo 37

Capítulo 3. FACTORES QUE INFLUYEN EN EL PROCESO DE FORMACIÓN DEL JUGADOR DE BALONCESTO DE ALTO RENDIMIENTO. Mauro Sánchez, Luis Miguel Ruiz, Miguel Ángel Delgado 67

Capítulo 4. ESTRATEGIAS DE INTERVENCION PEDAGOGICA – DIDACTICA EN EL PROCESO DE ENSEÑANZA – APRENDIZAJE DEL BALONCESTO EN EDADES FORMATIVAS. Pablo Alberto Esper 87

Capítulo 5. O MODELO DE COMPETÊNCIA NOS JOGOS DE INVASÃO: PROPOSTA METODOLÓGICA PARA O ENSINO E APRENDIZAGEM DOS JOGOS DESPORTIVOS. Amândio Graça, Eliane Musch, Benny Mertens, Edwin Timmers, Thierno Mertens, Frantisek Taborsky, Christoph Remy, Dirk De Clercq, Marc Multael, y Veerle Vonderlynck 111

Capítulo 6. EL DIAGNÓSTICO Y PLANIFICACIÓN DEL ENTRENAMIENTO Sebastián Feu, Sergio J. Ibáñez, María Reina y Javier García-Rubio 131

Capítulo 7. ESTRATEGIAS METODOLÓGICAS PARA EL ENTRENAMIENTO CON EQUIPOS EN PERÍODO DE FORMACIÓN. Sergio J. Ibáñez, Sebastián Feu, María Reina y Javier García-Rubio 155

Capítulo 8. OS MOMENTOS CRÍTICOS DO JOGO DE BASQUETEBOL – PARA UMA ABORDAGEM CONCEPTUAL E METODOLÓGICA. António Paulo Ferreira 189

Capítulo 9. ANÁLISE DA EFICÁCIA COLECTIVA AO LONGO DO JOGO DE BASQUETEBOL: PERSPECTIVAS TRANSVERSAIS E LONGITUDINAIS CENTRADAS NOS RESULTADOS DE UMA EQUIPA DE ALTO NÍVEL. Jaime Sampaio 215

Capítulo 10. PLANO DE PREPARAÇÃO DA SELECÇÃO DE PORTUGAL PARA O CAMPEONATO DA EUROPA DE CADETES MASCULINOS 2004: RESULTADOS DE 1 ANO DE TRABALHO. Manuel Antonio Janeira, Eurico Brandão, Rui Alves 227

Capítulo 11. CONSTRUCCIÓN DEL JUEGO OFENSIVO: ELECCIÓN DE CONCEPTOS DE ATAQUE PARA LA CREACIÓN DE UN ESTILO DE JUEGO. DISEÑO DE SISTEMAS DE ATAQUE. Moncho López 259

Capítulo 12. ANÁLISE DO JOGO COMO SUPORTE DO RENDIMENTO DOS JOGADORES E DAS EQUIPAS. Fernando Tavares 277

Capítulo 13. ANÁLISIS DE LA FORMACIÓN DE LOS JUGADORES Y JUGADORAS INTERNACIONALES EN ESPAÑA. Pedro Sáenz-López 289

Capítulo 14. ÁRBITRO Y ARBITRAJE DEPORTIVO. Miguel Ángel Betancor 321

Capítulo 15. O PAPEL DO TREINADOR NO ENSINO DO JOGO - UMA REFLEXÃO SOBRE A PRÁTICA E OS MODELOS DE INSTRUÇÃO. Amândio Graça 359

Capítulo 16. ANÁLISE DO TREINO E DA COMPETIÇÃO EM JOGOS DESPORTIVOS COLECTIVOS: CONTRIBUTOS DA INVESTIGAÇÃO CIENTÍFICA SOBRE A ANÁLISE DA COMPETIÇÃO EM BASQUETEBOL PARA O DESENVOLVIMENTO DAS COMPETÊNCIAS DOS TREINADORES. Jaime Sampaio 381

Capítulo 17. EL CONTROL DEL ENTRENAMIENTO COMO MEDIO DE FORMACIÓN PERMANENTE DEL ENTRENADOR DE BALONCESTO. Sergio J. Ibáñez, Sebastián Feu, Javier García-Rubio y María Reina 423

PRÓLOGO

El entrenamiento, es el medio a través del cual tratamos de desarrollar el talento de nuestros jugadores. La planificación del mismo, los medios que utilicemos y el desarrollo de las tareas de aprendizaje serán los que determinarán el éxito o no de nuestro entrenamiento.

El control sobre los procesos de entrenamiento es algo que a día de hoy está muy extendido y forma parte del día día de los entrenadores. Todos tenemos el deseo de tener todo bajo control, El volumen e intensidad de las cargas, Y sobre todo el control sobre los procesos de aprendizaje de nuestros jugadores.

Este libro reúne una variedad de artículos de investigación, donde diferentes autores han plasmado sus estudios y experiencias, con minucioso detalle y que son de gran valía para cualquier profesional que quiera profundizar en el análisis de los procesos formativos.

Para llegar a la excelencia y al mejor nivel competitivo, resulta clave que los procesos de aprendizaje en las categorías formativas se hayan desarrollado de la forma más eficaz. Y en este punto deberíamos plantearnos algunas cuestiones ¿desde qué categoría deja de ser formativa? ¿en la máxima competición y nivel ¿se puede seguir formando o solo se puede competir por ganar?

Los jugadores que alcanzan la élite y el máximo nivel competitivo no siempre proceden de un excelente proceso formativo, son innumerables los jugadores de primerísimo nivel que han sido capaces de explotar algunas cualidades y sin embargo son carentes de otras muchas que no han sido desarrolladas durante su proceso formativo. Éstos déficits en la técnica o táctica individual, se muestran no solo en la competición, sino también durante los entrenamientos, en los ejercicios y tareas del juego específico. Es responsabilidad de los entrenadores de alto nivel no solo prestar atención al resultado competitivo sino también al desarrollo de las cualidades peor trabajadas o más carentes de nuestros jugadores, para perseguir siempre la mejora individual y colectiva del grupo.

El proceso de formación no debe ser exclusivo de nuestros jugadores, los entrenadores nos debemos sentir también responsables de nuestra formación y mejora como profesionales. Tal y como indica Sergio Ibáñez en su capítulo, el control del entrenamiento es una buena forma de seguir formándose y mejorando para optimizar nuestros conocimientos y darle mayor rendimiento.

En definitiva, se trata de una publicación de enorme valor práctico, para cualquier interesado en los procesos formativos y desarrollo del jugador de baloncesto.

Curro Segura
Licenciado en educación Física
Entrenador Coosur Real Betis Baloncesto.

1. APORTACIONES DE LA SEMIOTRICIDAD A LA ENSEÑANZA DEL BALONCESTO

Raúl Martínez de Santos Gorostiaga
Instituto Vasco de Educación Física. Vitoria. España.

> *"Cuéntale a tu corazón*
> *que existe siempre una razón*
> *escondida en cada gesto.*
> *Del derecho y del revés*
> *uno sólo es lo que es*
> *y anda siempre con lo puesto*
>
> JOAN MANUEL SERRAT
> *Sinceramente tuyo*

1. INTRODUCCIÓN

La pluralidad de métodos, técnicas, estilos o estrategias en la enseñanza de los deportes es una realidad próxima para muchos de nosotros. Bonnet (1990), por ejemplo, divide los métodos en dos grandes grupos, *intuitivos* y *sintéticos*, a partir de un modelo en el que las diferencias metodológicas son debidas a distintas visiones sobre la naturaleza del ser humano, del juego y de los principios didácticos.

En un contexto más próximo, Sánchez y Devís (1995) establecen una línea divisoria entre una orientación «mecanicista y técnica» y una *enseñanza alternativa*. Dentro de esta corriente renovadora remiten a los «modelos verticales», que limitan la intervención al marco del deporte elegido, y los «modelos horizontales», que reconocen una serie de familias de deportes dentro de los que se comparten rasgos y principios de acción. Los modelos horizontales se agrupan en dos *submodelos*: el *modelo estructural*, al que pertenecerían autores como Domingo Blázquez, Gerard Lasierra y Pere Lavega, y el *modelo comprensivo*, al que pertenecería el propio José Devís y Carmen Peiró.

No es mi objetivo proponer un nuevo método de enseñanza del baloncesto, ni mucho menos. En esta ponencia me voy a limitar a reflexionar sobre el baloncesto desde el punto de vista de la praxeología motriz, e intentar extraer algunas consecuencias para la formación del jugador de baloncesto. En realidad, voy a intentar responder a unas cuantas preguntas que como entrenador y formador de entrenadores considero especialmente relevantes: ¿cuáles son los objetivos de la práctica del baloncesto? ¿Cuál es el objeto de la intervención educativa del entrenador de baloncesto? ¿Qué tipo de competencia demanda el baloncesto? ¿Cuáles son los principios del entrenamiento y la enseñanza del baloncesto?

Mis amigos me dicen que no debo decir que soy praxeólogo, porque es una palabra muy fea que asusta, pero es evidente que no recibo buenos consejos… Esta disciplina científica nacida en Francia en los años 60 del siglo XX, es la propuesta de Pierre Parlebas para dotar a la educación físico-deportiva de un corpus teórico propio, autónomo y eficaz, y sólo se mostrará rentable en la medida en que nos permita comprender los procesos y fenómenos propios de los juegos deportivos de una manera más ajusta a la realidad.

2. LA FORMACIÓN DEL JUGADOR DE BALONCESTO

No deja de ser curioso que aún no hayamos alcanzado un acuerdo mínimo sobre conceptos elementales. Por *iniciación deportiva* se pueden entender tres cosas diferentes (Blázquez, 1995): un periodo concreto de la vida deportiva, un proceso de enseñanza-aprendizaje, o el resultado de dicho periodo.

A esta debilidad terminológica se suele sumar que los deportes son tanto contenidos del currículo de educación física (apartado1, *Juegos y deportes*, del bloque II, *Habilidades específicas,* en el DCB de la E.S.O.), como actividades del denominado *deporte escolar*: programas de intervención social mediante los cuales se fomenta la actividad físico-deportiva de los escolares.

En la Comunidad autónoma del País Vasco de la que procedo, son las Diputaciones Forales, la alavesa en mi caso, las que se ocupan de la gestión de la práctica deportiva hasta los 16 años; es decir, el baloncesto está incluido en un programa «orientado a la *educación integral* de los escolares, al *desarrollo armónico de su personalidad* y a la consecución de unas condiciones físicas y una formación que posibiliten la *práctica continuada del deporte en edades posteriores*». Una de las mayores dificultades a las que nos enfrentamos al dirigirnos a los agentes del baloncesto escolar (padres y madres, coordinadores de centro, entrenadores) es, precisamente, la de los distintos significados o representaciones que se tienen sobre el deporte y, en consecuencia, las distintas implicaciones prácticas. Lo primero que deberemos resolver es en qué ámbito de intervención nos situamos, cuáles son los referentes que guiarán la acción educativa.

2.1. Ámbitos de intervención físico-deportiva

Intervenir es actuar sobre un proceso, hacerse presente en él. En nuestro caso, podemos entender la enseñanza del baloncesto como aquella práctica de intervención que tiene por objeto el desarrollo de un tipo de competencia concreta, la competencia o capacidad para jugar al baloncesto. Sin embargo, el baloncesto puede ser objeto de atención en muy distintos ámbitos y con distintos objetivos: una clase de educación física, unas colonias de verano, un equipo cadete de un club ACB o ese mismo equipo ACB. ¿Qué tienen todas ellas en común y qué las diferencia? Y, sobre todo, ¿a cuál nos vamos a referir en esta reflexión?

Puede resultar de ayuda considerar que existen distintos *ámbitos de intervención* que tienen por objeto la conducta motriz, aunque a diferentes niveles. Cuando hablamos de intervención estamos hablando del esfuerzo organizado e intencionado de generar cambios en el sujeto que la recibe. En pedagogía (Hermoso, 1994) se distinguen tres tipos de contextos que pueden influir en el desarrollo formativo y socializador del individuo, y que dan lugar a tres tipos de educación: la *educación formal*, correspondiente a las instituciones creadas al efecto (escuelas, colegios, etc.); la *educación informal*, producida por la familia y los agentes sociales pero sin que exista una intención para tal, y, por último, la *educación no formal*, intencionada y orientada por unos objetivos concretos pero gestionada fuera del sistema educativo formal.

La formación de los deportistas, y de los jugadores de baloncesto en concreto, se da en el marco de una educación de las conductas motrices no formal, en oposición a la educación formal que sería la educación física. Excepto en la informal, un proyecto educativo busca la obtención de unos efectos. Parlebas (LEX) distingue tres niveles en los efectos educativos (que pueden serlo de entrenamiento) a partir de tres niveles transferencia: un primer nivel, caracterizado por una *transferencia intra-específica*, en el que se busca una mejora en la actividad propiamente dicha; un segundo nivel, de *transferencia inter-específica*, puede plantearse el desarrollo de competencias comunes a distintos juegos o deportes, propias de un dominio de acción motriz; y un tercer nivel que se plantea la posibilidad de trasladar las ganancias, mejoras o aprendizajes del ámbito de la motricidad a cualesquiera otros ámbitos de la vida diaria.

Tenemos, por tanto, que le baloncesto puede ser contenido de práctica en, al menos, cuatro ámbitos distintos:

- En *educación física*, entendida como una «práctica de intervención que influye en las conductas motrices de los participantes, en función de normas educativas implícitas o explícitas» (LEX, 172). La EF busca influir sobre una dimensión de la persona, su conducta motriz, a la que sólo se puede llegar mediante actividades como el baloncesto, mediante juegos deportivos y cualquier otro tipo de situación motriz y corporal. La característica fundamental de la EF, además de que se dirige a la conducta motriz, es que intenta cumplir con una serie de objetivos y metas marcados por instancias superiores, mediante leyes y reglamentos. Así entendido, el baloncesto es sólo un medio al servicio de ciertas necesidades educativas y la EF una *práctica de intervención normativa*. En el *ocio y la recreación*, que en muchos casos consiste en la participación en deportes de forma regular o esporádica. En este caso, el baloncesto es un medio de diversión que tiene sentido en la medida en que se alcance ese disfrute esperado. Podemos hablar en estos casos de una *práctica de intervención lúdica* en el caso de que sea gestionada por agentes distintos a los propios practicantes.

- En el *rendimiento deportivo*, entendiendo por tal a aquel contexto de intervención en el que los medios materiales y humanos se disponen al servicio de unos objetivos competitivos que, además, sirven de criterio de éxito y fracaso. El entrenamiento deportivo, ligado al rendimiento y no en sentido genérico, se puede definir como una *práctica de intervención deportiva competitiva*.

- En la *iniciación deportiva*, por último, en la que el baloncesto no es un medio sino un fin, aunque los objetivos y los criterios de éxito se establecen en función de las necesidades de los jugadores y no de la competición. Esto no significa que se pueda negar el carácter competitivo de nuestro juego, sino que las decisiones didácticas se toman teniendo en cuenta que la conducta motriz que hay que desarrollar es competitiva. En este sentido, la iniciación deportiva se puede entender como una *práctica de intervención deportiva formativa*.

- Otro elemento común a todos los ámbitos antes mencionados, contextos de acción en los que se comparten una serie de asunciones y criterios, es que está regulada por principios de *causa-efecto*. Es decir, las decisiones en que consiste entrenar o enseñar se toman teniendo en cuenta los efectos que podemos esperar de tal o cual actividad o ejercicio, asumiendo que la presencia de dicha actividad será la causa de los cambios que buscamos mediante la intervención.

2.2. Planos de la intervención físico-deportiva

Como hemos visto antes, la *educación de las conductas motrices* es extensa y variada, por lo que atender a la naturaleza del proceso persigue no marcar el discurso con ninguna de sus posibles acepciones.

Por otro lado, cabe pensar que independientemente del ámbito de intervención en que nos encontremos, todos los responsables de dicha intervención, se llamen profesores, maestros, monitores o entrenadores, desarrollan una labor que consiste en establecer una serie de relaciones con los educandos, usuarios o jugadores. En la medida que enseñar o entrenar consiste en establecer relaciones con otras personas, podemos concebir la enseñanza del baloncesto como un *proceso comunicativo* entre el entrenador y los jugadores.

En el I Congreso Ibérico de Baloncesto (Cáceres, 2001) tuve ocasión de exponer mi visión de la planificación del entrenamiento como una estrategia mixta (Mtz. de Santos, 2001) y plantear dos planos en el proceso de entrenamiento, la estrategia y el estilo, que se corresponden con dos maneras de relacionarse: una, la estratégica, a través de la lógica interna de las actividades de práctica; la otra, la estilística, a través de procedimientos lingüísticos, paralingüísticos y no verbales propios de las sesiones de entrenamiento.

2.2.1. ESTRATEGIA DE ENTRENAMIENTO

La *estrategia de entrenamiento* se refiere, por tanto, a la selección de los medios, a la distribución del tiempo de práctica y descanso en los distintos contenidos. Este es el plano fundamental del entrenamiento, en el que se eligen aquellas actividades que permitan activar los procesos de transferencia de aprendizaje y condicionamiento, y es, además, el plano en el que se sitúan las denominadas *discusiones metodológicas*.

Bayer (1986), en su conocida obra sobre *La enseñanza de los juegos deportivos colectivos*, plantea tres teorías de la transferencia de aprendizaje (asociacionista, globalista y fenómeno-estructural) que son en realidad tres teorías sobre la motricidad. Existe transferencia «cuando la ejecución de una actividad modifica, de manera positiva o negativa, la realización de una nueva actividad o la reproducción de una anterior» (LEX: 459) y, en este sentido, el entrenamiento busca generar *transferencias retroactivas positivas*: mejorar la capacidad de acción en un juego ya conocido.

Si la transferencia es la cuestión central de la intervención deportiva, en definitiva, la estrategia de entrenamiento es el núcleo duro de la formación y preparación de los deportistas: las acertadas elección y ordenación de las actividades de práctica que permitan obtener aprendizajes y adaptaciones transferibles a la situación de juego real. Entrenar es elegir y proponer las tareas adecuadas.

Las estrategias de planificación se elaboran teniendo en cuenta que no todas las actividades pueden generar transferencias positivas para cualquier otra actividad, ni que una actividad puede generar todas las transferencias positivas posibles, y sólo aceptando esto tiene sentido plantearse la propia necesidad de planificar. Parlebas y Dugas (1988) realizaron un estudio experimental cuyas principales conclusiones fueron las siguientes: a) existen dos grandes ámbitos de actividades físicas, con "procesos de aprendizaje específicos": el ámbito psicomotor (actuación en solitario) y el ámbito sociomotor (interacción con otros); b) en cuanto a la transferencia de aprendizaje, no existen diferencias entre los juegos tradicionales y los deportes; c) el aprendizaje, al margen de otras consideraciones didácticas, depende de la lógica interna de la actividad practicada (es decir, de sus características): el atletismo no es el deporte básico, y los juegos tradicionales sirven para algo más que para calentar. La Figura 1 muestra los resultados del experimento, viéndose que la práctica de actividades atléticas, psicomotrices, no produjo ninguna ganancia a la hora de jugar a deportes colectivo o juegos tradicionales con compañero y adversario.

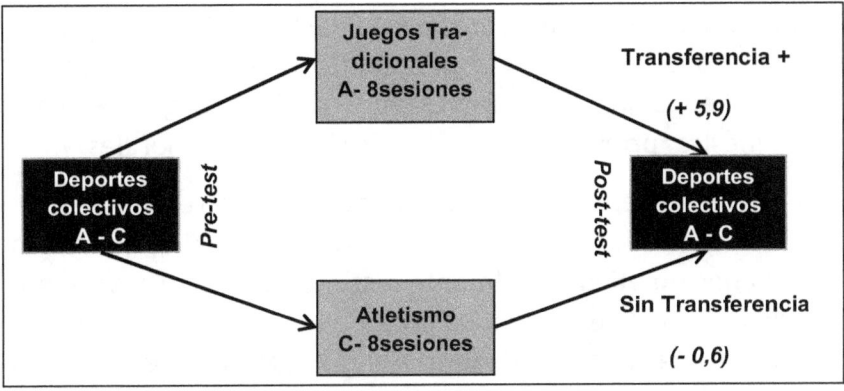

Figura 1. Transferencia de aprendizaje y psico-sociomotricidad.

Los contenidos del entrenamiento, la estrategia del entrenador, *crean las posibilidades* de aprendizaje: una práctica con alto contenido psicomotor (trabajo en solitario) o de colaboración pura (sólo con compañeros) tiene un alto *coste de oportunidad* (Samuelson y Nordhaus, 1992) con respecto al desarrollo de la competencia sociomotriz, la capacidad para interactuar contra adversario y la puesta en marcha de procesos de decisión y anticipación

2.2.2. ESTILO DE ENTRENAMIENTO

Por otro lado, y a falta de un término mejor, el *estilo de entrenamiento* remite a todos los fenómenos propios de la relación cara a cara entre los jugadores y el entrenador durante las sesiones. El estilo surge durante la implementación de la estrategia, y se materializa en una serie de decisiones relativas, sobre todo, a la explicación, la corrección y el control de la sesión.

Mi concepción de estilo de enseñanza es más restrictiva que la empleada por Noguera (1991), ya que en alguno de los tres tipos de interacciones que los caracterizan (la de tipo comunicativo o técnica de enseñanza, la de organización o control, y la de disciplina de clase) se incluyen aspectos que tienen más que ver con las tareas propiamente dichas, con la dimensión estratégica antes mencionada, que con su gestión. Los tipos de entrenador (Ibáñez, 1996) también pueden revisarse a la luz de esta simple distinción.

Como he comentado anteriormente, la base del estilo de entrenamiento es el uso del discurso, de la palabra, cuya correcta utilización, a tiempo e incidiendo sobre los aspectos pertinentes, puede *aumentar las probabilidades* de aprendizaje. Poyatos (1994a; 28) distingue tres niveles o estructuras: «la actividad comunicativa puede ser *vocal-verbal* (lenguaje), *vocal-no verbal* (paralenguaje) y *no vocal-no verbal* (kinésica, proxémica y los demás sistemas corporales)».

El uso del lenguaje, del discurso hablado, puede resultar efectivo si aprovecha las funciones apuntadas por Barthes (2003), quien, a pesar de tener unos objetivos totalmente distintos a los nuestros, identifica una serie de funciones que la palabra puede cumplir y que nos van a servir para tomar conciencia del potencial que la correcta comunicación verbal tiene para el entrenamiento deportivo eficaz.

Una primera función del lenguaje es la que Barthes (2003) denomina *«inmovilización de los niveles de percepción»*, que consiste en seleccionar entre los múltiples planos de interpretación de la realidad aquel que se considera conveniente; esta función es primordial para ayudar a los jugadores noveles a detectar lo elementos de la acción de juego más significativos. Una segunda función, de *«conocimiento»* es complementaria de la primera ya que, además de *indicar* informa sobre lo que se ha visto o hecho; en este caso se procura que el oyente reciba un saber nuevo. Por último, la palabra puede cumplir una función de *«énfasis»* mediante la que, bien se intenta evitar la fatiga asociada a la repetición, o bien se busca una comprensión más analítica de la situación.

El significado de las palabras y frases no agota la capacidad expresiva y comunicativa del habla, sino que conlleva una larga serie de rasgos semánticos: el timbre, la resonancia, el volumen, el tempo y el tono

(Poyatos, 1994b) son elementos que nos permiten distinguir a unos hablantes de otros, estados de ánimo, o cargar con significados de segundo grado (ironía, sarcasmo, afecto...) frases en apariencia neutras.

Por último, no podemos olvidar, y menos en nuestro ámbito formativo, que el código verbal no agota todas las posibilidades expresivas ni de comunicación. Castañer (1993) analizó *el comportamiento verbal del educador físico*, un claro rasgo estilístico tal y como lo concibo, distinguiendo cinco grandes grupos de categorías: los *emblemas* (gestos culturalmente arraigados y que sustituyan a la palabra, como el pulgar hacia arriba para satisfacción), los *reguladores* (que solicitan una acción, como comenzar o parar), los *ilustradores* (los que apoyan el discurso verbal y se refieren a su contenido, ya sea para referirse al espacio, el tiempo, apuntar un objeto o persona, etc.), los *adaptadores* (cuando se usan partes del cuerpo u objetos) y los *situacionales* (en los que el educador o entrenador observa o participa).

3. LA SEMIOTRICIDAD, UN NUEVO PUNTO DE VISTA

Dice Morin (2003, 1990: 22), en su *Introducción al pensamiento complejo*, que «la complejidad es una palabra problema y no una palabra solución». Lo mismo nos va a suceder con *semiotricidad*, y lo mismo sucedió en su día con *praxeología*: se trata de términos que remiten a nuevos puntos de vista de comprensión de la acción de juegos de los deportes que, antes de dar respuestas nos sitúan en un marco conceptual diferente en el que los esquemas descriptivos habituales son sustituidos por otros nuevos y considerados más eficaces.

La semiotricidad es el núcleo nocional, conceptual, de la praxeología motriz, hasta el punto de que Bertrand During, uno de los principales colaboradores de Parlebas, se ha referido a ella como una *semiología de la motricidad*. Comprender qué es la semiotricidad nos obliga a atender a una doble perspectiva: por un lado, la semiotricidad como un punto de vista de comprensión de los juegos deportivos; por otro lado, la semiotricidad como contenido de los procesos cognitivos específicos asociados a la acción motriz propia. Por un lado, el conocimiento de los deportes, por otro el conocimiento de las conductas motrices.

Desde hace ya tiempo, los llamados *deportes colectivos* se han considerado una familia de juegos con una serie de rasgos compartidos que les confiere entidad propia. Y hace ya tiempo que se ha aceptado la presencia de «diferentes perspectivas de análisis de la acción de juego» de estos deportes (Hernández Moreno, 1988): técnica-táctica, ataque-defensa, colaboración-oposición. La heterogeneidad de criterios impide que las distintas perspectivas sean comparables, ya que en unos casos carecen de soporte científico, y en otros hacen referencia a elementos estructurales no excluyentes entre sí.

Por estas razones, puede ser más interesante concebir la *perspectiva semiotriz* como un intento de superación de una visión mecanicista de los deportes, de la acción de juego, centrados en un sujeto máquina cuyo funcionamiento se puede asimilar a un conjunto poleas y palancas, o a un artefacto motorizado que emplea distintos combustibles, o a un eficaz sistema de tratamiento de información como el más avanzado de los ordenadores.

La tabla 1 muestra los principales rasgos de este proceso, ni nuevo ni exclusivo de la praxeología motriz. Ya Weiner (1998: 69), el padre de la cibernética, afirmaba que «la época actual es indudablemente la era de los servomecanismos como el siglo XIX fue el de la máquina de vapor o el siglo XVIII el del reloj».

Tabla 1. El deporte y sus modelos maquinistas (LEX: 123, extracto)

	MODELOS			Perspectivas
	Máquinas de 1ª Generación	Máquinas de 2ª Generación	Máquinas de 3ª Generación	
Modelo de funcionamiento	Mecánico	Energético	Informacional	*Semiotor*
Tipo de máquina	Máquinas simples (palanca, torno, polipasto, grúa...)	Máquinas transformadoras de energía de vapor, de explosión...)	Máquinas procesadoras de información (traductoras, calculadoras...)	*Individuo humano*
Sistemas corporales implicados	Osteoarticular y muscular	Muscular y cardiorespiratorio	Nervioso	*Conducta motriz*
Disciplinas dominantes	Cinemática y anatomía	Termodinámica y fisiología	Cibernética y neurofisiología	*Praxeología motriz*

El maquinismo, el *hombre máquina* de Descartes y La Mettrie (La Mettrie y Pérez Calvo, 1987) tiene el innegable atractivo de lo simple y lo aparentemente eficaz, aunque un uso desmedido y descontrolado de modelos biomecánicos, fisiológicos o cibernéticos puede llevarnos a *confundir el mapa con el territorio*, a pecar de *reduccionismo*. El deporte, los deportes, el baloncesto, son fenómenos complejos que «no pueden reducirse a una palabra maestra, no pueden retrotraerse a una ley, no puede reducirse a un apalabra simple» (Morin, 2003; 21).

La semiotricidad prima la relación del jugador, del agente actuante con su entorno físico y social, a través de la construcción significativa, semiótica de la realidad. La praxeología motriz, pues, cambia de objeto de estudio, desplazando el epicentro de su interés de la persona al sistema del que forma parte; la praxeología motriz no estudia jugadores sino juegos, no se interesa por la conducta motriz sino por la acción de juego que se construye a partir de los significados construidos por los jugadores a partir de su relación con el resto de elementos del sistema ludomotor (espacio, tiempo, materiales y otros jugadores).

Este interés por los procesos semióticos, de construcción de significados, no es nuevo. La *revolución* cognitiva que experimentó la psicología de los años 50 del XX, se vivió como un «decidido esfuerzo por instaurar el significado como el concepto fundamental de la psicología ../.. Se centraba en las actividades simbólicas empleadas por los seres humanos para construir y dar sentido no solo al mundo, sino a ellos mismos» (Bruner, 1998; p. 20). Sin embargo, la *metáfora del ordenador*, como un *Terminator* de primera generación, acabó con el signo e instauró el reinado del *bit*.

3.1. La demanda semiotriz

Como tal perspectiva diferente, la *semiotricidad* se centra en el estudio de las «situaciones motrices consideradas desde el punto de vista de la aplicación de sistemas de signos asociados directamente a la conducta motriz de los participantes» (LEX: 406). De igual manera que la clasificación de los deportes de Parlebas, los CAIs, es algo más que una simple catalogación de juegos deportivos institucionalizados, «la orientación semiotriz rompe completamente con el punto de vista tradicional, ya que juzga que la relación con el entorno está en el centro de la acción motriz» (LEX: 407).

Un deporte es distinto de otro porque la acción motriz que se le asocia es distinta del resto de acciones motrices, al resto de juegos. Cuando pienso en el baloncesto como praxeólogo pienso en un tipo de actividad que exige a los participantes, jugadores, resolver una tarea motriz caracterizada por tratarse de una competición sociomotriz en forma de duelo colectivo; cuando pienso en el baloncesto como aficionado pienso en el doblete que consiguió el Baskonia en la temporada 2001-02; si fuera economista, el baloncesto sería para mí parte de un fenómeno económico muy importante y con un impacto económico de varios millones de euros.

A la praxeología le interesan «las condiciones, modos de funcionamiento y resultados» de las acciones motrices (LEX: 354), es decir, de qué manera se deben afrontar los distintos retos que son los juegos deportivos. La característica fundamental del baloncesto es que los jugadores actúan en condiciones de *incertidumbre*, deben decidir haciendo conjeturas sobre el desarrollo de la acción. Esto no es así en todos los deportes: el nadador de 100 lisos, las gimnastas de rítmica o el tirador de arco disponen de todas las informaciones relevantes para alcanzar los máximos rendimientos. Este criterio es tan importante que fue elegido por Parlebas para su clasificación de los juegos deportivos en dominios de acción motriz según tres rasgos pertinentes: presencia o ausencia de compañeros, adversarios e incertidumbre en la relación con el medio físico.

La *demanda semiotriz*, es decir, la conveniencia que puede tener un jugador de atender a su entorno mientras actúa e interpretarlo, la necesidad de dominar la información del medio físico y/o social para reducir la incertidumbre, es, por parte del jugador, un rasgo fundamental de su respuesta al reto que le plantea la tarea del juego y, por parte del juego, una característica esencial de su lógica interna. En la tabla 2 se muestran las principales características de cada dominio (Parlebas, 2001; extracto de la Fig. 3: 64).

Tabla 2. Principales características de cuatro ámbitos de acción motriz

MEDIO FÍSICO SIN INCERTIDUMBRE			
S. PSICOMOTRIZ	SITUACIÓN SOCIOMOTRIZ		
Ø	C	A	CA
		DESCODIFICACCIÓN DE LOS DEMÁS	
• Tendencia al **estereotipo motor** • Comportamiento y anticipación preprogramados • Regulación con dominante propioceptiva • Omisión de la descodificación semiotriz • Entrenamiento intensivo • Resultados competitivos		• Papel clave de la **finta** • Gran importancia de la descodificación y codificación semiotrices • Anticipación a anticipaciones • Importancia de la decisión y la estrategia motrices • Dinámica sociomotriz	

Los juegos deportivos con adversario se resuelven de una manera diferente a aquellos en los que no existe contra-comunicación motriz. El planteamiento de soluciones cerradas y acabadas, como en la natación, no sirve cuando hay que superar una oposición real que crea y transforma las circunstancias de acción. La presencia de incertidumbre provoca, primero, que las conductas de los jugadores sean *decisiones motrices* (conlleven en todo momento una elección entre distintas opciones de interacción o uso del espacio, por ejemplo), y, segundo, que se deban poner en marcha procesos cognitivos distintos a las situaciones en las que no hay incertidumbre (hay que tener en cuenta el entorno e integrarlo en nuestro proyecto táctico).

3.2. La inteligencia sociomotriz

En una entrevista publicada en la revista de la Federación Española de Baloncesto el seleccionador español, Moncho López, explicó el resultado de la final del Europeo de Suecia 2003 de la siguiente manera: «*un contrario como Lituania, en la que todos sus jugadores leen perfectamente las diferentes situaciones de juego, puede desequilibrarte de muchas maneras*».

El baloncesto es una *especie* de acción motriz perteneciente al *género* de los duelos colectivos simétricos o deportes colectivos, que se construye y desarrolla sobre la base de un conocimiento compartido por todos los jugadores, *lógica interna*, que permite que se puedan comprender, comunicar y engañar. La semiotricidad es, simple y llanamente, el esfuerzo científico por comprender lo que en el argot de los entrenadores se describe como *leer el juego*, fenómeno que subyace al proceso de interpretación de las situaciones de juego, y base sobre la que se construye, *escribe*, la acción.

La puesta en marcha de los procesos propios de la inteligencia sociomotriz, el conjunto de «capacidades cognitivas de representación y de decisión aplicadas por las personas que interactúan en situaciones sociomotrices» (LEX: 266) como el baloncesto, es el contenido de lo que podemos denominar *competencia sociomotriz*: anticipación, descentración, decisión y estrategias motrices se convierten, pues, en las ideas fundamentales de la formación del baloncestista.

No debemos olvidar que la puesta en marcha de estos procesos cognitivos es un rasgo definitorio del propio juego por lo que respecta a la actuación de unos jugadores que deben ajustarse a la lógica del juego: actuar en condiciones de *incertidumbre*. La incertidumbre es el efecto que sobre el agente tiene la imposibilidad de previsión de los acontecimientos, o lo que la Teoría de Juegos denomina *información* (Gibbons, 1997). *Leer el juego*, por tanto, no es una opción, es el propio juego.

Como hemos visto antes, la demanda semiotriz es un rasgo de la lógica interna del baloncesto, aunque para entenderlo en su totalidad debemos comprender que hay otros muchos juegos en los que no aparece, o se presenta de otros modos. Collard (1998), en su estudio sobre el riesgo deportivo, hace un análisis de las estrategias que se pueden poner en marcha para resolver tres tipos de juegos deportivos: la halterofilia, el tenis y la Fórmula 1. Sus conclusiones son que la ausencia de información propia de los juegos psicomotores sin incertidumbre del medio (halterofilia y otros muchos concursos atléticos y gimnásticos) permite resolverlos en *estrategia pura*, es decir, haciendo siempre lo mismo, desplegando el estereotipo motor más eficaz. Los otros dos deportes, en cambio, se deben resolver en *estrategias mixtas*, debiendo tomarse decisiones sobre la marcha. La diferencia entre el tenis (o baloncesto) y la F1 es que en este segundo caso los jugadores desconocen datos importantes sobre los adversarios, mientras que en los duelos antes mencionados todo está a la vista (las opciones, los intereses de los jugadores, los resultados posibles), y la información (y la incertidumbre, por tanto) es producto de *simultaneidad de las acciones* que genera *imperfección* en la información disponible (Collard, 1998; 80).

Como muestra la tabla 3, la simultaneidad de las acciones no es siempre completa: en el voleibol, por ejemplo, el uso del balón está restringido, y en el billar, ni tan siquiera se puede actuar cuando el otro está al taco. Como ya discutí en otra ocasión (Mtz. de Santos, 2002a), esta estructura temporal tiempo un impacto directo sobre la relación *adaptación-adaptabilidad* que hay que poner en juego: a menor estructuración temporal mayor información y mayor necesidad de adaptabilidad a las circunstancias del entorno.

Tabla 3. Modos de resolución y alternancia.

alterna	simultánea	alternancia	uso alterno móvil	simultaneidad
Comotricidad		**Intermotricidad**		

adaptación ▶ adaptabilidad

Por tanto, no es descabellado afirmar que la enseñanza del baloncesto tiene por objeto el desarrollo de un tipo de inteligencia sociomotriz, el desarrollo de la capacidad de interpretación de las intenciones asociadas a los comportamientos observados y de la capacidad de toma de decisiones motrices en un entorno de máxima incertidumbre relacional. No hacemos otra cosa que aceptar la tesis de Howard Gardner (1998) cuando defiende la existencia de *inteligencias múltiples*, de distintas «capacidades para resolver problemas, o para elaborar productos que son de gran valor para un determinado contexto comunitario o cultural». Una de estas inteligencias ha sido denominada «inteligencia cinético-corporal».

A pesar de no poder hacer justicia con el autor, no quiero dejar de recordar que, *si el instinto es la facultad de encontrar, la inteligencia es la facultad de buscar*. Jugar al baloncesto es, primero que todo, una búsqueda constructiva y semiótica de razones para actuar.

4. CONSECUENCIAS DIDÁCTICAS DE LA SEMIOTRICIDAD

Este documento también es un signo que busca generar un efecto en el lector: una comprensión diferente el baloncesto que le lleve a actuar como entrenador de forma más consciente y ajustada a la realidad del juego. Ciertamente, parte de dos pre-juicios: que la enseñanza del baloncesto puede organizarse aún mejor, y que el punto de vista semiotor proporciona herramientas conceptuales válidas.

Esta última parte de mi exposición va a cambiar de orientación y de discurso, intentando identificar aquellas consecuencias que este cambio de punto de vista conllevaría. Por mi ámbito de interés, y de investigación, los aspectos que más me interesan son los que tienen que ver con la planificación, con la estrategia de entrenamiento, pero no me quiero olvidar de otras cuestiones más generales, pedagógicas, ni del estilo de entrenamiento, que también se puede transformar a la vista de lo antes expuesto.

4.1. Consecuencias pedagógicas

Por consecuencias pedagógicas me refiero a los aspectos más generales del pensamiento del entrenador y que no tienen que ver, directamente, con la selección de las actividades. La principal consecuencia de la semiotricidad es que el *objeto de la intervención* no es el movimiento, la técnica deportiva, sino la capacidad para relacionarse con compañero y adversarios, la conducta sociomotriz.

No existe conducta sociomotriz si mis comportamientos motores, lo que se puede ver de ella desde el exterior, no puede ser interpretado por otros jugadores ni si esas interpretaciones no producen cambios en mis circunstancias de juego. En este sentido, los demás son el espejo en el que me miro y me reconozco como jugador, y su vez yo sirvo de espejo para que los demás se reconozcan a sí mismos. Jugar al baloncesto es construir significados a partir de significados construidos sobre mí, en el sentido literal de la palabra, anticiparme a las intenciones de los demás ocultando las mías y las de mis compañeros.

Por esta razón, y como segunda consecuencia, el objeto de intervención es una *persona situada* que actúa formando parte de un sistema de interacción motriz llamado baloncesto, regido por una lógica interna propia que orienta las acciones de los jugadores y que les da sentido. Las actividades de entrenamiento son, antes que nada, lógicas de acción generadas por la interpretación de las reglas y regidas por unos principios comunes al dominio al que pertenezcan (en solitario, colaboración u oposición puras, colaboración y oposición). Es la actividad la que enseña, y no el entrenador.

En tercer lugar, podemos considerar que las *posibilidades de transferencia* dependen tanto de los rasgos de los aprendices como de la lógica interna de las actividades, aunque la ausencia de ciertos rasgos impedirá que aparezcan aspectos de la acción motriz del baloncesto y que, por lo tanto, no se puedan esperar determinados efectos, o que los efectos obtenidos no sean los más rentables para nuestro juego. En cualquier caso, un mal entrenador es aquel no puede controlar los efectos de su práctica, y no el que tenga una concepción del baloncesto distinta a la nuestra.

En cuarto lugar, la semiotricidad transforma el panorama de *cualidades básicas y fundamentos* que trufa el discurso actual, permitiendo identificarlas con mayor propiedad. Lo que es básico para el atletismo no tiene por qué serlo para el baloncesto. Si pensamos en la velocidad, por ejemplo, nos daremos cuenta de que tienen en común que ser *rápido* significa *llegar antes*, pero mientras en una carrera de 100 m esto significa poder desplegar una cantidad ingente de fuerza en un tiempo mínimo, en el baloncesto llegar antes no significa ser más veloz que el adversario, ni tan siquiera más alto o más fuerte; en baloncesto, la rapidez no es fenómeno muscular, energético, sino semiótico, anticipatorio. Lo fundamental en baloncesto no es correr mucho, sino correr *a tiempo*; por esta misma regla de tres, las cualidades físicas básicas lo pueden ser para unos deportes, pero no para otros; por la misma regla de tres, la técnica tiene un significado en unos deportes (atletismo, natación, gimnasia) y otro en el baloncesto.

Esto nos lleva a una quinta consecuencia: la evaluación de la competencia motriz del baloncestista no puede contentarse con la aplicación de una serie de tests de destrezas y habilidades técnicas, sino que debe atender a las peculiaridades ya descritas de la competencia semiotriz: desmarque, pase, anticipación y preacción motrices. El arte de jugar al baloncesto, en definitiva.

4.2. Consecuencias estratégicas

La parte del león del entrenamiento y enseñanza deportivos se la lleva la planificación, la estrategia. Me gustaría hacer dos aportaciones personales, un producto de dos estudios realizados en dos ámbitos de intervención distintos (un campus de verano para menores de 18 años y la ACB), y la otra, producto de mi experiencia como entrenador. Como he defendido anteriormente, la estrategia de entrenamiento tiene que ver con la elección de las lógicas de acción motriz, y de forma indirecta con los elementos que se integran en la decisión del jugador. Por lo tanto, la estrategia del entrenador se convierte en una estrategia de decisión por parte del jugador

4.2.1. ESTRATEGIAS PARA LA FORMACIÓN Y EL ENTRENAMIENTO

Los datos que voy a presentar, sacados de dos estudios ya publicados (Mtz. de Santos, 1999; 2002b), me van a permitir ilustrar dos ideas: que es posible describir las estrategias de entrenamiento de forma sencilla, y que a distintos ámbitos de intervención les corresponden distintas estrategias. En ambos empleé una herramienta de registro y descripción de la lógica interna de las actividades planteadas por los entrenadores a partir del diario de entrenamiento, lo que permite acceder a un mayor número de sesiones que si se hace una observación en directo (Jiménez, 2000).

El primer estudió se realizó en el V Campus de Perfeccionamiento Adidas-Baskonia del año 1999, en Vitoria; participaron 13 entrenadores, y se analizaron 86 sesiones que acumularon casi 120 h de práctica. El segundo estudio se centró en la ACB, temporada 2000/2001, contando con la colaboración de 5 entrenadores españoles muy experimentados, entre ellos el actual seleccionador nacional, Moncho López, y el análisis de 83 sesiones.

4.2.1.1. La demanda semiotriz

Espero que haya quedado clara la noción de demanda semiotriz, es decir, la necesidad de interpretar el comportamiento de los demás que el juego le plantea al jugador. En el caso de que no haya adversario hablaremos de una demanda baja, indicando la presencia de compañeros y adversarios como demanda alta, y demanda media cuando sólo hay adversarios (Figura 2).

Como podremos comprobar con cada uno de los rasgos seleccionados, los entrenadores de la ACB y los del campus de verano emplearon estrategias distintas, mixtas en cualquier caso: el tiempo de práctica se distribuyó entre las distintas opciones según el criterio o las necesidades de cada entrenador.

Lo que más me llama la atención, más que la diferencia entre ambas macroestrategias, es el bajo porcentaje de práctica de alta semiotricidad que presentó el campus de verano. Estos resultados dejan bien a las claras que la perspectiva semiotriz se ve relegada por posiciones más tradicionales en las que el trabajo en vacío de los fundamentos técnicos se considera la base del desarrollo del jugador de baloncesto. Sólo una noción clara de que la competencia sociomotriz no implica necesariamente un equipo formal puede hacer cambiar esta manera de enseñar el baloncesto.

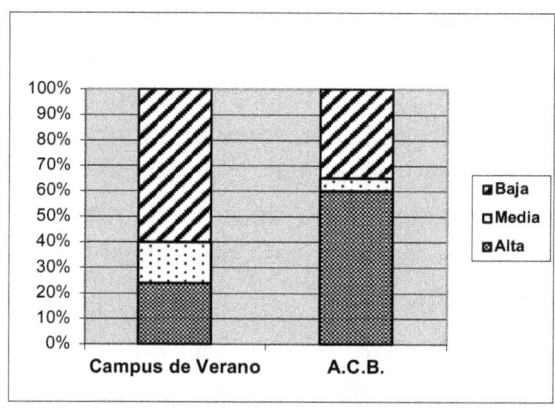

Figura 2. Demanda semiotriz

4.2.1.2. Aspectos relacionales

Se entiende por tales aquellos rasgos que vinculan a los jugadores entre sí. Ya hemos visto antes, por ejemplo, que la presencia simultánea de compañeros y adversarios abre la puerta a la creación de sociopraxemas. Podemos aceptar, además, que una situación de 3c3 posibilita todas las opciones estratégicas del baloncesto, por lo que podemos tomarlo como punto de corte para la comparación.

La figura 3 muestra cómo se distribuyen los ejercicios de colaboración-oposición en función del número de jugadores: seis o menos, o más de seis.

Los entrenadores de ACB buscan la máxima especificad en su trabajo, por lo que casi el 70% del tiempo trabajan en situaciones de 5c5. Cuando se trata de enseñar a jugar, los entrenadores reducen el número de jugadores, con lo que se consigue facilitar la tarea, por un lado, y asegurar una mayor participación de todos los jugadores, por otro, ante ámbitos de intervención diferenciados que fortalecen la aplican el principio de especificidad en su práctica.

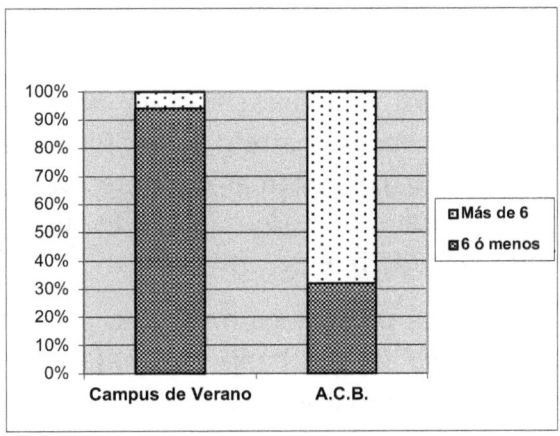

Figura 3. Número de jugadores en CA

El control de la superioridad-inferioridad es otro de los recursos habituales empleados por los entrenadores para potenciar algún aspecto del juego. En la figura 4 se muestran los resultados obtenidos en función, precisamente, del porcentaje de práctica dedicado a los duelos simétricos y a los disimétricos.

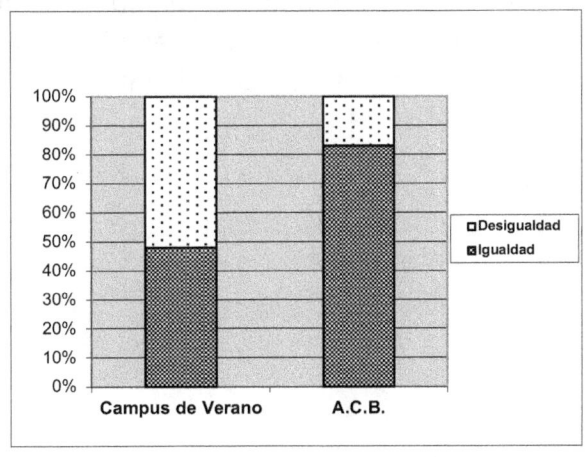

Figura 4. Igualdad numérica en CA

La diferencia es notable: mientras en ACB suponen menos del 20%, las situaciones de desigualdad numérica suponen un poquito más del 50% en el campus del Baskonia.

Ciertamente nos encontramos ante ámbitos de intervención diferenciados que fortalecen la intuición de que los entrenadores aplican el principio de especificidad en su práctica, aunque otra cosa es compartir los principios que rigen tales decisiones.

4.2.1.3. El tiempo

Como todos los deportes, el baloncesto es un juego *con memoria*, es decir, que cuando se acaba un partido es posible saber quién ha ganado y quién ha perdido. Los sistemas de tanteo son *mecanismos de interrupción* de la acción de juego, por lo que suponen uno de los elementos temporales más relevantes.

Además, la presencia de un sistema de tanteo permite que se dé el *compromiso competitivo* del que habla Collard (1997), y que la situación correspondiente sea de riesgo.

La figura 5 muestra la presencia de sistemas de tanteos en las actividades propuestas por los entrenadores: es evidente que el riesgo brilla por su ausencia, sobre todo en el campus de verano.

No debemos olvidar que hay dos grandes tipos de sistemas de tanteo: a tiempo límite, como nuestro juego, y a marcador límite, como el tenis. Este segundo tipo es óptimo para el entrenamiento, ya que evita el uso de reloj y permite que los jugadores sean mucho más conscientes del estado del marcador en cualquier momento, que es el aspecto que hay que integrar en la decisión motriz.

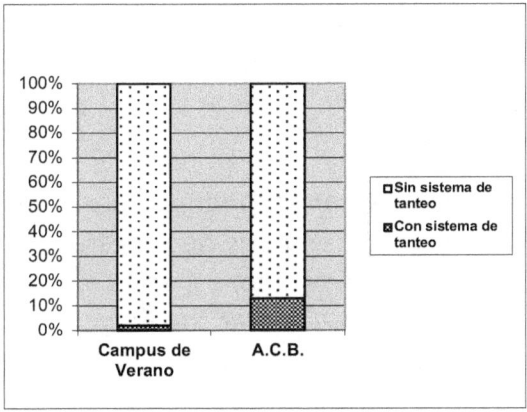

Figura 5. Presencia de sistema de tanteo

4.2.2. ESTRATEGIAS PARA LA ENSEÑANZA DEL BOTE

El bote, como el pase o el tiro, se ha considerado tradicionalmente uno de los fundamentos del baloncesto. Objetivo preferente en las primeras etapas de formación, las técnicas de bote (protección, avance, cambios de mano y sentido) se van administrando en función de su dificultad olvidando, en ocasiones, el sentido praxeológico del bote: el juego prohíbe desplazarse con el balón en las manos, por lo que para hacer llegar el balón a un sitio específico debe pasarse o botarse, que no deja de ser un tipo de desposesión el balón.

Sabemos, además, que los entrenadores pedimos continuamente a nuestros jugadores que hagan un uso inteligente de la posibilidad de bote; esto es, que no malgasten el bote reduciendo sus opciones de juego, ni que corra como pollos sin cabeza en cuanto reciban el balón. Por un lado, se cultiva una excelencia técnica y por otro se pide una excelencia decisional.

Los entrenadores de baloncesto tenemos una gran suerte, la de poder utilizar todos los juegos tradicionales de pillar con una simple adaptación: que cada jugador tenga un balón, lo que no suele ser difícil de conseguir. De esta forma conseguiremos integrar el balón, la necesidad de botarlo, en la decisión motriz del jugador, que en los juegos de pillar se atiene básicamente a un uso inteligente del espacio en relación con los demás. Levantar la vista del suelo ya no es una demanda del entrenador sino una necesidad impuesta por el juego; cambiar de dirección no es parte de la consigna sino una opción para los jugadores; el dominio del balón, en definitiva, no conlleva el cumplimiento de las expectativas del entrenador sino una ampliación de las probabilidades de éxito del jugador en una situación en la que es siempre protagonista.

Los juegos tradicionales ofrecen, además, posibilidades de las que carecen los deportes: distintos tipos de redes de comunicación motriz, ausencia de sistemas de tanteo, espacios no orientados, etc. Por esta razón, es interesante no tomar los juegos de pillar como una masa informe, como si todos fueran iguales. En la tabla 4 se muestran una serie de juegos de pillar que, a modo de ejemplo, ilustran las posibilidades que nos ofrecen a la hora de utilizarlos en nuestras sesiones de entrenamiento. En cualquier caso, un juego, por el hecho de ser reglado, tiene vida propia, por lo que hay que dejar tiempo suficiente para que los jugadores lo expriman y lo aprendan.

Tabla 4. Rasgos pertinentes de la lógica interna de varios juegos de pillar.

Ejemplos	Dominio de acción motriz	Estructura de relación	Espacio diana	Signos de interacción de marca
A pillar. Las alturitas	Oposición	Cada uno por su cuenta	No	Negativo
Stop	Colaboración-oposición	Uno contra todos	No	Ambos
Balón cazador	Colaboración-oposición	Todos contra uno	No	Negativo
Polis y cacos	Colaboración-oposición	Duelo disimétrico	Sí	Ambos
Marro, A robar piedras, Torre en contra	Colaboración-oposición	Duelo simétrico	Sí	Negativo
Cuatro esquinas, tres campos, Cortahílos	Colaboración-oposición	Paradójico	Sí	Ambos

Aunque ligados por distintas estructuras de relación, la mayoría de los juegos de pillar son de colaboración oposición, lo que sólo hace aumentar el atractivo que tienen para la enseñanza del baloncesto. El hecho de que, en ocasiones, el uso del espacio no está mediatizado por la existencia de un espacio diana supone una mayor libertad para los jugadores, una mayor posibilidad de huida, lo que en etapas muy iniciales es muy interesante para los jugadores menos hábiles.

Por otro lado, la existencia de juegos en los que la colaboración también sea una interacción de marca nos va a permitir trabajar este aspecto tal fundamental de la cooperación. La ausencia de sistemas de tanteo conlleva la ausencia de victoria o derrota, lo que desdramatiza el error y permite que cada jugador se haga protagonista de sus propias acciones.

Aún con todo, la principal ganancia que se consigue utilizando estos juegos es que la acción de botar se integra en el pensamiento estratégico, forma parte de las decisiones motrices del jugador, sin descontextualización ninguna: todos los botes del juego de pillar son tan pertinentes como la propia acción del jugador.

Los rasgos antes mencionados se pueden ver acompañados de reglas sobre la mano de bote o la cantidad de espacio, en una continua búsqueda de la acción motriz que más se ajuste a nuestros intereses, o lo que es lo mismo, a la acertada gradación de la dificultad y la idoneidad de las actividades de entrenamiento.

4.3. Consecuencias estilísticas

El estilo de entrenamiento está íntimamente ligado a la estrategia propuesta, hasta el punto de que la aceptación de ciertos presupuestos defendidos anteriormente (que la lógica interna de las actividades se impone al jugador, y que el juego es el que enseña) nos debería hacernos replantear ciertas cuestiones.

Si planteamos un circuito de bote con sillas y conos, por ejemplo, es comprensible que los jugadores intenten resolverlo mirando al suelo ya que es ahí abajo donde está la información que necesitan; la recomendación de que no miren no tiene sentido con respecto a esa tarea concreta sino a otras tareas o necesidades no inmediatas, a no ser que les entrenemos para una prueba que consista en resolver ese circuito en el menor tiempo posible y podamos invertir el tiempo suficiente como para automatizarlo perfectamente. El punto de vista semiotor, al poner el significado construido a partir de los elementos de la situación, nos recuerda que en ocasiones solicitamos a nuestros jugadores auténticos *sinsentidos* o *contrasentidos*: acciones que van en contra de la lógica de la actividad.

Una vez inmersos en una situación de colaboración y/o oposición, debemos intentar hacer indicaciones con respecto a los usos posibles del espacio en la relación con los demás, a los momentos de interacción y, en definitiva, a la integración de los elementos pertinentes de la situación en la búsqueda y construcción de significados. La toma de conciencia de las posibilidades de uso, de la anticipación y la preacción, se presenta como el contenido más relevante de la información que se puede suministrar al jugador. En este sentido, los medios de comunicación antes mencionados se deben poner al servicio de los contenidos pertinentes de la situación de juego.

5. CONCLUSIÓN

Mi intención ha sido abrir un campo de discusión y debate, además de animar a los entrenadores y educadores a integrar esta perspectiva semiotriz en su manera de afrontar la intervención, y a mis colegas a hacer cuantas aportaciones consideren oportunas. Ciertamente, se ha quedado en el tintero la segunda parte, la más compleja y apasionante, del concepto semiotricidad: la que tiene que ver con la semiosis, con la interpretación, con la descodificación, como diría Parlebas.

Por ahora me conformo con que el discurso de los entrenadores se dote de esta nueva idea, que en definitiva apela a otras muchas. En definitiva, y como dice el maestro francés, «*este aspecto semiotor irrumpe de manera tan importante en los juegos deportivos que se pueden concebir formas de educación motriz y entrenamiento para la competición que tengan como uno de sus objetivos explícitos la concienciación sobre los procesos de codificación y descodificación praxémicos. Al solicitar más la representación simbólica y las operaciones semiotrices que la repetición mecánica de formas ges-*

tuales, esta orientación puede enriquecer la intervención educativa a la vez que aumentar la eficacia deportiva» (LEX: 352).

REFERENCIAS

Barthes, R. (2003). *El sistema de la moda y otros escritos.* Barcelona: Paidós Ibérica.

Bayer, C. (1986). *La enseñanza de los juegos deportivo.* Barcelona: Hispano Europea.

Baylon, C. y Mignot, X. (1996; 1994): *La comunicación.* Madrid: Cátedra.

Blázquez, D. (1986). *Iniciación a los deportes de Equipo.* Barcelona: Martínez Roca.

Bonnet, J. P. (1990). *Vers une pédagogie de l'acte moteur.* París: Vigot.

Castañer, M. (1993). El comportamiento no verbal del educador físico. *Apunts: Educación física y Deportes, 33,* 40-48.

Collard, L. (1998). *Sports, enjeux et accidents.* París: PUF..

Delgado Noguera, M. A. (1991). *Los estilos de enseñanza en la educación física. Propuesta para una reforma de la enseñanza.* Granada: ICE de la Universidad de Granada.

Fermoso, P. (1994). *Pedagogía social. Fundamentación científica.* Barcelona: Herder.

Gardner, H. (1998). *Inteligencias múltiples. La teoría en la práctica.* Barcelona: Paidós.

Gibbons, R. (1997; 1992). *Un primer curso de teoría de juegos.* Barcelona: Antoni Bosch.

Hernández Moreno, J. (1988). Diferentes perspectivas de análisis de la acción de juego en los deportes de equipo. *Revista de entrenamiento deportivo, 2,* 5-6.

Ibáñez, S. J. (1996). *Análisis del proceso de formación del entrenador español de baloncesto.* Tesis doctoral. Granda: Universidad de Granada.

Jiménez, F. (2000). *Estudio praxiológico de la estructura de las situaciones de enseñanza en los deportes de cooperación/oposición de espacio común y participación simultánea: Balonmano y Fútbol Sala.* Tesis doctoral. Las Palmas de Gran Canaria: Universidad de Las Palmas de Gran Canaria.

La Mettrie, y Pérez Calvo, J. L. (1987). *El hombre máquina.* Madrid: Alhambra.

Martínez de Santos, R. (2002a). La intermotricidad alterna. En, *Actas del V congreso de las ciencias del deporte, la educación física y la recreación del INEFC Lérida*, (pp. 321-332). Lérida.

Martínez de Santos, R. (2002b). Estrategias de entrenamiento en ACB. En, *Actas del V congreso de las ciencias del deporte, la educación física y la recreación del INEFC Lérida*, (pp. 553-561). Lérida.

Martínez de Santos, R. (1999). Estrategias de intervención en dos campus de verano de baloncesto. En, *Actas del IV congreso de las ciencias del deporte, la educación física y la recreación del INEFC Lérida* (pp. 385-395). Lérida.

Martínez de Santos, R. (2001). La planificación del entrenamiento como estrategia mixta". En, Ibáñez, S. J., y Macías, M. M. (ed.). *Aportaciones al proceso de enseñanza y entrenamiento del baloncesto,* (pp. 119-127). Cáceres: Copegraf.

Morín, E. (2003). *Introducción al pensamiento complejo.* Barcelona: Gedisa.

Parlebas: (2001; 1999). *Juegos, deporte y sociedad. Léxico de praxiología motriz.* Barcelona: Paidotribo. Barcelona.

Parlebas, P., y Dugas, E. (1998). Transfert d'apprentissage et domaines d'action motrice. *E.P.S., 270,* 41-47.

Poyatos, F. (1994a). *La comunicación no verbal I. Cultura, lenguaje y conversación.* Madrid: Istmo.

Poyatos, F. (1994b). *La comunicación no verbal II. Paralenguaje, kinésica e interacción.* Madrid: Istmo.

Sánchez, R., y Devís, J. (1995). Modelos contemporáneos de enseñanza alternativa de los juegos deportivos en España. En, *Actas del II congreso de las ciencias del deporte, la educación física y la recreación del INEFC Lérida*, vol. I, (pp. 55-68). Lérida.

Weiner, N. (1998; 1948). *Cibernética o el control y comunicación en animales y máquinas.* Barcelona: Tusquets Editores.

Samuelson, A., y Nordhaus, W.D. (1992): *Economía.* México: MacGraw Hill.

2. DEL TALENTO AL EXPERTO: FACTORES CONDICIONANTES DE SUS DESARROLLOS DURANTE LA FASE DE ESPECIALIZACIÓN

Alberto Lorenzo Calvo
Universidad Politécnica de Madrid. INEF. España

1. INTRODUCCIÓN

A finales de Julio de 2003, en Madrid, se celebró el Campeonato de Europa Cadete de Baloncesto. Viéndolo, muchos de los asistentes, nos asombramos del potencial de los jugadores y rápidamente se nos venían a la cabeza dos ideas. Por un lado, observábamos su capacidad física y, especialmente, su altura, destacando lo generoso que la naturaleza ha sido con ellos. Pero, por otro lado, también se nos venía a la cabeza la cantidad de horas de entrenamiento que han debido de realizar para poder llegar a jugar dicho Europeo. Y es aquí donde surge la idea de optimizar, mejorar, perfeccionar lo aprendido hasta alcanzar el rendimiento previsto. Y para llegar a esta situación, se necesita algo más que un cuerpo de gran altura y envergadura, y unas cualidades físicas notabilísimas. Y es en este contexto en el que se va a desarrollar nuestra conferencia.

Por ello, en primer lugar, trataremos de comentar la orientación, el sentido que tiene el concepto de desarrollo del talento o desarrollo de la pericia. Y, en segundo lugar, propondremos algunas claves, ideas que favorezcan el proceso de optimización en las edades de formación. Y hemos dicho edades de formación, porque será en ese contexto en el que nos desenvolveremos. Últimamente nos llama la atención poderosamente una cuestión. Es fácilmente observable que en la literatura especializada se pueden encontrar multitud de libros y de artículos dedicados a los dos extremos de la formación del deportista: por un lado, el alto rendimiento y, por otro, la iniciación deportiva. Pero entre estas dos fases, de forma muy general, en la formación del deportista hay una fase, de especialización o de formación, clave en su desarrollo, y que no está siendo tratada tan en profundidad.

Por último, y de acuerdo con el título de la conferencia, no nos centraremos en la fase de iniciación deportiva, ni en el hecho de captar o detectar a los jugadores, sino que proponemos desgranar algunas ideas relacionadas con la fase de desarrollo del deportista. Fase que, desde nuestro punto de vista, coincide con las fases de formación y especialización (en nuestro caso concreto, consideramos que debe coincidir con las categorías cadete, junior y los dos primeros años de jugador senior). La idea básica que subyace por tanto en esta conferencia, es que, en el deporte, se favorece la optimización de los aprendizajes cuando se controlan todas aquellas variables que puedan influir en el resultado. De ahí la importancia que para los entrenadores tiene el comprender el proceso de desarrollo del deportista, y el papel que diversas variables puedan tener en las edades de formación.

2. DEL TALENTO AL EXPERTO

Una de las cuestiones más estudiadas en el área de la actividad deportiva ha sido tratar de descubrir las características más importantes de los deportistas que alcanzaban elevados resultados deportivos, y ver si era posible detectar o encontrar a estos deportistas. Dicha cuestión se ha investigado desde diferentes perspectivas o paradigmas y se han utilizado distintas metodologías de investigación. Tratando de resumirlo, podemos decir que fundamentalmente se han realizado investigaciones desde dos posiciones paradigmáticas enfrentadas.

Bajo el paradigma positivista, el más clásico, se consideraba a este tipo de deportistas como aquellos sujetos dotados de unas cualidades excepcionales. Estas cualidades son las que permitían al deportista correr más rápido, saltar más rápido, decidir mejor, etc. En nuestro deporte concreto, fundamentalmente se buscaban a aquellos deportistas de elevada altura y fundamentalmente con un elevado porcentaje de fibras rápidas que les permitiese realizar esfuerzos muy explosivos (aunque bien es cierto, que esta última característica venía muy condicionada y limitada por la primera).

Desde dicha perspectiva, había una consideración del deportista fundamentalmente biológica y genetista; y, por tanto, las principales investigaciones realizadas bajo esta línea trataban de encontrar aquellas variables (ya fuesen motrices, condicionales, perceptivas, cognitivas) que diferenciasen a estos deportistas del resto. Según esto, habría deportistas, personas, que tendrían unas capacidades físicas, visuales, psicológicas que les permitían alcanzar elevados resultados mientras que, otras personas, carecen de esas capacidades. Sobre esta idea se han diseñado numerosos planes de detección de talentos, y se han elaborado baterías de tests basadas en los resultados obtenidos por los deportistas de alto rendimiento para poder administrárselos a jóvenes deportistas y poder detectar y seleccionar a aquellos deportistas con dichas capacidades. Un ejemplo en baloncesto lo encontramos en Gutiérrez (1990) o Bosc (1985) que diseñaron baterías de tests para poder detectar jóvenes jugadores de baloncesto, compuestas de tests biométricos, condicionales y específicos que incluyen gestos propios del baloncesto. Entre las conclusiones obtenidas de dichos intentos, resaltamos las siguientes:

1. Respecto a los datos antropométricos afirman que, efectivamente, es observable que todos los parámetros mejoran conforme se incrementa la categoría de edad y que de "ellos, tan sólo podemos concluir cómo efectivamente un sujeto alto, en edades tempranas, será alto en edad adulta" (Gutiérrez, 1990, p. 52). Para nosotros, estas cualidades antropométricas, y especialmente la altura en nuestro deporte, serán cualidades necesarias, pero no suficientes.

2. Los jugadores que destacaron en los tests, si bien inmersos en equipos mediocres, ya lo habían hecho en sus respectivos equipos, a través del juego. "Queremos decir con esto, que, si bien la exploración activa o sistemática puede ser efectiva, las pruebas que realmente informan de la capacidad del sujeto son las que se llevan a cabo dentro del terreno de juego, donde...son los propios

entrenadores quienes poseen más y mayores elementos de juicio para detectar talentos" (Gutiérrez, 1990, p. 53).

Esta línea de investigación, a su vez se ha enfrentado a numerosos problemas que dificultaban su desarrollo y planteamiento. Entre dichos problemas podemos citar los siguientes (Lorenzo, 2003):

1. *El fenómeno de la compensación:* Este fenómeno sugiere, que la maestría en un deporte determinado, puede ser adquirida por el individuo a través de diferentes combinaciones de habilidades, atributos y capacidades. Aquel deportista que presenta deficiencias en un área determinada, puede compensar esas deficiencias con altas prestaciones en otras áreas. Bartmus et al., (1987, en Régnier et al., 1993), al exponer los resultados de un estudio longitudinal realizado sobre 100 jugadores de tenis, concluyen que no existe un único criterio de rendimiento; las deficiencias en una determinada área del rendimiento pueden ser compensadas por un elevado nivel en otras.

    Según Zatsiorski (1989), las características definitorias de un deportista se dividen en compensables y no compensables; entendiendo por compensables aquellos indicadores cuyo nivel inferior puede ser compensado con un nivel elevado de los demás indicadores. Para el autor, "en la mayoría de los casos nos encontramos con indicadores parcialmente compensables: pequeños atrasos en el desarrollo de una de las cualidades se compensan; los atrasos grandes, no" (Zatsiorki, 1989, p.180-181), y estos atrasos compensables fundamentalmente se manifiestan en los deportes de situación, es decir, deportes colectivos y de combate.

2. *La predicción del rendimiento:* "La predicción a partir de los rendimientos se basa implícitamente en la idea de que lo realizado a los 15 años, por ejemplo, constituye una buena indicación de lo que se realizará 10 años después" (Durand, 1988, p.175).

    Según diferentes estudios, este postulado es erróneo. "Sólo es posible predecir un nivel de rendimiento con un margen de error aceptable, si el pronóstico se basa en una marca alcanzada cuando el deportista está cerca de la edad de su madurez" (Durand, 1988, p. 176).

La validez limitada de las previsiones a largo plazo (éste es el argumento principal), conlleva el riesgo de errores de dos tipos: a) sujetos no dotados pueden ser confundidos como talentos (denominados "falsos positivos") y b) los talentos pueden ser confundidos por sujetos no dotados (llamados "falsos negativos"). Los dos errores son relevantes cuando se trata de realizar una previsión. En el primer caso, el sujeto no dotado, considerado por error un talento, tiene incidencia sobre los costes si se le incluye dentro de los atletas a promocionar. El segundo caso, tiene consecuencias más graves en cuanto el talento, considerado no dotado, viene expulsado de la promoción. Si además se parte de la base de que la cuota de sujetos dotados es muy baja, el problema se incrementa.

3. *La evolución y valoración de las aptitudes:* Este aspecto está directamente relacionado con el anterior, ya que el carácter fluctuante de las aptitudes en curso de desarrollo y evolución, aumenta la imprecisión. Fleishman y Henpel (en Durand, 1988, p.189), han mostrado, de forma particularmente clara, que la configuración de las aptitudes exigidas para triunfar en una tarea se transforma en el curso del aprendizaje. "La clasificación de los sujetos cambia en función del momento del aprendizaje y que los rendimientos en la tarea de muestra se explican mejor a partir de las aptitudes manifestadas al principio del aprendizaje que después de una práctica prolongada. Esto se debe al desarrollo de un factor específico para la tarea, radicalmente distinto de los factores inespecíficos que sirven para identificar las aptitudes" (Durand, 1988, p. 190). Además, debemos tener en cuenta que las mediciones del rendimiento en los tests no parecen mantener la suficiente fiabilidad en el curso de los años. Cuando las mediciones están lo suficientemente cercanas (6 meses-1 año), las correlaciones entre las puntuaciones son altas. Si son lejanas, por lo general, se observa una disminución de las correlaciones (Claessens y otros, 1983; Halverson y otros, 1982; en Durand, 1988).

Otro factor interesante a tener en cuenta, es que, en un intervalo de tiempo similar, los rendimientos son tanto más estables cuanto más avanzada es la edad de los individuos. Y, por último, debemos incluir el hecho de que a medida que se aplica los tests, en los diferentes momentos, se está produciendo un aprendizaje de los mismos y esto puede plantear ciertas dudas sobre la fiabilidad de los procedimientos de los tests. Parece por tanto claro, que la predicción de los rendimientos sigue constituyendo un problema complejo y que aún queda lejos de ser solucionado.

4. *La coordinación del currículo:* Como bien afirma Baur (1993), cada vez se ve de manera más evidente, que la optimización del entrenamiento de los niños y los jóvenes no es solo un problema de metodología del entrenamiento en sentido riguroso. Las posibilidades y los límites del esfuerzo en el deporte son determinados de manera notable por el contexto. El entrenamiento actual plantea un evidente problema de coordinación entre los requerimientos del deporte de alto nivel y el resto de las ocupaciones cotidianas del deportista. Este aspecto representa que la exigencia del deporte de competición debe ser coordinada con las otras actividades de la vida del niño y del adolescente. Solamente, cuando se alcanza un equilibrio satisfactorio entre las diversas exigencias de la vida cotidiana del sujeto, la promoción del talento deportivo puede tener éxito.

5. *El abandono prematuro de la actividad deportiva:* Es muy probable que el inicio precoz de un entrenamiento orientado a la competición, lleve el problema asociado del abandono deportivo prematuro. Es decir, deportistas con 15-16 años, que desarrollan su actividad deportiva dentro de una única disciplina desde hace 8-10 años, no son capaces de continuar con fuerza y soportar cargas de entrenamiento cada vez más elevadas. En estos casos, el deportista no tiene la constancia necesaria para esforzarse por muchos años hasta la edad de máxima prestación.

6. Otras circunstancias de carácter imprevisible, como puedan ser las lesiones deportivas, o de carácter más sociológico como puedan ser la evidente disminución de la natalidad, que dificulta mucho estrategias exclusivistas de selección deportiva en edades de formación, y como consecuencia de lo anterior, la competencia con otras disciplinas deportivas, o por otro lado, la predominancia de lo que podríamos llamar una cultura deportiva alternativa, no tan centrada en conseguir resultados sino más en disfrutar de la actividad deportiva.

Dada la dificultad encontrada en una detección de talentos objetiva, una conclusión del Simposium sobre Problemas de los Talentos en el deporte (Bartmus et al., 1987; en Régnier et al., 1993), consistió en que los esfuerzos de la investigación debían ser cambiados y centrarse, en vez de en la detección del talento, en la promoción del talento y su desarrollo, o lo que podemos llamar de otro modo, "vigilancia del talento". Esta circunstancia, nos lleva a comentar la segunda perspectiva de investigación utilizada fundamentalmente en esta área. Desde el paradigma constructivista, y bajo una perspectiva más socializadora y naturalista, se considera que no se puede olvidar el papel desarrollado por el entorno y las condiciones ambientales en el desarrollo del deportista. Baur (1993), comenta que "el concepto de talento, centrado sobre la persona, se ha visto que es insuficiente. El concepto se debe extender a la interacción persona-ambiente. Un talento se desarrolla dentro de un proceso en el que él mismo está estimulado por condiciones ambientales con el fin de perfeccionar sus características potenciales de personalidad" (p. 8).

Bajo esta posición se han desarrollado investigaciones dirigidas fundamentalmente en dos direcciones. Por un lado, tratan de comparar deportistas de la misma edad, pero con distinto nivel de rendimiento para encontrar aquellas variables diferenciadoras; o bien, por otro lado, estudian el proceso de formación llevado a cabo por los deportistas que hayan alcanzado elevados resultados deportivos. Desde esta perspectiva surgen conceptos diferentes, y así aparece el concepto de deportista "experto", definido como "alguien experimentado, enseñado a partir de la práctica, habilidoso, ágil, dispuesto; con facilidad para rendir a partir de la práctica. Una persona habilidosa o experimentada" (Durand-Bush y Salmela, 1996, p.88), u otros relacionado con esta idea como son "el desarrollo de la pericia" o la "excelencia deportiva". Como conclusiones de estas investigaciones, podemos exponer que entre los factores diferenciadores se señalan los siguientes:

1. La presencia de una práctica deliberada (Ericsson et al., 1993), entendida como una práctica altamente estructurada con el expreso deseo de progresar y mejorar y no con el deseo de pasarlo bien o entretenerse. Para la mayoría de los autores consultados, existe una relación directamente proporcional entre el tiempo de

entrenamiento acumulado y que, independientemente de las habilidades individuales, al menos son necesarios 10 años de práctica intensiva para adquirir las habilidades y experiencia requerida para empezar a ser un experto dentro de cualquier contexto.

Evidentemente este tipo de entrenamiento debe suponer un respeto por los principios biológicos del entrenamiento y debe estar estructurada de acuerdo con la formación del deportista. Y es aquí donde el proceso de detección de talentos encaja dentro de ese proceso formativo del deportista y la planificación a largo plazo de su vida deportiva

Del mismo modo, señalan como factores condicionantes del nivel de rendimiento alcanzado, los siguientes:

- El tiempo empleado en esa práctica deliberada (según los estudios consultados, los expertos dedican más tiempo a su actividad que los novatos), aunque de una forma racional, alternando trabajo y descanso. La clave no está en la cantidad de entrenamiento sino en la calidad del mismo.
- A medida que aumenta la edad de los deportistas, las diferencias se van incrementando en cuanto al tiempo de práctica (posible abandono deportivo por no alcanzar las expectativas planteadas, cambio de orientación en la práctica deportiva...)
- La edad de comienzo de la actividad (un individuo que comienza a una temprana edad acumula más práctica y por tanto alcanza un mayor rendimiento).
- La diferencia entre individuos de la misma edad viene dada por la cantidad de tiempo empleado en la práctica deliberada y el apoyo prestado al principio por los padres y profesores del sujeto.
- En cuanto a las características iniciales del sujeto, consideran que, en un principio, pueden contribuir a que el sujeto comience un deporte concreto, pero a partir de ese momento, la influencia de esas características es mínima.

2. Como segundo requisito, los especialistas destacan la presencia de un elevado compromiso por parte del deportista para poder su-

perár todos aquellos inconvenientes que le surjan a lo largo de toda su vida deportiva, y le permita asumir el grado de sacrificio necesario para soportar las sesiones de entrenamiento, desplazamientos... Es lo que, en palabras de Ruiz y Sánchez (1997), denominan deseo de excelencia. "La elevada cantidad de años de entrenamiento se ha caracterizado por un "deseo deliberado de optimizar sus aprendizajes" (Ruiz y Sánchez, 1997, p. 238). Como confirma Goleman (1996), "la practica resultará efectiva cuando concurran factores emotivos, tales como el entusiasmo mantenido y la tenacidad ante todo tipo de contratiempos".

Para Bloom (1985), una importante conclusión de su estudio fue, que el desarrollo del talento requiere años de compromiso para aprender y que la cantidad y calidad de apoyo e instrucción recibida por el niño por parte de los padres, profesores o entrenadores, es la parte central de este proceso. "Un compromiso a largo plazo y una creciente pasión por su desarrollo es esencial si el individuo quiere alcanzar el máximo nivel de capacidad" (Bloom, 1985, p. 538).

3. Algunos autores añaden como requisito, o al menos referencian, la necesidad de que el deportista sienta un estado subjetivo de placer y concentración durante el desarrollo de su actividad que le permita trabajar, de forma concentrada, durante largos periodos de tiempo. Según esto, Csikszentmihalyi y et al., (1993, en Durand-Bush y Salmela, 1996), hablan de la teoría o modelo de flujo de óptima experiencia ("Flow model of optimal experience"), refiriéndose al estado subjetivo experimentado por cada individuo cuando conecta completamente con una tarea.

Entre ambas perspectivas, deberíamos situar una posición intermedia o ecléctica, que se posiciona asumiendo que ambos extremos influyen en el desarrollo del deportista. "Aunque los investigadores puedan discutir sobre la exacta contribución de la práctica al desarrollo del deportista y de los factores ambientales, de las habilidades innatas o bien, sobre la interacción entre los factores hereditarios y el entorno, es difícil concebir que la genética no juegue ningún papel en el desarrollo del deportista experto" (Williams y Franks, 1998, p. 163). Bouchard (1991; en Añó, 1997), afirma que "aunque los factores genéticos pueden decirnos con mayor seguridad las posibilidades atléticas de un niño, la relación entre las condiciones innatas del atleta y su rendimiento posterior sólo será de un 45%, siendo el 55% restante aportado por el entrenamiento, los factores sociales y los psicológicos" (Añó, 1997, p. 91).

De los numerosos estudios realizados baja las distintas perspectivas, se han llegado a determinar una serie de características que identifican a los deportistas expertos (Abernethy, 1993; Orlick y Partíngton, 1988; Ruiz y Sánchez, 1997; Ruiz, 2003). Entre ellas, podemos señalar las siguientes:

1. Son expertos en su deporte, no manifiestan una pericia universal en el deporte.
2. Su habilidad no se manifiesta en las medidas generales de sus aptitudes
3. Detectan y localizan mejor las informaciones relevantes de su deporte.
4. Conocen y anticipan mejor las acciones de sus oponentes, de los objetos o de las situaciones.
5. Poseen refinadas habilidades de autocontrol y mayor conocimiento metacognitivo.
6. Poseen un nivel de realización técnica y de condición física muy refinado, consecuencia de la cantidad de entrenamiento.
7. Se ven menos afectados por los estados emocionales.
8. Poseen un alto nivel de compromiso.
9. Son planificadores rigurosos de los entrenamientos y de las competiciones.
10. Evalúan sistemáticamente sus actuaciones realizadas y los resultados.

3. EL DESARROLLO DEL TALENTO EN EL BALONCESTO

Establecidas las características fundamentales de los deportistas expertos, así como esbozadas las condiciones fundamentales para alcanzar o adquirir dichas características, la pregunta que nos surge es si es posible desarrollar este tipo de cualidades en el deportista. Para ello, trataremos de reflexionar y desgranar algunos de los medios o estrategias a adoptar por parte de los entrenadores o demás personal e instituciones relacionadas con el deportista, para favorecer su desarrollo.

Dentro del marco conceptual establecido, debemos citar el estudio realizado por Bloom (1985) que nos sirve para intuir algunos de los aspectos importantes en el desarrollo del deportista. Este autor, utilizando una aproximación cualitativa, trató de estudiar el desarrollo de la pericia en diferentes dominios (deporte, matemáticas, neurocirujanos, pianistas). Como conclusión a su estudio, se justifica la presencia de tres fases o etapas en el desarrollo del talento, fases con características comunes a cualquier tipo de talento, ya sea deportivo, artístico, científico, etc.

Para Bloom (1985), en una primera fase, son los padres y profesores lo que notan "una especie de talento" en general en el niño, así como unas cualidades específicas en un área determinada. Estas "señales o atributos de unicidad" aumentan las expectativas sobre el niño y modifican los métodos de enseñanza. Durante esta primera fase, el profesor (entrenador) no tiene que ser de un gran nivel, sino fundamentalmente atraer al niño hacia la especialidad; mientras que los padres deben ayudar al niño a tomar conciencia de la responsabilidad de su actividad y compartir con él su entusiasmo. Durante este periodo inicial, el rendimiento será más positivo como resultado de un aprendizaje divertido y del apoyo constante de la familia y profesores.

En la segunda fase, el deportista empieza a practicar con mayor precisión técnica, normalmente debido a la aparición de un nuevo entrenador con un conocimiento superior. La competición empieza a servir como medida del progreso, y la orientación hacia el éxito y el resultado es más elevada. El entrenador adquiere un papel fundamental y los padres asumen grandes sacrificios limitando sus actividades. Durante esta segunda fase, se produce una eliminación progresiva de jugadores sobre la base de abandonos. La población de deportistas jóvenes disminuye como consecuencia de que los resultados obtenidos no se corresponden con las expectativas creadas

(Csikszentimihalyi y Robinson, 1986; en Salmela y Durand-Bush, 1994).

Cuando el deportista alcanza la última fase, éste está obsesionado por su actividad, que domina su vida. El deportista comienza a tener una base de conocimiento propia y adquiere su propia responsabilidad acerca de su desarrollo, por encima de los entrenadores. Estos atletas desarrollan su propia base de conocimiento, denominado por Wall (1986, en Salmela y Durand-Bush, 1994) "conocimiento metacognitivo" y adquieren la responsabilidad necesaria para desarrollar esta base. El respeto hacia el entrenador es más elevado, así como sus exigencias son más rigurosas. Consecuencia de esto, el esfuerzo requerido para alcanzar un nivel de excelencia aumenta considerablemente. Los padres van perdiendo su importancia a medida que el deportista adquiere mayor responsabilidad.

De acuerdo con estas fases, y atendiendo a las fases de formación de un deportista establecidas en la literatura, es fácil identificar como la primera fase coincide con las fases de desarrollo psicomotor y de iniciación deportiva, la segunda fase con la fase de especialización del deportiva y la tercera fase con la fase de máximo rendimiento.

Centrándonos en la fase de especialización deportiva, observamos que se señalan como aspectos claves el entrenamiento ("empieza a practicar con mayor precisión técnica"), el entrenador ("nuevo entrenador con un conocimiento superior y que adquiere un papel fundamental"), la competición ("la competición empieza a servir como medida del progreso") y el contexto del deportista ("los padres asumen grandes sacrificios limitando sus actividades", "la facilidad de acceso a instalaciones adecuadas y a la oferta deportiva en concreto").

De estos factores, trataremos de reflexionar sobre los tres primeros: el entrenamiento, el entrenador y la competición, sin llegar a profundizar en el papel desempeñado por el contexto que rodea al deportista en su formación. Sin duda alguna, esta decisión no viene motivada por considerar de escasa relevancia a este factor. Más bien al contrario, somos conscientes del tremendo poder de influencia que tienen estos aspectos en la formación del deportista. Simplemente es una cuestión de tiempo.

3.1. El entrenamiento

Una de las cuestiones más tratadas es la influencia del entrenamiento sobre el desarrollo del deportista. Anteriormente hemos desgranado algunas cuestiones relacionadas con este factor como son la cantidad de horas de práctica deliberada o la edad de comienzo de la actividad. Sin embargo, también hemos comentado que no es solo una cuestión de cantidad, sino fundamentalmente una cuestión de calidad.

En este sentido, Abernethy, Thomas y Thomas (1993) nos comentan que en aquellos deportes en los que la toma de decisiones y la estrategia son importantes, como es el caso del baloncesto, el conocimiento juega un papel importante en las edades juveniles. También sabemos que, según nos indican las investigaciones realizadas en el ámbito de la enseñanza deportiva, parece ser que, en general, se observa una cierta tendencia a que un mayor conocimiento del juego facilita la toma de decisiones en el mismo (McPherson y French, 1991; Turner y Martinek, 1992, etc.).

En el caso concreto del baloncesto, French y Thomas (1987) realizaron un estudio para examinar la relación entre el conocimiento específico de un deporte y el desarrollo de las habilidades en los niños. Para ello, plantearon dos experimentos. El primero consistió en comparar jugadores expertos y novatos en dos ligas, de 8 a 10 años y de 11 a 12 años, valorando componentes individuales de rendimiento en baloncesto (ejecución, tomas de decisión) y midiendo el conocimiento del deporte, el dominio del bote y del tiro. En el segundo experimento, estudiaron la evolución de los parámetros de rendimiento, conocimiento del baloncesto, habilidad en el bote y en el tiro a lo largo de una temporada.

Los resultados obtenidos concluyeron que los jugadores expertos presentaban una mayor capacidad en todos los componentes de rendimiento. Al establecer un análisis de correlación canónico, se obtuvo una clara correlación entre el conocimiento del baloncesto y la capacidad de toma de decisión, mientras que la habilidad de bote y tiro estaban relacionadas con los componentes de ejecución. De esta forma, los jugadores expertos fundamentan su rendimiento sobre una base de habilidades específicas y de un conocimiento específico del deporte; siendo la capacidad de decisión la principal diferencia entre los jugadores expertos y novatos. Del mismo modo, los autores concluyeron que el conocimiento declarativo influye en el desarrollo del conocimiento procedimental y que, además, el conocimiento declarativo experimentaba una mayor evolución a lo largo de la temporada que la evolución de las habilidades específicas.

Teniendo en cuenta estos datos, debemos reflexionar sobre si la forma tradicional de entrenar es capaz de favorecer la optimización del deportista, sobre si trabajar exclusivamente sobre el ámbito motor es suficiente o si debemos emplear otras estrategias de enseñanza más relacionadas con el ámbito cognitivo. Antón (2002) nos señala dos principios importantes de la formación táctica del deportista. Por un lado, debemos unificar la formación táctica práctica con la formación táctica teórica (mediante la información teórica favorecemos la comprensión de la tarea práctica a través de razonamientos sobre la actividad concreta).

Por otro lado, debemos guardar un equilibrio entre las tareas tácticas programadas en el entrenamiento por el entrenador (de carácter inductivo), y la capacidad de los jugadores de crear y encontrar soluciones alternativas en función de las respuestas del adversario (de carácter deductivo). De la misma forma que la preparación táctica necesita sistematizar la tarea, es preciso desarrollar la creatividad del jugador. Es lo que Antón (2002) denomina principio de la síntesis óptima inductiva y la deductiva.

Una de las principales críticas que se pueden hacer a la metodología tradicional es el papel desarrollado por el profesor/entrenador dentro de la sesión. Tradicionalmente este trabajo se reducía fundamentalmente a proponer las tareas y observar lo que hacen los jugadores, corrigiendo a base de gritos y órdenes directas, y repitiendo innumerables veces cada gesto.

La implicación cognitiva del jugador se conseguirá, no solo con el planteamiento de tareas adecuadas, sino también promoviendo su reflexión, haciéndole consciente de la adecuación o no de los medios que emplea.

Desde distintas propuestas constructivistas se nos plantea la necesidad de involucrar activamente al alumno en su proceso de aprendizaje tratando de relacionar lo que aprenden con lo que ya saben. Por ello, en su planteamiento proponen etapas o episodios de reflexión, bien al principio al describir la tarea, bien durante la ejecución o bien al final. Dichos periodos de reflexión serán activados o presentados a partir de preguntas del profesor.

Graça y Olivera (1997) nos proponen las siguientes técnicas para favorecer la participación y reflexión de los jugadores / alumnos:

1. Representación gráfica de la colocación o movimiento de los jugadores y el balón. Desde nuestra experiencia práctica, esta estrategia también puede ser utilizada también por los propios jugadores diseñando sus propios movimientos.

2. Realización en movimiento lento de desarrollo de una acción de ataque o defensa.

3. Plantear con los alumnos las posibilidades de resolver una duda o situación.

4. Parar el juego, retomar una situación, confrontar la respuesta de los alumnos con la respuesta más adecuada para esta situación.

5. Analizar la forma de juego a partir del análisis en vídeo.

6. Preguntar al alumno acerca del motivo de una interrupción de juego.

Otras estrategias que a nosotros se nos ocurren y que hemos utilizado en la práctica es el observar partidos, bien en directo o través de la televisión o del video, comentando, analizando con los jugadores las distintas situaciones que se producen en el juego. También, para conseguir esa implicación cognitiva del jugador a lo largo de la sesión, proponemos que el jugador, en algunas circunstancias, sea capaz de establecer sus propias consignas o pautas de actuación. El promover que el jugador deduzca pautas de actuación con relación a los medios empleados, sin duda alguna, promoverá la implicación del alumno y la asimilación de los distintos medios técnico-tácticos. Este tipo de estrategias, que favorecen la reflexión, desde nuestra perspectiva, deben tener como principal objetivo el favorecer la relación entre el conocimiento procedimental del sujeto y el conocimiento declarativo.

Otra cuestión que nos parece importante relacionada con la práctica, viene dada por la capacidad de adaptación de los deportistas expertos a las distintas circunstancias que van surgiendo, sobre todo en deportes donde el componente táctico es elevado como en el baloncesto. Esa adaptabilidad que caracteriza a los deportistas expertos, debe de optimizarse desde el entrenamiento. Por ello, consideramos necesario que el diseño de los entrenamientos este presidido por el principio de la variación. Una práctica variable significa que se va a alternar la realización de diversos elementos técnicos y tácticos. En vez de efectuar una práctica reiterativa en bloques y series de un número de repeticiones preestablecido, se puede, por un lado, alternar la práctica de diversos elementos técnicos, y, por otro lado, hacer que el mismo elemento técnico o táctico tenga que ser ejecutado en unas condiciones diferentes de un ensayo a otro.

Para Méndez (1999), la variabilidad de la práctica sugiere, que el hecho de variar sistemáticamente las condiciones de práctica (velocidad, amplitud del gesto, trayectorias, condiciones iniciales y de oposición), favorece la adaptabilidad del jugador, la elaboración de reglas generales de acción y la reestructuración de su esquema corporal. Esta variedad, no sólo debemos entenderla en el diseño de las tareas de aprendizaje, sino también como algo relacionado con el diseño de las sesiones.

El jugador/alumno no puede saber en ningún momento que tipo de ejercicio o trabajo se va a hacer después. Por ello, proponemos la utilización de las denominadas sesiones de diseño alternativo (Sampedro, 1999), frente a las sesiones de diseño progresivo, en las que tratamos de forzar al jugador a estar siempre concentrado y en las que le acostumbramos al jugador a cambiar constantemente de conceptos. Serán aquellas sesiones en las que se parte del principio de alternancia durante la parte principal de las sesiones, incidiendo en el principio de variabilidad que debe presidir toda la sesión de entrenamiento. Se propone alternar e integrar ejercicios técnicos y tácticos, ofensivos y defensivos, individuales y colectivos.

El principio del carácter alternativo de las tareas tácticas y las formas de organización implica que la formación y perfeccionamiento de la táctica grupal y los medios tácticos que conforman su contenido sólo es posible alcanzarla si las formas de organización de la práctica y la programación de los objetivos se produce de una manera alternativa. Deben alternarse las formas de organización de los ejercicios, las dificultades de las variables estructurales, los objetivos y las sesiones (Antón, 2002). De acuerdo a esta idea, debemos tener presente que en el diseño de las tareas de entrenamiento deben siempre aparecer los elementos estructurales del deporte, el ciclo de juego y sus fases - "La organización de la enseñanza del baloncesto debe evolucionar hacia el diseño y/o selección de situaciones de enseñanza que contemplen, de una manera equilibrada, la presencia de diversos roles estratégicos que sumen los jugadores en el juego real; y a promover la transición entre los roles estratégicos presentes en cada situación"(Jiménez, 2003) y los principios del juego.

Al mismo tiempo, dichas tareas deberán respetar el principio de la contextualización del entrenamiento. "El entrenador no puede abusar de una práctica descontextualizada, desconectada de las situaciones reales de juego y descargadas de significación. El introducir situaciones contextualizadas permite construir al deportista escenarios reales de decisión y no supuestos cerrados que difícilmente surgen durante la competición" (Ruiz y Sánchez, 1997).

Estos dos principios se relacionan conjuntamente con el principio de la experiencia práctica (Seybold, 1974; en Fontecha, 2003), según el cual, no se trata sólo de que el jugador tenga un amplio abanico de experiencias motrices, sino que las mismas tengan practicidad para él en ese momento, le sean útiles. Sólo si sus motivos reales e inmediatos se atienden, estará en disposición de aprender tareas que le suponen un esfuerzo continuo. En definitiva, las experiencias deben tener un significado acorde con las expectativas de los participantes.

Volviendo a insistir sobre el tema de la variabilidad y la alternancia de las tareas y de las sesiones de entrenamiento, y de acuerdo con Ruiz (2003), es posible que dicha variabilidad no provoque mejoras tan evidentes a corto plazo, pero seguro que a largo plazo se podrá valorar mejor dicha capacidad de adaptación respondiendo a situaciones desconocidas o imprevistas. Creemos que este planteamiento nos permitirá entrenar de una manera más coherente con lo que ocurre en la realidad.

3.2. El entrenador

Otro de los factores señalados como claves para el desarrollo del deportista en esta fase es el papel desarrollado por el entrenador. Delgado (1994) argumenta que "existe una coincidencia generalizada en que un factor determinante para que el deporte alcance cotas satisfactorias de calidad radica en el entrenador. Éste tiene que tener una sólida formación académica y profesional, una elevada capacidad de reflexión sobre su práctica (análisis del entrenamiento), una profunda convicción de la validez del trabajo colectivo y que se adapte a los avances del conocimiento científico, técnico y profesional del entrenamiento deportivo".

Como ya hemos comentado anteriormente, el entrenador adquiere durante esta fase un papel absolutamente central en el desarrollo del deportista. No sólo en el ámbito técnico/táctico, sino también en el ámbito personal, social o afectivo.

Este papel desarrollado por el entrenador en la fase de especialización debe diferir claramente con el desarrollado en la fase de iniciación. Si en ésta desarrolla un papel fundamentalmente motivador, en la fase de especialización debe orientarse fundamentalmente hacia la formación técnico-táctica, lo que le obliga a tener un mayor nivel de competencia.

Para poder llevar a cabo su labor de formación, los técnicos deben tener, en primer lugar, una formación adecuada y, en segundo lugar, un adecuado asesoramiento. Esa formación adecuada no solo se alcanzará con la formación inicial recibida, sino que se hace necesaria una formación continua que haga mejorar su práctica día a día. Para conseguir esa formación continua, se plantean en la actualidad distintas estrategias formativas. Siguiendo a Giménez y Sáenz-López (2003), en el baloncesto, se plantean estrategias como los programas de reflexión, ya bien sea de forma individual o colectiva, los programas de supervisión en los que se establece una estrategia colaborativa entre el entrenador principiante y un entrenador experto, los cursos de formación o la observación.

Todas estrategias formativas deben ir dirigidas a mejorar nuestra actuación metodológica. Como ya hemos planteado anteriormente, los enfoques más tradicionales de la enseñanza deben dejar paso a nuevas propuestas en las que se tiene mucho más en cuenta al jugador y el contexto.

En relación, a los programas formativos para entrenadores, Rosado (1997, en Simao 1998) indica que dichos programas deben orientarse a la optimización de las influencias que los entrenadores ejercen sobre el aprendizaje de los deportistas y sobre su formación como personas, abarcando una serie de competencias:

- Competencias académicas generales.
- Conocimiento de la modalidad.
- Competencias de aumento de los factores de condición física.
- Competencias didáctico-metodológicas generales.
- Conocimientos didáctico-metodológicos específicos de la modalidad.
- Competencias de planificación y valoración.
- Competencias de conocimiento del hombre como ser bio-psico-social.
- Competencias de producción y divulgación de saberes profesionales.
- Competencias relacionadas con la preocupación del entrenador sobre la intervención a nivel socio-afectivo, de desarrollo personal y moral de los atletas.

Además de estos aspectos, desde un enfoque más práctico, Graça (1998) reconoce la importancia de formar a los entrenadores en aspectos de diagnóstico, recomendando que los programas formativos o cursos de formación recojan, entre otros aspectos:

- El entrenamiento de la observación, dirigido a desarrollar la capacidad de detectar e interpretar las señales relevantes, desarrollando experiencias prácticas de observación en situaciones cercanas a la enseñanza, entrenamiento y competición.
- La acumulación de experiencias de observación como factor decisivo para el enriquecimiento de la estructura de movimien-

to almacenada en la memoria, y para el desarrollo de la capacidad discriminativa.

- La capacidad de diagnóstico como elemento fundamental de la competencia pedagógica de un entrenador. Rosado (1995), tras realizar un estudio centrado en la reacción de los entrenadores a la actuación motriz de los deportistas, comprobó que la competencia para diagnosticar y emplear estrategias adecuadas a las exigencias del momento, por parte del entrenador, influye en el desarrollo del aprendizaje.

También se puede comprobar en la literatura especializada que, una característica general en los distintos programas formativos, es el empleo de un programa de supervisión desarrollado por un supervisor o mentor. Para Rodrigues (1997), la supervisión pedagógica tiene efectos beneficiosos y positivos en las competencias de los entrenadores.

Tanto en los estudios de Salmela, Draper y Laplante (1993), como de Bloom, Salmela y Schinke (1995), a través de entrevistas a entrenadores expertos, concluyen que es necesario formalizar las experiencias educativas de este campo, combinándolas con la supervisión realizada por mentores. Los entrenadores expertos consideraban importantes las siguientes estrategias:

- Organización de clinics, seminarios…, como medio de transmisión de conocimientos.
- Transmisión directa de experiencias, donde los entrenadores noveles participen.
- Observación pasiva de otros entrenadores.
- Programa estructurado de "mentores", considerado como la actividad más importante, accediendo a expertos y observándolos durante todas las fases de la competición.

Además de las actividades indicadas anteriormente, se plantean otras estrategias como:

- El visionado y audición de la grabación audiovisual y registro sonoro de la actuación del entrenador. Resulta una actividad más formativa si se realiza el análisis conjunto supervisor/entrenador (Viciana y Sánchez, 2002).

- La comprensión, asimilación y automatización de rutinas de actuación.
- La reflexión, autoanálisis, crítica y propuesta de alternativas ante la propia actuación mediante la realización de diarios, recuerdo estimulado, ejercicios de reflexión, etc.

Todo este tipo de estrategias entendemos que no competen exclusivamente al entrenador. Es cierto que gran parte de la iniciativa debe surgir de los propios entrenadores, pero sin duda alguna, también compete a los clubes de baloncesto, a las federaciones territoriales, etc. En este sentido, es muy tradicional la figura del "director técnico" dentro de los clubes, y que, entre otras funciones, se le encarga la de observar a los entrenadores y los entrenamientos para tratar de ayudarles y orientarles en el diseño y ejecución del proceso de entrenamiento.

Sin embargo, desde nuestra perspectiva creemos que esta estrategia es insuficiente, y consideramos necesario que los clubes también diseñen sus propias estrategias de formación, e incluso, creen su propia área de formación o establezcan la figura del responsable de formación. Sin duda alguna, creemos que el avanzar en esta línea supondrá un avance importante en la formación de los entrenadores. Entre otras estrategias de formación, se podrían adoptar por parte de los clubes las siguientes:

- Creación de una biblioteca o videoteca con material específico.
- Elaboración de planes personales de formación, en el que al joven entrenador se le asigne un entrenador experto al que consultar, o se le propongan distintas experiencias que vayan desde la dirección de equipos, hasta la observación de partidos, la participación en labores de scouting o la participación como entrenador ayudante en equipos de categoría superior.
- Organización de cursos o conferencias internas.
- Desarrollo de reuniones periódicas donde se comenten los problemas surgidos,...

Pero como hemos comentado anteriormente, el entrenador, durante esta fase de formación del deportista, también adquiere un papel muy importante en el plano afectivo en su relación con el deportista. Baur (1993), propone que "la planificación y organización de los entrenamientos, así como la estructuración de los mismos en una perspectiva más amplia, la ayuda personal a los atletas adolescentes y la creación de un ambiente extradeportivo lo más favorable para el deportista están dentro de las obligaciones del entrenador. Este es y será el "punto de encuentro" decisivo para la realización práctica de todas las actuaciones para la promoción del talento" (Baur, 1993, p. 18).

Esta circunstancia obliga al entrenador, fundamentalmente en esta fase, a preocuparse no solo de aspectos técnico-tácticos, sino también tratar de atender a aspectos contextuales que rodeen al joven deportista (como los exámenes, su situación familiar, sus relaciones sociales...) y que sin duda influyen en su estado de ánimo, en su desarrollo y en la calidad del entrenamiento.

Obviamente esto también supone entrar en el terreno de la psicología, en la cual nos consideramos absolutamente ignorantes, pero nos resulta evidente que el entrenador deba desarrollar todo un conjunto de recursos psicológicos que favorezcan el desarrollo del deportista. Como ya destacamos anteriormente, es necesario que el deportista presente un deliberado deseo de mejorar y un elevado compromiso con el entrenamiento y la actividad deportiva. Será, por tanto, necesario combinar con el entrenamiento cuestiones tales como los sentimientos personales de competencia, las sensaciones de flujo y el optimismo que todo deportista debe manifestar para poder llegar a ser excelente (Ruiz, 2003). El entrenador representa un papel relevante en este sentido, ya que debe favorecer que el deportista alcance ese estado de atención que le ayude a mejorar. Seguramente, tratar de que el aprendizaje se realice a través de aquello en lo que la persona se siente más comprometido, constituye una forma más humana, natural y seguramente más eficaz de educar. Para Goleman (1996, p. 161), "la práctica resultará efectiva cuando concurran factores emotivos, tales como el entusiasmo mantenido y la tenacidad ante todo tipo de contratiempos".

3.3. La competición

Indicábamos anteriormente, que, en esta fase, la competición adquiría un carácter muy diferente al de la fase de iniciación y, por supuesto, al de la fase de alto rendimiento. Según los estudios realizados (Bloom, 1985), durante esta fase, la competición, además de adquirir más importancia y empezar a tener una mayor orientación hacia el rendimiento, se convierte en un factor clave como elemento de formación del deportista. Además de convertirse en un poderoso elemento de formación, se convierte en un elemento de selección y favorecedor de experiencias competitivas más ricas para ciertos deportistas (algunos deportistas son seleccionados para disputar competiciones nacionales y algunos de éstos, son seleccionados para disfrutar de competiciones internacionales), lo que a la larga supone una mejora en su formación y desarrollo. Muchas son las referencias que podemos encontrar en la literatura especializada sobre la competición, y la orientación que esta debe tener en la formación del deportista, especialmente en la iniciación. No es objeto de este trabajo el defender los aspectos positivos que se encuentran en la competición correctamente organizada y con la orientación adecuada. Para nosotros, resulta evidente que la competición es un componente importante en la preparación integral del deportista.

También encontramos cada vez más referencias y propuestas en el sentido de la modificación de la competición establecida hasta ahora para conseguir una mayor participación del joven deportista durante los partidos, para facilitarles más esta participació,... En esta línea, podemos destacar en el baloncesto las propuestas de Giménez y Sáenz-López (1996; 1999), o de Cárdenas et al., (2001) o Cárdenas (2003). Bien es cierto, que las variaciones propuestas se ubican fundamentalmente durante la etapa de iniciación.

¿Y cómo considerar a la competición durante la fase de formación? En primer lugar, asumiremos como nuestra la propuesta realizada por Cárdenas (2003), según la cual, al planificar el proceso formativo, es necesario considerar la competición como uno de los medios más importantes y, en consecuencia, habrá que diseñarla para favorecer la formación. "Resulta incoherente que las experiencias posiblemente más importantes desde el punto de vista formativo, no se diseñen ni aprovechen para fomentar los aprendizajes".

De esta premisa deducimos que la competición deberá ser incluido como un medio más en la programación de la enseñanza del baloncesto, que nos deberá llevar a analizar las distintas competiciones en las que participen los jugadores para diseñar de esta forma objetivos a alcanzar a través de la competición, ya sean individuales específicos de cada jugador o colectivos que afecten a la globalidad del equipo. Al establecer dichos objetivos, por supuesto de forma conocida por los jugadores, además de convertirse en un elemento motivador (que, en ocasiones, nos puede ayudar a salvar partidos o competiciones donde las diferencias sean excesivas), se convierten en un elemento de formación, convirtiendo a la competición no en el producto del proceso de enseñanza-aprendizaje, sino en una parte más del proceso de enseñanza.

Además de esta estrategia, consideramos preciso reflexionar sobre otros aspectos relacionados con la competición:

1. En primer lugar, desde nuestra experiencia, observamos que, en muchas ocasiones, las competiciones en estas edades presentan algunos desequilibrios importantes. Este tipo de desequilibrios conlleva graves problemas en la formación del deportista que, en el caso de los menos afortunados puede o suele desencadenar en el abandono de la actividad deportiva, o en el caso de los más afortunados puede o suele desencadenar en una disminución de la calidad del entrenamiento.

   El equilibrio entre los participantes debe constituir una preocupación permanente para los responsables organizadores. En esta línea se han hecho importantes esfuerzos por las federaciones correspondientes, diseñando competiciones con distintas fases donde se van agrupando los equipos con niveles parejos.

   Sin embargo, consideramos que aún es necesario avanzar más en este terreno, ya que, en la realidad, y en base a nuestra experiencia, el número de partidos competitivos resulta claramente insuficiente.

Una propuesta en este sentido, podría ser que se permitiese competir en categorías superiores a aquellos equipos o deportistas que en su categoría de origen compiten de forma muy desequilibrada con el resto de los equipos de su misma categoría. Como sugiere Sánchez (2002) en su tesis doctoral, el competir en ligas de máximo nivel o nivel superior, así como el simultanear competiciones con jugadores del mismo nivel y nivel superior, se convierte en un poderoso elemento de desarrollo de la pericia.

2. El anterior aspecto creemos que debe ser completado también con una programación adecuada del número de partidos que se deben organizar a lo largo de una temporada. En esta línea, creemos que es necesario proporcionar al deportista un número suficientes de competiciones a lo largo del año, pero planteadas de una forma coherente, especialmente con el entorno y circunstancias del deportista.

Desde nuestra perspectiva, observamos que se organizan periodos competitivos especialmente largos (en algunos casos de Octubre a Junio, lo que conlleva una duración superior del periodo competitivo al de algunos deportistas profesionales), y que no suponen un número muy significativo de competiciones. Creemos que sería un planteamiento más correcto el plantear periodos competitivos más cortos y que permitiesen al deportista disputar más competiciones concentradas en el tiempo.

3. Este último argumento anterior, también nos lleva a proponer el hecho de que la organización de dichas competiciones también debe observar el contexto del jugador en formación y el desarrollo del deportista a largo plazo.

En relación, al contexto, hay un aspecto que nos llama poderosamente la atención. Las competiciones se organizan sin tener en cuenta el momento educativo del deportista. Esto resulta muy evidente especialmente en la categoría cadete, cuando el Campeonato de España de la Juventud, como lo denomina el Consejo Superior de Deportes, coincide con los exámenes finales de los estudiantes. Dejo a la imaginación del lector, los innumerables problemas que dicha competición puede generar.

Como comentábamos anteriormente, el entrenamiento actual plantea un evidente problema de coordinación entre los requerimientos del deporte de alto nivel formativo y el resto de las ocupaciones cotidianas del deportista. Este aspecto representa que la exigencia del deporte de competición debe ser coordinada con las otras actividades de la vida del niño y del adolescente. Solamente, cuando se alcanza un equilibrio satisfactorio entre las diversas exigencias de la vida cotidiana del sujeto, la promoción del talento deportivo puede tener éxito.

Del mismo modo, el inicio de la competición en los adolescentes plantea serios problemas de coordinación con las actividades escolares. El seguir en esta línea, tratando de establecer una prioridad o considerar uno alternativo respecto al otro no puede ser admisible, ya que eso nos lleva a la disminución clara de la población deportista. De hecho, no es posible anteponer el deporte de competición a la educación escolar o profesional. Por lo tanto, en la actualidad se propone un control más meticuloso de los entrenamientos y de las competiciones, con el fin de reducir la duración a través de una "programación económicamente concentrada" (Baur, 1993), y conseguir de esta forma, compatibilizar el entrenamiento con el resto de las actividades lógicas de los deportistas adolescentes.

Pero este argumento debe ir más lejos. Indicábamos que además del contexto educativo del deportista, debemos observar también la planificación a largo plazo de dicho deportista para conseguir que alcance el alto rendimiento deportivo en las mejores condiciones deportivas posibles. Pero ¿es esto posible cuando se proponen periodos competitivos de 9 a 10 meses para jugadores de categoría cadete o junior? ¿Y dónde quedan los principios de progresión, de crecimiento paulatino del esfuerzo, etc., que nos propone la teoría del entrenamiento? Nos resulta curioso que, en este sentido, si se tiende a planificar de una forma estructurada la progresión de los entrenamientos a lo largo de la vida del jugador (volumen, intensidad, contenidos...), pero no se planifica y controla el volumen y tipo de competiciones. Creemos evidente, que con el actual sistema de competición resulta muy difícil que surjan jugadores y deportistas ilusionados. Consideramos necesario una revisión urgente del sistema competitivo que contemple los aspectos comentados y proponga un sistema más coherente con el periodo formativo, biológico y social del joven deportista.

4. Por último, creemos que, atendiendo a las características de cada deportista, es necesario, en la medida de lo posible individualizar la competición y tener una perspectiva constructivista de su utilización, lo que viene a implicar que, en ese proceso de desarrollo del deportista, la competición debe adaptarse a sus necesidades, lo que conllevará participar en competiciones superiores en algunos casos o en varias competiciones a la vez.

En definitiva, y como indica Buceta (1998, p. 345-346), para que las competiciones contribuyan al desarrollo de la capacidad competitiva, deben reunir las siguientes características:

- Que sean suficientes a lo largo de la temporada, como para provocar condiciones variadas que obliguen a los deportistas a adaptarse las diferentes situaciones,
- que no sean excesivas,
- que se desarrollen en los momentos de la temporada más apropiados, y
- que se adapten a las posibilidades reales de rendimiento de los deportistas.

REFERENCIAS

Abernethy, B. (1993). The nature of Expertise in Sport. En Serpa, S. y cols. (coords.) *Congreso Mundial de Psicología do Esporto*. Lisboa: FMH.

Añó, V. (1997). *Planificación y organización del entrenamiento juvenil*. Madrid: Gymnos.

Antón, J. L. (2002). *Balonmano. Táctica grupal defensiva: Concepto, estructura y metodología*. Granada: Grupo Editorial Universitario.

Baur, J. (1993). Ricerca e promozione del talento nello sport. *Rivista di Cultura Sportiva, suplemento a SdS, 28-29*, 4-20.

Bloom, B.S. (1985). Developing talent in young people. New-York: Ballantine.

Bloom, G. A., Salmela, J. H., y Schinke, R. J. (1995). Expert coaches' views on the training of developing coaches. En R. Vanfraechem-Raway y Vanden Auweele (Eds.), *Proceedings of the 9th European Congress on Sport Psychology* (pp. 401-408). Brussels, Belgium: Free University of Brussels.

Bosc, G. (1985). Contribution á la recherche et á l´evaluation des jeunes athletes. *E.P.S. Education Physique et Sport, 35*, 56-62.

Buceta, J. M. (1998). *Psicología del entrenamiento deportivo*. Madrid: Dykinson.

Cárdenas, D. (2001). La mejora de la capacidad táctica individual a través del descubrimiento guiado. *Clinic, 53*, 18-24.

Cárdenas, D. (2003). El proceso de formación táctica colectiva desde una perspectiva constructivista. *Curso de Didáctica del Baloncesto en las Etapas de Iniciación.* Madrid: INEF.

Cárdenas, D., Pinar, M., y Baquero, C. (2001). Minibasket: ¿un deporte adaptado a los niños?. *Clinic, 55,* 4 –11.

Csikszentmihalyi, M., y Robinson, R. E. (1986). Culture, time and development of talent. En Sternberg, R. J. y Davidson, J. E. (eds.) *Conceptions of Giftedness (*pp. 264-28)*.* Cambridge: Cambridge University Press.

Delgado, M. A. (1994). Análisis de los comportamientos docentes del entrenador. En *Master en Alto Rendimiento Deportivo*. Madrid: C.O.E.

Durand, M. (1988). *El niño y el deporte.* Madrid: Paidós.

Durand-Busch, N. y Salmela, J. H. (1996). Nurture over Nature: A new twist to the development of expertise. *Avante, 2* (2), 87-109.

Ericsson, K., Krampe, R., y Tesch-Römer, C. (1993). The role of deliberate practice in the acquisition of expert performance. *Phychological review, 100* (3), 363-406.

Fontecha, C. (2003). Pautas metodológicas para un aprendizaje eficaz. *Curso de Didáctica del Baloncesto en las Etapas de Iniciación*. Madrid: INEF.

Giménez, F. J., y Sáenz-López, P. (1999). *Aspectos teóricos y prácticos de la iniciación al baloncesto*. Huelva: Diputación Provincial.

Giménez, F. J., y Sáenz-López, P. (1999). El entrenador de baloncesto en las etapas de iniciación. *Curso de Didáctica del Baloncesto en las Etapas de Iniciación*. Madrid: INEF.

Goleman, D. (1996). *Inteligencia emocional.* Barcelona: Kairós.

Graça, A. (1998). Observaçao e Correcçao de Tareas. *Treino Desportivo, 1-2,* 3-8.

Graça, A. y Oliveira. J. (1997). *La enseñanza de los juegos deportivos*. Barcelona: Paidotribo.

Gutiérrez, A. (1990). Diseño de una batería experimental para la identificación y detección precoz de jóvenes talentos en basket. *Revista de investigación y documentación sobre las Ciencias de la Educación Física y del Deporte, 15-16*, 42-53.

Jiménez, F. (2003). La organización del aprendizaje deportivo a partir de la lógica interna. *Curso de Didáctica del Baloncesto en las Etapas de Iniciación*. Madrid: INEF.

Lorenzo, A. (2001). Hacia un nuevo concepto del talento deportivo. *Revista de Entrenamiento Deportivo, 10*(2), 27-33.

Lorenzo, A. (2001). La planificación a largo del plazo del deportista dentro del proceso de detección y selección de talentos. *Lecturas: Educación Física y Deportes, Revista Digital, 38*. Extraído el 15 de agosto de 2003 desde http://www.efdeportes.com/efd38/talent.htm.

Lorenzo, A. (2002). La detección del talento en los deportes colectivos. *Kronos, 1* (1), 15-23.

Lorenzo, A. (2003). ¿Detección o Desarrollo del Talento? Factores que motivan una nueva orientación del proceso de detección de talentos. *Apunts, Educación Física y Deporte, 71*, 23-28.

Masnou, M. y Puig, N. (1998). El acceso al deporte. Los itinerarios deportivos. En Blázquez, D. (dir.) *La iniciación deportiva y el deporte escolar*. Barcelona: INDE.

McPherson, S. L. (1984). The Development of Sport Expertise: Mapping the Tactical Domain. *Quest, 46*, 223-240.

Méndez, A. (1999a). Modelos de enseñanza deportiva. Análisis de dos décadas de investigación. Lecturas: Educación Física y Deportes, Revista Digital, 13. Extraído el 30 de julio de 2001 desde http://efdeportes.com/efd13/amendez.htm.

Méndez, A. (1999b). Efectos de la manipulación de las variables estructurales en el diseño de juegos modificados de invasión. *Lecturas: Educación Física y Deportes, Revista Digital, 16*. Extraído el 3 diciembre 2001 desde http://efdeportes.com/efd16/juegos.htm.

Regnier, G.; Samella, J. y Russell, S. J. (1993). Talent Detection and Development in Sport. En R. N. Singer; M. Murphey y L. K. Tennant (Eds.) *Handbook of Research on Sport Psychology* (pp. 290-313). Canada: MacMillan.

Rodrigues, J. (1997). *Os treinadores de sucesso. Estudo da influencia do objectivo dos treinos e do nível de práctica dos atletas na actividade pedagógica do treinador de Voleibol*. Lisboa: FMH-UTL.

Rosado, A. (1995). *Observaçao e reacçao à prestaçao motora: Estudo da competencia de diagnóstico e prescriçao pedagógica em tarefas desportivas características do atletismo.* Lisboa: FMH-UTL.

Ruiz, F., García, A. y Casimiro, A. (2001). *Nuevas tendencias metodológicas. La iniciación deportiva basada en los deportes colectivos.* Madrid: Gymnos.

Ruiz, L. M. (1999). Rendimiento deportivo, optimización y excelencia en el deporte. *Revista de Psicología del Deporte, 8*(2), 235-248.

Ruiz, L. M. (2003). Dimensiones perceptiva y psicológica de la excelencia deportiva: ¿es la juventud un momento clave?. *II Jornadas Internacionales sobre Innovaciones en Ciencias del Deporte: Fisiología y Entrenamiento.* Málaga: I.A.D.

Ruiz, L. M., y Sánchez, F. (1997). *Rendimiento deportivo: claves para la optimización del aprendizaje.* Madrid: Gymnos.

Salmela, J. H. y Durand-Bush, N. (1994). La détection des talents ou le développement de l´expertise en sport. *Enfance, 2-3*, 233-245.

Salmela, J. H., Draper, S. P., y Laplante, D. (1993). Development of expert coaches of team sports. En Serpa, S. Alves, J. Ferreira, V. y Brito. A. P. (Eds.), *Proceedings 8th World Congress of Sport Psychology. Sport Psychology: an integrated approach.* ISSP.SPPD. (pp. 296-300). Lisboa: FMH-UTL.

Sampedro, J. (1999). *Fundamentos de Táctica Deportiva. Análisis de la estrategia de los deportes.* Madrid: Gymnos.

Sánchez, M. (2002). *El proceso de llegar a ser experto en baloncesto: Un enfoque psicosocial.* Tesis no publicada.

Simao, J. (1998). *A formaçao do treinador. Análise das representaçoes dos treinadores em relaçao à sua propria formaçao.* Dissertaçao apresentada com vista à obtençao do grau de Mestre em Gestao da Formaçao Desportiva. Lisboa: FMH-UTL.

Viciana, J. y Sánchez, D. L. (2002). Procedimiento de inducción y aportación de un sistema múltiple de categorías para el análisis del discurso de entrenadores de deportes colectivos. *Lecturas: Educación Física y Deportes, Revista Digital, 53*. Extraído el 5 de noviembre de 2002 desde http://efdeportes.com/efd53/discurs.htm

Williams, A. M. y Franks, A. (1998). Talent identification in soccer. *Sports Exercise and Injury, 4*, 159-165.

Zatziorski, V.M. (1989). *Metrología deportiva.* Moscú: Planeta.

3. FACTORES QUE INFLUYEN EN EL PROCESO DE FORMACIÓN DEL JUGADOR DE BALONCESTO DE ALTO RENDIMIENTO

Mauro Sánchez Sáncehez [1]
Luis Miguel Ruíz Pérez [2]
Miguel Ángel Delgado Noguera [2]

[1] *Facultad de Ciencias de la Actividad Física y del Deporte. Universidad de Castilla la Mancha.*
[2] *Facultad de Ciencias de la Actividad Física y del Deporte. Universidad de Granada.*

1. INTRODUCCIÓN

Actualmente se comparte que para llegar a ser un excelente deportista es necesaria una satisfactoria interrelación de entrenamiento y factores cognitivos, biológicos, psicológicos y ambientales (Singer y Janelle, 1999). Detrás de este planteamiento subyace que, sobre una base genética, es necesaria la coincidencia de numerosas variables para que un deportista llegue a ser un campeón. La consecuencia de esto es que el deportista excelente nace, pero sobre todo se hace (Ruiz y Sánchez, 1997; Singer y Janelle, 1999). A pesar de esta idea generalizada, son escasos los estudios que analizan cómo se hace un campeón, el proceso de formación, el itinerario desde que se inicia en el deporte hasta que llega al máximo rendimiento. Quizá una de las posibles causas sea la dificultad que entrañan los estudios longitudinales. En las investigaciones de carácter longitudinal los abandonos de la muestra son frecuentes, además de que se corre el riesgo de estudiar deportistas que en un futuro no lleguen al máximo nivel, es decir, falsos expertos (Thomas, 1994; Puig, 1996). No obstante, existen alternativas metodológicas que permiten el análisis del experto desde una perspectiva diacrónica. Así, en la literatura científica se encuentran trabajos que utilizando una metodología biográfica indagan en el proceso de formación del deportista. Dichos estudios también tienen limitaciones como el olvido o la veracidad de los datos, si bien, la rigurosidad utilizada en el procedimiento, permite obtener conclusiones que ayudan a comprender mejor en qué condiciones se forma un deportista excelente (Thomas y Thomas, 1999). A continuación, se exponen una serie de investigaciones que han tomado como objeto de estudio el desarrollo de la pericia desde un enfoque biográfico.

Bloom (1985) entrevistó a personas que destacaban en diferentes dominios (ciencia, arte y deporte) con la finalidad de hallar en sus experiencias vitales las claves de su éxito. El autor encontró que existía un patrón común de desarrollo de la pericia y recalcó el papel relevante de la práctica deliberada y del apoyo paterno y del técnico o profesor (Tabla 1).

Carlson (1988) entrevistó a veinte tenistas suecos, a sus padres y entrenadores con el fin de conocer su formación, desarrollo y experiencias deportivas en su infancia y juventud. Las líneas de indagación fueron: a) estudio de la distribución de los clubes en el país y el número de miembros, b) estudio del ámbito local de los jugadores en su periodo de madurez, c) experiencias deportivas de los jugadores, d) actitudes del jugador con respecto al entrenamiento, e) relaciones sociales de los jugadores, f) desarrollo de los jugadores y características personales, y g) percepción de la excelencia desde el punto de vista del deportista, entrenadores y padres.

La muestra estaba dividida en dos grupos, un grupo lo formaban diez jugadores (cinco hombres y cinco mujeres) situados entre los quince mejores del mundo y otro grupo control formado por diez tenistas (cinco hombres y cinco mujeres) que no pertenecían al ATP ranking de 1985. Los sujetos del grupo control tenían la misma edad y sexo que el grupo de expertos y estuvieron en el ranking junior de la federación de tenis sueca. Es decir, ambos grupos en la edad de 12 a 14 años se encontraban entre los mejores jugadores de ámbito nacional. Después de la pubertad los dos grupos llevaron trayectorias diferentes.

Tabla 1. Fases de la pericia según Bloom (1985). Fuente: Ruiz y Sánchez (1997).

	FASES DE LA EVOLUCIÓN DE LA PERICIA		
	INICIO	DESARROLLO	PERFECCIÓN
Deportista	· Alegría · Disfrute · Talento especial · Responsabilidad · Innovan, aportan	· Compromiso · Dedicación · Práctica deliberada · Promete	· Obsesión · Profesionalidad
Técnico / Profesor	· Amable · Cariñoso · Centrado en que aprenda · Apoya	· Fuerte · Respetuoso · Competente · Exigente	· Éxito · Respetado · Temido · Emocionalmente implicado
Padres	· Comparten la excitación · Apoyan · Buscan técnicos · Actitud positiva	· Se sacrifican · Adaptan su vida · Restringen sus actividades	

Carlsol (1988) concluye afirmando que no es posible predecir quién llegará a ser un tenista experto basándose únicamente en el talento. Para este autor las cualidades personales, la estructura del club en donde se entrena, y la relación con el entrenador y los padres son esenciales para alcanzar el éxito.

Fiorese, Lopes y Jornada (1999) consideran que el éxito de un individuo en cualquier modalidad deportiva depende de su potencial genético, de la metodología de aprendizaje, del entrenamiento durante los diferentes niveles de su desarrollo, de la valoración del deporte por parte de la sociedad a la que pertenece el sujeto, de buenas instituciones educativo-deportivas y del soporte familiar. De todos estos elementos, el soporte familiar y las transiciones o cambios efectuados para mejorar las condiciones materiales y humanas fueron los dos aspectos que destacaron en el estudio de caso que llevaron a cabo. Estos autores describieron e interpretaron la trayectoria de desarrollo de la pericia de un campeón olímpico (natación) desde sus inicios en el deporte hasta su participación en los Juegos Olímpicos. La recogida de datos se realizó a través de una entrevista semiestructurada con el fin de conocer la historia de vida del deportista. Además de la entrevista del nadador se tuvieron en cuenta las declaraciones de sus familiares y entrenadores. De manera similar a las investigaciones de Bloom (1985), establecieron fases para interpretar el proceso de formación deportiva (Tabla 2): Estimulación motriz (hasta 8 años), Aprendizaje motor (de 8 a 12 años), Práctica motriz (de 12 a 15 años) y Especialización motriz (a partir de 16 años).

Tabla 2. Influencia familiar y características de la práctica en las fases de la evolución de la pericia de un nadador experto según Fiorese et al. (1999).

FASES DE LA EVOLUCIÓN DE LA PERICIA	DEPORTISTA	PADRES
ESTIMULACIÓN MOTRIZ (hasta 8 años)	· Estimulación hacia actividades muy variadas · Experiencias tempranas divertidas	· No presionaban ni demandaban éxito en su hijo
APRENDIZAJE MOTOR (de 8 a 12 años)	· Formación multideportiva · A los ocho años de edad inicia el aprendizaje de la natación en un club, los entrenamientos sistematizados comienzan a la edad de 14 años	· Apoyo de la familia para la práctica deportiva · Dan autonomía a su hijo respecto a las decisiones relativas a la práctica del deporte
PRÁCTICA MOTRIZ (de 12 a 15 años)	· Predominio de la natación respecto a otras actividades deportivas practicadas. · Posee concentración, dedicación y sacrificio	· Los padres facilitan (ayudan) a superar los contratiempos que surgen para mejorar el rendimiento deportivo
ESPECIALIZACIÓN MOTRIZ (a partir de 16 años)	· Dedicación exclusiva a la natación. · Los éxitos, el gusto por el deporte y el grupo de amigos facilitan el compromiso exclusivo a la natación · Excelente motivación y deseo de mejorar	· Los padres exigen que compagine estudios y deporte

Para Fiorese, Lopes y Jornada (1999) el éxito en la trayectoria deportiva del sujeto que estudiaron fue consecuencia de la interrelación entre: los atributos personales y psicológicos del deportista (determinación, concentración, dedicación, motivación y deseo de mejorar), su proceso de formación deportiva, el clima afectivo positivo que reinaba en su familia, la interdependencia entre el contexto familiar y el deportivo vivido por el deportista, y el apoyo recibido en los sucesivos ambientes en los que convivió (facilidades para estudiar, instalaciones, técnicos cualificados, apoyos económicos....).

Las conclusiones de los estudios citados son de gran relevancia para el desarrollo del talento de nuestros jóvenes deportistas. En nuestros días se empieza a cuestionarse la eficacia de los métodos tradicionales para la selección de talentos y como alternativas se presentan propuestas que tienen en cuenta las condiciones en que se realizó el proceso de formación de deportistas excelentes, para así poder aplicarlas a aquellos jóvenes que destacan en las diferentes especialidades deportivas. Se trata de ofrecer a los deportistas seleccionados un contexto de práctica que garantice su continuidad en el deporte, es decir, hay que cuidar al talento y para eso es de gran interés lo que han vivido los grandes campeones.

La presente investigación se une a los anteriores estudios con la intención de aumentar el conocimiento sobre las condiciones en que se forma un deportista de alto rendimiento, los estudios como se ha mencionado anteriormente, son escasos y realmente existen grandes interrogantes sobre el camino que lleva a alcanzar grandes cotas de rendimiento deportivo. Para Campos (1996) *"todavía no se ha llegado a concretar las razones por las que algunos jóvenes talentos terminan consiguiendo materializar sus dones en fase adulta mientras otros desaparecen. Ni por qué, algunos jóvenes normales, en determinadas circunstancias, sobrepasan los rendimientos de compañeros con mayor potencialidad inicial. La forma en que los factores intelectuales, sociales, afectivos, motivacionales y temperamentales influyen sobre la potencialidad y el logro plantean numerosas dudas e incertidumbres"* (Campos, 1996: 9)

En España, los estudios sobre el proceso de formación de nuestros deportistas de elite son prácticamente inexistentes, únicamente nos encontramos con las aportaciones de Puig (1995; 1996), García

(1996) y Campos (1996), todos ellos desde una perspectiva sociológica. Actualmente se sabe poco sobre las circunstancias en que los deportistas españoles han llegado a ser expertos. Concretamente, en el caso del baloncesto no existe ningún estudio que describa con detalle (diferentes variables) el desarrollo de la pericia de nuestros jugadores.

El problema planteado en esta investigación ha sido el estudio del deportista excelente en Baloncesto desde la perspectiva biográfica (diacrónica) y multidimensional, con el objetivo de conocer y analizar, mediante esta doble perspectiva, el proceso de formación de jugadores españoles de Baloncesto que alcanzaron altos niveles de rendimiento.

2. DISEÑO DE LA INVESTIGACIÓN

La presente investigación tiene un enfoque biográfico y responde a un diseño de casos múltiples (nueve relatos de vida), con varias unidades de análisis (persona, relación con otros y práctica), siendo el objetivo describir y explicar el proceso de formación de jugadores excelentes de baloncesto. Desde otro punto de vista, considerando el estudio de casos como un método (Valles, 1997), esta investigación se ubicaría dentro de la estrategia metodológica de estudios de casos biográficos y el diseño respondería a la realización de nueve relatos de vida paralelos con análisis e informes mixtos (descripción de cada caso y comparación entre ellos a través de las diferentes unidades de análisis).

El estudio se inicia con una revisión bibliográfica que establece el problema a investigar, la selección de los casos y el diseño de la entrevista. A la etapa inicial de recopilación de información le sigue la fase de realización de la entrevista (técnica de recogida de datos por excelencia del método biográfico), con su registro a través de grabaciones en audiocassettes y su correspondiente transcripción. Con la entrevista dispuesta en un procesador de textos se continúa con un análisis de contenido cuyo objetivo final es la elaboración de los relatos de vida. Dichos relatos son un requisito indispensable para poder compararlos y obtener conclusiones e implicaciones de la investigación.

3. PARTICIPANTES

3.1. Selección de los casos

El método para la selección de los componentes de la muestra fue el no probabilístico, intencionado (Puig et al., 1987; Puig, 1996; Rodríguez, Gil y García, 1996; Valles, 1997; Moreno, 2001). Es decir, no todos los sujetos pertenecientes a la población (baloncestistas alto rendimiento) tuvieron la misma probabilidad de ser seleccionados como muestra y se buscaron sujetos que cumpliesen los requisitos de ser experto en baloncesto además del de accesibilidad. Se trata, por tanto, de una muestra disponible pero que representa a un colectivo reducido de deportistas.

Atendiendo al concepto de experto (deportista de alto rendimiento) y al criterio de selección en investigaciones precedentes, se ha estimado para el estudio del proceso de formación de jugadores de baloncesto, la selección de una muestra de nueve sujetos, varones, que cumpliesen al menos tres de los siguientes requisitos:

A) Haber sido elegido mejor jugador europeo.

B) Haber sido internacional con la selección nacional absoluta.

C) Haber conseguido medalla (Olimpiada, Europeo, Mundial) con la selección nacional absoluta.

D) Poseer títulos europeos con su club.

E) Poseer títulos nacionales con su club cuando estaban en la máxima categoría.

En la tabla 3 se indican los requisitos que cumplen cada uno de los participantes de esta investigación.

Tabla 3. Características de los participantes.

PARTICIPANTES	REQUISITOS				
	A	B	C	D	E
S1	*	*	*	*	*
S2		*	*	*	*
S3		*	*		*
S4		*	*	*	*
S5		*	*	*	*
S6		*	*	*	*
S7		*	*	*	*
S8		*	*	*	*
S9	*	*		*	*

3.2. Colaboradores

Como consecuencia de la técnica de análisis de datos cualitativa utilizada (análisis de contenido) y con el objetivo de optimizar la calidad de la investigación, fue requerida la ayuda de cuatro colaboradores para que participaran en el proceso de codificación de las entrevistas. La función de los codificadores fue dotar al proceso de análisis de contenido la mayor objetividad posible, mediante su intervención se evitaba la subjetividad del investigador principal. Una vez que consiguieron en las sesiones de entrenamiento familiarizarse con el proceso de codificación y obtener un óptimo nivel de coincidencia, abordaron la codificación de las entrevistas realizadas a los deportistas objeto de estudio.

4. VARIABLES DE ESTUDIO

4.1. Variables relacionadas con la práctica deportiva:

- Edades y práctica del baloncesto.
- Tiempo dedicado al entrenamiento formal del baloncesto.
- Actividades de entrenamiento relacionadas con el baloncesto.
- Entrenamiento informal de baloncesto.
- Realización de otras prácticas deportivas.

4.2. Variables relacionadas con el ambiente deportivo/social:

- Familia
- Entrenadores.
- Acceso a la máxima competición.
- Oportunidades.
- Relación con el entorno deportivo.
- Mentor

4.3. Variables relacionadas con la persona:

- Motivaciones para la práctica del baloncesto.
- Expectativas de otros.
- Proyectos personales.
- Competitividad.
- Empeño y gusto por el entrenamiento.
- Modelos.
- Percepción de excelencia.
- Deseo de mejorar (excelencia).
- Dificultades.

5. TÉCNICA DE RECOGIDA DE DATOS. LA ENTREVISTA

La entrevista utilizada en la investigación se caracteriza por lo siguiente:

- Tiene una finalidad de investigación, es decir, es una técnica de obtención de información relevante para los objetivos de un estudio.

- Biográfica en profundidad, el sujeto entrevistado explicita de la forma más amplia posible, experiencias, sentimientos, referencias a terceras personas, a ambientes y lugares concretos en los que transcurren los distintos episodios biográficos.

- Focalizada, existe un planteamiento previo de los temas sobre los que se quiere obtener información (Valles, 1997).

- Semiestructurada, no hay una secuencia de preguntas satisfactoria para todos los entrevistados. Es decir, partiendo de un guión de entrevista, el orden de las preguntas, de los temas, se pueden adaptar en función del desarrollo de la entrevista.

- Abierta, el entrevistado responde de forma libre (Patton, 1990).

Para el diseño de la entrevista se tomó como referencia la revisión bibliográfica realizada, siendo las variables del estudio las que guiaron las primeras preguntas que conformaron las entrevistas piloto. Las revisiones realizadas por investigadores expertos y la dinámica de las entrevistas piloto dieron paso al guion de entrevista definitivo. En la tabla 4 se detallan los bloques de preguntas de la entrevista.

Tabla 4. Bloque de preguntas.

BLOQUE DE PREGUNTAS
I. Proceso de iniciación deportiva
II. Antecedentes familiares
III. Entorno social y deportivo
IV. Dificultades del deportista
V. Acceso a la máxima competición
VI. Entrenamiento y la alta competición
VII. Motivaciones del deportista
VIII. Concepción de la excelencia y características del jugador de baloncesto
IX. Estrategias

6. ANÁLISIS DE DATOS CUALITATIVOS

En el análisis de datos cualitativos se ha seguido un proceso de cuatro etapas (Delgado y Del Villar, 1995; Medina, 1996; Moreno, 2001):

1ª Etapa: ELECCIÓN DE LA UNIDAD DE CONTENIDO.

La unidad de contenido elegida ha sido la oración, es decir, el espacio o texto comprendido entre punto y punto.

2ª Etapa: ELABORACIÓN DEL CONJUNTO DE CATEGORÍAS.

Para la elaboración de las categorías se siguió un proceso inductivo-deductivo concretándose las siguientes categorías de análisis:

1. DIMENSIÓN CONOCIMIENTO BASE DEPORTIVO

    1.1. PRÁCTICA DEL BALONCESTO

    1.2. OTRAS PRÁCTICAS DEPORTIVAS

2. DIMENSIÓN AMBIENTE DEPORTIVO-SOCIAL

    2.1. EL ENTORNO SOCIODEPORTIVO

    2.2. ASCENSO A LA MÁXIMA CATEGORÍA

    2.3. RELACIÓN CON EL ENTORNO DEPORTIVO Y SOCIAL

3. DIMENSIÓN PERSONAL

    3.1. MOTIVACIONES Y EMOCIONES3ª Etapa: CODIFICACIÓN.

Con el deseo de evitar las concepciones predeterminadas (subjetividad) y por tanto optimizar la calidad el estudio, se estimó la participación de cuatro colaboradores para desempeñar las tareas de codificación (LeCompte y Goetz, 1982; Lincoln y Guba, 1985; Erlandson et al.,1993; Medina, 1996; Moreno, 2001). En la codificación de las entrevistas se ha seguido un proceso estructurado en fases (Medina, 1996). Las fases del proceso fueron las siguientes:

- SELECCIÓN DE CODIFICADORES.
- ENTRENAMIENTO DE LOS CODIFICADORES.
- FIABILIDAD INTERCODIFICADOR.
- PROCEDIMIENTO DE CODIFICACIÓN DE LAS ENTREVISTAS.

4ª Etapa: AGRUPAMIENTO Y SÍNTESIS.

Una vez hecha la codificación de cada una de las entrevistas, se agrupaban todos los fragmentos (unidades de contenido) de una misma categoría. Con las unidades de contenido agrupadas por categorías se pasaba a realizar una síntesis (interpretación) de la información acumulada y con ello el informe de cada uno de los participantes.

7. RESULTADOS

Los resultados que se exponen en las tablas son producto de la comparación de los informes de los nueve participantes. El procedimiento fue el siguiente: se conformaba una matriz en donde aparecían la síntesis de cada participante en relación, a una variable, en esta matriz se comparaban las diferentes manifestaciones y se establecían las frecuencias.

7.1. Resultados relacionados con la práctica deportiva

Tabla 5. Resultados práctica deportiva.

CONOCIMIENTO BASE DEPORTIVO	f/n
Inicio al baloncesto entre los 7-12 años	7/9
Aumento del número de entrenamientos (5 sesiones/sem.) a partir de 16-18 años	8/9
Participación simultánea en diferentes competiciones	7/9
Práctica del baloncesto con jugadores mayores y participación en categoría superior a partir de 16-17 años	8/9
Entrenamientos centrados en la técnica	7/9
Entrenamiento informal en infancia y adolescencia	8/9
Práctica de varios deportes hasta los 14-16 años	8/9
Nivel de competencia elevado en los deportes que practican simultáneamente con el baloncesto	8/9

7.2. Resultados relacionados con el ambiente deportivo-social

Tabla 6. Características del entrenador en la iniciación al baloncesto.

EL ENTRENADOR EN LA INICIACIÓN AL BALONCESTO	f/n
Entusiasmo, gusto por el baloncesto	6/9
Enseña los contenidos del baloncesto	5/9
Dedicación	5/9
Divierte en los entrenamientos	4/9
Motiva	4/9
El entrenador durante el periodo de formación influye en el itinerario deportivo	9/9

Tabla 7. Actuación de la familia.

LA FAMILIA EN EL ITINERARIO DEPORTIVO	f/n
Antecedentes deportivos familiares	7/9
Apoyo para que practiquen baloncesto	9/9
Respeto de opiniones y decisiones relativas al baloncesto	7/9
Asistían a los partidos	5/9

7.3. Resultados relacionados con las motivaciones de los deportistas

Tabla 8. Las motivaciones de los jugadores de baloncesto.

MOTIVACIONES	f/n
Expectativas desde el entorno sociodeportivo	7/9
Máximo empeño en el entrenamiento	6/9
Gusto por entrenar	8/9
Modelos deportivos	6/9
Actitud competitiva	8/9
Deseo de mejorar	8/9
Proyectos a largo plazo	8/9

8. DISCUSIÓN

A lo largo de este estudio hemos comprobado que no se puede entender el nivel de rendimiento de los ex jugadores de baloncesto desde la práctica realizada, las motivaciones o la influencia socioambiental de forma aislada, la interacción entre estas dimensiones hicieron posible, que estos deportistas alcanzaran la excelencia. Los resultados obtenidos apoyan la idea de que el rendimiento excelente es consecuencia de la interrelación entre: factores sociales, ambientales, psicológicos, cognitivos, biológicos y práctica (Campos, 1996; Ruiz y Sánchez, 1997; Singer y Janelle, 1999).

El éxito que consiguieron los jugadores de baloncesto se debe en parte al amplio conocimiento que adquirieron durante su itinerario deportivo. Dicho bagaje fue producto del cúmulo de los siguientes tipos de experiencias deportivas:

- Entrenamientos con orientación técnica.
- Práctica de varios deportes.
- Elevado número de horas de práctica informal, sobre todo en la infancia y adolescencia.
- Competiciones en calidad y cantidad.
- Competiciones y entrenamientos con jugadores mejores desde el punto de vista técnico-táctico.

Al igual que en los estudios de Bloom (1985) y Fiorese, Lopes y Jornada (1999) se observa un patrón común en el proceso de formación de los participantes en la investigación (Tabla 9).

Tabla 9. Fases de la formación deportiva de los jugadores de baloncesto

PROCESO DE FORMACIÓN DEPORTIVA		
PRIMERA FASE (Hasta los 16 años)	**SEGUNDA FASE** (Más de 16 años)	
	1ª ETAPA (16-18/19 años)	*2ª ETAPA* (+ 20 años)
· Entrenamientos centrados en la técnica · Práctica de varios deportes · Entrenamiento informal (colegio, fines de semana, patio de casa).	· Dedicación exclusiva al baloncesto · Aumento considerable en las horas de entrenamiento · Aumento de competiciones · Participan en competiciones de máximo nivel · Competiciones y entrenamientos con jugadores de mayor calidad técnico-táctica	· Profesionalidad · Entrenamiento informal en los momentos previos y posteriores al entrenamiento con el equipo

Todas las experiencias mencionadas sumaron un elevado número de horas de práctica (Helsen, Starkes y Hodges, 1998), práctica que en gran medida fue deliberada, es decir, se realizó con el deseo de mejorar (Ruiz y Sánchez, 1997).

Ahora bien, ¿por qué emplearon tantas horas en la práctica del baloncesto? Las razones que les impulsaron a comprometerse y a esforzarse en los entrenamientos durante un largo periodo de su vida fueron múltiples: diversión, ventajas en la implicación, expectativas, proyectos y metas deportivas, modelos, y deseo de mejorar y ganar conformaron un entramado complejo de motivaciones (Carlson, 1988; Puig, 1996; Helsen, Starkes y Hodges, 1998; Fiorese, Lopes y Jornada, 1999; Vernacchia, McGuire, Reardon y Templin, 2000). Dichas motivaciones tuvieron un efecto dinamizador en los sujetos de la muestra, provocando que dedicaran un elevado número de horas y años a la práctica deportiva del baloncesto (Figura 1).

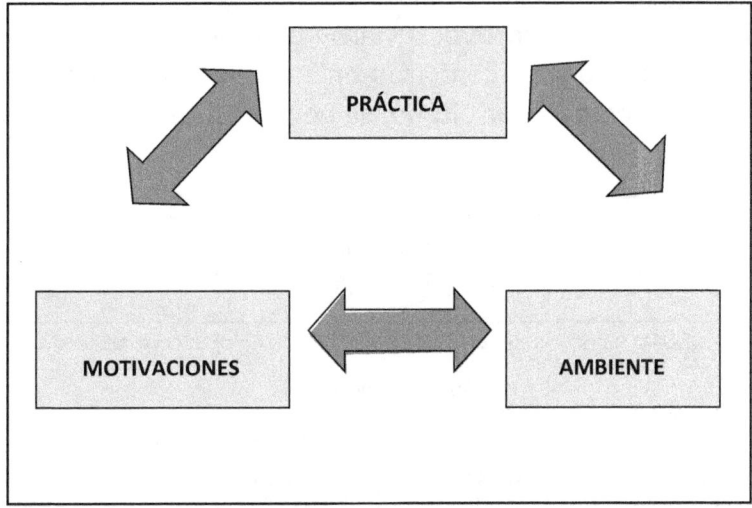

Figura 1. Interrelación entre las dimensiones objeto de estudio.

Sin embargo, para llegar a ser un buen jugador de baloncesto no sólo depende de practicar muchas horas, de poseer aptitudes, y de estar fuertemente motivado, es necesario que el entorno en el cual se desarrolla el deportista ofrezca las circunstancias adecuadas (Carlson, 1988; Ruiz y Sánchez, 1997; Singer y Janelle, 1999). Apoyo familiar (implicación moderada), personas que guiaron y orientaron la trayectoria deportiva (mentor), entrenadores entusiastas que motivaron, divirtieron y enseñaron, disponibilidad de oportunidades, estar en el lugar oportuno y en el momento oportuno, y una adecuada interrelación entre los miembros del equipo, representan los aspectos del entorno que influyeron y ayudaron a los participantes en este estudio a conseguir el éxito en el baloncesto.

9. CONCLUSIONES

Las narraciones de los participantes en esta investigación han puesto de manifiesto que son numerosos los factores que influyeron en su excelente trayectoria deportiva. En síntesis, a partir del análisis comparativo de las entrevistas refrendado por el marco teórico, podemos afirmar que los participantes en esta investigación, para llegar a ser expertos en baloncesto, además de poseer aptitudes, realizaron una gran cantidad de práctica con el deseo de mejorar, recibieron apoyo del entorno social y deportivo, tuvieron buenos entrenadores, dispusieron de oportunidades, confiaron en su competencia deportiva, se plantearon proyectos y por último, se beneficiaron de unas pequeñas dosis de suerte (Figura 2).

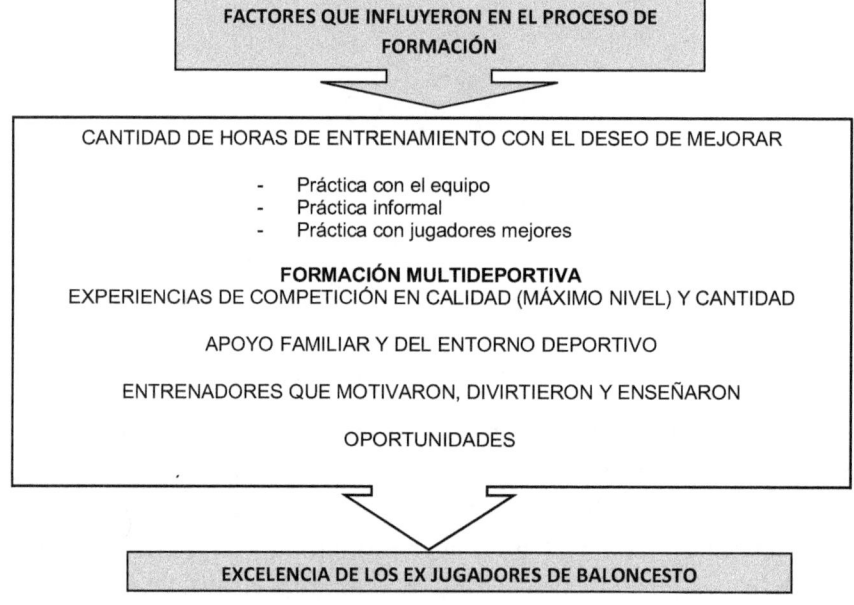

Figura 2. Síntesis de los factores vinculados a la excelencia de los ex jugadores de baloncesto

10. APLICACIONES DIDÁCTICAS Y PEDAGÓGICAS

En el proceso de formación de los jugadores de baloncesto considerados talentos se pueden tener en cuenta las siguientes recomendaciones con el fin de establecer un contexto de práctica que facilite el camino hacia la excelencia:

a) Aplicaciones relacionadas con la práctica del baloncesto:

- Consideramos importante el trabajar conjuntamente la técnica y la táctica.

- Puede ser de interés el simultanear otros deportes junto con el baloncesto en las primeras etapas de iniciación.

- Incitar a que practiquen por cuenta propia con el deseo deliberado de mejorar.

- Tener en cuenta la posibilidad de subir a un jugador/a de categoría cuando su nivel de competencia sea superior.

b) Aplicaciones relacionadas con el entorno deportivo:

- A los padres se les recomienda que participen en la formación deportiva de sus hijos/as atendiendo a las siguientes directrices: en los partidos a los que asistan ofrecer una conducta cívica ejemplar, aconsejar sin presionar, dar libertad de decisión, no demandar éxito, animar, apoyar y facilitar el acceso al deporte.

- Respecto al entrenador, figura primordial en el camino a la excelencia según los participantes en esta investigación, se les pide que tengan en cuenta las siguientes actitudes: entusiasmo, dedicación, diversión y paciencia. Asimismo, tienen que motivar, ser amables, detallistas y sistemáticos en sus planteamientos.

c) Aplicaciones relacionadas con las motivaciones:

- Tareas desafiantes, éxito en los aprendizajes, diversión y reconocimiento del entrenador/a aumentan el compromiso para seguir practicando.

- Expectativas adecuadas a las características de los jugadores y establecimiento de objetivos a largo plazo correctamente definidos motivan a intentar mejorar y a dedicarle más horas al entrenamiento.

- Los padres junto con el entorno deportivo deben fortalecer la autoconfianza de los jóvenes jugadores y establecer estrategias que potencien el logro.

REFERENCIAS

Bloom, B. (1985). *Developing talent in young*. New York: Ballantine.

Campos, J. (1996). Análisis de los determinantes sociales que intervienen en el proceso de detección de talentos en el deporte. En Indicadores para la detección de talentos deportivos. *Investigaciones en Ciencias del Deporte, 3*, 7-68.

Carlson, R. (1988). The socialization of elite tennis players in Sweden: An analysis of the players´ backgrounds and development. *Sociology of Sport Journal, 5*, 241-256.

Delgado, M. A., y Del Villar, F. (1995). El análisis de contenido en la investigación de la enseñanza de la Educación Física. *Motricidad, 1*, 25-43.

Erlandson, D. A., Harris, E.L., Skipper, B. L., y Allen, S. D. (1993). *Doing naturalistic inquiry*. London: Sage.

Fiorese, L., Lopes, J. L., y Jornada, R. (1999). La trayectoria de desarrollo de un talento deportivo: Estudio de un caso. *Revista de Entrenamiento Deportivo, 13, 3*.

García, M. (1996). Los deportistas olímpicos españoles: Un perfil sociológico. *Investigaciones en Ciencias del Deporte, 7*, 9-112.

Helsen, W. F., Starkes, J. L., y Hodges, N. J. (1998). Team sports and the theory of deliberate practice. *Journal of Sport and Exercise Psychology, 20*, 12-34.

LeCompte, M. D., y Goetz, J. P. (1982). Problems of reliability and validity in ethnografic research. *Review of Educational Research, 52 (1)*, 31-60.

Lincoln, Y. S., y Guba, E. G. (1985). *Naturalistic Inquiry*. Beverly Hills: Sage.

Medina, J. (1996). Proceso de entrenamiento de codificadores para el estudio de los diarios del profesorado en Educación Física. *Motricidad, 2*, 77-128.

Moreno, P. (2001). *Análisis y optimización de la conducta verbal del entrenador de voleibol durante la dirección de equipo en competición*. Tesis Doctoral no publicada. Cáceres: Universidad de Extremadura.

Patton, M. (1990). *Qualitative Evaluation and Research Methods*. London: Sage.

Puig, N. (1995). Itinerarios deportivos juveniles y definición de la situación. En: *Actas Congreso Científico Olímpico - 1992. Actividad física adaptada, Psicología y Sociología (456-464)*. Málaga: Instituto Andaluz del Deporte.

Puig, N. (1996). *Joves i esport*. Barcelona: Generalitat de Catalunya, Secretaría General de l'Esport.

Puig, N., Masnou, M., e Ibañez, J. (1987) Los jóvenes, la oferta asociativa y el deporte. *Revista de Investigación y Documentación sobre las Ciencias de la Educación Física y del Deporte, 3(7)*, 11-28.

Rodríguez, G., Gil, J., y García, E. (1996). *Metodología de la investigación cualitativa*. Málaga: Aljibe.

Ruiz, L. M. y Sánchez, F. (1997). *Rendimiento deportivo. Claves para la optimización de los aprendizajes*. Madrid: Gymnos.

Singer, R. N., y Janelle, C. H. (1999). Determining sport expertise: From genes to supremes. *International Journal of Sport Psychology, 30*(2), 117-150.

Thomas, K. T. (1994). The development of sport expertise: From Leeds to MVP Legend. *Quest, 46*, 199-210.

Thomas, K. T. y Thomas, J. R. (1999). What squirrels in the trees predicts about expert athletes. *International Journal of Sport Psychology, 30*(2), 221-234.

Valles, M. S. (1997). *Técnicas cualitativas de investigación social. Reflexión metodológica y práctica profesional*. Madrid: Síntesis Sociología.

Vernacchia, R. A, McGuire, R. T., Reardon, J. P. y Templin, D. P. (2000). Psychosocial characteristics of olympic track and field athletes. *New Studies in Athletics, 3-4*, 7-21.

4. ESTRATEGIAS DE INTERVENCIÓN PEDAGÓGICA-DIDÁCTICA EN EL PROCESO DE ENSEÑANZA-APRENDIZAJE DEL BALONCESTO EN EDADES FORMATIVAS

Pablo Alberto Esper Di Cesare
Baloncesto formativo. Argentina

1. INTRODUCCIÓN

Distintos autores como Parlebas (1988), Hernández Moreno (1994), Graca y Oliveira (1997) han considerado materia de estudio los diferentes criterios de clasificación de los deportes centrando su atención y esfuerzos en clarificar, ordenar y sistematizar las distintas modalidades deportivas con propósitos, fundamentalmente, metodológicos.

Partiendo de la clasificación de Parlebas (1988), los autores D. Blázquez Sánchez y J. Hernández Moreno incorporan dos elementos nuevos para desarrollar el grupo correspondiente a los deportes de equipo que se juegan en un espacio estandarizado: el uso del espacio y la forma de participación (Hernández, 1994).

Siguiendo la clasificación presentada por Hernández Moreno (1994), ubicamos al mini-baloncesto en la categoría de "Deportes de Cooperación – Oposición" y, dentro de éstos, en el subapartado de "Deportes en espacio común y acción simultánea sobre el móvil".

Por otra parte, Almond (citado por Devís y Peiró, 1992) agrupó a los juegos deportivos en función de la similitud de los principios tácticos básicos y de la naturaleza problemática general del juego, apareciendo en esta clasificación el mini-baloncesto como "Juego deportivo de invasión". Esta categoría, según Méndez Giménez (2000) proporciona algunas ventajas metodológicas ya que plantea una propuesta clara de enseñanza de los juegos deportivos, abordando las categorías en orden creciente de complejidad táctica, y estimula la identificación de similitudes entre los juegos deportivos.

Estas consideraciones y análisis de la estructura praxiológica y sociomotriz del mini-baloncesto, deben ser tenidas en cuenta al diseñar las actividades y juegos que brindaremos a los niños en su proceso de iniciación al deporte, ya que debemos respetar el contexto del juego, buscando que las actividades propuestas se encuentren dentro de la zona de desarrollo próximo de los niños, lo cual les planteará una dificultad adecuada a su período evolutivo, siempre teniendo como prioridad la comprensión del juego, por encima de los requisitos técnicos específicos.

Por otra parte, para Grahaine y Godbout (cit. Por Méndez Giménez, 2000), la noción de oposición también lleva a considerar a los equipos como interacción de sistemas complejos organizados. La principal propiedad funcional de estos sistemas es ser capaces de aprender, no sólo como individuos, sino también como equipo. Es importante que el monitor deportivo tenga en cuenta estas características estructurales y praxeológicas del minibaloncesto a la hora de planificar su interacción pedagógica – didáctica ya que, en todo momento, ésta debe respetar la estructura del deporte en cuestión.

2.- METODOLOGÍA DE LA ENSEÑANZA

Tradicionalmente se han presentado en los últimos años a dos métodos para la enseñanza deportiva; por un lado, el enfoque tradicional, centrado en las progresiones de ejercicios, tanto de asimilación como de aplicación y, por otro, el enfoque activo, asociado a la pedagogía del descubrimiento y fundamentado en la propuesta de experiencias motrices lúdicas vinculadas al contexto real de juego (Blázquez, 1995). Ambos enfoques plantean una secuencia creciente en la dificultad que toma al deporte en cuestión como punto de llegada y no de partida. Sin embargo, la primera se centra más en la consecución de algunos fundamentos técnicos básicos y, la segunda, da prioridad a la comprensión de los fundamentos tácticos.

Para Esper Di Cesare (2003), "es usual considerar la iniciación a los juegos deportivos colectivos en las etapas escolares y del minideporte desde una perspectiva unidireccional, a partir de la propuesta de modelos basados en la estructura del deporte en concreto al que se quiere iniciar". Desde esta perspectiva se busca una línea de progresión directa y de transferencia vertical al deporte en cuestión, introduciendo desde el primer momento los elementos constituyentes del mismo, en el momento en que sea más fácil su asimilación.

Tomando como referencia los criterios de fases sensibles, y atendiendo al cómodo planteamiento de que debe aprenderse con el mínimo esfuerzo y el máximo de eficacia, se relega al olvido todo planteamiento metodológico previo al estrictamente necesario, para que el niño pueda jugar al baloncesto y, además, se limita, se condiciona la motricidad del mismo, a conductas rígidas, determinadas por el reglamento de juego.

Dentro de las distintas propuestas metodológicas para la enseñanza del baloncesto, podemos destacar la realizada por Ibáñez (1999) que presentó una metodología de enseñanza del juego colectivo bajo el concepto de ocupación de los espacios libres, como primer paso hacia el "juego libre por conceptos". En sintonía con nuestra propuesta, Cárdenas (1999) destaca la necesidad de estructurar los contenidos de enseñanza lo que implica la necesidad de estructurar la utilización de los medios que dispone el entrenador en su labor como enseñante.

Esper Di Cesare (1998), plantea una propuesta metodológica de contenidos por categorías, bajo una pedagogía basada en los principios de la acción táctica de Mahlo; la cual es recuperada y ampliada por Ibáñez (2001) por medio de una jerarquización horizontal y vertical de los contenidos. Sáenz – López (1999), destaca que la capacidad técnica no es la más importante que se requiere para jugar al baloncesto, ya que en el baloncesto debe primar la enseñanza de situaciones tácticas.

Consideramos que el mini-baloncesto, puede dar respuesta a los nuevos desafíos de las transformaciones curriculares educativas, pero, si se enseña a través de la adaptación de los niños a las técnicas preestablecidas, a la inclusión en sistemas tácticos con determinación de roles y funciones por parte del docente, y la colaboración entre los alumnos se resume en repetir coordinaciones de acciones dibujadas en una pizarra, poco y nada se estará haciendo en este sentido. Si, en cambio, se parte de generar actividades que promuevan el pensar y el resolver juntos, permitir la prueba y el error para resolver una situación motriz sin estar pendiente de la reprobación, establecer acuerdos y reglas desde la comprensión lógica del juego y su necesidad de ordenamiento para poder jugarlo y disfrutarlo, la perspectiva de la educación del sentido y finalidad de construir un equipo, cambia sustancialmente; de este modo, incluso, se genera un mayor interés por mejorar las técnicas de ejecución y la búsqueda de mayor calidad en el juego.

2.1. Criterios para la propuesta de actividades

Desde nuestra perspectiva de la enseñanza centrada en la táctica, hemos fijado nuestro interés en aquellos juegos y actividades en que la oposición directa es una constante, pues sin dudas, es una considerable fuente de motivación a cualquier edad, el desafío de superar a un adversario, especialmente cuando las fuerzas de los mismos son equivalentes. Sáenz – López (1999) plantea que en la enseñanza del baloncesto deben predominar las situaciones tácticas, las cuales suponen la existencia de oposición. Si existe oposición se convierte en una constante resolución de problemas motrices imprevisibles y cambiantes.

Para autores como Grehágine y Godbout (1995, cit. por Méndez Giménez, 2000), la esencia de los deportes de equipo consiste en una relación de oposición, es decir, cada uno de los dos equipos debe coordinar sus acciones para recuperar, conservar y mover el balón hasta llegar al área de marcaje y conseguir un tanto.

Para Ruiz Pérez (2000), la observación de situaciones de juego infantil y de enseñanza de las habilidades en la infancia nos manifiesta el importante papel de la práctica en la adquisición motriz y cómo también pueden ser el argumento para poder explicar las diferencias evolutivas en el aprendizaje deportivo, al dotar a los sujetos de un mayor y menor conocimiento sobre las acciones.

Parte de nuestra propuesta busca el gran aprovechamiento del tiempo real de actividad del niño en la clase como una forma de aumentar los tiempos de práctica motriz, siguiendo una estructura y un desarrollo interno que se sustenta en nuestra filosofía del juego en las edades infantiles.

Esta propuesta que sustentamos tiene como objetivo prioritario en la etapa de iniciación al mini-baloncesto, la diversión, la alegría y el placer por la práctica deportiva. Consideramos que si los alumnos experimentan sensaciones físico – deportivas – sociales que les sean agradables y satisfagan sus necesidades de movimiento y de relación, seguramente se incrementarán las posibilidades de que continúen con las prácticas. La propuesta se fundamenta en el diseño de juegos reducidos con aprovechamiento total del espacio para conseguir incrementar la actividad, tanto el tiempo real de práctica como la intensidad del trabajo, dos factores imprescindibles para la mejora de la ejecución técnica y táctica.

French y Thomas (1987, cit. por Méndez Giménez 2000), constataron la necesidad de fundamentar el conocimiento declarativo o factual para el desarrollo del conocimiento procedimental y la toma de decisiones apropiadas. Consideraron al conocimiento declarativo como el conocimiento de las normas de juego, de las posiciones de los jugadores, de las metas y las submetas. Las normas proporcionan una estructura fundamental para el juego porque presentan claramente la naturaleza problemática y fuerzan a los jugadores a soluciones problemas. Trabajando sobre el diseño de las normas, dándole la oportunidad a los alumnos de variarlas, crearlas o reestructurarlas, se logra un desarrollo cognitivo más eficaz en las etapas de iniciación en cuanto a la comprensión del juego.

Debemos estimular a los alumnos a la creación de actividades y juegos, adaptando las reglas del baloncesto a la situación sociomotriz del juego colectivo de cooperación – oposición, así como también el promover la discusión en grupo y posterior explicación al resto de sus compañeros de las soluciones y propuestas creadas. Consideramos de suma importancia estimular la verbalización tras la reflexión de los niños, de las actividades realizadas y de las variaciones y reglas creadas a los juegos propuestos y por ellos modificados.

Estamos de acuerdo con la sugerencia de Junoy (1996), de empezar por las reglas explicativas del juego, las infracciones y las faltas, así como el comportamiento deportivo. En una segunda etapa se podrían introducir las reglas que intervienen en el aprendizaje de la técnica individual (el pie de pivote y el dribling ilegal). Por último, en la fase de competencia se introducirán las reglas de conjunto. Es decir, priorizamos los fundamentos tácticos por sobre la técnica. Una vez que el alumno llega a apreciar la necesidad de una técnica determinada dentro del contexto del juego, se explicará y se desarrollará para su dominio.

Consideramos importante destacar que ante esta vieja antinomia técnica vs. táctica en las etapas del mini-baloncesto, nuestra posición personal es que debe primar la enseñanza de contenidos con soporte táctico por encima de los fundamentos técnicos pero que, en caso de ser necesario el aprendizaje de un fundamento técnico concreto (por ejemplo las fintas o el bote), debemos estructurar una serie de actividades, ejercicios, y driles que le permitan alcanzar al niño un adecuado dominio del fundamento, siempre teniendo en cuenta la aparición de la oposición en sus diferentes formas. Pero, una vez desarrollado el mismo, y muchas veces bajo la pedagogía de la instrucción directa, debemos brindar al niño la posibilidad de utilizar el fundamento aprendido en juegos simplificados que contextualicen su aplicación en una situación sociomotriz de cooperación – oposición.

Tengamos siempre presente que el método de instrucción directa la principal crítica que se le realiza es ser mecanicista y descontextualizado. Es por ello que debemos otorgarle el valor que posee y luego complementarlo con actividades jugadas donde se aplique ese fundamento bajo la pedagogía de la búsqueda o de la indagación. Por otra parte, una crítica que se realiza al aprendizaje por indagación es que los aspectos técnicos pasan a un segundo plano, lo que provocaría niveles técnicos más bajos y retrasados en los aprendizajes (Méndez Giménez, 2000). Por ese motivo, nuestra opinión es que se debe tomar de cada método lo mejor y guiar el proceso de enseñanza – aprendizaje al mini-baloncesto, bajo la búsqueda de la contextualización de las actividades propuestas, en la estructura sociomotriz del mini-baloncesto.

La aproximación de la enseñanza por comprensión (Devís y Peiró, 1992), promueve la utilización del juego modificado, y lo presenta como dinámico, flexible y cambiante en función de las circunstancias que envuelven el proceso de enseñanza – aprendizaje.

Nuestra propuesta busca el desarrollo de todos los niños, los más y los menos dotados, la utilización de poco material y, el aprovechamiento integral del tiempo y del espacio. El trabajo grupal en pequeños espacios (2 vs 2, 2 vs 1) permite la rotación del profesor para la observación de las realizaciones y para la introducción de los elementos que dirigen la búsqueda. Su aplicación es independiente de la capacidad física y de la competencia motriz del alumnado, los cuales estarán capacitados para seguir el ritmo y secuencia de la clase, pero sobre este tema nos explayaremos más en el subtema "Pedagogía de la Comunicación".

Para los especialistas en la enseñanza deportiva, la variabilidad no ha sido ajena, así para autores como Carrasco (1972) o Catteau y Garoff (1974), es necesario en el aprendizaje de los deportes considerar la variación de los contextos de práctica.

Desarrollaremos cuáles son las variables sobre las cuáles podemos influir a la hora de la presentación de los juegos y actividades de iniciación al minibaloncesto.

2.1.1. ¿QUÉ VARIABLES PUEDEN SER VARIADAS?

Para Bonnet (1983), se diversifica la enseñanza cuando se manipulan los parámetros materiales que influyen en la situación pedagógica, en función del objetivo previsto por el profesor. Para este mismo autor, el educador deportivo debe preocuparse de ofrecer una variedad de situaciones de práctica que favorezcan una "Pedagogía de la Acción Diversificada".

En esta misma línea de pensamiento, Whiting (1979) propuso la necesidad de que los niños fueran educados en la experimentación de trayectorias variadas como medio de prepararles para el aprendizaje de los deportes de balón. Para Schmidt (1988), variar las condiciones de práctica consiste en provocar nuevos parámetros de respuesta, conseguir que mediante dichas variaciones el sujeto tenga que adaptar su respuesta y establecer nuevos parámetros (velocidad, trayectoria, fuerza, etc.). Las variables fundamentales sobre las que debemos actuar son (Lorenzo, 2002):

- Los elementos invariables del juego (móvil, compañeros, adversarios, canasta, espacio, reglamento).

- El ciclo de juego y sus fases. Siempre debemos atender esta correlación y respetar el ciclo de juego.

Este mismo autor considera que es absolutamente clave la presencia de estos elementos estructurales en las diferentes situaciones de enseñanza que se diseñen en la iniciación de estos deportes; "de esta manera el jugador podrá disponer de escenarios reales de decisión donde llevar a cabo su acción de juego, con lo cual se facilitará la transferencia de los aprendizajes que se obtengan de estas situaciones de enseñanza a las situaciones reales de juego, así como una mayor comprensión en el proceso de aprendizaje debido a la calidad significativa de estas situaciones".

Le Bouch (1991), aconseja elegir situaciones – problemas lo suficientemente ricas para ser susceptibles de provocar respuestas diferentes. Para Ruiz Pérez (2000), existen elementos que pueden ser variados tales como los lugares desde donde se puede lanzar, las distancias e, incluso, el tamaño, peso, color de los balones. Barreiros (1991), considera que es necesario analizar la variabilidad considerando cuatro aspectos:

1. Condiciones espaciales de la tarea;

2. Condiciones temporales de la tarea;

3. Condiciones instrumentales y;

4. Condiciones humanas.

Como podemos ver, existe un interés marcado por parte de los enseñantes hacia una práctica enriquecida y variada. Le Bouch es partidario de hacer vivir al escolar variadas situaciones concretas correspondientes a la misma estructura motriz, de manera que sólo retengan los caracteres comunes a las mismas. Hay entonces una verdadera abstracción de la situación y creación de un verdadero esquema caracterizado por la plasticidad y las posibilidades de generalización. Pero la cuestión, a nuestro entender, sigue siendo responder a las siguientes preguntas: qué variar, cómo variarlo, cuándo variarlo y, con quién variarlo. Es decir, cómo bajar a la clase los contenidos y propuestas teóricas.

Para Ruiz Pérez, la cuestión planteada acerca de la variabilidad del aprendizaje es saber si es más adecuado permitir que el sujeto repita un número de veces la variación planteada antes de cambiar a otra variación, o provocar una situación de cambio constante de las variaciones sin una organización previa.

Lee y Magill (1983, cit. por Ruiz Pérez, 2000), definieron estas dos características de forma concreta cuando expusieron: "...la práctica variable realizada en bloques supone la ejecución de un mismo patrón motor que involucre sinergias neuromotrices similares, mientras que la práctica variable aleatoria requiere diferentes planes de acción en ensayos sucesivos".

Nuestro pensamiento está en línea con Bernstein (1967), ya que consideramos que la clave de una práctica efectiva es favorecer que el sujeto construya en cada ensayo la solución a la tarea y no simplemente en incitarle a que retenga la solución. Por ello entendemos que la práctica no debe consistir en una mera repetición mecánica del movimiento a aprender, sino que es una repetición donde el sujeto debe estar plenamente implicado en el proceso de construcción de la habilidad; como dice Ruiz Pérez (2000): "la práctica es un tipo particular de repetición sin repetición". La cuestión clave es determinar si es mejor actuar repetitivamente sin comprender o comprender para actuar. Además, podemos ver en las clases, que la práctica variable se convierte en un elemento motivacional en manos de los docentes, ya que mediante los cambios se eliminan posibles respuestas reactivas ante la repetitiva mecánica de los gestos técnicos deportivos.

Consideramos también, que deben ser tenidas en cuenta las formas de comunicación que presentamos a los alumnos y la manera en que ésta estimula o perjudica el logro de los objetivos y metas propuestos. Hablamos tanto de la comunicación verbal, como de la visual y de la gestual, un capítulo tratado por Esper Di Cesare (1998), al cual no se le presta la atención debida en muchas ocasiones. Debemos señalar que existe una marcada relación entre qué comunicar, el cómo comunicarlo y su forma de comprensión.

2.2.2. ¿CÓMO LLEVARLAS A LA PRÁCTICA?

Cualquier cambio en las reglas de un juego tiene implicaciones en la táctica. Por ejemplo, al aumentar la cantidad de jugadores atacantes por sobre los defensores, se hace más difícil la defensa y se favorece el ataque. Tanto los docentes como los alumnos tienen en su poder la posibilidad de modificar estos u otros juegos con el objetivo de resaltar algún aspecto táctico y favorecer su comprensión.

Lógicamente conviene, previamente, analizar los cambios que una nueva regla puede producir en el juego y sus repercusiones en todos los niveles. Estos cambios deben enriquecer la estructura de duelo de cooperación – oposición, y no romper la situación sociomotriz típica del baloncesto.

Siguiendo la obra de Hernández Moreno (1994), presentaremos las distintas variables manipulativas en función de la estructura deportiva a las que incluiremos algunas subcategorías que, a nuestro entender, enriquecen esta clasificación. Estas variables y sus combinaciones serán el punto de partida en la elaboración de juegos y recursos lúdicos coherentes con los principios argumentados de globalidad, oposición y práctica contextual (Méndez Giménez, 2001).

Garganta (cit. por Giménez – Fuentes y Sáenz–López, 2001), plantea la necesidad de que en la enseñanza de los juegos deportivos: "...se debe proponer al practicante, formas lúdicas con reglas simples, con menos jugadores y en un espacio reducido, de modo que permita la continuidad de las acciones y mayores posibilidades de concientización". Lo que interesa es el logro del desarrollo de una disponibilidad motora y mental en los alumnos que colabore en la comprensión de las reglas de acción y los principios básicos del juego, algo que buscamos con la estructura de mini canchas presentada y sus diferentes variables.

Proponemos la división del campo de juego de baloncesto en 12 minicanchas de iguales dimensiones que nos permitan tener inicialmente, a 24 niños practicando en forma continua y sin interrupciones más allá de las mínimas necesarias para dar las sugerencias que deberán llevar a los niños a indagar primero mentalmente y, después, motrizmente, la búsqueda de la resolución de las situaciones – problemas planteadas. Las variables sobre las que vamos a incidir en la programación de los juegos simplificados en la iniciación al minibaloncesto y sus variantes, son las siguientes:

- *En cuanto al tiempo:*
    - Limitar el tiempo para la realización de determinadas acciones; por ejemplo, 5" para pasar a campo ofensivo; 20" para lanzar; 8" para regresar todo el equipo a campo defensivo.
    - Limitar el tiempo de posesión individual del balón sin jugarlo; por ejemplo, 3" como máximo.
    - Limitar el tiempo de permanencia en determinadas áreas o zonas, tanto para el jugador como para la pelota, buscando la movilidad permanente de ambos y la ocupación de los espacios libres tal como lo plantea Ibáñez Godoy (1999).
    - Acelerar a ralentizar el juego, con relación a indicaciones tácticas que prioricen el ataque o la defensa.
    - Cambiar el tiempo de juego de los partidos, tanto en la cantidad de minutos jugados como en la estructura del juego; por ejemplo, ocho tiempos de 5' cada uno.
    - Penalizar el retraso en la culminación de un determinado objetivo; por ejemplo, sin en 8" todo el equipo no pasa a mitad de campo ofensivo, pérdida de balón).
    - Bonificar el logro de determinados objetivos en un tiempo previamente estipulado; por ejemplo, para estimular el ataque rápido, el gol antes de los 15" vale 4 puntos.
    - Poner un tiempo máximo para conseguir el objetivo; en el caso de las minicanchas, por ejemplo, puede ser el paso a mitad de cancha ofensiva como el logro del tanto.
    - Modificar el tiempo de algunas reglas (5", zona, 8"). (Lorenzo, 2002).

- Utilizar diferentes tiempos de posesión en cada canasta (ayuda al jugador a tener conciencia del tiempo y de cuánto dura una posesión), (Lorenzo, 2002).

- *En cuanto al espacio:*
  - Ampliar o reducir el tamaño del terreno de juego, tanto en longitud como en ancho, pero siempre cambiando una variable por vez. Por ejemplo, transformar las 12 minicanchas en 6 canchas largas (15 mts x 4,50 mts) o, en 6 canchas anchas (9 mts x 7,50 mts).

  - Aumentar o reducir el tamaño, la forma y el número de metas. Por ejemplo; una vez variado el espacio en longitud, se pueden presentar cuatro porterías donde el niño ataca la que se encuentra a su derecha y en su frente, defendiendo la que se encuentra a su izquierda y a su espalda. En una tercera etapa, se cambia la relación espacial (por ejemplo, las 6 canchas se transforman en 4, es decir se aumentan los metros cuadrados por cancha) con la misma cantidad de metas; para en una etapa posterior, ofrecer mayor número de metas, cambiar su ubicación en el campo de juego, u otra regla relativa al espacio que creen los niños.

  - Incorporar áreas de juego restringido, por las cuales no puede circular el balón, el jugador, o ambos; lugares desde donde no se puede lanzar; áreas donde solo se puede estar un tiempo restringido; para seguir reafirmando el concepto de ocupación de los espacios libres.

  - Delimitar zonas de lanzamientos obligatorios, pudiendo estar en relación con un objetivo táctico; por ejemplo, ante la necesidad de gol exterior, sólo permitir goles de sectores marcados fuera de la pintura; o, ante el objetivo de mejorar el juego interior, dividir la zona en dos sectores donde tenga un puntaje asignado de la línea de tiro libre al centro de la zona y, otro del centro a la línea de fondo.

  - Obligar a los jugadores a mantener una distancia determinada con sus compañeros para no ir todos por el balón o dificultar al jugador que tiene su posesión.

- Modificar la forma del espacio de juego; por ejemplo, las canasta pueden estar en lugar de enfrentadas, una perpendicular con la otra; de esta forma conseguimos mejorar la orientación y la organización espacial al mismo tiempo que se incrementan las demandas perceptivas y de los procesos de atención. (Lorenzo, 2002).

- Cambiar la orientación. No siempre debemos trabajar orientados hacia el aro desde 6,25. Podemos trabajar desde la línea de fondo, con lo cual aumentamos el espacio o bien podemos trabajar a lo ancho del campo (Lorenzo, 2002).

- *En cuanto a la técnica:*

  - Determinar el número de contactos y la forma de contacto con el balón; por ejemplo, número máximo de pases para pasar a mitad de cancha ofensiva; imposibilidad de driblar en mitad de cancha defensiva; o prohibición de recibir pases por encima de los hombros en mitad de cancha ofensiva.

  - Plantear situaciones que condicionen el uso de determinadas técnicas; por ejemplo, pases de apertura para salida en ataque; fintas de recepción obligatorias para poder ser receptor de pases; pases de pique cuando hay superioridad numérica.

  - Obligar o prohibir realizar determinadas acciones con el balón; por ejemplo, prohibir pases hacia atrás o prohibir retroceder con el balón, impedir pases recíprocos. (Lorenzo, 2002).

- *En cuanto a la táctica:*

  - Variar el número de jugadores (superioridad o inferioridad numérica, constante o momentánea).

  - Incorporación de un jugador regresando a defensa cuando el balón supera la media cancha.

  - Incorporación de un jugador que cumple siempre funciones de atacante.

  - Determinar las funciones de algunos o todos los jugadores (ataque, defensa, semioposición, neutra), (Méndez Giménez, 2000).

- Establecer obligaciones tácticas para algunos jugadores; por ejemplo, un jugador que marca obligatoriamente al que repone de fondo.

- Establecer una secuencia de juego antes del juego libre; por ejemplo, determinar un número mínimo de pases y espacios libres ocupados antes de poder lograr el tanto.

- Establecer un sistema de juego en ataque y en defensa, primando la búsqueda del 1 vs 1 y la superioridad numérica en el ataque, y los principios de ayuda defensiva del 2 vs 2 y su inicio al 3 vs 3.

- Establecer los cambios de sistema de juego ante determinadas circunstancias. Hacer que los jugadores asuman determinados / todos los roles del juego. Por ejemplo, ante el cambio de superioridad a inferioridad numérica en ataque, adoptar un cambio de actitud en el ataque.

- Alternar el lado de juego con el objeto de mejorar las ejecuciones del lado no dominante (Lorenzo, 2002).

- Restringir las acciones de los atacantes, limitando sus acciones a nivel físico (no se puede saltar, obligando a recibir el balón y soltarlo en al aire), o a nivel técnico (botando un balón cada atacante, solo pudiendo utilizar una mano). (Lorenzo, 2002).

- *En cuanto a la oposición:* Manteniendo nuestro principio de que en todos los ejercicios debe haber oposición, hay diferentes posibilidades de su uso, que van más allá del clásico oponente activo, semiactivo y pasivo. Otras posibilidades son:

  - Modificar la intensidad defensiva a nivel físico, por ejemplo, impidiéndole saltar, lo que aumentará el uso del cuerpo para los bloqueos; o impedirle correr y recuperar en su mitad de cancha defensiva, lo que obligará a un mayor esfuerzo en los desplazamientos defensivos.

  - Modificar el espacio de defensa por medio de la asignación de espacios defensivos y por medio de una asignación defensiva en concreto, la cual podrá ser en todo el campo, en medio campo o en 6,25 mts.

- Incorporación de un defensa libre que siempre cumple funciones de sobrecarga defensiva para ambos equipos.

- Obligación de realizar una acción defensiva antes de poder pasar a un atacante por medio del 1 vs 1 y del 2 vs 2.

- Obligar a la oposición a que al mismo tiempo realice otra tarea como botar el balón, llevar un balón. De esta forma incrementamos su dominio del balón, su capacidad de percepción y favorecemos la acción del atacante (Lorenzo, 2002).

- *En cuanto a las canastas:* esta es una de las variables sobre la que menos influimos. Si no es con canastas, en esta etapa de minibaloncesto, podemos marcar objetivos o metas a conseguir. La distribución planteada de 12 minicanchas permite una gran riqueza de formas de alcanzar metas, propuestas por el entrenador y creadas por los alumnos. Las modificaciones que podemos realizar son:

- Atacar y defender la misma canasta o meta.

- Atacar una canasta y defender otra.

- Orientar las canastas en diferentes sentidos. Por ejemplo, ponerlas en diagonal o colocarlas mirando hacia fuera de la cancha.

- Aumentando el número de canastas, dotándolas de distintas puntuaciones y obligando a un orden o secuencia para alcanzar el gol. De esta forma mejoramos la orientación espacial, la capacidad de percibir los espacios libres y aumenta la cooperación en los equipos (Lorenzo, 2002).

- Colocar una canasta en cada esquina de la cancha y disputar dos partidos simultáneos jugando con los cestos ubicados en diagonal. Esto produce una gran concentración de jugadores en el centro de la cancha que es el espacio común a ambos campos y obliga a reforzar la percepción y la capacidad de decisión de los alumnos. Es aconsejable jugarlo en 3 vs 3 o 4 vs 4 como máximo.

- Variar las alturas de las canastas.

- Utilizar metas móviles para aumentar la incertidumbre del ataque y de la defensa, combinando metas fijas con metas móviles; obligando a puntuar en la meta fija antes que en la móvil o viceversa.

- Utilizar metas de diferentes tamaños. Atacar a una pequeña (un cono) facilita la defensa en zona, mientras que una grande (la línea de fondo) estimula la defensa individual (Torpe, Bunken y Almong, 1986; cit. Méndez Giménez 1999). En la estructura propuesta de minicanchas podemos facilitar el ataque permitiendo conseguir el gol cuando el niño traspasa la línea de fondo con bote (lo que estimula la defensa individual), o complicar el ataque colocando un aro en el suelo detrás de la línea de fondo, donde debe picar el balón para conseguir la meta, favoreciendo la defensa zonal y obligando al ataque a buscar nuevas soluciones.

- *En cuanto al balón de juego:* Esta es otra de las variables que muchas veces no es explorada en todas sus posibilidades:

  - Jugar con más de un balón, lo que incrementa la capacidad de percepción y la coordinación.

  - Jugar con diferentes tipos de balones.

  - Jugar con balones de diferentes tipos de pique (con más o menos libras de lo reglamentario).

  - Jugar con balones de baloncesto, pero de diferentes tamaños en forma simultánea.

  - Jugar con balones que poseen puntaje diferente y plantear un tanteador para ganar el juego. El valor del balón de color diferente duplica al de los otros balones pero, cuando se consigue un gol con el balón de mayor valor se pierde su posesión, en cambio con los balones comunes el que hace el gol mantiene la posesión del mismo. Esto estimula principios tácticos colectivos como son que los niños determinen el tipo de táctica a emplear en ataque para conseguir el puntaje solicitado, la forma de conseguir el balón de mayor puntaje, obligar a atacar con unos balones y defender otros. Esto se hace más difícil aún si le incorporamos la variable "canastas" y ponemos mayor cantidad de canastas en el mismo espacio de juego y le damos puntajes adicionales a las mismas.

2.2.3. PLANTEAMIENTO METODOLÓGICO

El planteamiento fenómeno – estructural sugerido por Bayer (1992) para la enseñanza de los deportes colectivos nos parece el más apropiado para el diseño de las sesiones mediante la técnica de indagación. Compartimos, además, el proceso metodológico propuesto por Lasierra y Lavega (1993) compuesto por cuatro fases crecientes en cuanto a su dificultad técnica y táctica. Estas fases son:

- Fase 1: La pelota como centro de atención. Aprendo a mantener el balón conmigo, con mis compañeros, frente a mis adversarios, y con mis compañeros y frente a mis adversarios. Esta fase la cumplimos con los juegos simplificados propuestos utilizando las 12 minicanchas para 1 vs 1, 2 vs 1 y, 2 vs 2.

- Fase 2: Fase de progresión: Puedo progresar con el balón solo, con mis compañeros, frente a mis adversarios, y con mis compañeros y frente a mis adversarios. Esto lo conseguimos con la incorporación de las metas a las cuales trasladarse para conseguir el objetivo de puntuar.

- Fase 3: Fase de orientación. Soy capaz de orientarme con el balón solo, con mis compañeros, frente a mis adversarios, y con mis compañeros y frente a mis adversarios. Esta fase la estimulamos con la incorporación de mayor número de metas y la variación del espacio de juego.

- Fase 4: Fase de estructuración progresiva de las características diferenciales de cada deporte de equipo, las cuales desarrollamos a partir de situaciones básicas del 2 vs. 2, 2 vs. 1, 3 vs 2 y, 3 vs. 3.

Nosotros compartimos esta estructura, pero incorporando desde el principio la resolución ante un oponente, desechando en la iniciación las situaciones de 1 x 0, las cuales utilizaremos como apoyo para el desarrollo técnico, pero para regresar, como señaláramos anteriormente, a la utilización del fundamento en el contexto del juego. Incluso optamos por alterar el orden lógico de estas fases, buscando su combinación para involucrar a los alumnos en una constante reconstrucción de la solución en cada ensayo.

Compartiendo nuestra postura en cuanto a la oposición aparecen Giménez y Sáenz – López, quienes señalan que la oposición forma parte inseparable de la estructura del juego por lo que debería estar presente en la mayoría de las actividades. Según estos autores, desde el punto de vista educativo, la utilización de oposición, desarrolla la percepción y la capacidad de toma de decisiones (inteligencia motriz).

Otro tanto ocurre con la característica de cooperación, ya que no debemos olvidar que el baloncesto es un juego de cooperación y oposición. Por ello, desde la iniciación no hay que olvidar la parte asociativa del juego, diagramando estas situaciones en todas las unidades didácticas. Estas actividades que desarrollan la socialización despiertan gran interés en los niños, comenzando por las asociaciones más sencillas (2 x 0), para ir evolucionando hacia las más complejas (2 x 1; 2 x 2; 3 x 2, etc.). La oposición que se utilice en los juegos puede ser indirecta, (obstáculos inanimados como objetos o animados como otros niños) o, directa (por medio de defensores). Las defensas directas pueden darse en situaciones de igualdad numérica (1 x 1, 2 x 2) o de desigualdad (2 x 1, persecución).

Por medio de esta propuesta buscamos que el alumno que se inicia en el mini-baloncesto lo haga resolviendo los constantes problemas que el docente le plantea, orientándolo hacia la resolución de situaciones cuya realización exige numerosos programas de acción, con soluciones diversas, entre las cuales escogerá la más adecuada en el menor tiempo posible, siempre en un clima de alegría y placer por la actividad física.

2.2.4. LA PEDAGOGÍA DE LA COMUNICACIÓN

Dentro de las diferentes estrategias de intervención pedagógica – didácticas con las que cuenta el docente a la hora de programar las unidades didácticas, hay una que, a nuestro entender, es del tipo transversal, pues involucra a todas y tiene que ver con la comunicación entre profesor - alumno, y entre los alumnos dentro y fuera de la sesión de clase. Consideramos que, así como hablamos de una pedagogía por contenidos, una pedagogía por indagación, sobre la cual se sustenta el modelo comprensivo en la enseñanza del deporte, también podemos hablar de una pedagogía de la comunicación, refiriéndonos a ésta, como la técnica y la forma de comunicar – se, entre los participantes de la clase.

Es importante señalar que para la transmisión del contenido que se quiere ayudar a aprender a los alumnos, el principal medio de comunicación será verbal, pero no hay que olvidar la comunicación visual y la gestual. Acertadamente Lorenzo (2002), propone una modificación en la actuación del entrenador, del profesor, durante la sesión, en esta nueva orientación del aprendizaje. Para ello hace referencia a la información que debemos dar al jugador, al niño sobre su ejecución. Si estamos proponiendo una metodología participativa, donde el profesor propone problemas para que sean resueltos, las correcciones, las informaciones que demos a los niños no deben ser directivas. Es por ello que debemos aprender los entrenadores y profesores a tener paciencia, a aceptar el error como parte del proceso de enseñanza – aprendizaje, a estimular las correcciones mediante la búsqueda y la reflexión que hagan participar al niño para encontrar la solución. No es lo mismo, por ejemplo, decirle a un niño que lanza incorrectamente al cesto porque el codo no se encuentra debajo del balón a que, por medio de preguntas inductoras del entrenador, guiarlo a encontrar la respuesta por sus propios medios.

Tengamos siempre presente que el aprendizaje se construye socialmente y, en una etapa posterior, debe ser verbalizado, que es el síntoma claro de su comprensión e internalización. Algunos aspectos a tener en cuenta, con relación a las técnicas de comunicación son, según Esper Di Cesare (1998), los siguientes:

- *Presentación de la tarea: La explicación:* Después de haber reunido al grupo, el entrenador debe dar una explicación clara, que es necesario haber previsto minuciosamente, antes de ordenar al grupo que se detenga. Es preciso indicar claramente cuáles son las cuestiones cruciales de la ejecución, siendo conveniente recordar que, si fuera posible efectuar una adecuada demostración, ésta podrá valer más que mil palabras.

  Separe las dos o tres cuestiones más importantes y utilice la menor cantidad de palabras que le sea posible. El arte y la habilidad del entrenador consistirán en encontrar los puntos críticos, y en ser capaz de ponerlos en evidencia de forma clara y concisa.

- *Observar e intervenir durante la actividad:* Los mejores entrenadores son aquellos que consiguen prever e identificar las necesidades de los jugadores en la secuencia de lo que ellos ejecutan en el entrenamiento. Esto sólo es posible lograrlo si el entrenador consigue "salir" un poco de la acción que los jugadores están efectuando, poniéndose más bien en un punto de observación, dejándolos entregados a su actividad.

El entrenador debe ubicarse de modo que vea a todos los deportistas realizando su actividad. Si se dirigiera a un grupo o deportista que tenga necesidad de ayuda, procure no dejar de mantener al resto del grupo en observación, aunque ésta sea mínima. Siga interviniendo, incluso a distancia, con elogios, consejos o, eventualmente, correcciones disciplinarias. No olvidar que un buen entrenador puede contribuir bastante para el buen desarrollo de la actividad, incluso sin crear interrupciones.

- *Los mensajes no verbales:* Así, es importante para que el entrenador obtenga resultados positivos, que controle los mensajes no verbales que envía a sus deportistas y que reconozca los que éstos le envían a él. Cuanto más sensible sea el entrenador a la comunicación no verbal, tendrá más posibilidades de evaluar correctamente los sentimientos y las actitudes de los jugadores con los que trabaje diariamente.

Los gestos y los movimientos pueden hacer realzar la estructura de su discurso, con las manos que muestran el modo como se agrupan sus ideas, o apuntando objetos o a alguien, cuando reprenden, o ayudando a poner en evidencia algunos aspectos, frecuentemente en combinación con el tono de la voz. Las actitudes psicológicas son expresadas, frecuentemente, con una determinada posición del cuerpo. Estar de pie, bien erguido, el pecho hacia fuera, puede querer significar fuerza, afirmación y respeto. Sentarse distendidamente en una silla puede significar desinterés, o bien, distensión. El modo de caminar puede servir de vehículo a diferentes mensajes: desde el entusiasmo desbordante hasta un aburrimiento profundo.

3. CONCLUSIONES

Finalmente, consideramos que, para poder completar esta trilogía de metodología comprensiva, pedagogía por indagación y pedagogía de la comunicación en la iniciación al mini-baloncesto, el entrenador debe tener en cuenta los siguientes consejos:

- No trate de dar la impresión de que sabe más de lo que efectivamente sabe. Si algún deportista le formula una pregunta que no sabe cómo responder en ese momento, diga que no lo sabe y busque con ellos la solución.

- Cerciórese de que los deportistas comprenden la manera con que usted se expresa o presenta una información.

- Sea igual a usted mismo: no trate de imitar a alguien que usted desearía ser.

- Trate de ser positivo. Pocas son las personas que responden bien a los comentarios negativos.

- No desmoralice a sus deportistas, señalándoles su ignorancia o falta de destreza.

- El entrenador debe mostrar algún entusiasmo por la actividad que desarrolla y por sus jugadores.

- Sea leal, justo y coherente en todos los asuntos y ocasiones. No muestre favoritismos.

- Procure ser acogedor y revele preocupación verdadera por el bienestar de sus jugadores.

- Trate de ser digno de confianza. El comportamiento del entrenador es, sin duda, la fuerza y el medio más poderoso para influir en un ambiente de aprendizaje, y, a través de éste, sobre el triunfo de los deportistas.

- Hay muchas maneras con las que el entrenador podrá demostrar que su actitud es de interés y respeto para con los deportistas, o si, por el contrario, los considera sólo receptores de su información. Las indicaciones que damos a continuación podrán ser bastante útiles para que el entrenador pueda alcanzar sus objetivos en ese campo.

- Tenga especial cuidado en conocer a todos sus jugadores por sus nombres. Se trata de una cuestión especialmente importante cuando se trabaja con grupos.

- Preste mucha atención a lo que los deportistas deseen decir (esto requiere gran habilidad). No deje de prestar atención a sus puntos de vista. Si los escucha, también usted aumenta sus posibilidades de que le escuchen. Una comunicación eficaz depende fundamentalmente de que el entrenador y los deportistas se sepan escuchar mutuamente.

- Verifique si los deportistas comprendieron sus instrucciones antes de empezar una tarea. No suponga que todos entienden siempre lo que usted dice.

- Haga preguntas para que sus deportistas puedan comprender y para las cuales tengan capacidad de respuesta. Las preguntas deben ayudar al aprendizaje y no reforzar la ignorancia.

- Responda honrada y cuidadosamente a las preguntas que los deportistas le formulen, sin abrumar al interlocutor.

- No hable mucho tiempo en la sesión de entrenamiento (10' serán siempre lo máximo). Los deportistas aprenden más haciendo que escuchando.

Y siempre tengamos presente, que en estas edades el deporte es un juego y que como tal debe vivenciarlo el niño. Un niño juega, no se entrena.

REFERENCIAS

Bayer, C. (1992). *La enseñanza de los juegos deportivos colectivos*. Barcelona: Hispano – Europea.

Blázquez Sánchez, D. (1995). *La iniciación deportiva y el deporte escolar*. Barcelona: Editorial INDE.

Cárdenas Vélez, D. (2000). *El entrenamiento integrado de las habilidades visuales en la iniciación deportiva*. Málaga: Aljibe.

Cárdenas Vélez, D. (1999). *Los medios de entrenamiento en el baloncesto*. Análisis de la Iniciación al Baloncesto. Huelva: Diputación de Huelva.

Devís, J., y Peiró, C. (1992). *Nuevas perspectivas curriculares en la Educación Física. Propuesta para una reforma en la enseñanza*. Barcelona: Editorial INDE.

Esper Di Cesare, P. A. (2003). Estrategias de intervención pedagógicas – didácticas en la enseñanza – aprendizaje de los juegos deportivos colectivos de cooperación – oposición en la E.G.B. *Baloncesto Formativo, 11*. Extraído el 5 de noviembre de 2003 desde www.baloncestoformativo.com.ar 11.

Esper Di Cesare, P. A. (2001). *La influencia de la metodología aplicada en la iniciación al minibásquetbol, en la efectividad del jugador. Una propuesta metodológica diferente en la iniciación al minibásquetbol*. Novos Horizontes para o Treino do Basquetebol. Universidad Técnica de Lisboa. Universidad de Extremadura.

Esper Di Cesare, P. A. (1998). *Baloncesto Formativo. Una forma diferente de pensar la iniciación al baloncesto*. Paraná: Editorial SyS Eventos.

Giménez Fuentes Guerra, F. J., y Sáenz López Buñuel, P. (2001). *El baloncesto en la escuela: ¿de la base a la elite?*. Novos Horizontes para o Treino do Basquetebol. Universidad Técnica de Lisboa. Universidad de Extremadura.

Graca, A., y Olivera, J. (1997). *La enseñanza de los juegos deportivos*. Barcelona.

Hernández Moreno, J. (1994). *Fundamentos del deporte. Análisis de las estructuras de los juegos deportivos*. Barcelona: Editorial INDE.

Ibáñez, S. J. (2001). *Los contenidos de enseñanza del baloncesto en las categorías de formación*. Novos Horizontes para o Treino do Basquetebol. Universidad Técnica de Lisboa. Universidad de Extremadura.

Ibáñez, S. J. (1999). *Iniciación al juego colectivo a través de la ocupación de espacios libres*. Análisis de la Iniciación al Baloncesto. Huelva: Diputación de Huelva.

Lasierra, G., y Lavega, P. (1993). *1015 juegos y formas jugadas de iniciación a los deportes de equipo.* Barcelona: Paidotribo.

Le Bouch, J. (1991). *El deporte educativo. Psicocinética y aprendizaje motor".* Buenos Aires: Paidós.

Lorenzo Calvo, A. (2002). *Nuevas perspectivas en la enseñanza del Baloncesto. Revista Digital. Lectura: Educación física y Deporte.*

Méndez Giménez, A (2000). *Los juegos de predominio táctico: una propuesta eficaz para la enseñanza de los deportes de invasión. Revista Digital. Lectura: Educación física y Deporte.*

Parlebas, P. (1988). *Elementos de sociología del deporte.* Málaga: Unisport.

Ruiz Pérez, L. M. (2000). La variabilidad en el aprendizaje deportivo. *Revista Digital. Lectura: Educación física y Deporte.*

Ruiz Pérez, L. M. (1995). *Competencia motriz. Elementos para comprender el aprendizaje motor en Educación Física Escolar.* Madrid: Gymnos.

Ruiz Pérez, L. M. (1994). *Deporte y Aprendizaje: Procesos de adquisición y desarrollo de habilidades.* Madrid: Visor.

Sáenz – López Buñuel, P. (1999). *Iniciación al baloncesto a través del juego.* Análisis de la Iniciación al Baloncesto. Huelva: Diputación de Huelva.

Schmidt, R. A. (1988). *Motor Control and Learning A Behavioral Emphasis.* Champaing: Human Kinetics.

5. O MODELO DE COMPETÊNCIA NOS JOGOS DE INVASÃO: PROPOSTA METODOLÓGICA PARA O ENSINO E APRENDIZAGEM DOS JOGOS DEPORTIVOS

Amândio Graça[1], Eliane Musch[2], Benny Mertens[2], Edwin Timmers[3], Thierno Mertens[3], Frantisek Taborsky[4], Christoph Remy[2], Dirk De Clercq[2], Marc Multael[2], Veerle Vonderlynck[2]

[1] Universidade do Porto, Portugal
[2] Universidade de Gent, Bélgica
[3] Universidade Hanze, Groningen, Holanda
[4] Universidade de Praga, República Checa

1. INTRODUÇÃO

Os jogos desportivos colectivos, nas suas formas institucionalizadas (jogo formal) são actividades de elevada complexidade e de grande exigência sobre os factores de rendimento, físicos, técnicos, tácticos e psicológicos, implicando da parte dos praticantes capacidade de adaptação e de resposta nos domínios cognitivo, afectivo e motor. Tais níveis de complexidade e exigência comportam ao mesmo tempo um desafio e um risco, aos quais se associam forças de atracção e de repulsão, traduzidas em expectativas, sensações e sentimentos ora positivos ora negativos. Aderir e manter-se ligado à prática dos jogos pressupõe que, no praticante, as forças de atracção ganhem prevalência e as forças de repulsão sejam mantidas num nível que ele possa enfrentar ou tolerar.

Na literatura pedagógica, a par do reconhecimento e da exaltação do potencial educativo dos jogos desportivos, traduzidos no lugar de destaque que ocupa nos currículos da educação física das mais diversas latitudes, encontramos também muita crítica e acusação aos danos colaterais provocados pela abordagem dos jogos na escola, sendo o mais inócuo desses danos o aborrecimento e a sensação de perda de tempo, e o mais radical, a iniquidade gerada inevitavelmente pela sua natureza competitiva, tida como inconciliável com o acto educativo. Desconsideramos, à partida, a negação de potencial educativo aos jogos desportivos, mas não defendemos uma visão acrítica sobre as suas intrínsecas virtudes e os seus naturais benefícios. Preferimos ter sempre presente a sua dupla faceta de desafio e risco, não tomando como dado adquirido, mas antes como possibilidade, como propósito e como guia de acção pedagógica os seus efeitos positivos.

À semelhança de qualquer matéria complexa e exigente, os jogos desportivos carecem de um tratamento didáctico que, ao reduzir e adequar o grau de complexidade e dificuldade às actuais possibilidades dos alunos, permite viabilizar a sua aprendizagem. Os vários modelos de abordagem ao ensino dos jogos, a par das concepções próprias sobre os processos de ensino e aprendizagem, distinguem-se pela natureza dos conteúdos relevados, pela definição da estrutura e sequência da apresentação e desenvolvimento das situações de aprendizagem, pelos elementos do contexto de jogo que são reduzidos, controlados ou eliminados em cada uma e no conjunto das situação de prática.

Os modelos tradicionais de ensino dos jogos desportivos enfatizam a aprendizagem dos elementos técnicos, apresentados e exercitados em situações descontextualizadas, ao mesmo tempo que atribuem pouca ou nenhuma importância aos conteúdos tácticos. Não raramente a aprendizagem das habilidades isoladas transforma-se num fim em si mesmo, perdendo a sua conexão com a aprendizagem do jogo. Nesta conformidade, o tratamento didáctico do jogo permanece inadequado, os alunos mais capazes tendem a dominar o tempo que o professor dedica à prática do jogo e a assumir nele os papéis mais relevantes; os menos capazes tendem a ser segregados, postos à margem, ou relegados para papéis subsidiários. Por sua vez, o tempo de exercitação, ao distanciar-se da realidade do jogo, fica despido de significado e tende a transformar-se num tempo monótono, descolorido e de aborrecimento.

Os modelos alternativos vieram enfatizar outras portas de entrada para o ensino do jogo, dando maior relevância à componente táctica, e propondo formas simplificadas de jogo, como contexto favorável para a aprendizagem do jogo. A determinação das formas simplificadas de jogo mais adequadas deverá basear-se na avaliação da capacidade de resposta táctica dos estudantes que, segundo Kirk, Brooker e Braiuka (2000, citados por Rovegno et al. 2001), é influenciada por 3 dimensões: (a) a dimensão cognitivo- táctico-técnica (perceptual-physical), que inclui as componentes cognitivas, motoras e físicas da performance; (b) a dimensão de interacção social, que inclui as competências e disposições de relacionamento no seio da turma, nomeadamente com os colegas de equipa e adversários; e (c) a dimensão institucional-cultural, que inclui os significados atribuídos pelos estudantes ao trabalho escolar e às formas de desporto institucionalizado. O modelo de competência nos jogos de invasão pretende contemplar de forma equilibrada estas três dimensões e as respectivas componentes, procurando conferir maior autenticidade e significado às experiências de aprendizagem e oferecer um contexto mais favorável para o desenvolvimento da competência de jogo. Este modelo surge e desenvolve-se num tempo de renovação do ensino dos jogos desportivos e não deixa por isso de ser influenciado pelas ideias emergentes de outros modelos, onde importa salientar o modelo de educação desportiva e o modelo de ensino dos jogos para a compreensão. Faremos por isso uma descrição sucinta destes modelos, de modo a permitir apreciar os pontos de contacto e as diferenças de enfoque entre os três modelos.

2. O MODELO DE EDUCAÇÃO DESPORTIVA

O modelo de educação desportiva desenvolvido por Siedentop (Siedentop, 1987; Siedentop, 1994; Siedentop, 1996) é um modelo curricular que oferece um plano compreensivo e coerente para a renovação do ensino dos jogos na escola, preservando e reavivando o seu potencial educativo. O modelo define-se como uma forma de educação lúdica (play education), critica as abordagens descontextualizadas, procurando estabelecer um ambiente propiciador de uma experiência desportiva autêntica, conseguida pela criação de um contexto desportivo significativo para os alunos, o que pressupõe resolver alguns equívocos e mal entendidos na relação da escola com o desporto e a competição. A concepção de educação desportiva estabelece como propósito formar a pessoa desportivamente competente, desportivamente culta e desportivamente entusiasta.

As características estruturais do modelo, esquematizadas na figura 1, perseguem a ideia de contextualização desportiva: As unidades didácticas são substituídas por épocas desportivas para possibilitar uma maior concentração sobre um tema e para fornecer uma estrutura global à organização da experiência. A ideia de época desportiva tem subjacente a ideia de filiação em equipas e de um quadro competitivo formal.

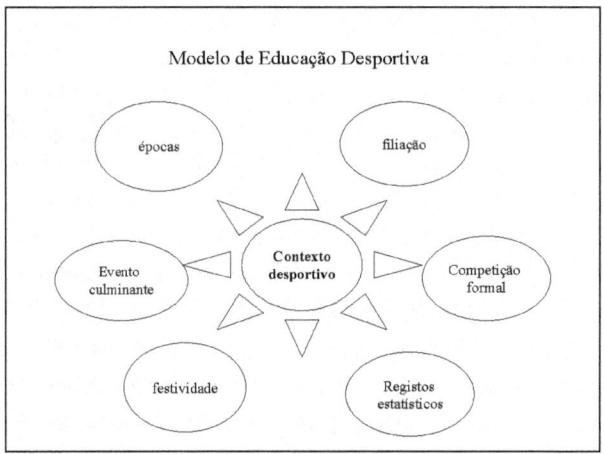

Figura 1: Modelo de educação desportiva (adaptado de Siedentop, 1994)

Uma diferença fundamental do modelo de educação desportiva em relação às abordagens tradicionais é a sua preocupação extrema em diminuir os factores de exclusão, lutando por harmonizar a competição com a inclusão, por equilibrar a oportunidade de participação e por evitar que a participação se reduza ao desempenho de papéis menores.

A própria organização da competição estabelece mecanismos de promoção da igualdade de oportunidades para participar e premeia a colaboração na aprendizagem e treino no seio de cada equipa. O *fair play* é enfatizado durante toda a época, havendo pontuação para o *fair play* em separado, ou com impacto na pontuação geral da equipa.

O modelo de educação desportiva implica uma redefinição importante dos papéis do professor e dos alunos. Nesta conformidade, os critérios de formação de grupos visam assegurar, não apenas o equilíbrio competitivo das equipas, mas também o desenvolvimento das relações de cooperação e entreajuda na aprendizagem (*cooperative learning* e *peer teaching*). Quer isto dizer que os alunos não são colocados apenas no papel de jogadores ou executantes de exercícios determinados e orientados pelo professor (instrução directa). São chamados a tomar parte activa no ensino e aprendizagem e a desempenhar um conjunto de papéis ligados ao contexto da prática desportiva. Serão obrigatoriamente jogadores, árbitros, juizes de mesa, observadores; deverão ter oportunidade de ser capitães, treinadores; poderão eventualmente ser jornalistas, dirigentes, publicitários.

Os jogos reduzidos são favorecidos. A avaliação autêntica reportar-se-á em primeiro lugar à capacidade de jogar. A instrução técnica deve ser organizada em função da sua aplicação táctica e deve ser dado tempo suficiente para desenvolver a consciência e a competência táctica. O calendário competitivo prevê normalmente uma sucessão de torneios (1x1; 2x2; 3x3, 4x4) que, em função do nível da turma, pode nem chegar ao jogo formal. Cada tipo de jogo é configurado nos seus elementos tácticos estruturantes e respectivas técnicas de suporte. A formulação desses elementos tácticos e técnicos orientarão os processos de preparação das equipas.

3. O MODELO DE ENSINO DOS JOGOS PARA A COMPREENSÃO

O modelo de ensino dos jogos para a compreensão (Teaching Games for Understanding - TGFU) foi sistematizado nos seus traços fundamentais por Bunker e Thorpe em 1982. Este modelo pretende que a atenção tradicionalmente dedicada ao desenvolvimento das habilidades se desloque para o desenvolvimento da capacidade de jogo, subordinando o ensino da técnica à compreensão táctica do jogo. A premissa é a de que as situações ou circunstâncias de jogo devem ser introduzidas antes e que a partir daí se possa assegurar que as habilidades sejam ensinadas de uma forma contextualizada. De acordo com Bunker e Thorpe (1982), o ensino do jogo procede por fases que configuram as tarefas de ensino e aprendizagem (figura 2):

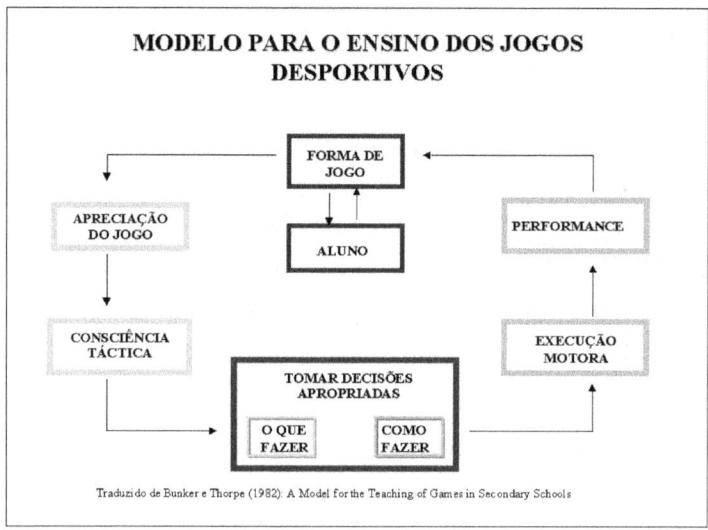

Figura 2: Modelo de ensino dos jogos para a compreensão (adaptado de Bunker e Thorpe, 1982)

A primeira fase começa pela apresentação de uma forma modificada de jogo adequada à idade e ao nível de experiência dos alunos (adaptação da área de jogo, número de jogadores, material e equipamento e das regras básicas de jogo). A intenção é confrontar os alunos com problemas de jogo que desafiem a sua capacidade de compreender e actuar no jogo.

A segunda fase contempla a apreciação das regras do jogo, do efeito que a introdução ou modificação das regras exerce na forma como se pontua, no que se pode e não pode fazer.

A terceira fase compreende a consciencialização dos problemas tácticos do jogo. Nesta fase, o foco do ensino passará a privilegiar a compreensão das tácticas elementares, através da identificação dos problemas tácticos do jogo.

A quarta fase avança para a contextualização da tomada de decisão, em torno das questões: "o que fazer?" e "como fazer?" Coloca-se à prova a capacidade de leitura e interpretação das situações de jogo em referência aos princípios tácticos anteriormente apreendidos e às possibilidades de acção.

A quinta fase persegue o objectivo de aprendizagem e domínio das habilidades técnicas necessárias para resolver problemas concretos do jogo. Desta forma, o modelo visa ir mais além do que a compreensão táctica do jogo, ainda que seja esta a porta de entrada e a tónica principal.

A última fase do ciclo enfatiza a performance, a consolidação da qualidade do jogo praticado, o que por sua vez vai abrir as possibilidades de um novo ciclo, com a introdução de um novo jogo, ou de uma forma de jogo de complexidade superior.

A categorização dos jogos por semelhanças estruturais e tácticas em jogos de alvo (golfe), jogos de rede/parede (*squash* e voleibol), jogos de arremesso, batimento e corrida (*basebol*) e jogos de invasão (basquetebol) permite pensar a inclusão, o ordenamento e articulação horizontal e vertical dos jogos no currículo, tendo em conta o interesse, o conhecimento e a capacidade dos alunos; assim como o nível de complexidade dos problemas tácticos e o grau de dificuldade das acções motoras requeridas. Vários autores advogam que a consciencialização da semelhança estrutural e dos conceitos tácticos comuns aos diferentes tipos de jogos contribui para uma aprendizagem mais fácil e mais significativa desses jogos (Butler, 1997; Hopper & Bell, 2001).

O modelo TGFU acolheu perfeitamente as ideias construtivistas sobre o papel do aluno no processo de aprendizagem, colocando-o numa posição de construtor activo das suas próprias aprendizagens. Correlativamente, o modelo adere bem a um estilo de ensino de descoberta guiada, em que o aluno é exposto a uma situação problema e é incitado a procurar soluções, com o objectivo de trazer a equação do problema e respectivas soluções para um nível de compreensão consciente e de acção deliberadamente táctica no jogo.

O envolvimento cognitivo, no entanto, não deve alienar o propósito primeiro do modelo, que consiste em "desenvolver a capacidade de jogo e aumentar o gosto e a participação no jogo, o que pode conduzir a um estilo de vida activo (Werner, Thorpe, & Bunker, 1996, p. 30).

4. O MODELO DE COMPETÊNCIA NOS JOGOS DE INVASÃO

O modelo de competência nos jogos de invasão começou a ser desenvolvido por Benny Mertens e Eliane Munsch da Universidade de Gent, Bélgica (Mertens & Musch, 1990; Musch & Mertens, 1991). Ele inspirou a nossa proposta para o ensino dos jogos, e do basquetebol em particular (Graça, 1994; Oliveira & Graça, 1994) e constitui actualmente foco do projecto europeu, de cuja equipa fazemos parte (Musch et al., 2002) - *Electronical Sports Education Program (ESEP)*. O projecto têm por incumbência desenvolver 3 CDs-ROM didácticos relativos ao ensino dos jogos de invasão. O primeiro CD-ROM reporta-se à apresentação das bases conceptuais do modelo de competência nos jogos de invasão; o segundo CD-ROM apresenta a proposta metodológica para o ensino do basquetebol; o terceiro CD-ROM concretiza a proposta metodológica para o ensino do andebol. Os CDs têm como público-alvo formandos de educação física e desporto, professores de educação física e outros agentes de iniciação desportiva.

O modelo de competência nos jogos de invasão é influenciado pelas ideias dos modelos de educação desportiva e ensino dos jogos para a compreensão. Foi concebido para permitir que os alunos aprendam, não só a participar com sucesso em formas modificadas de jogos desportivos colectivos de invasão, como também a desempenhar outros papéis de organização da prática desportiva, sublinhando assim dois grupos de competências complementares: (a) competência como jogador em jogos de invasão modificados; (b) competência em funções de orientação.

4.1. Competência como jogador

O desenvolvimento da competência como jogador faz apelo à interacção dos domínios sócio-afectivo, cognitivo e motor, visando o desenvolvimento das seguintes capacidades: (1) capacidade de trabalhar em equipa; (2) capacidade de identificar no jogo informação ou sinais relevantes e de tomar as decisões mais adequadas sobre o que fazer e como fazer; (3) capacidade de executar a solução escolhida de um modo eficaz e eficiente. Por exemplo, passar a bola a um companheiro de nível mais baixo de habilidade que se encontra numa posição mais favorável para atacar o alvo pressupõe a concertação de todas aquelas capacidades e a interacção dos 3 domínios de aprendizagem. É necessário que o jogador em posse de bola tenha disponibilidade e capacidade para detectar a oportunidade de passe ao colega. É necessário que reconheça a vantagem da posição do colega, esteja disposto a abdicar de outra iniciativa e a confiar nele ou dar-lhe uma oportunidade. É necessário que disponha dos requisitos físicos e motores para executar o passe. É necessário que a selecção e a execução do passe optimize a recepção e o desenvolvimento da jogada, tendo em consideração as características do receptor, a sua movimentação e o posicionamento e actuação da defesa. E por aqui se vê que um passe é sempre muito mais que um gesto técnico.

A competência como jogador estende-se também à capacidade de lidar com a situação competitiva, com os desafios colocados pelo adversário, pelo sancionamento das regras e pelo desenrolar dos acontecimentos do jogo, pondo à prova os mecanismos psicológicos de autocontrolo, os sentimentos de auto-eficácia; a atitude moral de autonomia, altruísmo e responsabilidade; assim como a atitude estética de procura do prazer de jogar, de arriscar, de tomar a iniciativa, e de procura de fazer as coisas bem feitas, i.e. com competência e com elegância dos movimentos e das acções de jogo (Gibbons & Bressan, 1991).

4.2. Competência em funções de apoio e orientação

À semelhança do já apresentado modelo de educação desportiva, pretende-se que os alunos desenvolvam competência no exercício de outros papéis para além de jogador, como sejam os papéis de árbitro e de treinador. Desenvolver competência em funções de apoio e orientação visa desenvolver nos alunos a capacidade de organizarem a sua prática de uma forma responsável e autónoma; visa desenvolver competências de auto-regulação da sua aprendizagem. O exercício efectivo destas competências requer a aquisição de conhecimento e habilidades necessários à tomada de decisão e realização de funções de apoio e coordenação, quer como jogador quer como não jogador. O primeiro caso refere-se à assunção de papéis de capitão de equipa, de responsável pelo material de jogo e exercitação e de responsável pelo espaço de jogo e condições de segurança. No segundo caso está o desempenho de funções de árbitro, de juiz de mesa, de observador/anotador e de treinador. Algumas destas funções serão ensinadas e praticadas por todos os alunos, outras serão assumidas por alunos que tenham condições para ser escolhidos ou designados para esse cargos.

Se o apoio e orientação se apresenta logicamente com o fito de beneficiar os colegas, os desafios colocados pelas tarefas que lhe são inerentes constituem-se como estímulo para o desenvolvimento de uma compreensão mais profunda e multifacetada do jogo, como uma oportunidade para o fomento da autonomia na resolução de problemas de organização e regulação das condições e situações de prática desportiva, assim como um apelo a uma implicação afectiva com o jogo autêntico e bem praticado.

Dada a elevada complexidade e exposição pública, o desenvolvimento da competência nos papéis de árbitro ou treinador deverá ser pensado em função das possibilidades dos alunos, da sua capacidade de compreensão do jogo e das suas competências sociais. As tarefas devem ser ajustadas sequencialmente de modo a que os alunos as percebam como significativas, desafiantes, mas não ameaçadoras, ao mesmo tempo que se garantem as condições para elas serem socialmente viáveis, observando o requisito da aceitação dos colegas.

4.3. Desenvolvimento do conteúdo: Articulação das tarefas de aprendizagem

Todo o processo de instrução no modelo de competência nos jogos de invasão assenta na articulação didáctica de três categorias de tarefas de aprendizagem: (a) as formas básicas de jogo; (b) as formas parciais de jogo e (c) as tarefas baseadas no jogo. Estas três categorias estão centradas nos problemas de jogo que os jogadores têm que resolver em grupo ou individualmente.

4.3.1. FORMAS BÁSICAS DE JOGO

As formas básicas de jogo são versões modificadas do jogo formal, apropriadas ao nível de jogo dos alunos e que permitem que eles actualizem e exercitem as suas competências motoras, cognitivas e sociais. Cada forma básica de jogo fornece o contexto para determinar as necessidades de aprendizagem; consolidar, aplicar e avaliar as aprendizagens; facultar a passagem para uma nova forma básica de jogo mais complexa.

As formas básicas de jogo preservam um conceito idêntico ao jogo completo, porque é importante que os jogos modificados sejam reconhecidos pelos jogadores como "verdadeiros jogos". As formas básicas de jogo possuem as seguintes características:

1. O objectivo da Forma Básica de Jogo é idêntico à versão completa do jogo de invasão (i.e. obter ponto ou golo e evitar que o adversário o faça).
2. Cada uma das formas básicas de jogo contém a estrutura total dos jogos de invasão (tabela 1).
3. As actividades de ataque e defesa estão interligadas (oposição ataque/defesa).
4. Existe uma transição natural do ataque para a defesa e vice versa (recuperação ou perda de posse de bola ditadas pelos acontecimentos de jogo e aplicação das regras).
5. As tarefas de aprendizagem são situações de resolução de problemas (a especificação do que fazer, quando fazer e como fazer, em cada momento do jogo, não está prefixado).

Tabela 1. Estrutura dos jogos de invasão.

Estrutura Global		
Estruturas Parciais	Acções de ataque	Acções de defesa
F/NF	Finalizar (F)	Impedir a finalização (NF)
O/NO	Criar oportunidades de finalização (O)	Impedir a criação de oportunidades de finalização (NO)
OA/NOA	Organizar o ataque (OA)	Impedir a organização do ataque (NOA)

Em termos didácticos, uma forma básica de jogo oferece o contexto para o desenvolvimento da aprendizagem do jogo, para a derivação dos objectivos, para a delimitação dos conteúdos e organização das experiências de aprendizagem. A consolidação das aprendizagens preconizadas para uma forma básica de jogo cria as condições para a colocação de novos desafios, possibilitando o acesso a uma forma básica de jogo de nível superior. Nesta conformidade, em termos diacrónicos, podemos ver o desenvolvimento curricular do ensino do jogo como uma sequência de etapas, configurada cada uma delas em torno de uma forma básica de jogo. A passagem de uma forma básica para outra encadeia-se em obediência aos princípios da *complexidade crescente,* da *gradualidade* e da *continuidade.* O aumento da complexidade corresponde a um salto para um nível de jogo mais exigente, na rede de relações de cooperação/oposição, no que respeita aos constrangimentos e possibilidades de acção no plano espacial e temporal, no plano informacional e no plano organizacional.

Concomitantemente, de uma forma básica de jogo para a seguinte, a expressão de uma dada acção de jogo (por exemplo, finalizar) distingue-se na extensão e diversificação do reportório de conhecimentos, de habilidades e de soluções para os problemas que o ataque coloca à defesa e vice-versa. Quer isto dizer que a cada forma básica de jogo se coloca a tarefa de ampliar a capacidade de acção dos alunos através do enriquecimento do seu reportório de conhecimentos e habilidades.

O princípio da *continuidade* impõe a articulação coerente entre as sucessivas formas básicas de jogo. Reclama congruência do que se está a fazer agora com aquilo que foi feito antes e com aquilo que se pretende vir a fazer no futuro. Pressupõe que as aprendizagens preconizadas para uma determinada forma básica de jogo devam fazer sentido não apenas no quadro de problemas a ela circunscritos, mas também na criação das condições necessárias para a forma básica de jogo seguinte. Ou seja, a validade das aprendizagens vem qualificada pelo contributo que estas dão tanto para a melhoria do jogo actual como para as exigências do jogo futuro.

4.3.2. FORMAS PARCIAIS DE JOGO

A utilização das formas básicas de jogo por si só não fornece aos alunos oportunidades suficientes para melhorarem a sua competência nos jogos de invasão. Justificam-se situações mais simplificadas que, preservando a relação de cooperação oposição e o objectivo do jogo, consigam evidenciar determinadas partes do jogo e facilitar as respostas a problemas particulares, ora ligados à finalização/impedir situações de finalização, ora ligados à criação de situações de finalização/impedir a criação de situações de finalização, ora ainda ligados à organização do ataque e da respectiva defesa. O objectivo será criar um contexto favorável capaz de chamar para primeiro plano uma dessas estruturas, sem descontextualizar e descaracterizar a sua vinculação à situação real de jogo. A ênfase numa das estruturas parciais do jogo permite que os estudantes se concentrem nos problemas e exigências de execução de uma das partes da forma básica de jogo. Têm deste modo mais oportunidade de apreciar, confrontar-se e mobilizar capacidades para ultrapassar os desafios que estas situações colocam. Ao contrário das formas básicas de jogo, as formas parciais de jogo não se obrigam à regra da paridade entre ataque e defesa, a situação de partida pode beneficiar um deles; não se obriga igualmente à conversão natural do ataque em defesa e defesa no ataque; tem prioridade a acentuação do problema focado e respectivas soluções.

4.3.3. TAREFAS BASEADAS NO JOGO

As tarefas baseadas no jogo visam os meios necessários para concretizar as soluções dos problemas do jogo. Estas tarefas restringem as possibilidades de escolha das soluções, ou tornam as escolhas óbvias, de maneira a enfatizar, primordialmente, os mecanismos de execução num contexto muito simplificado, mas claramente referenciado à situação particular de jogo em foco. Procura-se, deste modo, preservar a semelhança com as situações encontradas dentro das formas parciais de jogo, por exemplo, através da presença de elementos de ligação (condicionada) entre ataque e defesa, no pressuposto que tal favorecerá a transferibilidade das aprendizagens da exercitação para o jogo. Preconiza-se pois uma melhoria da execução das habilidades do jogo, mas integrada num esforço intencional de as conjugar ou modularizar com outras componentes do jogo. As habilidades modularizadas congregam unidades (clusters) de percepção de sinais, de decisão táctica e execução técnica que são activadas em conjunto numa dada situação de jogo (Kirk & MacPhail, 2002). Deduz-se daqui que um exercício é tanto mais válido quanto melhor contribuir para a construção desses módulos de acção inteligente e criadora, quanto mais ampliar e consolidar as capacidades de percepção, decisão e execução.

4.4. Instrução: Critérios para o delineamento das actividades de aprendizagem

Tomando em consideração a articulação das categorias de tarefas, formas básicas de jogo, formas parciais de jogo e tarefas baseadas no jogo, a progressão do ensino do jogo processa-se de acordo com uma alternância e sucessão de movimentos de decomposição, "jogo global"-"jogo parcial"-"tarefa particular" e recomposição "tarefa particular"-"jogo parcial"-"jogo global".

A determinação em concreto das actividades de aprendizagem apoia-se na avaliação do nível de desenvolvimento físico dos alunos, assim como no seu nível de compreensão e de interpretação do jogo, e orienta-se pelos seguintes critérios pedagógicos e didácticos:

1. Proporcionar mais oportunidades a todos os jogadores;
2. Manter um equilíbrio dinâmico entre pessoa, tarefa e envolvimento;
3. Desafiar todos os participantes a ter sucesso.

4.4.1. PROPORCIONAR MAIS OPORTUNIDADES A TODOS OS JOGADORES

Na prática desportiva institucionalizada, a pressão de ganhar faz com que a generalidade dos treinadores dos escalões de formação mais baixos se pautem por critérios selectivos no tempo e oportunidade de jogar que proporcionam aos jogadores da sua equipa. Nas competições, mas também nos treinos, os melhores jogadores, os mais fortes, aqueles que prometem melhores resultados imediatos, jogam muito mais tempo, são muito mais solicitados e estimulados. Esta diferença de estimulação tende naturalmente a constituir-se como factor de selecção, a cavar a diferença entre os jogadores e, por esta via, a acentuar a diferença de oportunidades e a taxa de abandono de praticantes.

O resultado da competição na aula de educação física não pressiona o professor de modo particular, tanto mais que ele á responsável pelas equipas que se confrontam. No entanto, ainda que possa ter o cuidado de proporcionar o mesmo tempo de jogo a todos os alunos, tal não garante necessariamente um ambiente de trabalho inclusivo. Há que contar com os factores que favorecem a segregação e a auto-exclusão na prática do jogo. Assim sendo, para pugnar pela criação de contextos de jogo ou de exercitação que façam aumentar as possibilidades de envolvimento directo em acções de jogo significativas, ao mesmo tempo que contrariam as disposições para se pôr à margem ou ser marginalizado da participação relevante, o professor deve cuidar da composição das equipas e grupos de trabalho (os jogos reduzidos podem colocar os jogadores menos habilitados mais perto da acção relevante aumentar o seu nível de envolvimento no jogo). Deve privilegiar os processos de jogo cooperativo, e fomentar a entreajuda, a tolerância face aos erros e o contar com os colegas. Os critérios para agrupar alunos devem assegurar a diversidade e heterogeneidade em todas as equipas e um equilíbrio entre as equipas. Formar grupos heterogéneos, em que os alunos permaneçam juntos durante um longo período de tempo, é muito importante para promover e facilitar a aprendizagem cooperativa.

Jogar 7x7 em andebol ou 5x5 em basquetebol, a campo inteiro, é demasiado complexo para os principiantes, em virtude do número de interacções possíveis entre os jogadores. De um ponto de vista pedagógico é necessário envolver todos os jogadores no jogo. A redução do número de jogadores não só tornará o jogo menos complexo, como também assegurará a participação de todos os jogadores. Uma vez que se começa por dar ênfase ao trabalho cooperativo em vez do jogo individual, a sugestão é começar a jogar 3 contra 3.

4.4.2. MANTER UM EQUILÍBRIO DINÂMICO ENTRE PESSOA, TAREFA E ENVOLVIMENTO

Numa perspectiva ecológica, as formas de movimento, a execução das habilidades motoras e os consequentes resultados são expressão da interacção dinâmica de três elementos: as capacidades da pessoa; os objectivos da tarefa; e as condições do envolvimento (Balan & Davis, 1993; Bouffard *et al.*, 1998).

O jogo e as situações de prática oferecem o envolvimento e estabelecem os objectivos e as condições de realização das tarefas a cada jogador. No que diz respeito ao jogo, a forma básica de jogo escolhida, com o espaço de jogo definido, o número e características dos jogadores, as regras de jogo vigentes, a dimensão do alvo (tamanho da baliza, altura do cesto), o tamanho e peso da bola e as formas de organização adoptadas, constitui o envolvimento de uma actividade orientada por objectivos, onde se estabelecem as relações circulares entre os sistemas de percepção e acção (Handford *et al.*, 1997). O jogador percebe oportunidades e constrangimentos à sua acção, age ou reage em conformidade, e da interacção da sua acção com a acção dos outros extrai percepções para (re)direccionar a sua acção.

Importa pois que se pense o contexto de jogo de modo a que o jogador disponha de tempo e espaço para perceber e agir de forma ajustada aos objectivos do jogo. Isso implica equilibrar o grau de dificuldade e de complexidade da rede de cooperação e de oposição e tomar medidas no sentido de favorecer o controlo corporal, o controlo da bola e o controlo de jogo, isto é movimentar-se e executar as diferentes habilidades de uma forma controlada e ser capaz de jogar organizada e colectivamente.

Viabilizar o controlo corporal permitirá também melhorar o controlo de jogo, dado que um bom controlo corporal dá ao jogador tempo para se organizar, dá-lhe tempo para identificar a situação e tomar as decisões apropriadas. Por exemplo, no ensino do basquetebol, para fornecer mais tempo a cada jogador para procurar as possíveis soluções para os problemas de jogo, o professor (treinador) procurará tornar o jogo mais lento. Parar e rodar os pés para o cesto é o exemplo de uma regra de acção que dá mais tempo ao atacante para procurar as melhores soluções para os problemas de jogo.

O ajustamento do grau de dificuldade dos problemas às capacidades perceptivas e capacidades de acção dos jogadores pode ser efeito através da adaptação das condições de realização das tarefas ou do envolvimento, através da modificação regras de jogo, da introdução de regras facilitadoras ou do ensino de regras de acção. Uma regra facilitadora é uma regra que o professor (treinador) impõe com o propósito de aumentar as oportunidades de ataque e defesa de cada jogador. As regras facilitadoras servem, por exemplo, para promover as acções ofensivas e limitar as acções defensivas (e.g. os atacantes dispõem de posse de bola protegida, os defensores não podem tentar tirar a bola das mãos dos atacantes). As regras de acção são condições do tipo "*se-então*" que se aplicam a situações concretas de jogo e orientam os processos de leitura das situações ou de desencadeamento de uma acção específica (*se* recebes a bola, *então* deves rodar os pés na direcção do cesto; *se* passas a bola a um colega, *então* deve, de imediato, mover-se na direcção do alvo; *se* o caminho para a baliza está aberto, *então* assume a responsabilidade de a atacar.

4.4.3. DESAFIAR TODOS OS PARTICIPANTES A TER SUCESSO

Se tomarmos as medidas que favoreçam a oportunidade de participação de todos os praticantes e que garantam um bom equilíbrio entre as capacidades de cada praticante, a dificuldade da tarefa e os constrangimentos do envolvimento, então estaremos a cuidar dos pressupostos para proporcionar uma experiência desportiva rica de significado e bem sucedida.

A identificação dos obstáculos à solução dos problemas de jogo sugere ao professor/treinador quais as regras facilitadoras a introduzir; que formas parciais de jogo podem facilitar a identificação e das possibilidades de acção mais adequadas e proporcionar a sua execução e repetição em condições mais favoráveis; que exercícios podem assegurar a aquisição e o reforço dos meios necessários à execução das soluções.

Desafio e sucesso são dois dos ingredientes que fazem do desporto uma actividade tão atractiva para as crianças e os jovens. Por isso mesmo desafio e sucesso devem ser doseados na justa medida para cada qual, com o objectivo de ampliar a sua vinculação à prática (vontade e desejo), a sua capacidade de acção, de colaboração e de compreensão do jogo e da cultura desportiva. Não interessa, por isso, um sucesso fácil, um sucesso que não mobilize a vontade, que não desafie a capacidade e o engenho. Não interessa grande coisa um sucesso que se nos oferece e para o qual não contribuímos porque não nos deram hipóteses de contribuir. Não interessa nada um sucesso comprado, viciado ou espoliado.

Ter sucesso no desporto começa por se estar efectivamente integrado no curso do jogo, na dinâmica das suas acções relevantes e dar resposta adequada às tarefas impostas pela sucessão de problemas emergentes na corrente do jogo. Ter sucesso no desporto significa contribuir para o sucesso do jogo, isto é, empenhar-se e bater-se um jogo que se quer bem disputado e bem jogado, um jogo que se quer ganhar e se pode ganhar, mas também se pode perder. O desporto tem a possibilidade de proporcionar muitos ingredientes de sucesso, de êxito na acção, que não se resumem apenas ao sucesso glorificado do vencedor. Se assim não fosse, para que se levantariam da cama os muitos milhares de participantes das mais populares maratonas por esse mundo fora.

4.5. Avaliação

No modelo de competência nos jogos de invasão preconiza-se uma avaliação autêntica da *performance* dos alunos no jogo, enquanto jogadores e enquanto participantes em funções de apoio e coordenação. A avaliação dos alunos decorre sempre em contexto real e incide sobre aspectos essenciais da actuação nas formas básicas de jogo e do desempenho de papéis de apoio e coordenação. Através do uso de listas de verificação apropriadas ao nível da forma básica de jogo praticada, alunos e professores poderão observar e avaliar as diferentes componentes da *performance* de jogo, não apenas as decisões e execuções relativas às acções com bola, mas também as execuções dos jogadores sem bola, tanto na acção ofensiva como defensiva.

Recentemente foram desenvolvidos instrumentos que permite recolher dados fiáveis e úteis sobre a quantidade e qualidade da participação dos alunos no jogo, com evidente interesse para a avaliação formativa e eventualmente sumativa dos alunos, como sejam o "Game Performance Assessment Instrument" (GPAI) (Oslin *et al.*, 1998) ou o "Team Sport Assessment Procedure" (TSAP) (Gréhaigne et al., 1997). Instrumentos deste tipo pretendem adicionar-se aos argumentos a favor da reconceptualização do ensino dos jogos desportivos, deslocando o centro de gravidade do foco da instrução e da avaliação das técnicas descontextualizadas para o centrar na dinâmica do jogo, olhando não apenas para o aspecto da execução, mas para outros aspectos, habitualmente negligenciados, como sejam a decisão táctica e as acções do jogador sem bola.

As categorias de observação destes instrumentos pretendem-se alinhadas com os objectivos de instrução.

REFERÊNCIAS

Balan, C. M., & Davis, W. E. (1993). Ecological task analysis--An approach to teaching physical education. *JOPERD: The Journal of Physical Education, Recreation & Dance, 64*(9), 54-61.

Bouffard, M., Strean, W. B., & Davis, W. E. (1998). Questioning our philosophical and methodological research assumptions: Psychological perspectives. *Adapted Physical Activity Quarterly, 15*(3), 250-269.

Bunker, D., Thorpe, R. (1982). A model for the teaching of games in secondary schools. *Bulletin of Physical Educatio, 18*(1), 5-8.

Butler, J. (1997). How would Socrates teach games? A constructivist approach. *JOPERD: The Journal of Physical Education, Recreation & Dance, 68*(9), 42-47.

Gibbons, S., & Bressan, E. (1991). The affective domain in physical education: a conceptual clarification and curricular commitment. *Quest, 43*(1), 78-97.

Graça, A. (1994). Os comos e os quandos no ensino dos jogos. In A. Graça & J. Oliveira (Eds.), *O ensino dos jogos desportivos* (pp. 27-34). Porto: Centro de Estudos dos Jogos Desportivos, Faculdade de Ciências do Desporto e de Educação Física da Universidade do Porto.

Gréhaigne, J. F., Godbout, P., & Bouthier, D. (1997). Performance assessment in team sports. *Journal of Teaching in Physical Education, 16,* 500-516.

Handford, C., Davids, K., Bennett, S., & Button, C. (1997). Skill acquisition in sport: Some applications of an evolving practice ecology. *Journal of Sports Sciences, 15*(6), 621-640.

Hopper, T., & Bell, R. (2001). Games classification system: Teaching strategic understanding and tactical awareness. *CAHPERD, 66*(4), 14-19.

Kirk, D., MacPhail, A. (2002). Teaching games for understanding and situated learning: Rethinking the bunker-thorpe model. *Journal of Teaching in Physical Education, 21*(2), 177-192.

Mertens, B., Musch, E. (1990). *A methodological sport game concept applied to basketball.* Paper presented at the AIESEP World Convention: Moving towards excellence, Loughborough, UK.

Musch, E., Mertens, B. (1991). L'enseignement des sports collectifs: Une conception elaborée a l'isep de l'université de gand. *Revue de l'Education Physique, 31*(1), 7-20.

Musch, E., Mertens, B., Timmers, E., Mertens, T., Graça, A., Taborsky, F., Remy, C., De Clercq, D., Multael, M., Vonderlynck, V. (2002). *An innovative didactical invasion games model to teach basketball and handball, presented on cd.* Paper presented at the 7th Annual Congress of the European College of Sport Science, Athens. Greece.

Oliveira, J., & Graça, A. (1994). O ensino do basquetebol. In A. Graça & J. Oliveira (Eds.), *O ensino dos jogos desportivos* (pp. 63-96). Porto: Centro de Estudos dos Jogos Desportivos, Faculdade de Ciências do Desporto e de Educação Física da Universidade do Porto.

Oslin, J., Mitchell, S., & Griffin, L. (1998). The Game Performance Assessment Instrument (GPAI): Development and Preliminary Validation. *Journal of Teaching in Physical Education, 17*, 231-243.

Rovegno, I., Nevett, M., & Babiarz, M. (2001). Learning and teaching invasion-game tactics in 4th grade: Introduction and theoretical perspective. *Journal of Teaching in Physical Education, 20*(4), 341-351.

Siedentop, D. (1987). The theory and practice of sport education. *Myths, models and methods in sport pedagogy.*

Siedentop, D. (1994). *Sport education: Quality PE through positive sport experiences.* Human Kinetics, Champaign, IL.

Siedentop, D. (1996). Physical education and educational reform: The case of sport education. In S. Silverman; C. Ennis (Eds.), *Student learning in physical education*, pp. 247-267. Human Kinetics, Champaign, Ill.

Werner, P.; Thorpe, R.; Bunker, D. (1996). Teaching games for understanding: Evolution of a model. *JOPERD: The Journal of Physical Education, Recreation & Dance, 67*(1), 28-33.

6. EL DIAGNÓSTICO DEL ENTRENAMIENTO EN BALONCESTO

Sebastián Feu, Sergio J. Ibáñez, María Reina y Javier García-Rubio
Facultad de Ciencias del Deporte. Universidad de Extremadura.

1. INTRODUCCIÓN

El entrenamiento deportivo constituye un proceso en el que el entrenador debe tomar decisiones que definirán el desarrollo del entrenamiento (Abraham, Collins & Martindalle, 2006; Ibáñez, Feu, Antúnez, & Cañadas, 2013). Una adecuada planificación y el control del entrenamiento favorecen la optimización del proceso de entrenamiento y por tanto el proceso formativo de los jugadores de baloncesto (Ibáñez, 2008). Las decisiones que debe tomar el entrenador deben ajustarse a unos criterios de calidad, es decir, los entrenadores deben decir lo que van a hacer (planificar), hacer lo que han dicho que iban a hacer (entrenar), registrar las incidencias del entrenamiento (registrar), analizar el proceso de entrenamiento (evaluar), y actuar sobre las diferencias entre lo planificado y lo ejecutado (reflexionar) (Ibáñez, 2009a).

Para iniciar un proyecto deportivo, es necesario realizar un diagnóstico de todos los elementos que intervienen en el desarrollo del deportista. Los profesionales de la educación, y de forma específica los de la Educación Física, deben responder a las nueve interrogantes que les permitan afrontar con garantías el proceso de enseñanza-aprendizaje del deporte del baloncesto. Estas interrogantes adaptadas al contexto del entrenamiento deportivo son: ¿para qué se entrena? los fines; ¿quién entrena? el entrenador; ¿a quién se entrena? los jugadores; ¿por qué medios se entrena? las instalaciones y el material; ¿cómo se entrena? la metodología de entrenamiento; ¿cuándo se entrena? la temporalización de contenidos; ¿qué se entrena? los contenidos de entrenamiento; ¿dónde se entrena? el contexto del club; y por último ¿para qué, cuándo, y cómo se evalúa el entrenamiento? la evaluación del entrenamiento (Ibáñez, 1994).

En la actualidad son muchos los factores que condicionan el entrenamiento deportivo y la formación del joven deportista (Feu, 2001; García-Rubio, Cañadas, & Parejo, 2007; Ibáñez, 2002; Saenz-Lopez, Ibáñez, Gimenez, Sierra, & Sanchez, 2005). Por ello, se incrementa la importancia que hay que otorgarle al conocimiento de todos los factores implícitos en el proceso de entrenamiento.

De todos los elementos que hay que tener presentes en la planificación de los entrenamientos, algunos autores han distribuido estos factores en tres grandes apartados (Feu, 2001; Hernández, et al., 2000): el deportista, el deporte y el contexto. Por ello, en este capítulo se abordarán de forma específica estos tres elementos.

1.1. El deportista.

El jugador es el centro de todo proceso de entrenamiento deportivo. El desarrollo del deportista en los deportes de equipo es una interacción compleja y dinámica de factores sociales, de rendimiento y educativos (Burgess, & Naugthon, 2010). Es necesario conocer la edad biológica del joven deportista, así como el estado madurativo de sus capacidades psicoevolutivas, físicas, motrices, el conocimiento que tienen del deporte, y las experiencias previas que ha tenido en el deporte y el juego espontáneo y dirigido.

El sistema deportivo convencional agrupa a los jugadores para su formación basado en un criterio de edad cronológica. En un deporte como el baloncesto, en el que el desarrollo biológico y madurativo puede tener una gran influencia en el rendimiento de los jugadores (Arede, Ferreira, Gonzalo-Skok, & Leite, 2019), con incorporaciones tardías al proceso formativo por desarrollos biológicos tardíos, existen experiencias en las que se comienza a trabajar con el concepto de edad biológica para plantear sistemas formativos adecuados al desarrollo del jugador y estructuras competitivas adaptadas (bio-banding) (Cumming, Lloyd, Oliver, Eisenmann, & Malina, 2017).

Qué duda cabe que la condición física y la antropometría son factores a tener en cuenta en el jugador de baloncesto a la hora de alcanzar las etapas de máximo rendimiento deportivo, pero esto no debe ser un factor limitante para la iniciación en la práctica y el desarrollo del talento como jugador. Además, se ha tener en cuenta que estos factores pueden estar influenciados por la maduración tardía del deportista. Sin que tenga que servir como elemento discriminante, numerosos estudios en diferentes deportes confirman que un alto porcentaje de los jugadores que llegan al rendimiento han nacido en los primeros meses del año (Gómez-López, Granero-Gallegos, Feu, & Chirosa, 2017; Vaeyens, Philippaerts, & Malina, 2005). De forma específica, este hecho también se ha puesto de manifiesto en baloncesto (Ibáñez, Mazo, Nascimento & García-Rubio, 2018), siendo esta tendencia mayor en las primeras etapas en las canteras de baloncesto (Esteva, Drobnic, Puigdellivol, Serratosa, & Chamorro, 2006). No está garantizada la evolución de los chicos (Sáenz-López, Feu, & Ibáñez, 2006), y chicas (Feu, Ibáñez, Sáenz-López, & Giménez, 2008) con potencial talento desde las categorías de formación hasta la élite deportiva.

En baloncesto, una detección y una participación precoz de jugadores para las selecciones nacionales no es siempre favorecedora del desarrollo del talento deportivo (Ibáñez, Sáenz-López, Feu, Giménez, & García, 2010). La búsqueda del rendimiento inmediato a veces provoca que se pierdan deportistas talentosos por el camino y otras veces surgen talentos que pasaron inadvertidos para los entrenadores (Feu et al., 2008; Sáenz-López et al., 2006). Un proceso formativo adecuado del jugador puede igualar e incluso superar sus condiciones con respecto a otros que desarrollaron su talento de forma precoz, desde la infancia y la adolescencia deben sentarse las bases para alcanzar el rendimiento deportivo a largo plazo (Navarro, 2004).

Esto debe hacer reflexionar sobre el modelo de detección y formación de los talentos deportivos, pues tradicionalmente éste se ha basado en la detección y selección precoz de la antropometría y condición física (Helsen, Hodges, Van Winckel, & Starkes, 2000), de jugadores que, en ocasiones, han madurado antes al nacer en los primeros meses del año. Diversos estudios han demostrado que el éxito de los jugadores con talento se debe a una combinación de múltiples factores, además de los físicos y antropométricos, tales como los componentes tácticos, psicológicos, contextuales, psicosociales, etc. (García-Rubio et al, 2007; Sáenz-López et al., 2005).

Los factores psicológicos como la confianza, el control de la ansiedad, la inteligencia táctica o la motivación tienen una gran importancia en la formación del deportista en formación (Falk, Lidor, Lander, & Lang, 2004; Gould, Dieffenbach, & Moffett, 2002; Holt & Dunn, 2004). En el proceso de formación del jugador y sobre todo cuando empieza a competir a alto nivel, aumentan la exigencia de rendimiento y resultados, provocando una falta de confianza y mayor nivel de presión, llevándoles en algunos casos al abandono deportivo (Vives & Garcés de los Fayos, 2004). Para evitar esto, es necesario desarrollar durante las etapas de formación unas habilidades psicológicas que permitan afrontar el entrenamiento de alto nivel (Tutte, Blasco & Cruz, 2006), controlando el entorno del jugador para minimizar las presiones sobre su rendimiento.

Dentro del plano psicológico, un aspecto que cobra cada vez más repercusión es el de personalidad resistente. Diversos estudios han encontrado una relación positiva entre este concepto y el rendimiento deportivo (González-García & Pelegrín, 2016; Sheard & Golby, 2010). Los deportistas con personalidad resistente son aquellos que se comprometen con la tarea del entrenamiento (compromiso), que mantiene el control necesario para tomar decisiones en el entrenamiento y la competición (control), y es capaz superarse así mismo para resolver los problemas que se plantean en la práctica y en el contexto deportivo (reto o desafío). Los deportistas con más horas de práctica presentan mayores niveles de compromiso y control (González-García & Pelegrín, 2016).

A nivel cognitivo es importante conocer la capacidad del deportista para identificar y conocer el qué y cómo resolver los problemas del juego, conocimiento declarativo y procedimental. El conocimiento declarativo y procedimental se adquiere mediante la práctica deportiva, siendo mayor en los deportistas con más experiencia (Giacomini, Soares, Santos, Matias & Greco 2011; Williams & Davids, 1995). Esta información es muy importante para planificar el entrenamiento con contenidos y situaciones de aprendizaje que le sean significativas y motivantes para el aprendiz.

Las experiencias previas, espontáneas, de actividad física y deportiva, el juego prácticas de otros deportes, van a ayudar proceso de iniciación deportiva al aportar un amplio bagaje motriz. Por otro lado, en los entrenamientos es necesaria una implicación del deportista, siendo necesario que realicen una práctica deliberada adecuada, espontánea y que experimenten el juego o la competición formal (Côté, Eriksson y Abernethy, 2013). Para el diagnóstico del deportista es muy interesante indagar en el historial y experiencias físico-motrices previas, tanto en actividades informales como formales.

Por último, es necesario precisar que la realización del perfil antropométrico, fisiológico, motriz, psicológico…, debe utilizarse como una medida para controlar y analizar la evolución del deportista, pero no como una herramienta para la exclusión o segregación de deportistas.

1.2. El deporte: el baloncesto.

El baloncesto es un deporte de colaboración oposición, donde las acciones motrices que realizan los jugadores requieren de una percepción de los aspectos más relevantes del juego y de una toma de decisiones sobre las acciones a realizar en cada momento. Al mismo tiempo, la realización de las acciones de juego requiere de un importante gasto energético y muscular. Por todo ello, se puede decir que es un deporte de equipo dinámico y complejo (Erculj, Blas, & Bracic, 2010), que se desarrolla de forma no lineal, e intercalando acciones de intensidad diversa y variable.

La situación de las metas, porterías o canastas, a 3.05 metros de altura, el espacio de juego, el tamaño del balón y el sistema de puntuación condiciona las acciones motrices definitorias de un partido, la selección de los lanzamientos, la forma de comunicación entre jugadores, así como la selección de jugadores y de puestos específicos para facilitar su aproximación al objetivo cuando sea necesario. La modificación de estos elementos que configuran la tarea de aprendizaje, o "constraints", a través de las reglas que se proponen en el juego, constituyen un verdadero elemento pedagógico para orientar el aprendizaje de los deportistas para alcanzar los objetivos (Araujo & Davids, 2009; Arias, Argudo & Alonso, 2011; Chow et al., 2006; Chow et al., 2007).

Por todo ello, es necesario un conocimiento de las características formales y funcionales del deporte, pues su manipulación condiciona las estrategias que pueden emplear los entrenadores para la formación de sus jugadores. Todo entrenador que pretenda tener éxito, debe conocer y dominar los elementos estructurales y formales del deporte. Los entrenadores que trabajan en los procesos de iniciación deportiva, deben poseer un conocimiento básico del baloncesto y de los procesos de entrenamiento. Deben conocer tanto lo que hay que enseñar/entrenar, como lo que no hay que hacer en durante estos períodos formativos (Ibáñez 2007).

1.3. El contexto.

Diversos trabajos consideran que tan importante como las condiciones biológicas del jugador son las condiciones del contexto social para el desarrollo del deportista (Boixadós, Valiente, Mimbrero, Torregrosa, & Cruz, 1998; Brustad, 1992). Sáenz-López et al. (2005), identificaron que dentro de los factores que determinan el proceso de formación del joven jugador de baloncesto, que le permite llegar al máximo nivel deportivo, era el contexto, el factor más determinante en este proceso. Este hecho fue puesto de manifiesto tanto por los entrenadores, jugadores, managers y académicos de baloncesto. Dentro de los factores contextuales, se identificaron, por orden de importancia los siguientes factores contextuales: la familia, el club, el entrenador, la paciencia, jugar en categorías superiores, los estudios, disfrutar jugando con otros, disfrutar de becas para jugar, oportunidad y poder jugar en competiciones con nivel competitivo entre otros.

Feu (2002), considera los siguientes factores contextuales como variables que condicionan el proceso de iniciación y formación del deportista: la familia, los amigos, el lugar de residencia, las instituciones responsables del deporte, las entidades deportivas, las instalaciones y recursos materiales, el entrenador, la formación psicopedagógica del entrenador y los medios de comunicación. Analicemos de forma detenida la influencia de estos factores.

La familia. Algunas investigaciones ponen de manifiesto que la familia es muy importante en la práctica de la actividad física de sus hijos y en el desarrollo del talento deportivo (Franco-Arevalo, De la Cruz-

Sanchez, & Feu, 2017; González-García, Pelegrín, & Carballo, 2018; Sáenz-López, et al., 2005). La dinámica de la familia en torno al deportista talentoso (Cotè, 1999; Gould, et al., 2002), los recursos económicos de la familia (Lorenzo & Sampaio, 2005) y la actitud de los padres condicionan su proceso de formación. Los padres introducen a los niños en el deporte y los animan a continuar en la práctica (Brustad, 1996; Gimeno, 2003) siendo su papel fundamental en la medida de que deben mantener esa motivación hacia la práctica y modular sus actitudes y comportamientos y evitar situaciones de presión y de no aceptación de sus éxitos o fracasos (Boixadós et al. 1998; Gimeno, 2003). Los padres pueden condicionar de forma positiva o negativa el proceso de enseñanza-aprendizaje de sus hijos (Torregrosa et al., 2007), siendo necesario su apoyo motivacional, logístico (transporte, económico, etc.), apoyo emocional para crear un entorno agradable para la práctica deportiva y evitando trasladar presión al deportista (Simón, 2009).

Los amigos. Los amigos son una de las principales motivaciones para que el niño inicie y se mantenga en un programa de formación deportiva (Edwards et al., 2016) y su aceptación dentro del grupo por sus iguales la que va a condicionar su autoestima favorecer y la prevalencia en el mismo (Boixadós et al. 1998). Esta relación entre práctica deportiva y los iguales se acentúa cuando los deportistas son adolescentes, los deportistas buscan sus relaciones sociales dentro del deporte y valoran el reconocimiento social y la popularidad (Escartí & García-Ferriol, 1994). Los niños y adolescentes con amigos físicamente activos tienen más probabilidades de hacer actividad físico-deportiva, por tanto, este es un factor a ser tenido en cuenta en el diseño de los programas de iniciación deportiva (García, Sirard, Deutsch & Weltman, 2016). Es necesario que el entorno de amigos sea estable y equilibrado para favorecer el desarrollo del joven jugador de baloncesto, ofreciendo apoyo, equilibrio y realismo.

Lugar de residencia. El lugar donde se reside es determinante a la hora desarrollar el talento de aquellos deportistas nacidos en ciudades más pequeñas (Cotè, MacDonald, Baker & Abernethy, 2006). Lo cierto es que va a depender de las infraestructuras del lugar de residencia, de los apoyos que tenga el deporte a nivel institucional y de las dinámicas que se generen entorno a un deporte. Las investigaciones han puesto de manifiesto que los deportistas residentes en ciudades medias con recursos proporcionales a su población van a tener más posibilidades para mejorar su rendimiento, que en las ciudades pequeñas o las grandes ciudades.

Las instituciones responsables del deporte. Estas instituciones influyen las políticas de promoción del deporte, en las de fomento del fair play y en las relacionadas con el desarrollo de los talentos. Estas políticas deberían dirigirse a todos los colectivos relacionados con el deporte: deportistas, padres, entrenadores, dirigentes, periodistas, políticos, etc. (Cruz, Boixadós, Torregrosa y Mimbreo, 1996).

Las entidades deportivas. Los clubes deportivos tienen la gran responsabilizar de programar y planificar los objetivos y contenidos formativos más adecuados para la formación sus deportistas, manteniendo el respeto a sus capacidades y buscando objetivos de rendimiento a largo plazo. Además, deberán facilitar los recursos e instalaciones necesarias para el funcionamiento de los programas. El papel del director técnico o de cantera será fundamental a la hora de coordinar los programas en las distintas categorías. Los clubes son los responsables de implementar los programas de formación de los jóvenes jugadores de baloncesto, asignarles los entrenadores más adecuados, tener paciencia con la consecución de los éxitos deportivos, no provocando talentos prematuros, permitirles tener experiencias jugando en categorías superiores, ofreciendo becas para poder reclutar a jugadores de localidades sin condiciones óptimas para el desarrollo de su potencial, incluyéndoles en competiciones deportivas con nivel competitivo adecuado a su nivel (Sáenz-López et al., 2005).

Las instalaciones y recursos materiales. Las instalaciones (cancha de baloncesto, espacios abiertos, gimnasio...) y recursos necesarios (balones, conos de señalización, canastas regulables, equipamiento deportivo, transporte, etc.) para que un equipo pueda llevar a cabo su programa deportivo son fundamentales. Dotar de correctas instalaciones deportivas es responsabilidad de los clubes. En ocasiones, estos clubes realizan convenios para su uso con los responsables de los municipios dónde se encuentran. Por tanto, se pone de manifiesto la interacción entre el lugar de residencia, los clubes y los recursos materiales, identificándose que las mejores condiciones se encuentran en las ciudades medianas.

El entrenador. El entrenador es el máximo responsable de la formación del deportista, realizando múltiples funciones, entre las que destacan la del diseño y realización de los entrenamientos (Ibáñez, 2009a). En las etapas de formación es ante todo un educador que además va a enseñar la práctica de un deporte y va a utilizar este como medio educativo y formativo de sus capacidades (Boixadós, et al. 1998; Feu, 2006). El papel del entrenador en la formación del deportista en las etapas de formación es fundamental (Lorenzo & Sampaio, 2005) y ha sido valorado por los deportistas que han llegado a la élite en baloncesto como un elemento esencial para su formación (Sáenz-López, et al., 2005; Sáenz-López, Jiménez, Giménez, Ibáñez, 2007). Ibáñez (2007) indica que, para ser un entrenador de baloncesto de éxito, éste debe conjugar tres factores: conocimiento del deporte, motivación y empatía.

La formación psicopedagógica del entrenador. La formación tiene un papel importante en estas etapas, debiendo adaptar el entrenamiento a las características psicológicas y biológicas del niño, utilizando modelos de enseñanza que favorezcan un aprendizaje compresivo del juego y la motivación hacia la práctica del deporte. El entrenamiento biológico con niños y jóvenes es posible siempre que se ajuste a las limitaciones de cada edad y género y respete el principio de individualización del entrenamiento (Navarro, 2004). Los entrenadores pueden de hacer de agentes psicosociales para el asesoramiento y adecuación de las conductas de los padres en el deporte (Gimeno, 2003). Para ello es imprescindible mantener canales bidireccionales de comunicación entre los padres y el entrenador. Será el entrenador el que seleccionará el método de enseñanza-aprendizaje más adecuado para el desarrollo de sus entrenamientos en función de las características del deportista, del conocimiento de la pedagogía y el deporte (Lima, Matías & Greco, 2012) y en función de su itinerario vital (Ramos, dos Santos & do Nascimento, 2006).

Los medios de comunicación. Estudios sociológicos confirman que la presencia del deporte tiene una orientación unilateral hacia la competición, el espectáculo y la anécdota, prescindiendo otros ámbitos y usos sociales del deporte como el ocio, educación o la salud (González, 2004). Por lo tanto, la imagen que transmite el deporte y el deportista de élite fuera y dentro de las pistas deportivas va a ser captada por los jóvenes deportista. En este sentido, los deportistas de élite deben ser responsables de sus conductas en las pistas juego manteniendo el de fair play (Boixadós et al., 1998) y en la imagen que proyectan fuera de los espacios deportivos.

2. CONSIDERACIONES PARA LA PLANIFICACIÓN DEL ENTRENAMIENTO.

El proceso de formación de los jugadores y el éxito en el entrenamiento deportivo está condicionado por una correcta planificación del entrenamiento. La planificación es una de las funciones más importantes para que un entrenador pueda desarrollar de forma eficaz un proyecto deportivo. La elaboración de un programa o planificación de un proceso de enseñanza aprendizaje requiere de una reflexión previa y una clarificación de los objetivos a seguir (Antón, 1990).

La planificación es un proyecto flexible (Pérez, 2002; Siedentop, 1991) que puede y debe variar en función de los acontecimientos que se producen en el entrenamiento y la competición. La variación en la planificación de los entrenadores puede surgir por una situación provocada por los jugadores, por una situación inducida por la naturaleza del ejercicio, o por una situación provocada por el entrenador (Demers & Tousignant, 1998); e incluso por aspectos contextuales que afectan al entrenamiento o la competición.

El desarrollo del jugador con talento debe considerarse como un proceso continuado que debe realizarse a partir del establecimiento de objetivos a largo plazo (Martindale, Collins, & Daubney, 2005; Navarro, 2004) que requieren de una organización jerarquizada de los contenidos a desarrollar, bien sean técnicos, tácticos, psicológicos o de condición física.

En el ámbito deportivo no se dispone de un currículum organizado para la formación de los niños y adolescentes en un deporte, por ello en los clubes debe realizar una organización y planificación general de cada nivel formativo, para posteriormente ir concretándola en cada grupo de entrenamiento. Esto debe ser similar a lo que ocurre en la programación educativa y que se ha venido a denominar jerarquización vertical y horizontal de los contenidos.

Desde la dirección técnica deberán distribuirse con contenidos técnicos, tácticos, físicos y psicológicos, así como recomendaciones de las metodologías más adecuadas a emplear en cada categoría en base a las etapas evolutivas de los deportistas, las experiencias previas del deportista y a las características del deporte. En definitiva, se trata de establecer una organización de los contenidos desde una perspectiva constructivista y significativa del aprendizaje. Posteriormente el entrenador concretará su programación al contexto de su grupo de entrenamiento distribuyendo los contenidos a lo largo de la temporada favoreciendo los objetivos de aprendizaje por encima de los competitivos.

En el contexto del baloncesto, Ibáñez (2009b), realiza una propuesta de planificación de una temporada de entrenamiento para equipos de formación, en la que indica que este es un proceso continuo y dinámico que evoluciona por varias fases: *"diagnosticar del contexto en el que se va a realizar el entrenamiento; establecer los objetivos para la temporada; realizar la estructura general de la temporada; seleccionar las de situaciones de entrenamiento; elegir los contenidos de entrenamiento en función de la categoría y el nivel de los jugadores; distribuir los contenidos de entrenamiento a lo largo de la temporada, mesociclo, microciclo; diseñar la sesión de entrenamiento; seleccionar de la metodología de entrenamiento para cada contenido y objetivo; y evaluar del proceso de entrenamiento"*. Atendiendo al principio de flexibilidad que debe imperar en toda planificación, este es un modelo que puede ser tenido en cuenta por los nuevos entrenadores.

2.1. Diseño curricular en baloncesto

En el sistema educativo los diseños curriculares incorporan el deporte como uno de los contenidos más importantes de la Educación Física (Valera, Ureña, Ruíz, & Alarcón, 2010). El Diseño Curricular Base es de vital importancia a la hora de planificar la enseñanza/entrenamiento del Baloncesto en categorías de formación. Este documento se establece como una ruta orientativa para la enseñanza de las habilidades específicas del juego. En él se desarrollan los gestos y conductas técnico y tácticas específicas del baloncesto y su aplicación durante el entrenamiento deportivo. Se recogen todas las acciones y respuestas motrices eficaces que necesitan los jugadores para resolver las diversas problemáticas a las que se debe hacer frente en una situación específica de entrenamiento o competición en baloncesto. Estas acciones y respuestas motrices bien ejecutadas conducen a soluciones tanto en fase de ataque como defensa, y tanto a nivel individual, grupal o colectivo.

El Diseño Curricular Base del Baloncesto debe estar estructurado y jerarquizado tanto vertical como horizontalmente (Ibáñez 2009b) para poder ajustarse a las características fundamentales de una planificación a largo plazo (Viciana, 2001; Feu & Ibáñez, 2001). En primer lugar, la definición de los objetivos deportivos durante el proceso de formación es fundamental en la vida deportiva de un jugador. Pintor (1989) diferenció una serie de objetivos generales en función de la etapa de formación con el fin de aprender y perfeccionar algunos contenidos también estructurados previamente.

Son escasos los ejemplos de Diseño Curricular base para la Enseñanza del Baloncesto (DCBEB). Ibáñez (2002) realiza una propuesta de DCBEB en la que los diferentes contenidos se desarrollarán en tres fases, realizando una adaptación de la propuesta de Fernández & Navarro (1989) para el aprendizaje de la aptitud motriz. Estas fases son Experimentar, Aprender (por Automatizar) y Perfeccionar. Esta propuesta, estructura los contenidos de enseñanza/entrenamiento tanto para la fase de ataque como para la defensa, organizándolos tanto para las conductas táctico-técnicas (tomas de decisiones) como para los gestos técnico-tácticos (ejecuciones motrices), atendiendo a acciones individuales (1x1), grupales (2x2, 3x3, 4x4), y colectivas (5x5).

2.2. Distribución de contenidos en baloncesto

Una de las principales dificultades del entrenador es distribuir los contenidos a desarrollar a lo largo de un periodo plurianual e incluso a lo largo de la temporada. Estos contenidos deberán organizarse en función de su naturaleza, toma de decisión (conductas tácticas) o ejecuciones motrices (gestos técnicos), priorizando la fase de juego que se pretende enseñar/entrenar, el ataque o la defensa (Ibáñez,

Feu, Cañadas & Antúnez, 2017), pues en el diseño de tareas de entrenamiento globales, las dos fases de juego estarán presentes. Nuestro posicionamiento ya manifestado en otras publicaciones es priorizar la comprensión del juego a través de metodologías centradas en el aprendiz (García-Ceberino, Feu, Antúnez, & Ibáñez, 2019; González-Espinosa, Antúnez, Feu, & Ibáñez, 2018; González-Espinosa, Feu, García-Rubio, Antúnez Medina, A., & García-Santos, 2017), *construir el juego antes que destruir,* es decir *aprender a atacar antes de defender* (Cañadas, Ibáñez, García, Parejo, Feu, 2012; Ibáñez, 2002; Ibáñez, et al., 2017) y *experimentar antes que mecanizar*, emplear medios de enseñanza de entrenamiento basados en juegos, antes que en ejercicios de aplicación (Ibáñez, 2004).

Las referencias a nivel deportivo de jerarquización de contenidos, tanto verticalmente como horizontalmente (Etapas de formación, Categoría, Temporada), son escasas, por lo que a continuación se propone una distribución de contenidos en ambas vertientes (Feu & Ibáñez, 2001). En el contexto del baloncesto, Ibáñez (2002, 2009b) propone un esquema de jerarquización de contenidos vertical y horizontal aplicable a este deporte.

Jerarquización vertical de contenidos.

En esta jerarquización se encuentran cuatro niveles sobre los que trabajar, y estos niveles son las Administraciones Deportivas, Instituciones Deportivas, Clubes y Entidades, y el Equipo.

i. Primer nivel: Se considera que son las administraciones deportivas las que deben encargarse de planificar las habilidades motrices genéricas. Para ello, teniendo en cuenta el trabajo de múltiples instituciones tales como el Consejo Superior de Deportes, teniendo en cuenta los objetivos relacionados con la práctica deportiva deberán establecer de forma genérica una serie de contenidos deportivos a desarrollar durante la etapa de formación de los deportistas sin tener en cuenta la modalidad deportiva.

ii. Segundo nivel: Por su parte, las instituciones deportivas de baloncesto deberán ser las encargadas de planificar las habilidades motrices específicas y especializadas, teniendo en cuenta la modalidad deportiva específica. La aplicación específica de contenidos propios del baloncesto se realizará a través de instituciones propias, tales como la Federación Española de Baloncesto. Su función será establecer una serie de normas generales en cuanto al desarrollo de contenidos específicos y especializados en baloncesto, estructurándolos y diferenciándolos en todas las categorías formativas.

iii. Tercer nivel: Perteneciente a clubes y entidades deportivas con el objetivo de adecuar esas habilidades motrices genéricas y específicas de los primeros dos niveles a los objetivos formativos y aspiraciones de cada club. Por tanto, en función del objetivo general, la estructura formativa, el nivel competitivo, el género de sus jugadores, la competición en la que juegan, etc. cada club o entidad deportiva deben encargarse de adaptar, personalizar e individualizar las directrices generales elaboradas por los dos niveles anteriores.

iv. Cuarto nivel: El último nivel es el equipo, el conjunto de jugadores dónde desarrollar de manera práctica todos los niveles a lo largo de una temporada. El entrenador y cuerpo técnico serán los encargados de elegir y distribuir los contenidos establecidos en el Diseño Curricular Base de Baloncesto a lo largo de la temporada. Para ello, elaborarán tareas específicas para los contenidos de enseñanza establecidos que provoquen aprendizaje por parte del jugador.

Jerarquización horizontal de contenidos.

En esta jerarquización se encuentran tres niveles sobre los que trabajar, y estos niveles son las etapas de formación, la categoría y por último el equipo.

i. Primer nivel: Es necesario distribuir los contenidos en los distintos periodos formativos o categorías en las que se estructura el baloncesto. Para ello, es de vital importancia una planificación a largo plazo, dónde los contenidos de enseñanza del baloncesto se estructuren a lo largo del proceso formativo de los jugadores de forma progresiva y coherente. Por tanto, sería conveniente presentar el aprendizaje de los contenidos de forma progresiva en presentar/experimentar, desarrollar/automatiza, dominar/perfeccionar.

ii. Segundo nivel: Las categorías de formación en baloncesto suelen abarcar 2 años. Por tanto, sería necesario distribuir los contenidos teniendo en cuenta esta distribución de las categorías. Considerando que cada una deberá tener un tratamiento y evolución diferente.

iii. Tercer nivel: Como último nivel, será el entrenador el encargado de desarrollar los contenidos en función de las características de posea su equipo. Principalmente con una planificación a medio plazo dónde pueda ir obteniendo un feedback a lo largo de la temporada e ir evolucionando los diferentes contenidos a lo largo de la misma en función la respuesta de sus jugadores.

Además, la propuesta de Ibáñez (2002) planteada con un modelo ondulatorio donde se alternan contenidos de ataque y defensa, e iniciar el desarrollo de los contenidos a partir de situaciones que permitan resolver los problemas del juego, modulando la dificultad de las tareas para evolucionar de lo simple a lo complejo.

2.3. Metodología para la enseñanza del baloncesto

El desarrollo de los contenidos se realiza a través de las tareas de aprendizaje y del tipo de comunicación que se establece en el aula o entrenamiento (Alarcón, Cárdenas, Miranda, Ureña, & Piñar, 2010). La forma de utilizar estos elementos depende de la metodología que decidan emplear los técnicos deportivos. Dos grandes enfoques de enseñanza del deporte se emplean en la iniciación y aprendizaje deportivo: uno centrado en el profesor y otro centrado en el alumnado.

En el enfoque centrado en el profesor destaca el método de instrucción directa. En este método la enseñanza del deporte se focaliza en el dominio de la técnica como requisito previo a su puesta en práctica en situaciones jugadas (Metzler, 2011). La enseñanza se desarrolla en contextos aislados y descontextualizados del juego real, donde el docente contrala el diseño con la finalidad de desarrollar las habilidades técnicas (Stolz & Pill, 2016), realizando una presentación clara y explícita sobre cómo hay que resolver la tarea y un feedback prescriptivo y descriptivo centrado en resaltar las diferencias con el modelo a seguir. Los medios de aprendizaje más habituales son los ejercicios.

En el enfoque centrado en el alumno se prioriza la comprensión del juego (Oslin & Mitchell, 2006) y se orienta el proceso de enseñanza-aprendizaje hacia la adquisición de conductas tácticas (Miller, 2015). Estas propuestas de aprendizaje se desarrollan en situaciones de juego contextualizadas (Kirk & McPhail, 2012), donde el alumnado debe resolver los problemas juego que surgen en un entorno ecológico del deporte que es cambiante y al que debe adaptarse el aprendiz (Araújo, Travassos, Torrents, & Vives, 2011). Cada tarea tiene su propia presentación y estructura, pero todas deben de centrarse en la resolución de un problema táctico. El rol del docente es diseñar y proponer tareas, juegos deportivos, donde a través de los condicionantes de la tarea o "constraints" (espacio, tiempo, metas, reglas...) se favorece que surjan una gran variedad de comportamientos motrices dentro de un contexto específico de juego. En la comunicación que establece con el deportista el entrenador presenta los condicionantes de la tarea para exponer un problema de juego y utiliza el feedback interrogativo para desarrollar la autonomía en la toma de decisiones y para que el deportista cree su propia conciencia táctica (Mitchell, Oslin, & Griffin, 1997).

A lo largo del mundo han surgido numerosas propuestas centradas en el alumno y en el conocimiento del juego (Figura 1), que el entrenador podrá seleccionar para el desarrollo de sus objetivos.

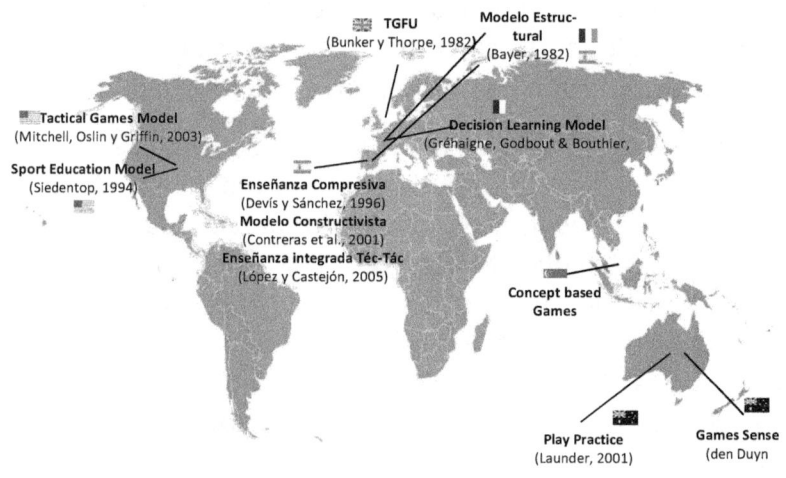

Figura 1. Modelos de enseñanza del Deporte.

Este diagnóstico de entrenamiento pretende mostrar los elementos básicos a tener en cuenta en un proyecto de enseñanza del Baloncesto, así como unas consideraciones a la hora de planificar los contenidos de este deporte. Al ser una propuesta está sujeta a cambios, modificaciones por su aplicación y viabilidad, no es este un documento cerrado, sino abierto, dinámico y flexible. Documento que sirve a los entrenadores como marco guía para desarrollar su trabajo. Además, debe servir para la reflexión, permitiendo realizar un análisis crítico del trabajo que realizan y las propuestas que se realizan.

REFERENCIAS

Abraham, A., Collins, D., & Martindale, R. (2006). The coaching schematic: validation through expert coach consensus. *Journal Sports Science, 24*(6), 549-564. doi:10.1080/02640410500189173

Alarcón, F., Cárdenas, D., Miranda, M. T., Ureña, N., & Piñar, M. I. (2010). La metodología de enseñanza en los deportes de equipo. *Revista de Investigación en Educación, 7*, 91-103.

Antón, J. L. (1990). *Balonmano. Fundamentos y etapas de aprendizaje*. Madrid: Gymnos.

Araújo, D., & Davids, K. (2009). Ecological approaches to cognition and action in sport and exercise: Ask not only what you do, but where you do it. *International Journal of Sport Psychology, 40*(1), 5-37.

Araújo, D., Travassos, B., Torrents, C., & Vives, M. (2011). La toma de decisiones en el deporte escolar. Un ejemplo aplicado al fútbol. *Innovació en Educació Física, 3*(2), 1-7.

Arede, J., Ferreira, A. P., Gonzalo-Skok, O., & Leite, N. (2019). Maturational Development as a Key Aspect in Physiological Performance and National-Team Selection in Elite Male Basketball Players. *International Journal of Sports Physiology and Performance*, (00), 1-9.

Arias, J.L.; Argudo, F.M., & Alonso, J.I. (2011). Las reglas como variables didácticas. Ejemplo en baloncesto de formación. *Revista Internacional de Medicina y Ciencias de la Actividad Física y el Deporte, 11* (43), 491-512. Recuperado de http://cdeporte.rediris.es/revista/revista43/artreglas227.htm

Boixadós, M., Valiente, L., Mimbrero, J., Torregrosa, M., & Cruz, J. (1998). Papel de los agentes de Socialización en deportistas en edad escolar. *Revista de Psicología del Deporte, 7*(2), 295-310.

Brustad, R. J. (1992). Integrating socialization influences into the study of children's motivation in sport. *Journal of Sport and Exercise Psychology, 14*, 59-77.

Brustad, R. J. (1996). Parental and peer influence on children's psychological development through sport: En F.L. Smoll y R.C. Smith (eds.). *Children and youth in sport: a byopsychosocial perspective* (pp. 112-124). Dubuque, IA: Brown & Benchmark.

Burgess, D. J., & Naugthon, G. A. (2010). Talent development in adolescent team sports: A review. *International Journal of Sports Physiology and Performance, 5*, 103-116.

Cañadas, M., Ibáñez, S. J., García, J., Parejo, I., & Feu, S. (2012). Estudio de las fases de juego a través del análisis del entrenamiento deportivo en categoría minibasket. *Cuadernos de Psicología del Deporte, 12*(2), 73-82.

Chow, J. Y., Davids, K., Button, C., Shuttleworth, R., Renshaw, I., & Araújo, D. (2006). Nonlinear pedagogy: A constrints-led framework for understanding emergence of game play and movement skills. *Nonlinear Dynamics, Psychology, and Life Sciences, 10*(1), 71-103.

Chow, J. Y., Davids, K., Button, C., Shuttleworth, R., Renshaw, I., & Araújo, D. (2007). The Role of Nonlinear Pedagogy in Physical Education. *Review of Educational Research, 77*(3), 251–278. doi:10.3102/003465430305615

Côté, J. (1999). The influence of the family in the development of talent in sport. *The Sport Psychologist, 13*(4), 395-417.

Côté, J., Eriksson, K., y Abernethy, B. (2013). Practice and play in sport development. In J. Côté & R. Lidor (Eds), *Condition of children's talent development in sport* (pp. 9–20). Morgantown, WV: Fitness Information Technology.

Côté, J., MacDonald, D., Baker, J., & Abernethy, B. (2006). When "where" is more important than "when": Birth place effects on the achievement of sporting expertise. *Journal of Sports Sciences, 24*, 1065-1073.

Cruz, J., Boixadós, M., Torregrosa, M., & Mimbreo, J. (1996). ¿Existe un deporte educativo?: papel de las competiciones deportivas en el proceso de socialización del niño. *Revista de Psicología del Deporte, 9-10*, 111-132.

Cumming, S. P., Lloyd, R. S., Oliver, J. L., Eisenmann, J. C., & Malina, R. M. (2017). Bio-banding in sport: applications to competition, talent identification, and strength and conditioning of youth athletes. *Strength & Conditioning Journal, 39*(2), 34-47.

Demers, G., y Tousignant, M. (1998) Planifier l'imprevisible: comment les plans de seances se transforment en action. *Avante 4*(3), 67-83.

Edwards, M. J., Jago, R., Sebire, S. J., Kesten, J. M., Pool, L. & Thompson, J. L. (2016). Theinfluence of friends and siblings on the physical activity and screen viewing behaviours of children aged 5–6 years: a qualitative analysis of parent interviews. *BMJ Open, 5*, 1-8.

Erculj, F., Blas, M., & Bracic, M. (2010). Physical demands on young elite European female basketball players with special reference to speed, agility, explosive strength, and take-off power. *The Journal of Strength & Conditioning Research, 24*(11), 2970-2978.

Escartí, A., & García-Ferriol, A. (1994). Factores de los iguales relacionados con la práctica y la motivación deportiva en la adolescencia. *Revista de Psicología del Deporte*, 6, 35-51.

Esteva, S., Drobnic, F., Puigdellivol, J., Serratosa, L., & Chamorro, M (2006). Fecha de nacimiento y éxito en el baloncesto profesional. *Apunts Medicina del' esport, 149*, 25 – 30.

Falk, B., Lidor, R., Lander, Y., & Lang, B. (2004). Talent identification and early development of elite water-polo players: a 2-year follow-up study. *Journal of Sports Sciences, 22*(4), 347-355.

Fernández, G., & Navarro, V. (1989). *Diseño curricular en educación física*. Barcelona: INDE Publicaciones.

Feu, S. (2001). Criterios metodológicos para una iniciación deportiva educativa: una aplicación al balonmano. *Lecturas: Educación Física y Deportes,* 31. Recuperado desde http//:www.efdeportes.com/efd31/balonm.htm

Feu, S. (2002). Factores a tener en cuenta para una iniciación deportiva educativa: el contexto. *Lecturas: Educación física y deportes, 51*. Recuperado desde http://www.efdeportes.com/efd51/inic.htm

Feu, S. (2006). *El perfil de los entrenadores de balonmano. La formación como factor de cambio*. Cáceres: Ilustres Colegio de Licenciados en Ciencias de la Actividad física y el deporte.

Feu, S., & Ibáñez, S. J. (2001). La planificación de objetivos y contenidos en la iniciación deportiva en la edad escolar. En el *libro de actas del IV congreso Internacional sobre la enseñanza de la Educación Física y el deporte escolar* (p.p. 573 – 578). Santander.

Feu, S., Ibáñez, S. J., Sáenz-López, P., & Giménez, F. J. (2008). Evolución de las jugadoras en las selecciones españolas de baloncesto. *Apunts. Educación Física y Deportes* (93), 71-78.

Franco-Arevalo, D., De la Cruz-Sanchez, E., & Feu, S. (2017). The influence of the parents and equals in the realization of physical sports-activity of the students of primary education. *E-Balonmano.com: Revistas de Ciencias del Deporte, 13*(3), 263-272.

Garcia, J.M., Sirard, J.R., Deutsch N.L., & Weltman, A. (2016). The influence of friends and psychosocial factors on physical activity and screen time behavior in adolescents: a mixed-methods analysis. *Journal of Behavioral Medicine, 39*(4), 610-623.

García-Ceberino, J. M., Feu, S., Antúnez, A., & Ibáñez, S. J. (2019). Comparative Study of Two Intervention Programmes for Teaching Soccer to School-Age Students. *Sports, 7*, 1-16. doi:doi:10.3390/sports7030074

García-Rubio, J., Cañadas, M., & Parejo, I. (2007). Una revisión sobre la detección y selección del talento en balonmano. *e-balonmano.com: Revista Digital Deportiva, 3*(3), 39 – 46.

Giacomini, D.S., Soares, V.O., Santos, H.F., Matias, C.J., & Greco P.J. (2011). O conhecimento tático declarativo e processual em jogadores de futebol de diferentes escalões. *Motricidade, 7*(1), 43-53.

Gimeno, M. (2003). Descripción y evaluación preliminar de un programa de habilidades sociales y de solución de problemas con padres y entrenadores en el Deporte infantil y juvenil. Revista de Psicología del Deporte, 12 (1), 67-79.

Gómez-López, M., Granero-Gallegos, A., Feu, S., & Chirosa, L. J. (2017). Relative age effect during the selection of young handball player. *Journal of Physical Education and Sport, 17*(1), 418-423. doi:10.7752/jpes.2017.01062

González, M. E. (2004). El reflejo del deporte en los medios de comunicación en España. RES. *Revista Española de Sociología, 4*, 271-280.

González-Espinosa, S., Antúnez, A., Feu, S., & Ibáñez, S. J. (2018). Monitoring the External and Internal Load Under 2 Teaching Methodologies. *Journal of Strength and Conditioning Research*. doi:10.1519/jsc.0000000000002799

González-Espinosa, S., Feu, S., García-Rubio, J., Antúnez Medina, A., & García-Santos, D. (2017). Differences in learning according to the teaching method in basketball. *Revista De Psicología Del Deporte, 26*, 65-70.

González-García, H., & Pelegrín, A. (2016). *Personalidad Resistente y Horas de Entrenamiento Deportivo.* Paper presented at the XV Congreso Nacional de Psicología de la Actividad Física y el Deporte y I Encuentro Internacional Entrenamiento Mental en el Deporte, Valencia.

González-García, H.; Pelegrín, A., & Carballo, J.L (2018). Estilos educativos parentales como predictor del éxito y nivel de competición deportivo /Parental Education Styles as a Predictor of Sport Success and Competition Level. *Revista Internacional de Medicina y Ciencias de la Actividad Física y el Deporte, 18* (71), 589-604. Doi: http://dx.doi.org/10.15366/rimcafd2018.71.012

Gould, D., Dieffenbach, K., & Moffett, A. (2002). Psychological characteristics and their development in Olympic champions. *Journal of Applied Sport Psychology, 14*(3), 172-204.

Helsen, W. F., Hodges, N. J., Van Winckel, J., & Starkes, J. L. (2000). The roles of talent, physical precocity and practice in the development of soccer expertise. *Journal of sports sciences, 18*(9), 727-736.

Hernández, J., Castro, U., Cruz, H., Gil, G., Guerra, G., Quiroga, M., & Rodríguez, J. P. (2000). *La iniciación a los deportes desde su estructura y dinámica*. Barcelona: INDE.

Holt, N. L., & Dunn, J. G. H. (2004). Toward a grounded theory of the psychosocial competencies and environmental conditions associated with soccer success. *Journal of Applied Sport Psychology, 16*(3), 199-219.

Ibáñez, S. J. (2002). Los contenidos de enseñanza del baloncesto en las categorías de formación. En S. J. Ibáñez & M. Macias (Eds.), *Novos Horizontes para o treino do basquetebol* (pp. 11-135). Cruz Quebrada: Facultad de Motricidades Humana, Serviço de Ediçoes.

Ibáñez, S. J. (2004). El entrenamiento de las conductas táctico-técnicas: desde situaciones individuales a colectivas. En G. Ortega y C. Jiménez (Eds.) *II Curso de didáctica del baloncesto en las etapas de iniciación* (pp. 97-121). Madrid: Fundación del Real Madrid.

Ibáñez, S. J. (2007). El papel del entrenador de baloncesto en los procesos de iniciación. In AC Jiménez & G. Ortega (Coor.), *Baloncesto en la iniciacion. Congreso de Baloncesto en la iniciación* (pp. 193-196). Sevilla: Wanceulen.

Ibáñez, S. J. (2008). La planificación y el control del entrenamiento técnico-táctico en baloncesto. En N. Terrados y J. Calleja (Coord.), *Fisiología, entrenamiento y medicina del baloncesto* (pp. 299-313). Barcelona: Paidotribo.

Ibáñez, S. J. (2009a). La Intervención del entrenador de Baloncesto: Investigación e implicaciones prácticas. In A. Lorenzo, S. J. Ibáñez, & E. Ortega (Eds.), *Aportaciones teóricas y prácticas para el baloncesto del futuro* (pp. 11-30). Sevilla: Wanceulen Editorial Deportiva.

Ibáñez, S. J. (2009b). Planificación de una temporada en la iniciación al baloncesto. In G. Ortega & AC Jiménez (Coor.). *Táctica y técnica en la iniciación al baloncesto* (pp. 69-100). Sevilla: Wanceulen.

Ibáñez, S. J., Feu, S., Antúnez, A., & Cañadas, M. (2013). Avances y Desafíos en la formación de los entrenadores de deportes colectivos. In J. Viera, V. Ramos, & F. Tavares (Eds.), *Jogos desportivos: formaçao e investigaçao*. Florianópolis (Brasil): UDESC.

Ibáñez, S. J., Feu, S., Cañadas, M., & Antúnez, A. (2017). La aplicación del modelo ondulatorio en la enseñanza de los deportes colectivos. In L. R. Galatti, A. J. Scaglia, P. C. Montagner, & R. Rodrigues (Eds.), *Desenvolvimento de treinadores e Atletas. Pedagogía do Esporte* (Vol. 1, pp. 137-162). Campinas: UNICAMP.

Ibáñez, S. J., Lorenzo, M. & Delgado, M.A. (1994). *El diagnóstico educativo en la educación física en enseñanza secundaria (obligatoria y bachiller)*. Granada: I.C.E. Universidad de Granada.

Ibáñez, S. J., Sáenz-López, P., Feu, S., Giménez, J., & García, J. (2010). Progression of Spanish National Team Basketball Players by Age and Sex. *The Open Sports Sciences Journal*(3), 118-128.

Ibáñez, S. J., Mazo, A., Nascimento, J., y García-Rubio, J. (2018). El efecto de la edad relativa en el baloncesto de menores de 18 años: efectos en el rendimiento según la posición de juego. *PloS one, 13* (7), e0200408.

Kirk, D., & McPhail, A. (2002). Teaching Games for Understanding and Situated Learning: Rethinking the Bunker-Thorpe Model. *Journal of Teaching in Physical Education, 21*(2), 177-192.

Lima, C.O., Matias, C.J., y Greco, P.J. (2012). O conhecimento tático produto de métodos de ensino combinados e aplicados em sequências inversas no voleibol. *Revista Brasileira de Educação Física e Esporte, 26(1)*,129-147. DOI: 10.1590/S1807-55092012000100013.

Lorenzo, A., & Sampaio, J. (2005). Reflexiones sobre los factores que pueden condicionar el desarrollo de los deportistas de alto nivel. *Apunts Educación Física y Deportes, 80*, 63-70.

Martindale, R. J., Collins, D. & Daubney, J. (2005). Talent development: A guide for practice and research within sport. *Quest, 57*, 353-375.

Metzler, M. W. (2011). *Instructional models for physical education*. Scottsdale, Arizona: Holocomb Hathaway.

Miller, A. (2015). Games Centered Approaches in Teaching Children & Adolescents: Systematic Review of Associated Student Outcomes. *Journal of Teaching in Physical Education, 34*(1), 36-58. doi:10.1123/jtpe.2013-0155

Mitchell, S. A., Oslin, J. L., & Griffin, L. L. (1997). *Teaching sport concepts and skills: A Tactical Game Approach*. Leeds, United Kingdom: Human Kinetics.

Navarro, F. (2004). Entrenamiento adaptado a los jóvenes. *Revista de Educación 335*, 61-80.

Oslin, J., & Mitchell, S. (2006). Game-centered approaches to teaching physical education. In D. Kirk, D. MacDonald, & M. O'Sullivan (Eds.), *Handbook of Physical Education* (pp. 627-651). London: Sage.

Pérez, C. (2002). Estudio cualitativo sobre entrenadores de alto rendimiento deportivo. *Revista de Psicología del Deporte, 11*(1), 9-33.

Pintor D. (1989). Objetivos y contenidos de la formación deportiva. En J. Antón (coord.). *Entrenamiento deportivo en edad escolar*. UNISPORT. Málaga.

Ramos, V., dos Santos Graça, A.B., & do Nascimento, J.V. (2006). A representação do ensino do basquetebol em contexto escolar: estudos de casos na formação inicial em educação física. *Revista Brasileira de Educação Física e Esporte, 20*(1), 37-49.

Sáenz-López, P., Feu, S., & Ibáñez, S. J. (2006). Estudio de la participación de los jugadores españoles de baloncesto en las distintas categorías de la selección nacional. *Apunts. Educación Física y Deportes*(85), 36-45.

Sáenz-López, P., Ibáñez, S.J., Giménez, J., Sierra, A., & Sánchez, M. (2005). Multifactor characteristics in the process of development of the male expert basketball player in Spain. *International Journal of Sport Psychology, 36*(2), 151-171.

Sáenz-López, P., Jiménez, A. C., Giménez, F. J., & Ibáñez, S. J. (2007). La autopercepción de las jugadoras de baloncesto expertas respecto a sus procesos de formación. *Cultura, ciencia y deporte: revista de ciencias de la actividad física y del deporte de la Universidad Católica de San Antonio, 7*, 35-41.

Sheard, M., & Golby, J. (2010). Personality hardiness differentiates elite-level sport performers. *International Journal of Sport and Exercise Psychology, 8*(8), 160-169.

Siedentop, D. (1991). *Developing teaching skills in physical education*. Mountain View, CA: Mayfield.

Simón, J. A. (2009). *Percepciones de los deportistas sobre los factores que contribuyen a la excelencia en el deporte*. Tesis doctoral no publicada. Facultad de ciencias del deporte de Castilla la Mancha, Toledo.

Stolz, S. A., & Pill, S. (2016). A narrative approach to exploring TGfUGS. *Sport, Education and Society, 21*(2), 239-261.

Torregrosa, M., Cruz, J., Sousa, C., Viladrich, C., Villamarín, F., García-Mas, A., & Palou, P. (2007). La influencia de padres y madres en el compromiso deportivo de futbolistas jóvenes. *Revista Latinoamericana de Psicología, 39*(2), 227-237.

Tutte, V., Blasco, T., & Cruz, J. (2006). Factores que inciden en la aparición del burnout en un equipo de baloncesto femenino. *Cuadernos de Psicología del Deporte, 6* (1), 21-35.

Vaeyens, R., Philippaerts, R. M., & Malina, R. M. (2005). The relative age effect in soccer: A match-related perspective. *Journal of Sports Sciences, 23*(7), 747-756.

Valera, T., Ureña, N., Ruíz, E., & Alarcón, F. (2010). La enseñanza de los deportes colectivos en Educación Física en la E.S.O / Teaching team sports in Physical Education in E.S.O. *Revista Internacional de Medicina y Ciencias de la Actividad Fisica y del Deporte, 10*(40), 502-520.

Viciana, J. (2001) El proceso de planificación educativa en Educación física. La jerarquización vertical y horizontal como principios de su diseño. En Revista *Lecturas: Educación Física y Deportes, Revista Digital, 32*. Extraído desde http://www.efdeportes.com/efd32/planif.htm

Vives, L., & Garcés de los Fayos, E. J. (2004). Incidencia del síndrome del burnout en el perfil cognitivo de jóvenes deportistas de alto rendimiento. *Cuadernos de Psicología del Deporte, 4* (1 y 2), 29-44.

Williams, A. M. & Davids, K. (1995) Declarative knowledge in sport: a by-product of experience or a characteristic of expertise? *Journal of Sport and Exercise Psychology* 17, 259-275.

7. ESTRATEGIAS METODOLÓGICAS PARA EL ENTRENAMIENTO CON EQUIPOS EN PERÍODO DE FORMACIÓN

Sergio J. Ibáñez, Sebastián Feu, María Reina y Javier García-Rubio
Facultad de Ciencias del Deporte. Universidad de Extremadura.

1. INTRODUCCIÓN

Cada vez son más las investigaciones que analizan y reflexionan sobre el proceso de entrenamiento que se realiza en las etapas de formación de los deportistas, sin embargo, este proceso sigue planteando controversias (Tabernero, Márquez y Llanos, 2001). En baloncesto, al igual que en otros deportes, el trabajo de los clubes en etapas de formación tiene por objetivo nutrir a sus equipos más representativos de jugadores con una formación y calidad adecuada. Los resultados, en muchas ocasiones, no son todo satisfactorios que cabría esperar, pues en el desarrollo del jugador con talento hacia el jugador experto existen múltiples factores que condicionan su evolución y, en ocasiones, no son tenidos en cuenta (Sáenz-López, Ibáñez, Giménez, Sierra y Sánchez, 2005).

Algunos clubes ya se han dado cuenta de este hecho, y comienzan a cuestionar la inversión en tiempo y recursos para la formación de los jugadores de cantera. Comienza a ser habitual que los clubes recurran a la importación de jugadores formados en otras estructuras deportivas. Esto hace referencia tanto a la captación de potenciales talentos antropométricos (jugadores especialmente dotados para la práctica del baloncesto), para someterlos a un proceso formativo que les permitan alcanzar la excelencia deportiva, como a la captación de jugadores que, sin tener unas características antropométricas especiales, han sido formados en otras estructuras deportivas que han sabido desarrollar mejor sus potencialidades. Por ello, es necesario reflexionar sobre cómo se está entrenando en períodos de formación, si el trabajo realizado es el adecuado para el desarrollo del jugador con talento, y si aún se puede mejorar el proceso de entrenamiento.

Los entrenadores en sus primeras etapas de intervención profesional suelen imitar lo que hacen los entrenadores más expertos, repitiendo modelos de entrenamiento conocidos, empleando situaciones de práctica y ejercicios estándar, sin cuestionarse su utilidad, su aplicabilidad, sin buscar alternativas que mejoren el proceso de entrenamiento-aprendizaje-rendimiento deportivo. Entrenan como les han entrenado. Es preciso actualizar, reciclar y adaptar la forma de entrenar para mejorar el proceso de aprendizaje deportivo y conseguir mayores cotas de asimilación y rendimiento.

Por todo lo anterior, el propósito de este capítulo es presentar una serie de propuestas metodológicas que ayuden a los entrenadores que trabajan en etapas de formación a mejorar su proceso de entrenamiento, rentabilizando este proceso, formando a un mayor número de jugadores, y que éstos aprendan y dominen el mayor número de contenidos del baloncesto (técnicos y tácticos), para alcanzar el máximo de sus potencialidades en función de sus características personales.

1.1. Errores en el proceso de formación de los deportistas.

En la actualidad el proceso de entrenamiento en las etapas de formación en baloncesto no optimiza el tiempo debido a diversas problemáticas que pueden y deben ser corregidas.

El proceso de detección de talentos se ha realizado sobre la base de una perspectiva reduccionista de los factores que influyen en el rendimiento, en ocasiones sólo centrados en la condición física y la antropometría, cuando realmente la detección de talentos se debe a multitud de factores (Abbott y Colling, 2004; Bailey y Morley, 2006; Elferink-Gemser, Visscher, Lemmink, y Mulder, 2004; Sáenz-López, et. al., 2005).

Un alto porcentaje de los jugadores que se detectan a edades tempranas no llegan a participar a nivel de alto rendimiento deportivo, ni en las primeras ligas profesionales, liga ACB, ni en las selecciones españolas de baloncesto (Ibáñez, Sáenz-López, Feu y Giménez, 2010).

Los procesos de aprendizaje, en ocasiones, no llevan parejo una rentabilización del tiempo de entrenamiento-aprendizaje. Para ello, es necesario adecuar los volúmenes de trabajo a la edad del jugador, estableciendo una adecuada relación tiempo de práctica y asimilación de capacidades para la práctica del deporte, siendo imprescindible seleccionar correctamente los modelos de enseñanza-aprendizaje.

El ímpetu por acelerar la formación del joven deportista ocasiona que las capacidades y competencias a desarrollar no se adecúen a las etapas evolutivas del niño y adolescente. Para evitar esto, es necesaria una adecuada jerarquización y planificación de los contenidos a lo largo de las etapas formativas del jugador y esto, sin duda, es una de las principales funciones del director de cantera y del entrenador (Ibáñez, 2009).

Los modelos de enseñanza-aprendizaje no se seleccionan en base a las características del deporte y del niño, planteando modelos que abusan de la repetición de gestos técnicos y situaciones tácticas a través de ejercicios analíticos y en ocasiones descontextualizados por la ausencia de muchos de los elementos que intervienen en el juego. La ausencia de toma de decisiones por parte del jugador en los ejercicios y tareas de entrenamiento es un hándicap importante que va a limitar el éxito en situaciones reales de competición.

Las planificaciones que realizan los entrenadores tienen una descompensación en cuanto a los contenidos a desarrollar, predominando unos sobre otros sin justificación aparente. Por ello, se hace necesario el establecimiento de un Diseño Curricular Base para la Enseñanza del Baloncesto (DCBEB) que abarque todo su período formativo, así como la importancia en su entrenamiento (Ibáñez, 2002).

Del mismo modo sucede con el tratamiento de las situaciones de juego en los entrenamientos donde predominan más algunas fases sobre otras (Ataque- Balance-Defensa-Contraataque) y acciones con mayor o menor presencia de jugadores (táctica individual o grupal) sin justificación alguna. La sistemática de ejercicios y tareas se asemeja bastante a la de los entrenamientos con adultos, siendo diferentes los objetivos a desarrollar. (Cañadas y Ibáñez, 2010; Cañadas, Ibáñez, García y Parejo, 2012).

2. PROPUESTAS METODOLÓGICAS.

Conociendo la baja rentabilidad del proceso de entrenamiento que en muchas ocasiones se está produciendo, (el contexto de entrenamiento y los contenidos de entrenamiento), se realizarán una serie de propuestas metodológicas que mejoren el proceso de entrenamiento y la rentabilidad de éste. No van a ser una serie de propuestas revolucionarias, sino que se recogerán una serie de recomendaciones en diferentes aspectos, simples, de fácil aplicación y conocidas por muchos de los entrenadores. La aplicación y corrección de pequeños elementos mejorarán el resultado final del entrenamiento.

Las propuestas que se realizan se agruparan en varios apartados temáticos para facilitar la atención del entrenador novel. Se realizarán aportaciones sobre la metodología de enseñanza/entrenamiento, las fases de aprendizaje, la estructura de la sesión de entrenamiento, la organización de las tareas de entrenamiento, el diseño de tareas/ejercicios de entrenamiento, la información que emplea el entrenador y el empleo de la competición.

2.1. Metodología de enseñanza/entrenamiento.

En el ámbito de la educación física y los deportes, se encuentran diferentes modelos o métodos para abordar la enseñanza de los juegos deportivos (Contreras, De la Torre y Velázquez, 2001; García, 2001; López y Castejón, 2005). En el ámbito educativo las teorías conductistas dieron lugar al modelo de enseñanza por objetivos o pedagogía por objetivos, que en el ámbito de la educación física ha sido muy utilizado (Kirk, 1990; Contreras et al., 2001). En este modelo el aprendiz es un sujeto pasivo que registra mecánicamente las informaciones y aprendizajes que va obteniendo mientras que el entrenador es un trasmisor de los conocimientos seleccionados. Actualmente, han cobrado una gran importancia otros modelos de aprendizaje que requieren la participación activa del jugador para construir e interiorizar sus aprendizajes. En el ámbito de la enseñanza de educación física y los deportes, han aparecido distintos planteamientos de enseñanza basados en el constructivismo que plantean partir de la táctica para comprender la estructura de los juegos deportivos, para después aprender la técnica, para ello utilizan lo que denominan los juegos modificados (Bunker y Thorpe, 1986; Devís, 1992;). Las habilidades que los jugadores adquieren de esta última forma lúdica y contextual van a facilitar un aprendizaje más motivante y significativo.

Los dos grandes paradigmas para de enseñanza del deporte que se emplean en la iniciación deportiva son el centrado en el profesor (Teacher Centered Approach, TCA) y el centrado en el alumnado (Student Centered Approach, SCA). Dentro del TCA el método de instrucción directa o la asignación de tareas son muy empleados. Hastie y Mesquita (2017) clasifican dentro de los SCA diferentes propuestas metodológicas para la enseñanza y aprendizaje de los deportes, tales como el Sport Education, Game-Centeres Approaches; Teaching Games for Undestanding, Tactical Games, Game Sense, Play Practice, Invasión Games Competence Model o Tactical-Decision Learning Model. En muchas ocasiones, los entrenadores entremezclan estas metodologías, pues poseen muchos elementos en común. Estos métodos se basan en una enseñanza constructivista del deporte. Esta enseñanza se apoya las ideas y preconceptos que el alumno tiene, par a partir de ellos, con situaciones globales, reales y condicionadas, construir nuevos aprendizajes, potenciando diversas vivencias prácticas para propiciar futuras transferencias.

Se propone el empleo de metodologías de enseñanza basadas en el constructivismo, focalizadas en el estudiante, en el jugador, en cualquiera de sus variantes. Recientes investigaciones realizadas en baloncesto sobre la idoneidad del empleo de una metodología u otra, han puesto de manifiesto los mayores niveles de aprendizaje adquiridos por estudiantes que han sido sometidos a un proceso de formación fundamentado en un método basado en el Tactical Game, frente a otros basados en el método de Instrucción Directa, así como de una mayor carga física (González-Espinosa, Feu, García-Rubio, Antúnez, y

García-Santos, 2017; González-Espinosa, Mancha-Trigueros, García-Santos, Feu, y Ibáñez, 2019).

1.1.1. ¿EMPEZAR POR EL APRENDIZAJE DE LA TÉCNICA O LA TÁCTICA?

Otro factor importante ha sido el debate suscitado por cómo iniciar el proceso de enseñanza-aprendizaje a través de la "técnica" o de la "táctica", y que en ocasiones se ha ligado al debate modelos conductistas o cognitivistas. Así, están los que creen que la enseñanza de los deportes debe ir de la técnica a la táctica y, por otro lado, los que creen que la enseñanza de los deportes debe ir de la táctica a la técnica.

El modelo técnico o modelo aislado (Devís, 1990), se basa en entrenar la técnica para posteriormente introducirla en una situación de aprendizaje predeterminada y finalmente en el juego real. En este modelo se incide en la repetición de los gestos técnicos con el inconveniente de que no se establecen conexiones entre las exigencias o demandas del juego y las habilidades específicas. Por tanto, el jugador aprende el gesto técnico, pero no conoce la utilidad técnico-táctica de cada habilidad específica y, por tanto, no tiene una idea clara de cuando y como utilizar esas habilidades en función de las condiciones cambiantes del juego. El modelo táctico (modelo integrado, Devís, 1990) inicialmente intenta crear unas demandas o exigencias del juego que el jugador deberá solucionar de la mejor forma posible. Una vez realizada la acción se reflexiona sobre el resultado para conseguir una comprensión del juego y valorar la importancia del gesto técnico.

López y Castejón (1998a, 1998b) ante el debate técnica o táctica plantean un modelo que posteriormente revisan (López y Castejón, 2005), donde plantean la enseñanza integrada de la técnica y la táctica en los deportes en edad escolar. Este modelo se basa en la enseñanza constructivista y comprensiva del deporte, y toma una postura intermedia entre los que consideran que lo mejor es iniciar la enseñanza empezando por la técnica y los que consideran que es mejor comenzar por la táctica. Su modelo lo estructuran en una serie de fases de carácter cíclico. Dominio de las habilidades motrices básicas: constituyen el punto de partida para el aprendizaje de habilidades más complejas, como las deportivas. La transición desde las habilidades básicas a las específicas, debe producirse como un proceso continuado. Así mismo, el desarrollo de las habilidades motrices específicas puede ayudar a estabilizar las estructuras de las habilidades motrices básicas.

Enseñanza de la táctica con la implicación de pocos elementos técnicos, o viceversa. No obstante, es necesario precisar que este modelo, a pesar de adoptar una posición donde táctica y técnica se desarrollan de forma compensada, para facilitar la comprensión del jugador cuando una tarea presenta una elevada complejidad en los aprendizajes técnicos se reduce la complejidad los tácticos y viceversa, si la dificultad es elevada en los tácticos, la tarea debe disminuir la complejidad en los técnicos. El entrenador en esta fase es el que debe manipular la tarea para que el jugador pueda adaptarse fácilmente a ella y que el aprendizaje se produzca dentro de lo que Vigotsky denominaba zona de desarrollo próximo.

Para que el jugador pueda aplicar los aprendizajes sobre elementos técnicos y tácticos en situaciones similares a las condiciones de un partido, la presentación de situaciones juegos similares al deporte definitivo con aplicación de los elementos técnicos y tácticos aprendidos por parte del entrenador es fundamental. El papel del entrenador en este caso sería simplemente controlar las condiciones del partido, prestando especial atención a la competición.

Todo este debate sobre la técnica o la táctica ha suscitado el interés de los investigadores, quienes, a través de situaciones experimentales con modelos técnicos, tácticos e integrados, todavía no se decantan definitivamente por uno u otro, sobre todo porque se necesitan situaciones experimentales de mayor duración temporal. No obstante, en el modelo táctico e integrado se aprecia que los jugadores están más motivados y se observan ligeras ventajas en las pruebas tácticas (French, Werner, Taylor, Hussey, y Jones, 1996; García, 2001; Ibáñez, Feu, Cañadas, González-Espinosa y García-Rubio, 2016).

Ante la disyuntiva metodológica sobre que es preferible, el aprendizaje por asociación o el constructivista, es preferible que el jugador construya sus propios aprendizajes. No obstante, en el ámbito de la iniciación deportiva para afianzar los modelos de ejecución técnica o para evitar malas posturas, algunos autores proponen utilizar aprendizajes basados en la asociación a través de un modelo integrado (García, 2003; López y Castejón, 2005).

Para el entrenamiento sobre una visión integradora que tenga presente las características particulares del deporte aunando los aspectos positivos de las tendencias metodológicas predominantes se propone el Modelo Ondulatorio Progresivo para la Enseñanza/Entrenamiento de los Deportes de Equipo (MOPEDE) (Ibáñez, 2011). Ibáñez (2011) propone un modelo de intervención no lineal, sino ondulatorio y progresivo, en el que deben producirse alternancias en la importancia concedida al ataque y la defensa o en el aprendizaje de las conductas y los gestos. Esta alternancia dependerá del número de tareas o tiempo dedicado al trabajo de los contenidos (Figura 1). El MOPEDE pretende servir de ayuda al entrenador para poder realizar la formación completa e integral del deportista al tener en cuenta todos los elementos componentes de estas prácticas deportivas.

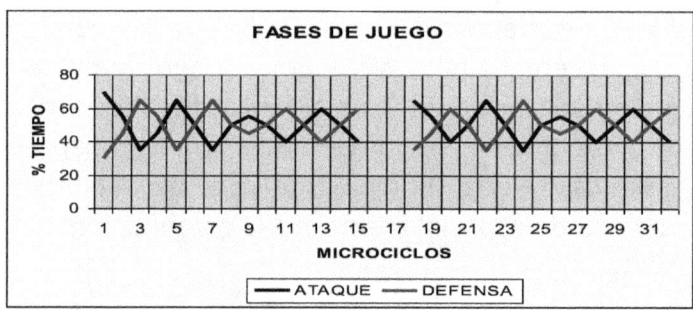

Figura 1. Ejemplo de MOPEDE en función de la fase de juego.

La enseñanza del baloncesto en las etapas de formación debería abandonar las prácticas metodológicas tradicionales y apostar una metodología alternativa (Tabla 1), donde el aprendiz construya su propio aprendizaje a través de la búsqueda de soluciones y de la mejora progresiva de movimientos automáticos como respuesta a la evolución del juego.

Tabla 1. Modelos de enseñanza del deporte en las etapas de formación

Modelo Tradicional	Metodología Alternativa
- Toma como Modelo el deporte del adulto. - Basada en el análisis de la acción técnica - Mecanicista - Estilos de enseñanza directivos - Estrategias de prácticas analíticas - Encamina el proceso a la competición - Enfatiza el aprendizaje en el dominio de la Técnica Individual - Enfatiza el aprendizaje en el dominio de la Táctica Colectiva	- Toma como modelo el juego del niño. - Basada en el análisis del juego - Constructivista - Estilos de enseñanza basados en la resolución y el descubrimiento. - Estrategias de práctica globales, mixtas y analíticas - Encamina el proceso hacia la formación. - Enfatiza el aprendizaje en el dominio de la Táctica Individual - Enfatiza el aprendizaje en el dominio de la Táctica Grupal

Una vez que el deportista comprende la utilidad táctica del gesto o procedimiento, táctica individual y grupal. La mecanización de gestos no debe ser desterrada de los entrenamientos, sino que hay que utilizarla en el momento oportuno, cuando se el jugador comprende la utilidad táctica, para inhibir la atención en el gesto y para evitar gesto-formas que puedan ser nocivas para el jugado o que condición demasiado el resultado de la ejecución (García, 2003).

2.2. Fases del aprendizaje deportivo.

Uno de los errores metodológicos más habituales de los entrenadores es considerar el proceso de enseñanza-aprendizaje de los contenidos deportivos como un proceso único, sin entender que los contenidos deportivos evolucionan en su enseñanza y aprendizaje por varias etapas. Los entrenadores creen que cuando enseñan un contenido a sus jugadores lo van a aprender inmediatamente y en su máxima extensión y complejidad, sin darse cuenta que el proceso de aprendizaje evoluciona por diferentes etapas.

Para adecuar los contenidos del entrenamiento es necesario secuenciar y estructurar su aprendizaje en tres grandes períodos (Fernández y Navarro, 1989). Ibáñez (2002) realiza una adaptación a la propuesta de estos autores, adaptando la terminología a un modelo más comprensivo y constructivista de los aprendizajes, proponiendo denominar las fases del aprendizaje como Experimentación, Aprendizaje y Perfeccionamiento. Cada uno de estos periodos tiene objetivos específicos que se deberán cumplir (Figura 2). A través de estas fases los jugadores progresarán adecuadamente en el conocimiento, aprendizaje y dominio de las diferentes habilidades deportivas y los entrenadores podrán conocer el momento de aprendizaje en el que se encuentran los jugadores pudiendo valorar su evolución y la efectividad de los entrenamientos.

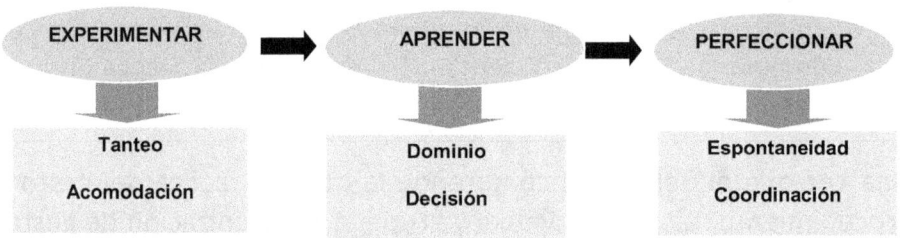

Figura 2. Fases del aprendizaje adaptado de Fernández y Navarro (1989) e Ibáñez (2002).

2.3. Diseño de las tareas de entrenamiento.

En el diseño de las tareas de entrenamiento se debe tener en cuenta el grado de complejidad de las mismas, progresando en sus niveles de dificultad. Por ello, es necesario que las tareas evolucionen desde lo simple a lo complejo, regulando la complejidad a partir de la incorporación de un mayor número de elementos del juego (adversarios, compañeros, metas,). La incorporación de estos elementos debe permitir que, en la medida de lo posible, las tareas se aproximen al juego real, donde el jugador intervenga tanto en la fase de ataque como en la defensa. Las tareas deben presentarse con la presencia de adversarios de manera que puedan ejercer mayor o menor oposición en función de los intereses pedagógicos de la tarea, por tanto, será necesario minimizar la presencia de ejercicios con organizaciones rígidas (filas, figuras geométricas,) y poca significatividad para el jugador.

Para ello, se podrán plantear situaciones globales reducidas (1 x 1, 2 x 2, etc.) a través de situaciones que represente la totalidad del juego, a través del mini deporte, el juego reducido o el juego simplificado, y a través de la exageración del juego a través de la amplificación algunos elementos o contenidos del juego y se eliminan otros (Thorpe, Bunker y Almond, 1986). No obstante, es recomendable priorizar en aprendizaje de contenidos relacionados con la construcción del juego, a través del ataque, antes que, con la destrucción, a través de la defensa.

2.4. La sesión de entrenamiento.

La formación recibida por los entrenadores de baloncesto y la influencia que la enseñanza de la educación física tiene sobre la formación deportiva, puede suponer la repetición de algunos modelos de enseñanza que no son del todo acertados en el contexto deportivo. En lo referente a la estructura de las sesiones de entrenamiento, es habitual en las sesiones de educación física dividir la sesión en tres partes, claramente diferenciadas, activación, parte principal y actividades de culminación. Sin embargo, en el entrenamiento con jóvenes en baloncesto, dada la intensidad y especificidad de la actividad, es más recomendable un calentamiento específico, una parte principal y para finalizar con otra de juego colectivo, en la se culminen y apliquen todos los aprendizajes realizados durante la sesión.

2.4.1. PROGRESIÓN EN EL EMPLEO DE SITUACIONES DE ENTRENAMIENTO.

El concepto de progresión comienza en la organización de las tareas que componen una sesión de entrenamiento. Las primeras tareas serán las más simples, en las que los jugadores se relacionen con uno o dos compañeros/adversarios. Estas actividades servirán de activación o calentamiento. Posteriormente se realizarán actividades más complejas, hasta llegar al juego colectivo final. Este juego colectivo no tiene por qué coincidir con la situación de juego real, 5 x 5, pudiendo ser situaciones de juego simplificado, pero las complejas para el desarrollo de la sesión (3 x 3, 4 x 4).

La progresión continúa durante la semana (microciclo), dónde se acumulan varias sesiones de entrenamiento, irán aumentando su complejidad a medida que avanza la semana. Las sesiones venideras se basarán en el trabajo previo sumándole situaciones más complejas cada vez. Las situaciones de juego podrán alcanzar la complejidad máxima de cada modalidad deportiva. Este concepto de progresión y de aumento de complejidad se irá aplicando en las siguientes semanas de trabajo componiendo un mesociclo, y así de forma continuada durante toda la temporada. Es decir, el trabajo a final de una temporada será mucho más complejo que al inicio.

2.4.2. AUMENTO DEL TIEMPO DE PRÁCTICA.

El tiempo de práctica es fundamental para un correcto aprendizaje deportivo y para aumentar la motivación de los jugadores. En muchas ocasiones la organización de las actividades, el tipo de tareas propuestas y el control del grupo reducen los tiempos de práctica de los jugadores. A continuación, se proponen una serie de estrategias que permitirán incrementar este tiempo de práctica Atendiendo al trabajo de: situaciones reales de juego, participación simultanea de varios grupos, organización de grupo, adecuación del nivel de dificultad de la actividad al nivel de los jugadores, presión real a todos los jugadores y adecuación de los modelos de enseñanza.

a.- Situaciones reales de juego.

Utilizando situaciones reducidas de juego (1 x 1, 2 x 2 ...) aumentamos el tiempo de práctica de los jugadores, más que con la realización de tareas analíticas en las que los jugadores repiten una ejecución en organizaciones rígidas (filas). Al colocar la oposición en cada tarea la participación se duplica (Figura 3). Además, incrementamos el tiempo útil de práctica con cambio de toles continuos ataque/defensa o continuando el juego hasta canasta o rebote defensivo, evitando que la tarea se acabe sólo con el lanzamiento, dando continuidad al juego. Por tanto, es necesario incluir tareas donde haya continuidad hacia la otra canasta, posibilidad de contraataque y finalizar.

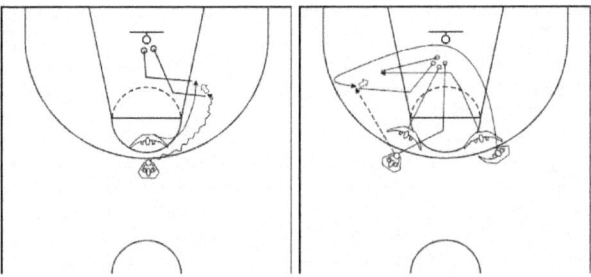

Figura 3. Ejemplo de situaciones reales de juego reducidas, con oposición.

b.- Participación simultanea de varios grupos.

La realización de varias situaciones de juego reducidas al mismo tiempo permite incrementar la práctica de los jugadores. En este caso, se realiza un 1 x 1 simultáneo en 3 posiciones diferentes de la media cancha como se aprecia en la segunda imagen. Cada pareja va rotando por los diferentes espacios, jugando en todos ellos y sin tiempos de espera como en la primera imagen de la figura 4. Los entrenadores deben perder el miedo a que los jugadores realicen tareas de forma simultánea. Esta estrategia además generará autonomía en los jugadores

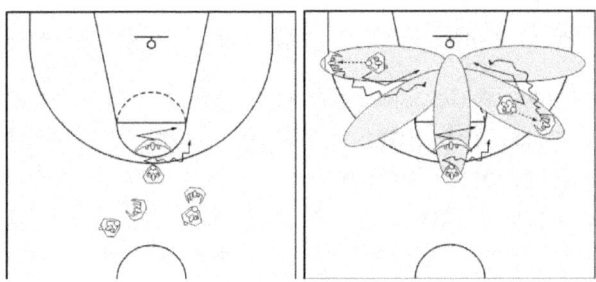

Figura 4. Ejemplo de situaciones reales de juego sucesiva y simultánea.

c.- Organización del grupo

El uso de todo el espacio disponible es fundamental para incrementar la participación, empleando las dos canastas, o incluso dividiendo el terreno de juego en cuatro espacios de ejecución. En la siguiente figura se observa como aumenta la participación de los jugadores hasta el 100% de ejecutantes simultáneos con la consecución de un mismo objetivo. Se presenta una tarea de movimiento de recepción con finalización de 1x1 en primer lugar solo en una media pista y con filas. En la última situación se observa como se ha utilizado todo el espacio disponible, todos los jugadores participan en el juego, y es una situación real dónde hay atacante y defensor (Figura 5).

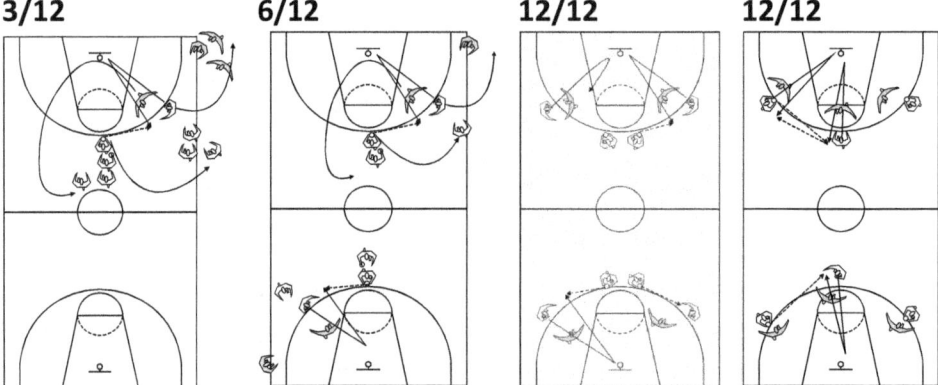

Figura 5. Ejemplo de organización del espacio para incrementar la participación.

d.- Adecuar el nivel de dificultad de la actividad al nivel de los jugadores.

Para controlar el grado de dificultad de la tarea y facilitar la consecución del objetivo es necesario adecuar las siguientes variables: el espacio, el número de tomas de decisión, medios empleados, intensidad, número de jugadores y disposiciones reglamentarias.

El espacio. La primera decisión del espacio se tomará sobre la disponibilidad espacial para el entrenamiento, usando espacio no específico o específico (1/2 pista o completa). Las siguientes decisiones para la elección del espacio tomarán en función del objetivo de la tarea (Feu, 2006). Los espacios más amplios tienen una mayor exigencia física y pueden favorecer la adquisición de contenidos de condición física, sobre todo si las tareas permiten la finalización en el otro lado de la pista (rebote-contrataque y balance defensivo). Los espacios reducidos con mayor presencia de jugadores dificultarán las tareas perceptivas y decisionales.

Número de tomas de decisión. La complejidad de la tarea aumenta a medida que aumentan las decisiones para resolver la tarea. Se propone evolucionar la tarea incrementando el número de decisiones, teniendo en cuenta que el número de decisiones está influenciado por el número de jugadores que participan activamente en la tarea.

Medios de entrenamiento empleados. Se refiere al tipo de actividad que propone el entrenador en las sesiones. Siguiendo la definición de (Ibáñez, Parra y Asensio, 1999), los medios para la iniciación deportiva son aquellas actividades motrices deportivas que sirven a los entrenadores para el desarrollo de unos contenidos. Pueden ser ejercicios de aplicación simples o complejos, Juegos simples o complejos y específicos o inespecíficos y por último más orientados al predeporte o deporte concreto. Progresar desde los juegos simples específicos hacia los juegos complejos específicos. También deberemos aumentar el nivel de dificultad de las tareas incrementando el número de medios técnico-tácticos que se pueden emplear en las tareas. Una tarea en la que los jugadores sólo pueden pasar la pelota para avanzar desde una canasta a otra es más simple que la misma tarea en la que además de pasar pueden botar.

Intensidad adecuada. Habitualmente las resoluciones de las tareas de entrenamiento deben aproximarse a la intensidad de la competición, si bien por motivos pedagógicos y condicionales los tiempos de pausa pueden ser mayores o menores. Es necesario ajustar la intensidad a la duración de la tarea y el nivel de los jugadores.

Número de jugadores. La mayor presencia de jugadores condicionará la táctica grupal y aumentará la dificultad perceptiva y de toma de decisiones. Por tanto, las sesiones deben evolucionar desde situaciones en las que intervienen menos jugadores implicados en la tarea de forma directa, tanto en fase de ataque como de defensa, hacia situaciones con un mayor número.

Disposiciones reglamentarias. A través de modificaciones reglamentarias se puede condicionar el desarrollo del juego y las acciones de los jugadores (v.g.: eliminar el bote para aumentar el trabajo de pases, condicionar la validez de un punto a la realización de un procedimiento táctico, etc.). Las tareas en las que el número de disposiciones reglamentarías que haya que cumplir sean menores serán más simples que las que haya que cumplir un mayor número. Se deberán ajustar las normas al nivel de los jugadores

Todas estas recomendaciones se encuentran interrelacionadas, pues la alteración de una afecta a otras.

e.- Presión real a todos los jugadores.

Cuando los entrenadores diseñan situaciones prácticas de entrenamiento, emplean jugadores que intervienen en la actividad como complemento al trabajo que realizan sus compañeros, sobre todo cuando se emplean como pasadores. La actitud de estos jugadores no es a veces todo lo acertada que debiera, pudiendo llegar a ser pasiva, no involucrándose en el trabajo de sus compañeros, provocando una disminución de la intensidad, concentración y motivación del resto de jugadores. Para evitar este problema, en el diseño de tareas, se debe asignar una función a los jugadores cuando evolucionen por este rol dentro de la actividad, destacando y valorando este trabajo.

Algunas estrategias que se pueden emplear con estos jugadores, a semejanza de lo que ocurre con el juego real, pueden ser: Obligarles a realizar alguna acción técnico-táctica antes de que finalice el tiempo máximo de posesión del balón, "5 segundos para pasar o jugar/tirar/botar"; Pasar en el momento y lugar precisos, cuándo y dónde la pida el compañero; Pasar a mano blanco.

Estrategias como éstas permitirán aumentar la concentración, intensidad y dedicación de estos jugadores complementarios. Se puede observar en la figura 6 como se varia la presión defensiva focalizando en situaciones y aprendizajes diferentes en una misma tarea.

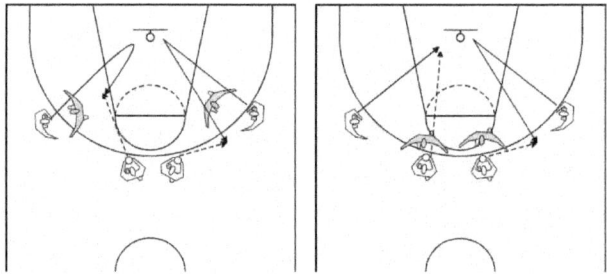

Figura 6. Ejemplo de tareas con presión real a todos los jugadores.

f.- Adecuar los estilos de enseñanza.

El estilo de enseñanza del entrenador debe adecuarse a los principios metodológicos por los que se ha optado en las etapas de formación, un aprendizaje constructivista y significativo que permita progresivamente la inhibición de la atención en los aspectos motrices para centrarse en el ámbito perceptivo y decisional. A la vista de la literatura consultada, los estilos de enseñanza basados en la búsqueda, resolución de problemas y descubrimiento guiado (Delgado, 1991; Sicilia y Delgado, 2002) parecen ser los más idóneos para las etapas de formación.

En figura 7 se observa la misma tarea cuyo objetivo es lanzar a canasta tras pasos de aproximación de forma directiva y comprensiva. Se puede apreciar como el tiempo de espera es mayor en el estilo directivo mientras que el tiempo útil de práctica es superior en el estilo de búsqueda.

Estilo directivo *Estilo de búsqueda*

Rueda de entradas espacio amplio desde la zona lateral

Entradas a canasta 1x1, con persecución de un defensor

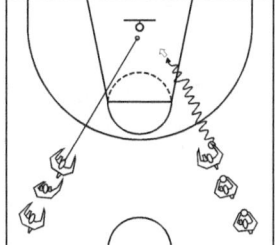
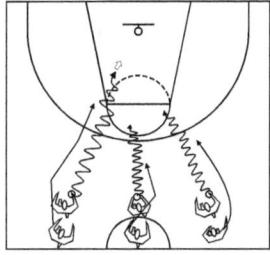

Figura 7. Ejemplo de tareas que persiguen el mismo objetivo, planteadas con metodologías diferentes.

2.4.3. ALTERNANCIA DE SITUACIONES DE ATAQUE Y DEFENSA

Una organización eficaz de una sesión de entrenamiento debe incluir la alternancia entre las fases de ataque y defensa en la tarea. La alternancia de fases de juego durante una sesión de entrenamiento está en consonancia con la propuesta de Modelo Ondulatorio Progresivo para el Entrenamiento de los Deportes de Equipo, MOPEDE (Ibáñez, 2011).

Si el entrenador organiza adecuadamente el diseño de las tareas, esta alternancia va a permitir realizar rotaciones en menor tiempo y tener un aprovechamiento de práctica mayor. Para ello, se deben definir y trasladar a los jugadores y acompañarlo con una organización de la tarea adecuada.

En la figura 8 se muestran diferentes imágenes que presentan una progresión de tareas en las que se alternan dentro de una misma situación tareas ataque y defensa respectivamente. Primero se juegan tres situaciones de 1 x 1 de forma simultánea por canasta para desarrollar un contenido de ataque. Después, se forman 2 tríos para practicar el movimiento de recepción, y tras este, jugar un 1 x 1. A continuación, con la misma organización se practica la defensa del movimiento de recepción, en la que los atacantes tienen limitaciones. Finalmente se acaba con un juego colectivo de igualdad, en fase de ataque, en el que se aplican los conceptos trabajados anteriormente (2 x 2 o 3 x 3). Con el mismo número de jugadores por canasta en una primera tarea se aumentar su complejidad trabajando nuevos contenidos con una agrupación de jugadores diferentes y con rotación ataque/defensa.

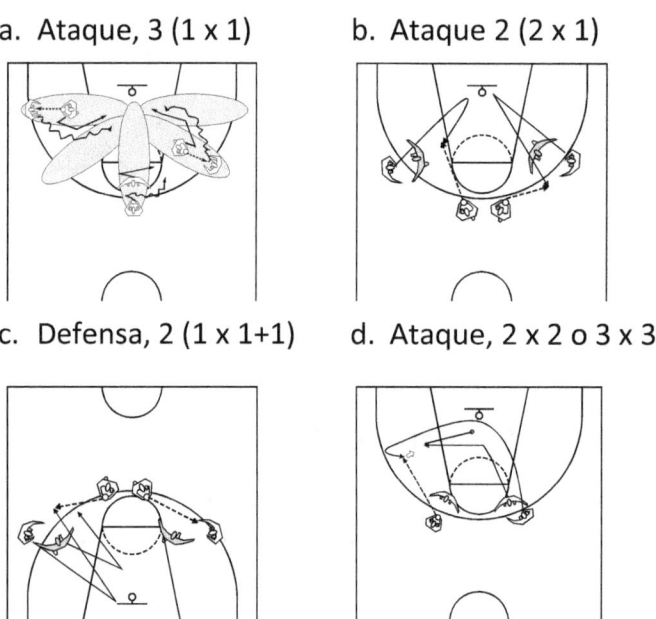

Figura 8. Ejemplo de progresión y alternancia de situaciones de juego y fases de juego.

2.4.4.- PROGRESIÓN DE UN CONTENIDO

Durante una sesión de entrenamiento, un contenido de entrenamiento debe progresar en su nivel de dificultad, mediante la inclusión de factores anteriormente mencionados, como el espacio, el número de tomas de decisión, medios empleados, intensidad, número de jugadores y disposiciones reglamentarias.

A continuación, se expone un ejemplo de progresión de un contenido durante la sesión de entrenamiento. En este caso, el contenido seleccionado ha sido el de la ocupación de espacios libres. Los entrenadores sabiendo que quieren focalizar su atención durante las diferentes tareas en este contenido, emplean tareas de entrenamiento, en el que además se trabajan otros contenidos.

Se puede iniciar la sesión con actividades de activación breves y simples (ejercicios de aplicación simples, analíticos), para conocer el concepto de moverse en función del balón y del oponente, al tiempo que establecer las prioridades en el movimiento. Posteriormente en la parte principal trabajar el conocimiento de los espacios y del movimiento sincronizado, incrementando el número de jugadores en fase de ataque y defensa (Figura 9).

2.5. Organización de la sesión.

Otra de estrategias metodológica que permite la mejora de los procesos de entrenamiento afecta directamente a la organización de la sesión de entrenamiento. Dentro de organización de una sesión de entrenamiento, se realizan una serie de sugerencias sobre cómo mantener el control sobre el grupo de jugadores, la posición y evolución del entrenador, el tiempo de cada actividad, la utilización de los espacios, el empleo del material y la progresión de la sesión.

Iniciación al juego colectivo
Activación

2 + 2

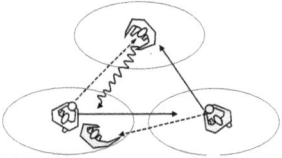

Parte fundamental

3 (1 x 1)   2 (2 x 1)

2 (2 x 1)   2 x 2

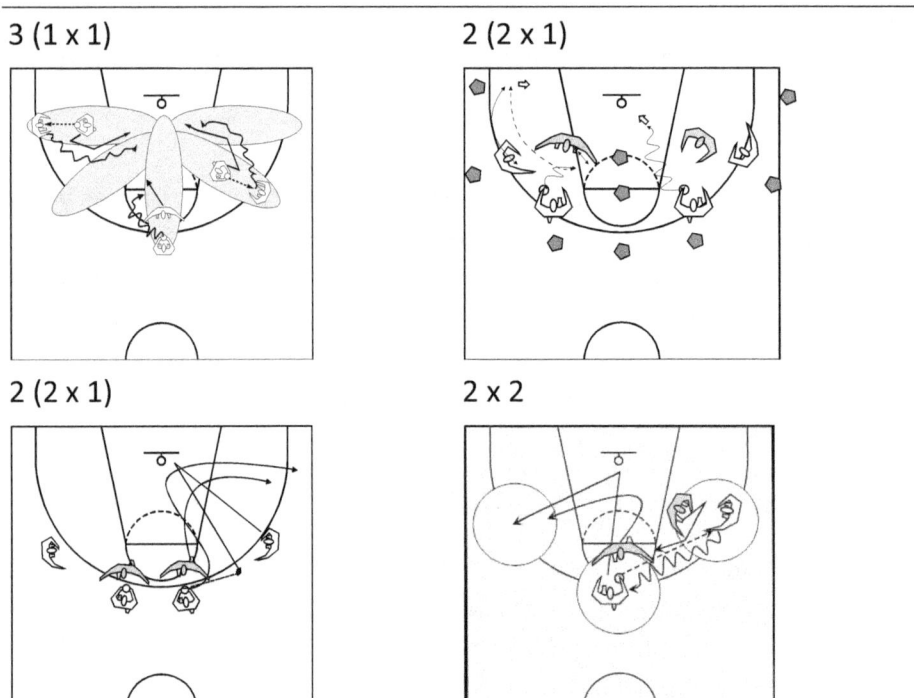

Figura 9. Ejemplo de progresión de un contenido durante una sesión.

2.5.1. EL CONTROL DEL GRUPO.

Para tener un buen control del grupo de jugadores durante el entrenamiento, el entrenador debe tener en cuenta que no por mantener estructuras directivas y rígidas va a tener un mayor control. El control de la actividad se realiza teniendo a todos los jugadores activos y centrados en la tarea.

La actividad, la práctica motriz, es fundamental para poder tener un buen control del grupo. Los jugadores demandan actividad, trabajo, movimiento, práctica, y siempre que ésta sea una constante de nuestro entrenamiento, los jugadores tendrán centralizada su atención en esta actividad, más que en problemas de control (molestar al compañero, hablar con los padres en la grada, etc.). Cuando se organizan actividades con largas filas, los jugadores que están en espera, que no realizan practica motriz tienen tiempo para dedicarse a otras actividades, que normalmente alteran el orden y control de la actividad.

2.5.2. POSICIÓN Y EVOLUCIÓN DEL ENTRENADOR DURANTE LA ACTIVIDAD.

Durante la realización de las actividades propuestas por el entrenador, éste deberá permanecer en una posición que le permita observar las acciones de sus jugadores y realizar conocimiento de resultados sobre las acciones de los jugadores en el menor tiempo posible. La posición más habitual para ello es colocarse en una posición central, equidistante de las dos canastas, pero no en el centro del campo, sino junto a una línea de banda, pues así podrá tener una visión completa de las dos canastas con un pequeño giro de la cabeza. A veces, es necesario acercarse a un grupo de jugadores para realizar correcciones a los jugadores. Si desde la posición central, con un pequeño movimiento no fuera suficiente, el entrenador deberá desplazarse hacia la zona donde está trabajando sus jugadores para que la información sea más clara, directa y precisa. Recomendamos desplazarse por los extremos del campo y colocarse en una posición en la que al tiempo que transmite esta información, pueda observar o tener dentro de su campo visual las actividades que realicen el resto de jugadores. Esta posición suele coincidir con los extremos de la pista.

La posición del entrenador durante la realización de una actividad no tiene que ser estática, debiendo evolucionar por todo el terreno de juego para observar, supervisar y controlar las actividades de los jugadores y ofrecer los feedbacks necesarios. Deberá visitar al menos una vez a cada uno de los grupos en los que estén divididos los jugadores y realizar al menos una corrección o comentario en cada grupo. Lo ideal sería a todos los jugadores, pero no siempre es posible.

La colocación en estos espacios laterales, próximos a las líneas de fondo, mientras evoluciona por todo el terreno de juego permite tener un buen control del grupo, además de facilitar la comunicación entre entrenador-jugador, pues la presencia física del entrador más próximo a unos jugadores les hace suponer que están siendo observados y analizados, aunque la observación del entrenador se dirija, por su orientación a otro grupo de jugadores que se encuentran en el extremo opuesto del campo. Esta posición central cambia cuando se trata de actividades que implican oleadas de jugadores de una canasta a otra. En estos casos, también es recomendable, situarse en una esquina del campo, próximo a una canasta. Tras la finalización del trabajo la posición nos permite comunicarnos con los jugadores mientras esperan o se organizan para la próxima ejecución.

La colocación del entrenador variará en función de las tareas a realizar. Como recomendación general, el entrenador intentará, en la medida de lo posible no dar la espalda por completo a alguno de los grupos de trabajo que realice, para no perder el control del grupo, y poder observar con claridad las acciones de sus jugadores.

2.5.3. EL TIEMPO DEDICADO A CADA ACTIVIDAD

Se pueden diferenciar tres tiempos dedicados a cada tarea, el tiempo total de la tarea, el tiempo de explicación y el tiempo útil de la actividad. El tiempo total de la tarea es el tiempo que emplea el entrenador desde que llama la atención de sus deportistas para dar la información de la tarea a realizar, hasta que indica que la actividad ha finalizado y vuelve a llamar su atención para iniciar una nueva actividad. El tiempo de explicación se entiende como el tiempo que los conductores del proceso de entrenamiento dedican a transmitir información a sus deportistas, ya sea durante la información inicial como durante las correcciones a todo el grupo de deportistas. Por último, el tiempo útil se considera el tiempo de compromiso motor, que se calcula restando el tiempo de explicación al tiempo total de la tarea.

El entrenador debe tratar de dar las explicaciones de las tareas de forma breve, clara y concisa, reduciendo el tiempo de explicación y por consiguiente aumentando el tiempo de práctica. Para ello, si tiene una correcta planificación de las tareas, con organizaciones progresivas y conocidas, evitaran mucha pérdida de tiempo.

2.5.4. UTILIZACIÓN DEL ESPACIO

Es importante variar los espacios de juego a lo largo de la sesión. Si se dispone de un campo completo de baloncesto, se debe emplear todo el campo durante la sesión de entrenamiento. Esta utilización no implica tareas de todo campo, sino tareas distribuidas por grupos empleando todo el terreno de juego, por ejemplo, dos grupos en media pista, cuatro grupos en cuatros de pista, etc.

Además, es necesario tener una gran variabilidad de espacios, para que los jugadores adquieran sistemas de referencia del terreno de juego diferentes. Por ello, es necesario utilizar tanto la parte derecha como la izquierda de manera equitativa y el uso de ambos aros para un desarrollo adecuado de la lateralidad. También es importante el aprovechamiento del espacio, diseñando tareas con diferentes situaciones y disposiciones espaciales.

Actualmente son muy utilizadas actividades jugadas en espacios reducidos, con un menor número de jugadores y con reglas modificadas, Small Slided Games, (Rojas-Inda, 2018). Este tipo de juegos son muy adecuados para el desarrollo de capacidades físicas, por el aumento que provocan en la carga externa e interna, y de los patrones de movimiento en situaciones reales de juego, siendo adecuados para el desarrollo de los jóvenes deportistas (Casamichana, San Román, Calleja, y Castellano, 2015).

2.5.5. EMPLEO DEL MATERIAL

Es necesario tener en cuenta con qué instalaciones y material se cuenta para hacer las actividades, planificando en entrenamiento en función de eso. Sería conveniente utilizar el mismo material a lo largo de una sesión, evitando cambiarlo constantemente. Esta organización de las tareas permitirá una progresión de la sesión más eficiente, agrupando tareas dónde se use el mismo material. Además, es importante el uso de material alternativo como complemento al material específico de baloncesto.

Ante las necesidades de materiales para el desarrollo de la sesión, se emplearán tanto los recursos disponibles específicos (propios del baloncesto), como genéricos. Se deben emplear todo tipo de balones para las tareas en la que se quiera desarrollar el contenido del bote del balón, el pase o del lanzamiento, proporcionando variabilidad a los jugadores.

2.5.6. PROGRESIÓN DE LA SESIÓN

Para trabajar diferentes conceptos en baloncesto de manera progresiva, se parte de actividades más simples hasta una situación lo más real posible. Esta progresión se desgrana concretamente en diferentes niveles y se puede trabajar todos desde Minibasket. En cada nivel se pretenderá la enseñanza y perfeccionamiento de un mismo concepto y conforme avanzamos en ellos sumaremos más elementos estructurales a la actividad.

La progresión de la sesión se realizará desde situaciones de juego simples, en forma jugada (1 x 1) en la que el jugador se relacione con el medio, el móvil y el adversario. Posteriormente se incrementará el nivel de dificultad incluyendo, compañeros, adversarios, y compañeros y adversarios. Estas combinaciones de jugadores implicarán unas situaciones de juego más complejas (2 x 0, 2 x 1, 2 x 2, 3 x 1, etc.) tanto en igualdad como en desigualdad numérica.

2.6. Diseño de tareas/ejercicios

Las tareas son las unidades básicas para el desarrollo de un programa formación del deportiva. En función del grado de especificidad las tareas se aproximarán más o menos a los problemas del juego, siendo las tareas específicas las más contextualizadas (Alarcón et al., 2010). En las tareas el entrenador puede modificar las condiciones del juego para simplificar o dificultar para mejorar la motivación del jugador, la comprensión del juego y preparar situaciones específicas de la competición (Ibáñez, Feu, Cañadas y García-Rubio, 2015).

La eficacia de la tarea y su orientación metodológica dependerá de tener en cuenta en su diseño las variables organizativas (tiempo, asistentes, tipo de participación, etc.), pedagógicas (fases de juego, tipo de contenido, situación de juego, medio de iniciación) y de carga externa (grado de oposición, densidad de la tarea, número de ejecutantes, carga competitiva, espacio de juego e implicación cognitiva) propuestas en la herramienta SIATE (Ibáñez, Feu y Cañadas, 2016). Las diferencias metodológicas en función de la programación de estas variables han sido contrastadas diversos estudios (Feu, Gamero,

García-Rubio, e Ibáñez, 2019; García-Ceberino, Feu, Antúnez, y Ibáñez, 2019; González-Espinosa, Ibáñez, y Feu, 2017).

En el diseño de tareas es importante identificar el objetivo que se quiere desarrollar en cada tarea (ataque, defensa o mixto); el tipo de contenido que se desea trabajar (conductas táctico-técnicas o gestos técnico-tácticos), las capacidades físicas que estarán implicadas, los aspectos psicológicos que se verán afectados y los aspectos reglamentarios que se tendrán en cuenta. Todo ello, a nivel individual, grupal y colectivo. Conocer esta base va a permitir el desarrollo progresivo de todos estos contenidos durante una temporada, periodo, mesociclo y microciclo. Debe existir un proceso continuo de la programación y para ello es necesario:

- Diagnóstico del contexto deportivo: El contexto de aplicación no es ajeno al proyecto deportivo. Debemos tener en cuenta: el club, objetivos, equipos, categoría, edades, experiencias previas, el rol de la familia, competición e instalaciones. Las actitudes y decisiones del entorno deben ser coherentes con el proyecto deportivo, con su misión, visión y valores.
- Diagnóstico del entrenamiento: para hacer este diagnóstico del debemos responder a las tres preguntas básicas que me preguntaba al comienzo del texto. Además, debemos establecer para qué, qué, cómo, cuándo y dónde evaluar el proceso de enseñanza aprendizaje.
- Definición de objetivos, tanto deportivos que serían los aprendizajes como competitivos o psicosociales como el trabajo en equipo o la empatía.
- Distribución de situaciones de entrenamiento en baloncesto: Ibáñez, (2002) confecciona una tabla en la que aparecen la mayor o menor utilización de las situaciones de juego dependiendo de la categoría.

- Selección de contenidos de entrenamiento:
  - Conducta táctico-técnica (TÁCTICA): son las acciones motrices que desarrollan los jugadores en las cuales centramos nuestra atención en la resolución a un problema de juego más que en la acción mecánica en la que se apoya.

- Gesto técnico-táctico (TÉCNICA): son las acciones motrices en las cuales centramos nuestra atención en la acción mecánica que nos sirve para resolver uno de los problemas que aparecen durante el juego.

Por último, se deberá estructurar una temporada, dividiéndola en periodos según los contenidos, competiciones o vacaciones; en mesociclos, microciclos y número de entrenamientos semanales.

En el diseño de las tareas, éstas deben ser significativas para los jugadores, es decir, deben ser formas jugadas, en la que existan retos y competitividad entre los jugadores. Deben ser tareas similares al deporte, en el que existan jugadores en fase de ataque y defensa.

Además, para permitir la construcción de los aprendizajes, los entrenadores deberán modular la oposición, del ataque o de la defensa, limitando la fase de juego que no se quiera trabajar. Para ello, establecerán consignas a los jugadores en función de la fase de juego en la que se encuentren (ataque o defensa), aportando información sobre el problema a resolver durante la tarea, limitaciones de la tarea, forma de inicio y fin de la tarea.

En la organización de las tareas, los entrenadores deben tener presentes los continuos cambios de rol de los jugadores, pasando por ser jugadores en fase de ataque, defensa, pasadores colaboradores, funciones de juego (botadores, corredores), etc. Así se permitirá la formación integral del jugador, pues trabaja todas las funciones del juego.

2.7. Información

Para presentar las tareas de entrenamiento, los entrenadores precisan de comunicación con sus jugadores. Por tanto, la información inicial que se aporta al inicio de cada tarea, como la que se transmite durante la misma, también es objeto de reflexión y mejora.

2.7.1. INFORMACIÓN INICIAL

La información dada a los jugadores antes del comienzo de la tarea debe ser breve, clara y concisa. Las premisas que se deben abordar en esta primera información son acerca de la organización de la tarea, la situación de juego dónde se focaliza el trabajo, los parámetros de éxito y una breve demostración de la actividad si fuese necesario. El tiempo para esta información debe ser corto, para garantizar un alto tiempo de práctica motriz de los jugadores, tal y como se ha puesto de manifiesto anteriormente. La transmisión de la información inicial debe ser coherente con la metodología seleccionada por el entrenador.

En los enfoques centrados en la comprensión del juego esta información debe transmitir el objetivo de la tarea y el problema a resolver, pero nunca la solución; mientras que en la instrucción directa el entrenador transmite las instrucciones necesarias para ejecutar con solvencia acciones de juego que siguen un patrón de eficacia contrastado.

2.7.2. CONOCIMIENTO DE RESULTADOS

El conocimiento de resultados o feedback de la tarea debe ir dirigido hacia los diversos elementos que constituyen una tarea, como la organización (como construir el juego, los espacios empleados, la colocación de los jugadores, los cambios de rol), y el objetivo de la tarea (el objetivo a conseguir, cómo se relacionan con el adversario, compañero y oponentes, el éxito de la tarea).

Los entrenadores nóveles consideran que estructuras rígidas les va a permitir una mejor transmisión de feedback. Estas organizaciones limitan el tiempo de práctica de los jugadores. Por tanto, esta creencia no es correcta. Los entrenadores transmiten un feedback cada vez, sea cual sea la organización. Por lo que estructuras alternativas fomentan la participación, recibiendo los jugadores el mismo número de feedback. Para ello, el entrenador deberá evolucionar por la pista, por los diferentes grupos, transmitiendo esta información durante el desarrollo de la tarea.

Este feedback debe ser interrogativo, prescriptivo, descriptivo o afectivo, valorativo. Desde el posicionamiento metodológico centrado en el aprendiz y en la compresión del juego, el feedback interrogativo es el más adecuado para focalizar la atención del jugador en los elementos relevantes del juego y crear una conciencia táctica (Feu, 2018; Metzler, 2001; Mitchell, Oslin y Griffin, 2013).

El feedback empleado durante las tareas permitirá a su vez la progresión de las diferentes tareas, incluyendo nuevos problemas a resolver, nuevos detalles a tener en cuenta o nuevas posiciones en el terreno de juego.

2.8. Empleo de la competición

La competición puede ser un elemento a tener en cuenta dentro del diseño de las tareas, aportando un elemento motivador dentro de las tareas. No es el objetivo principal de la tarea, pero debe ser tenido en cuenta. Existen dos tipos de competición, interna y externa.

La competición interna es intrínseca ya que está orientada a la superación de uno mismo, además promociona la competición como enfrentamiento a un compañero o a la realidad del juego. En todas las tareas de entrenamiento puede existir competición interna, al retarse con un compañero o compañeros, y adversarios (¿quién los hace antes? ¿quién consigue meter más canastas? ¿quién gana el partido?). También se utiliza la competición como motivación, por ejemplo, con el uso de ligas internas (1 x 1, 3 x 3, etc.).

En cuanto a la competición externa, se evalúa como el enfrentamiento contra otros que no conocemos, como aplicación de las enseñanzas recibidas y la consecución de experiencias competitivas. En este último caso las orientaciones y conclusiones deben obtenerse en torno al proceso de aprendizaje que se ha desarrollado previo a la competición. La competición puede considerarse como un estímulo para dar sentido a la práctica realizada. Debe proporcionar experiencias positivas a los deportistas en formación primando la diversión y el aprendizaje sobre el rendimiento (Lorenzo y Sampaio, 2005). En estos casos, hay que saber relativizar el resultado de la competición, pues un mal resultado competitivo puede estar provocado por múltiples factores (i. rival más experto, ii. rival con características antropométricas muy diferentes, iii. Incorrecta aplicación del trabajo semanal, etc.). La competición es una oportunidad para poner en práctica lo aprendido y debe estar enfocada al proceso y no al resultado.

2. CONCLUSIONES

Entrenar con niños no es igual que entrenar con adultos y es por ello que es necesario conocer las características evolutivas y madurativas de nuestros deportistas. No se debe copiar el entrenamiento que realiza el adulto y adaptarlo y/o simplificarlo para realizarlo con el niño. El entrenamiento-aprendizaje en etapas de formación es diferente, posee unas características propias, las cuales se deben conocer para así mejorar la formación de nuestros jugadores. Los entrenadores deben realizar crítica constructiva sobre el trabajo que se realiza, buscando una mejora continua, sin realizar copias de tareas sin sentido.

En las etapas de formación es necesario implementar metodologías activas que favorezcan la comprensión del juego, la creatividad del jugador y la conciencia táctica para una adecuada toma de decisiones. Para ello es necesario el diseño de tareas significativas para el jugador, en las que tenga resolver problemas del juego. El feedback que proporciona el entrenador debe ser constructivo y favorecedor de la autonomía del jugador, debiendo primar preguntas sobre la propia práctica (¿qué hacer, cómo, cuándo, dónde y con qué riesgos?). Este posicionamiento metodológico junto con una adecuada organización del entrenamiento debe favorecer la mayor participación y bagaje de experiencias en el juego, así como una mejor motivación de los jugadores.

Las propuestas incluidas en este capítulo van enfocadas a aumentar la motivación, rentabilizar el tiempo de entrenamiento, el tiempo de práctica, experiencias, aprendizaje de los jugadores. Para ello se requiere de un mayor tiempo preparación, reflexión sobre el proceso de planificación, para mejorar aspectos organizativos de las tareas, organización de la sesión, información, objetivos.

El diseño de las tareas es la herramienta con la que el entrenador transfiere todos sus conocimientos y creencias a la práctica. Las tareas de entrenamiento son fundamentales para la formación de los jugadores. Teniendo presentes algunos de los factores presentados en este capítulo se mejorará su formación. Pero no hay que olvidarse de que el entrenador debe también mejorar en su intervención diaria. Para ello, necesita ayuda en el análisis de sus entrenamientos. Es fundamental contar con la presencia de orientadores, supervisores, coordinadores de cantera, que analicen la intervención de los entrenadores, pues la mejora de éstos tendrá consecuencias directas en la mejora de los jugadores.

REFERENCIAS

Abbott, A., y Collins, D. (2004). Eliminating the dichotomy between theory and practice in talent identification and development: Considering the role of psychology. Journal of Sports Sciences, 2(5), 395-408.

Bailey, R., y Morley, D. (2006). Towards a model of talent development in physical education. Sport Education and Society 11(3), 211-230.

Bunker, D. y Thorpe, R. (1986). From theory to practice. En R. THORPE, D. BUNKER Y L. ALMOND (Eds.), Rethinking games teaching (pp. 11-16). Loughborough: Departament of Physical Education and Sports Science University of Technology.

Cañadas, M., Ibáñez, S. J., García, J., Parejo, I., y Feu, S. (2012). Estudio de las fases de juego a través del análisis del entrenamiento deportivo en categoría minibasket. *Cuadernos de Psicología del Deporte, 12*(2), 73-82.

Cañadas, M., y Ibáñez, S. J. (2010). La planificación de los contenidos de entrenamiento de baloncesto en equipos de iniciación. *e-balonmano.com: Revista de Ciencias del Deporte, 6* (1), 49-65.

Casamichana, D., San Román, J., Calleja, J., y Castellano, J. (2015). *Los juegos reducidos en el entrenamiento del fútbol*. España: Fútbol de libro. Colección Fútbol Profesional.

Contreras, O. R.; De la Torre, E.; Velázquez, R. (2001) Iniciación deportiva. Madrid: Síntesis.

Delgado, M. A. (1991) Estilos de enseñanza en la Educación Física. Propuesta para una reforma de la enseñanza. Granada: I.C.E. Universidad de Granada.

Devís, J. (1990). Renovación pedagógica en la educación física: hacia dos alternativas de acción (I). *Perspectivas de la Actividad Física y el deporte, 4*, 4-7.

Devís, J. (1992) Bases para una propuesta de cambio en la enseñanza de los juegos deportivos. En Devís, J.; Peiró, C. Nuevas perspectivas curriculares en Educación Física: la salud y los juegos modificados, (pp. 141-159). Barcelona: Inde.

Elferink-Gemser, M.T., Visscher, C., Lemmink, K., y Mulder, T.W. (2004). Relation between multidimensional performance characteristics and level of performance in talented youth field hockey players. Journal of Sports Sciences, 22(11-12), 1053-1063.

Fernández, G., y Navarro, V. (1989). *Diseño curricular en educación física.* Barcelona: INDE Publicaciones.

Feu, S. (2006). Organización didáctica del proceso de enseñanza: aprendizaje para la construcción del juego ofensivo en balonmano. e-balonmano.com: Revista Digital Deportiva, 2(4), 53-66. Extraído el 13 de abril de 2008 desde http://www.e-balonmano.com/revista/articulos/v2n4/v2-n4-a1.pdf

Feu, S. (2018). El aprendizaje del balonmano en la edad escolar desde el modelo táctical game. In S. Feu, J. García-Rubio, y S. J. Ibáñez (Eds.), *Avances científicos para el aprendiaje y desarrollo del balonmano* (pp. 61-80). Cáceres: Universidad de Extremadura, Servicio de Publicaciones y Editora UNEMAT.

Feu, S., Gamero, M. G., García-Rubio, J., y Ibáñez, S. J. (2019). Task planning for sports learning by physical education teachers in the pre-service phase. *PLoS One, 14*(3). doi:10.1371/journal.pone.0212833

French, K. E.; Werner, P. H.; Taylor, K.; Hussey, K..; Jones, J. (1996) The effects of 6 – week unit of tactical, skill, or combined tactical and skill instruccion on badminton perfomance on ninth-grade studens. *Journal of Teching in Pshysical Education, 15,* 4, 439-463.

García, J. A. (2001). *Adquisición de la competencia para el deporte en la infancia: el papel del conocimiento y la comprensión en la toma de decisiones en balonmano.* Tesis doctoral. Universidad de Extremadura: Cáceres.

García, J. A. (2003). *Entrenamiento en balonmano. Bases para la construcción de un proyecto de formación defensiva.* Barcelona: Paidotribo.

García-Ceberino, J. M., Feu, S., Antúnez, A., y Ibáñez, S. J. (2019). Comparative Study of Two Intervention Programmes for Teaching Soccer to School-Age Students. *Sports, 7,* 1-16. doi:10.3390/sports7030074

González-Espinosa, S., Antunez, A., Feu, S., y Ibañez, S. J. (2018). Monitoring the External and Internal Load Under 2 Teaching Methodologies. *Journal of Strength and Conditioning Research.* Aceptado, pendiente de publicación.

González-Espinosa, S., Feu, S., García-Rubio, J., Antúnez, A., y García-Santos, D. (2017). Differences in learning according to the teaching method in basketball. *Revista de Psicología del Deporte, 26*, 65-70.

González-Espinosa, S., Ibáñez, S. J., y Feu, S. (2017). Design of two basketball teaching programs in two different teaching methods. *E-Balonmano.com: Revista de Ciencias del Deporte, 13*(2), 131-152.

González-Espinosa, S., Mancha-Trigueros, D., García-Santos, D., Feu, S., y Ibáñez, S. J. (2019). Diferencia en el aprendizaje del baloncesto según el género y la metodología de enseñanza. *Revista de Psicología del Deporte.*

Ibáñez, S. J. (2002). Los contenidos de enseñanza del baloncesto en las categorías de formación. En S. J. Ibáñez y M. Macias (Eds.), *Novos Horizontes para o treino do basquetebol* (pp. 11-135). Cruz Quebrada: Facultad de Motricidades Humana, Serviço de Ediçoes.

Ibáñez, S. J. (2009). Planificación de una temporada en la iniciación al baloncesto. In G. Ortega y AC Jiménez (Coor.). *Táctica y técnica en la iniciación al baloncesto* (pp. 69-100). Sevilla: Editorial Wanceulen.

Ibáñez, S. J. (2011). Modelo ondulatorio progresivo para la enseñanza-entrenamiento de los deportes de equipo (MOPEDE). *Revista Portuguesa de Ciências do Desporto, 11*(4), 26-27.

Ibáñez, S. J., Feu, S., Canádas, M., y García-Rubio, J. (2015). La intervención del entrenador a través del análisis de las tareas de entrenamiento. In K. L. Moreira y J. P. P. Greco, J. C. (Eds.), *5º Congresso Inernacional dos Jogos Deportivos* (pp. 381410). Belo Horizonte: EEFFTO / UFMG.

Ibáñez, S. J., Feu, S., Cañadas, M., González-Espinosa, S., y García-Rubio, J. (2016). Estudio de los Indicadores de Rendimiento de Aprendizaje Tras la Implementación de un Programa de Intervención Tradicional y Alternativo Para la Enseñanza del Baloncesto. *Kronos*, 15(2).

Ibáñez, S. J., Feu, S., y Cañadas, M. (2016). Integral analysis system of training tasks, SIATE, in invasion games. *E-Balonmano.com: Revista de Ciencias del Deporte, 12*(1), 3-30.

Ibáñez, S. J., Parra, M. Á., y Asensio, J. M. (1999). Taxonomía de medios para la iniciación al baloncesto. *Revista de Entrenamiento Deportivo, 13*(4), 15-24.

Ibáñez, S. J., Sáenz-López, P., Feu, S., Giménez, J., y García, J. (2010). Progression of Spanish National Team Basketball Players by Age and Sex. *The Open Sports Sciences Journal,* (3), 118-128.

Ibáñez, S.J. (2002). Los contenidos de enseñanza del baloncesto en las categorías de formación. En S.J. Ibáñez, y M.M. Macías, (Eds.), *Novos horizontes para o treino do básquetbol* (pp: 111-136). Cruz Quebrada: Ediçöes FMH, Facultade de Motricidade Humana.

Kirk, D. (1990). Educación Física y currículum. Valencia: Universidad de Valencia.

López, V. y Castejón, F. J. (1998a) Técnica, táctica individual y táctica colectiva: Teoría de la implicación en el aprendizaje la enseñanza deportiva (I). *Revista de Educación Física, 68*, 5-9.

López, V. y Castejón, F. J. (1998b) Técnica, táctica individual y táctica colectiva: Implicación en el aprendizaje y la enseñanza deportiva (Práctica) (II). *Revista de Educación Física, 68*, 12-16.

López, V.; Castejón, F. J. (2005) La enseñanza integrada técnico – táctica de los deportes en edad escolar. Explicación y bases de un modelo. Apunts, Educación Física y Deportes, 79, 40 – 48.

Metzler, M. W. (2011). *Instructional models for physical education.* Scottsdale, Arizona: Holocomb Hathaway.

Mitchell, S. A., Oslin, J. L., y Griffin, L. L. (2013). *Teaching Sport concepts and skill. A tactical gmaes approach for ages 7 to 18.* Leeds (United Kingdom): Human Kinetics.

Rojas-Inda, S. (2018). Análisis de carga interna y externa de futbolistas jóvenes en juegos reducidos. Revista Internacional de Medicina y Ciencias de la Actividad Fisica y del Deporte, 18(71), 463-477. doi:10.15366/rimcafd2018.71.004

Sáenz- López, P., Feu, S., y Ibáñez, S. J. (2006). Estudio de la participación de los jugadores españoles de baloncesto en las distintas categorías de la selección nacional. Apunts. Educación Física y deportes, 85, 36-45.

Sáenz-López, P., Ibáñez, S.J., Giménez, J., Sierra, A., y Sánchez, M. (2005). Multifactor characteristics in the process of development of the male expert basketball player in Spain. International Journal of Sport Psychology, 36(2), 151-171.

Sicilia, A. y Delgado, M. A. (2002) Educación Física y estilos de enseñanza. Barcelona: Inde.

Tabernero, B., Márquez, S., y Llanos, C. (2001). Elementos a analizar en el proceso de iniciación deportiva. *Retos: nuevas tendencias en educación física, deporte y recreación*, 1, 9-15.

Thorpe, R., Bunker, T. y Almond, L. (1986). *Rethinking games teaching.* University of Technology. Loughborough. England.

8. OS MOMENTOS CRÍTICOS DO JOGO DE BASQUETEBOL – PARA UMA ABORDAGEM CONCEPTUAL E METODOLÓGICA

António Paulo Ferreira
Faculdade de Motricidade Humana, Lisboa. Portugal.

1. INTRODUÇÃO

O jogo de basquetebol é uma realidade dinâmica na qual o elemento táctico-estratégico emerge como a característica dominante. No conflito de interesses que se estabelece entre as duas equipas que jogam desenha-se um vasto leque de configurações tácticas, as quais, assentando em antagónicos suportes estratégicos oferecem ao jogo a imprevisibilidade que normalmente lhe é atribuída. *"Não há jogos iguais"*, é uma expressão vulgar, assumida por muitos dos que lidam de perto com a sua realidade. Esta expressão resulta da assunção tácita de que o jogo é entendido de uma forma singular, por muito idênticas que sejam as suas condições iniciais de disputa. A *história* de um jogo decorrerá nele mesmo e será certamente diferente de um qualquer outro confronto. A componente casuística e aleatória fazem parte da essência dos jogos de natureza táctico-estratégica (Eigen & Winkler; 1989) e como tal, contaminam a dinâmica própria do jogo de basquetebol. São inclusivamente características que lhe oferecem muito do misticismo que possui e que muito contribuem para a espectacularidade que apaixona uma multidão de fãs em todo o mundo.

De acordo com as características das funções que assume, o treinador é um elemento muito especial na forma como se relaciona com a natureza do jogo. Se aos jogadores cabe a tarefa de jogar, transportando todo o seu potencial atlético no cumprimento das missões de cooperação e oposição que lhe são distribuídas, ao treinador é solicitada a necessária direcção e gestão dos seus recursos, para de acordo com a dinâmica do jogo, encontre as soluções que melhor se adequém ao quadro de objectivos estratégicos que previamente define. Ao treinador deve-se a exigência de racionalizar um modo de intervenção, que de forma intencional e deliberada coloque limites de variabilidade ao decorrer do jogo de maneira a compatibilizá-lo com os objectivos pretendidos.

Latyshkevitch (1991) afirma que *"a actuação de uma equipa em competição depende não só do seu estado de preparação, mas também de uma hábil direcção da mesma. A luta competitiva com uma equipa do mesmo nível ou de um patamar superior depende em grande medida da capacidade do treinador dirigir de forma adequada a competição, podendo este factor ser decisivo para o resultado de uma partida"*. Considerando o estado de preparação de uma equipa um factor multifactorial e que para o qual concorrem diferentes valências do treino, a ênfase dada pelo autor vai de encontro à importância que uma efectiva gestão do jogo (competição) implica na decisão do seu resultado. Neste sentido impõe-se ao treinador a necessidade de antecipar o conjunto de soluções que tem à sua disponibilidade para, em função do desenrolar da dinâmica competitiva, poder fazer face às adversidades que ela vai colocando. O treinador tem afinal, a complexa de tarefa de tornar previsível (tanto quanto possível) cenários de grande variabilidade, onde a natureza táctico-estratégica predomina, deixando uma margem de casualidade que ao jogo é inerente.

A temática desta comunicação inscreve-se na aceitação das duas premissas atrás definidas: por um lado, o jogo como uma realidade aberta com dinâmica própria e, em muitos casos, imprevisível; por outro lado, a necessidade que o treinador tem de preparar-se ele próprio para uma intervenção oportuna, procedendo à tomada de decisão necessária para a conquista de objectivos definidos, devendo para isso de conhecer, organizar e sistematizar conhecimento de um fenómeno, onde a casualidade impõem muitas vezes a sua lei – o jogo. O objectivo desta reflexão é, através de uma análise dinâmica do jogo de basquetebol, discutir e operacionalizar o conceito de *momento crítico*, tentando criar bases de natureza conceptual e metodológica que contribuam para um reforço do conhecimento produzido nesta matéria.

2. PARA UMA ABORDAGEM TEÓRICA AOS MOMENTOS CRÍTICOS DO JOGO

2.1. Da Noção De Momentum Ao Momento Crítico Do Jogo De Basquetebol

A definição do conceito de *momentum* tem raízes no quadro da Psicologia do Desporto. Este fenómeno caracteriza-se por uma mudança no estado cognitivo, emocional e fisiológico do sujeito, com repercussões no plano comportamental, causada por um acontecimento pontual ou série de eventos, que têm como consequência uma alteração dos níveis de performance desportiva apresentados (Taylor, J.; Demick, A.; 1994). Aplicada ao jogo, a noção de *momentum* consiste na existência de um conflito de natureza perceptiva, no qual perante uma determinada ocorrência o indivíduo pode ver influenciada, positiva ou negativamente, a sua capacidade de resposta. A valência positiva ou negativa do *momentum* é particularmente identificada em modalidades desportivas de oposição. Nestas, os lucros de uns transformam-se em prejuízos do opositor. Para Vallerand et. al. (1988) o *momentum* apresenta-se temporalmente organizado em três fases distintas: os antecedentes do conflito percetivo, o conflito individual caracterizado pelas reacções psicológicas causadas pelas ocorrências anteriores e as consequências comportamentais que daí advêm. Taylor e Demick (1994) apresentam este conflito perceptivo através do desenvolvimento de um conjunto de fases organizadas em cadeia (*momentum chain*) que se influenciam mutuamente: (1) o aparecimento de uma ocorrência isolada ou uma série de eventos relacionados; (2) a alteração do estado cognitivo, emocional e fisiológico provocado pelas ocorrências situacionais; (3) a alteração comportamental consequente; (4) a influência no domínio comportamental propriamente dito que se manifesta na capacidade de rendimento do(s) sujeito(s); (5) no caso dos desportos *head to head*[1], o reflexo

---

[1] head to head é uma expressão de origem anglo-saxónica utilizada por Taylor e Demick (1994) para exprimir a natureza de oposição presente nos jogos desportivos.

inerente no nível de performance da oposição e finalmente, (6) a influência objectiva no resultado desportivo imediato. Ao relacionarmos as perspectivas de Vallerand et. al. (1988) e de Taylor e Demick (1994), podemos considerar que a primeira e segunda fase constituem-se respectivamente no que se podem considerar pelos antecedentes e pelo conflito perceptivo propriamente dito que caracteriza o *momentum* psicológico. O desenvolvimento comportamental consequente a esta dimensão psicológica é caracterizado pelas suas consequências (figura 1).

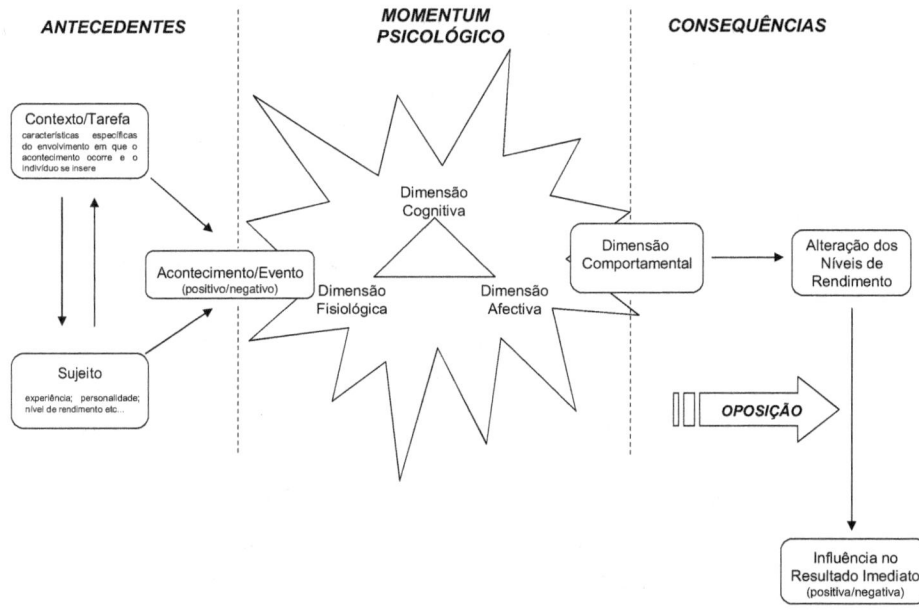

Figura 1. Relação entre os modelos de abordagem ao *momentum* psicológico no desporto – o modelo Antecedências-Consequências de Vallerand et.al. (1988) e a Cadeia do *momentum* psicológico de Taylor e Demick (1994).

No basquetebol são inúmeras as possibilidades de utilização deste modelo para a interpretação de variadas situações de jogo. Mikes (1987) também afirma o conceito de *momentum* como uma dimensão psicológica, afirmando que se trata de um estado mental que caracteriza o comportamento de uma equipa quando, relativamente a outra e em determinado momento do jogo, reúne uma óptima combinação de determinadas qualidades psicológicas determinantes para o sucesso competitivo – por exemplo, a superação, a confiança, a atitude para com a competição e a concentração. No entanto, a discussão do conceito de *momentum* é para Mikes (1987) extensível às acções decorrentes do jogo propriamente dito, extravasando a dimensão psicológica do conceito. Afirma a propósito, que no seu decorrer é sempre possível identificar a existência de um de três padrões: (1) ambas as equipas estão a jogar *"mal"*, (2) ambas as equipas estão a jogar *"bem"* ou (3) uma última situação em que uma das equipas se encontra num momento de superioridade relativamente à outra. Esta última situação é para Mikes (1987) a consequência comportamental da existência de um *momentum* no jogo.

Vários são os relatos de jogadores e treinadores, que apontam no jogo situações do seu decurso que claramente marcam a sua *história* e exercem uma influência decisiva no seu produto final. A forma como Araújo (2000) se refere a essa questão é paradigmática na relação que efectua entre a visão psicológica associada ao conceito de *momentum* e a sua expressão comportamental que se reflecte num resultado objectivo e evidente.

"...Neste jogo, a partir de um certo momento da primeira parte, foram evidentes os sinais transmitidos por alguns jogadores, cujo significado era o de que naquele momento os estava a preocupar mais o seu destaque individual que o interesse colectivo da equipa." "...após estarmos a ganhar por 10 pontos cerca dos 10 minutos da primeira parte, subitamente permitirmos a recuperação do adversário." (Araújo, 2000, p.75)

De acordo com este quadro conceptual, a questão que nos interessa reflectir é a consequência demonstrada pelo modelo de abordagem psicológica ao *momentum* proposto por Taylor e Demick (1994). Não se pretende nem descrever as causas (os antecedentes), nem mesmo estudar o processo que o *momentum chain* envolve na sua natureza psicológica. O que pretendemos é servir-nos deste modelo para justificar a existência de níveis de rendimento protagonizados pelas duas equipas que se assemelham às consequências comportamentais que Vallerand et. al. (1988) definem no conceito psicológico de *momentum*.

Como base para a definição desta ideia, aceitamos a relação efectuada entre os modelos propostos por Vallerand et. al. (1988) e Taylor e Demick (1994), afirmando que se tratam de períodos que se detectam no decurso do jogo e que podem ser decisivos para o seu desfecho final dadas as características do desempenho das duas equipas nesse instante. São momentos em que a diferença entre as duas equipas tende a afirmar-se. Tal como Mikes (1987) refere, estes identificam-se com um dos três padrões que se podem traduzir. Segundo as suas palavras, são momentos do jogo em que *"one team is outplaying is opponent"* (Mikes, 1987 p.215).

Perceber se no jogo de basquetebol poderão existir padrões objectivos que identifiquem o comportamento das equipas nos designados *momentos críticos* é um desafio. Apesar de Mikes (1987) aflorar este problema, orienta a sua análise numa perspectiva abstracta que passa por se *"jogar bem"* ou *"jogar mal"*. Apesar cada jogo se constituir como uma realidade única e singular, a identificação de padrões objectivos no que se refere ao comportamento técnico-táctico de ambas as equipas, à duração que mais vulgarmente este tipo de momentos do jogo possuem, assim como à sua tipicidade de ocorrência temporal durante o decorrer do mesmo, poderiam ser condições de suporte à montagem de estratégias de preparação do treinador para a competição e consequentemente das técnicas de gestão e direcção da competição.

2.2. O Pensamento Do Treinador – Um Elemento Essencial A Caminho Da Objectividade

O modelo atrás apresentado parece-nos constituir uma base teórica segura para a definição do que queremos designar por *momentos críticos* do jogo de basquetebol. No entanto, a definição do conceito requer um esforço de operacionalização, que nos permita metodologicamente encontrar pressupostos de rigor no estudo de tais momentos. Ao referir-se ao conceito de *momentum*, Mikes (1987) deixa um espaço de subjectividade que se manifesta pela perspectiva valorativa do comportamento das equipas – *jogar bem* ou *jogar mal*. Torna-se necessário precisar o conceito e torná-lo tão objectivo quanto possível.

Bob Knight e Pete Newell (1989) conceituados treinadores americanos, apontam os primeiros cinco minutos da segunda parte e os últimos cinco minutos, como dois momentos críticos. No caso do início da segunda parte afirmam mesmo constituir-se como um período decisivo do jogo.

"There is no point in the game more critical than the initial minutes of the second half. You can start out a game poorly and still come back and win." (Knight & Newell, 1989, p.53).

A posição de Knight e Newell (1989) é sobretudo assente numa experiência muito alargada do treino e da condução de equipas de Basquetebol. É de notar que se trata de uma visão circunscrita ao jogo quando este se encontrava dividido em duas partes iguais – dois períodos de 20 minutos ininterruptos (característico do regulamento do *NCAA Basketball*). No entanto, parece tratar-se de uma perspectiva algo redutora. Apresenta a noção de *momento crítico* fundamentalmente associada à localização temporal em que ele ocorre. Quanto a este aspecto julgamos ser possível atribuir uma visão multicategórica. Apesar disso, regista-se um contributo para a objectividade da definição deste conceito. Verifica-se um reforço da importância que estes *momentos do jogo* possuem na definição de um resultado final e, ainda que de forma redutora, a alusão a uma das suas possíveis características de análise: a localização temporal da sua ocorrência.

O entendimento de que o treinador pode oferecer um contributo importante na busca de um esclarecimento cada vez maior na temática em questão, foi a razão pela qual efectuámos um primeiro estudo de investigação empírica. O objectivo foi o de registar de forma opiniosa o pensamento do treinador relativamente aos *momentos críticos* do jogo de basquetebol. Pela experiência e pelo relacionamento próximo que este mantém com a modalidade, foi colocada a hipótese de que algo mais objectivo da sua percepção poderia ser recolhido para a definição do que procuramos. Foi elaborado um questionário especificamente destinado para o tratamento do objectivo em causa. Para além de um conjunto de questões de resposta fechada, acerca da importância que o treinador poderia atribuir a determinados parâmetros de natureza estatística, foi-lhes solicitada a resposta a duas questões abertas de características puramente conceptuais:

- *De acordo com a sua experiência, o que entende por momento crítico do jogo de Basquetebol?*

- *Que indicadores do jogo, julga que podem ser observados, quando um momento crítico aparece?*

Foram inquiridos 34 treinadores, em frequência do curso de nível III (grau mais elevado da carreira de treinador creditado pela Escola Nacional de Basquetebol) no mês de Junho de 2002. As questões abertas, que mais directamente se dirigiam para o nosso objectivo, foram analisadas através de uma análise de conteúdo das diversas respostas, no intuito de se encontrar indicadores de semelhança lógico-semântica nas atribuições efectuadas pelos treinadores.

Da análise efectuada às respostas dadas a cada uma das questões, parece-nos ser de realçar quatro aspectos de referência:

- A definição de momento crítico é também para os treinadores inquiridos um domínio de grande subjectividade. Constitui-se como algo que experimentam no processo de orientação do jogo, contudo, parece ser matéria de grande complexidade quando colocada sob uma pergunta aberta.

- Os treinadores parecem ter uma visão multidimensional do momento crítico e dos respectivos indicadores que o caracterizam. Quer isto dizer que atribuem normalmente mais do que uma característica para definir um momento do jogo como crítico e mais do que um indicador para caracterizar esse momento.

Tabela 1. Categorias de atribuições oferecidas à definição de momento crítico e respectivos valores percentuais de respostas de cada uma delas.

Definição de Momento Crítico	%
Aproximação de um Determinado Período do Jogo	17,65
Alteração ou Influência no Resultado	37,25
Percepção /Sentimento do Treinador	21,57
Ocorrência de um Acontecimento/Evento	7,84
Supremacia da Fase Defensiva Face ao Ataque Adversário	7,84
Outros	7,84

Tabela 2. Categorias de indicadores de expressão do momento crítico e percentagem de respostas alusivas a cada um deles.

Indicadores do Momento Crítico	%
Indicadores de Eficácia Ofensiva	10,17
Indicadores de Eficácia Ofensiva e Defensiva	13,56
Conteúdo Táctico (intervenção do treinador, alteração táctica, factor surpresa e organização táctica	33,90
Lesões, Entradas/Saídas, Desqualificações	6,78
Aparecimento da Fadiga	5,08
Indiciadores de Natureza Psicológica (concentração, superação, atenção, volição)	27,12
Outros	3,39

- A *Alteração ou Influência no Resultado* (37,25%), a *Percepção /Sentimento do Treinador* de que algo pode acontecer no jogo (21,57%) e a *Aproximação de um Determinado Período do Jogo* (17,65%), constituem as categorias a que mais frequentemente se atribui a definição de momento crítico para os treinadores desta amostra.

- O *Conteúdo Táctico* (33,90%), os *Indicadores de Natureza Psicológica* (27,12%) e a leitura dos *Indicadores de Eficácia Ofensiva e Defensiva* (13,56%) revelaram-se como as categorias de indicadores que mais privilegiadamente nos permitem identificar o aparecimento de um *momento crítico* no jogo.

Tal como a formulação das questões (abertas) as respostas divagaram perante um largo espectro de argumentos. No entanto, o argumento *Alteração ou Influência no Resultado* é para a amostra de treinadores consultada, aquele que de forma mais clara pode significar a presença de um *momento crítico* no jogo. Uma vez mais, a ideia de que o poder de relação que o *momento crítico* possa ter com o resultado final parece ser reforçado. De acordo com este pressuposto, a análise da evolução do resultado ao longo do jogo, tendo em conta o tempo sobre o qual ele decorre, pode ser um princípio que nos auxilie a procurar a objectividade necessária para definir o conceito que pretendemos.

2.3. A Exploração Dos Resultados Parciais Do Jogo De Basquetebol E A Sua Relação Com O Resultado Final

Na expectativa de testar a relação entre a evolução do resultado do jogo e o seu respectivo resultado final, foi efectuada uma segunda pesquisa de carácter exploratório. Procurámos analisar os diferentes resultados parciais obtidos a cada cinco minutos de jogo, relacionando-os com o resultado final. Definimos dois objectivos específicos: (1) verificar como se comportava a variação percentual das equipas que em cada período do jogo estavam em vantagem e a obtenção de um determinado resultado final – vitória ou derrota; (2) definir o contributo que os diversos resultados parciais supostamente pudessem ter na construção do resultado final.

Através da base de dados *on-line* da Infordesporto SA, foi efectuada a recolha dos dados relativos à marcha do marcador de 422 jogos da Liga de Clubes de Basquetebol relativos às épocas de 2000/01 e 2001/02. Nas ilustrações seguintes (Tabela 3 e Figura 1) encontram-se descritos os resultados relativos à análise global efectuada com base na amostra referenciada.

Tabela 3. Percentagem de equipas que vencem os seus jogos, estando numa posição de vantagem pontual em cada período considerado –5, 10, 15, 20, 25 30 e 35 minutos de jogo.

	5'	10'	15'	20'	25'	30'	35'
Vitória	65,92	68,55	70,82	72,01	75,13	84,03	87,66
Derrota	34,08	31,45	29,18	27,99	24,87	15,97	12,34

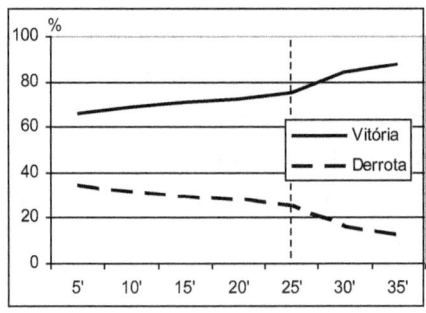

Figura 1. Gráfico do comportamento obtido a partir dos resultados observados no quadro 1.

A leitura dos resultados admite a referência a duas tendências genéricas:

- Para qualquer momento do jogo considerado, regista-se uma percentagem sempre superior a 60% de equipas ganharam que os seus jogos, estando nesse momento em condições de vantagem no marcador.

- Pelo comportamento das curvas podemos observar uma clara distinção entre duas fases do jogo: uma primeira marcada pela relativa estabilidade que se prolonga até aos cerca de 25 minutos do jogo; e uma segunda fase em que se regista um aumento progressivo dos valores percentuais registados dos 25 minutos ao final do jogo. Este dado leva-nos a sugerir a ideia de que as vantagens criadas a partir dos 25 minutos do jogo podem ser decisivas para o seu desfecho final e portanto possuírem uma forte relação com o resultado final do jogo.

Para além desta análise descritiva, foi verificada a relação entre os diversos resultados parciais obtidos nos diferentes momentos observados e o resultado final dos jogos. Considerando o resultado final como uma variável dependente, procurámos identificar o peso de cada um dos resultados parciais (variáveis independentes), através da interpretação dos valores de probabilidade obtidos pela análise de regressão múltipla. O quadro abaixo apresenta os valores relativos à equação de predição do resultado final de um jogo em função dos diversos resultados parciais (β), assim como os respectivos valores de t e níveis de probabilidade associados. O modelo de regressão múltipla obtido apresenta um elevado grau de adequação, sendo válido para cerca de 85% dos casos – *r = 0,922* e *r^2 = 0,851*.

Pela análise dos valores apresentados, não existem razões para evidenciar nenhum tipo de relação entre os resultados parciais e o resultado final do jogo, excepção feita para o resultado obtido nos últimos 5 minutos. Apesar de se poder constatar uma eventual maior possibilidade de vitória, das equipas que em cada período se encontrem em vantagem, e em simultâneo, essa possibilidade ser crescente a partir dos 25 minutos, não se pode inferir uma relação directa e inequívoca dos diversos resultados parciais com o resultado final.

Emerge a importância dos últimos 5 minutos como aqueles em que os 85,1% das equipas que se encontram a ganhar podem ser efectivamente vencedores dos seus jogos, e neste período o elevado nível de influência que o resultado observado nesse momento possui na construção do resultado final do jogo ($\beta = 1,003$).

Tabela 4. Valores de predição da equação de predição do resultado final, coeficientes de correlação e valores de probabilidade associados.

	β	t	p value
Constante	0,135	0,425	0,671
5 min.	-0,013	-0,238	0,812
10 min.	0,014	0,355	0,723
15 min.	0,025	0,736	0,462
20 min.	-0,004	-0,142	0,887
25 min.	0,007	0,263	0,793
30 min.	0,004	0,150	0,881
35 min.	**1,003**	**42,918**	**0,000***

p<.05

De acordo com este conjunto de resultados, a noção de *momento crítico* na visão empírica de Knight e Newell (1989) parece ser algo contrariada. Nomeadamente no que se refere à importância do imediato reinício do jogo.

De facto, a segunda parte constitui-se sempre como uma fase do jogo, que face à proximidade do seu final, condiciona inequivocamente o seu desfecho. Os primeiros 5 minutos do segundo tempo são os primeiros minutos do reinício do jogo e podem retratar a disposição com que uma equipa volta para o confronto, independente do que tenha ocorrido anteriormente. De facto, na grande maioria das situações o resultado final está ainda teoricamente indefinido. Por um lado, porque a reentrada em campo é facilitada pela correcção táctico-estratégica que o treinador possa efectuar no intervalo do jogo, procurando adaptar o comportamento da sua equipa ás circunstâncias da oposição em causa, mas por outro, porque são os minutos após uma paragem, cuja duração é significativa, o que contribui para a recuperação dos níveis de esforço dispendidos durante o primeiro tempo. No entanto, como os próprios autores afirmam *"...we can work out of a jam at the start of the game, but something must be done if you start the second half miserably. The team that gets started well in the second half, in our opinion, will win the game."* (Knight, B.; Newell, P.; 1989, p.53). Isto significa que no reinício da segunda parte existe ainda uma margem de controlo do jogo que permite o ajustamento estratégico necessário, a que estes treinadores designam na afirmação a *"algo que precisa ser feito"*. O exemplo do desconto de tempo, uma substituição, uma alteração táctica oportuna. Daí que o momento chave possa ocorrer a partir dos 25 minutos do jogo, nos quais o ganho de uma vantagem pode tornar cada vez mais previsível o resultado final.

Os últimos 5 minutos são a confirmação de uma tendência quanto ao resultado ou constituem o *"momento das grandes decisões"* nos casos em que o equilíbrio seja a nota dominante. Deste ponto de vista, a segunda parte de um jogo de Basquetebol constitui-se mesmo como um período, no qual os treinadores colocam em campo um conjunto de decisões estratégicas que, independentemente do objectivo que possuam, procuram condicionar o adversário, sabendo de antemão, que ao escoar-se o tempo de jogo, a capacidade de resposta do opositor poderá estar constrangida.

Procurando a identificação dos momentos do jogo que decidem o seu resultado final, Cachulo (1998) conclui o contrário do que afirmamos: a primeira parte, mais do que o segundo tempo, assumiu no seu estudo uma importância maior para a construção do resultado final dos jogos. No entanto, trata-se de um estudo que utiliza uma amostra constituída por 19 jogos do Campeonato Nacional da 1ª Divisão Feminina e assenta em pressupostos metodológicos claramente divergentes. Concretamente, os períodos temporais que se distinguiram como mais importantes foram, respectivamente, os 10-15 minutos e 5-10 minutos. Ao contrário da percepção de Knight e Newell (1989) e da exploração efectuada anteriormente, o período 35-40 minutos constituiu-se como o menos decisivo para a determinação do resultado final. Independentemente do percurso metodológico empreendido, que se caracteriza pela utilização de uma metodologia totalmente distinta (que foge ao âmbito desta reflexão), o que importa ressaltar é que estamos em presença de um quadro conclusivo diferenciado dos dados que até aqui expusemos.

No entanto, um simples exercício de auto-crítica permite-nos afirmar que o percurso que tomámos para esta exploração primária do conceito de *momento crítico* no jogo de basquetebol, enferma de alguns problemas que podem ser colocados:

- Tomámos a amostra como um todo, correndo o risco de *"ensacar"* jogos de diferentes tipos e características numa mesma categoria. A questão da classificação dos diferentes tipos de jogos é, também ela, um problema conceptual que ainda permanece aberto. Marques (1990) de uma forma subjectiva, começou por classificar os jogos em função do seu resultado final: equilibrados, normais e desequilibrados. Mais recentemente, Sampaio (2000) introduzindo um processo numérico (análise de clusters) divide-os em jogos equilibrados, desequilibrados e muito desequilibrados. Não só se verificam divergências no processo de classificação como nos valores de diferenciação de cada um dos tipos de jogos.

- Não controlámos as características específicas da *história* de cada jogo. O confronto entre duas equipas desenrola-se num espaço e tempo próprios que faz do jogo uma entidade única e singular. Parece óbvio, que a investigação centrada na análise dos *momentos críticos* do jogo não dispensa a necessidade de se conhecer a sua *história* e dessa forma considerar cada um como uma unidade independente de análise.

- A exploração dos dados efectuada anteriormente continua a não contribuir satisfatoriamente para a definição de uma noção mais objectiva de *momento crítico* do jogo de Basquetebol. Apesar de revelar a importância dos últimos 5 minutos finais como o único período que se relaciona mais significativamente com o resultado final, não quer dizer que se aceite este como o único momento do jogo com potencialidades críticas. De facto, quando em circunstâncias de grande equilíbrio entre os opositores, porque o jogo caminha para o seu fim, este é um momento em que cada posse de bola assume uma importância vital. Contudo, é sabido que outros momentos existem que por outras razões podem ter potencialidades críticas.

Ainda que concordemos e encontremos argumentos de validade externa para aceitar a existência de *momentos críticos* no jogo de basquetebol, o problema operacional da definição concreta do conceito subsiste. Apesar destas duas pesquisas exploratórias não se revelarem conclusivas, no que se refere à delimitação conceptual da reflexão apresentada, as questões que levantaram revelaram-se fundamentais para a definição dos pressupostos que nos permitem operacionalizar esta problemática.

3. DOS ESTUDOS EXPLORATÓRIOS À FORMULAÇÃO DE PRESSUPOSTOS METODOLÓGICOS

3.1. O Jogo Como Uma Sucessão De Momentos Potencialmente Críticos

Aceitamos que a natureza do jogo de basquetebol decorre num ambiente de conflitualidade entre as duas equipas que, devidamente reguladas num espaço e tempo próprios, procuram materializar em pontos a diversidade das acções que realizam. Esta relação de cooperação-oposição (Moreno, 1989), onde objectivos de jogo se partilham e confrontam numa base de grande diversidade estratégica, encerra a primeira grande dificuldade deste estudo à qual anteriormente aludimos – a definição objectiva do que entendemos por *momento crítico* no jogo de basquetebol. Como Marques (1990) afirma, *"o jogo de Basquetebol apresenta sempre um resultado que é historicamente único, só tem significado para aquele jogo, ou em termos globais, para um determinado tipo de Basquetebol, americano, espanhol, português, etc."* Se é esta a realidade que caracteriza o desfecho final do jogo, bastante mais complexa é a tarefa de definir os seus momentos críticos, uma vez que a dinâmica de evolução do próprio jogo, mais do que o seu resultado final, revela particularidades de especificidade avessas a quaisquer tentativas de padronização ou generalização.

A análise efectuada através da exploração dos resultados parciais do jogo e a sua relação com o resultado final, evidência com clareza a problemática apresentada na figura anterior. Trata-se da ilustração de dois jogos da Liga TMN 2002, que apesar de possuírem um resultado final muito semelhante apresentam uma dinâmica de evolução, ou seja, uma história de confronto perfeitamente distinta.

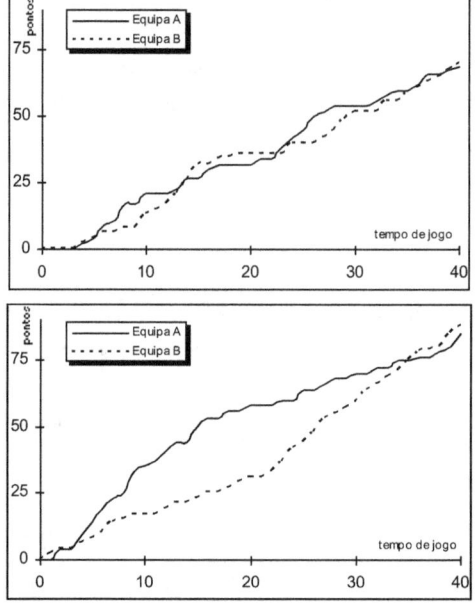

Figura 2. Evolução da marcha do marcador respeitante a dois jogos de Basquetebol distintos. Exemplos concretos de dois jogos de resultado equilibrado com dinâmicas de evolução muito diferenciadas.

Apesar dos jogos se assemelharem no seu desfecho final, muito dificilmente será possível homogeneizar padrões de comportamento *histórico* da sua dinâmica. Daqui resulta a necessidade de tomarmos a variabilidade como uma realidade inerente ao objecto de estudo que pretendemos eleger. Cada jogo deve ser observado como uma realidade única e diferenciada de todas as outras. Desta forma parece estar encontrado o primeiro pressuposto.

> *"a necessidade de se estudar e analisar cada jogo, como um jogo diferente dos demais é um imperativo fundamental para a definição conceptual e operacionalização metodológica do estudo dos momentos críticos no Jogo"*

Toda esta reflexão resulta da extraordinária complexidade de reconhecer um determinado momento como crítico. Aliás, um dos resultados demonstrados pelo inquérito efectuado aos treinadores aponta para atribuições de natureza subjectiva como a *Percepção do Treina-*

dor e o seu *Sentimento* de que algo pode acontecer, como os momentos que estão associados ao que no jogo é crítico.

Essa dificuldade prende-se com o facto de estarmos perante uma questão cuja resposta só existe depois de produzido um determinado resultado (ainda que a curto prazo). Isto quer dizer que sem efectuarmos uma avaliação objectiva do que pode resultar de um determinado momento do jogo, não podemos aceder à sua dimensão crítica. Verificamos que o desenrolar de um jogo se caracteriza por diversas fases que potencialmente são críticas, não apenas em graus diferenciados, mas inter-relacionadas entre si. A sua consequência traduz uma dinâmica de evolução ao longo do tempo que constrói a *história* do jogo, até que se produza um determinado resultado final. Posto isto, um pilar fundamental desta construção metodológica assenta na noção de *Criticalidade*[2], apresentada por Giambrone (1977) e Krane et. al. (1994). Este adjectivo pretende caracterizar situações do jogo com potenciais de importância distintos e que podem determinar diferentes índices críticos para diversas ocasiões do jogo. A utilização deste conceito permite-nos caracterizar a dinâmica potencialmente crítica que os diversos momentos do jogo possuem. Introduzimos no desenvolvimento da nossa visão conceptual em torno do momento crítico do jogo, o conceito de *Grau de Criticalidade*.

> "o Grau de Criticalidade é uma medida que determina o nível de crucialidade ou de importância que um determinado período temporal do jogo pode ter. Constitui uma medida de avaliação das potencialidades de um momento crítico do jogo"

Com objectividade, como se pode medir esse *Grau de Criticalidade*?

3.2. O Coeficiente De Variação Da Diferença Pontual

A natureza de confronto em que o jogo se desenrola expressa-se por um produto, um resultado, cuja evolução, retrata a dinâmica de conflito entre as duas equipas que competem. A figura 3 retrata a evolução dos resultados parciais, para cada uma das equipas, obtida a

---

[2] *Criticalidade* é utilizado neste trabalho como sendo oriunda do termo anglo-saxónico *Criticality*, utilizado por Giambrone (1977) e Krane et. al. (1994), para definir uma variável de investigação denominada por *criticality situation*.

cada minuto para dois jogos distintos. A esta evolução do resultado ao longo do tempo denominamos marcha do marcador.

Aceitamos a evolução do resultado ao longo do tempo como um critério suficientemente capaz de o utilizarmos para a definição de momento crítico do jogo. São duas as razões que suportam a aceitação deste princípio: por um lado, trata-se de um indicador cuja objectividade retrata uma validade externa a que qualquer observador tem acesso para exprimir relações de ordem-desordem, equilíbrio-desequilíbrio presentes no jogo; em segundo lugar, porque parece estar de acordo com a atribuição que os treinadores oferecem acerca da definição de momento crítico – no inquérito efectuado junto dos treinadores o argumento *Alteração ou Influência no Resultado* caracterizou-se como a categoria cuja frequência de resposta foi a mais elevada. Desta forma, parece-nos que a marcha do marcador pode ser considerada como uma medida de avaliação externa da produtividade que ambas as equipas conseguem obter por via das suas realizações no jogo. Se subtrairmos o número de pontos marcados que cada uma das equipas consegue obter, podemos descrever um comportamento que expressa a diferença pontual (*Dp*) que se vai registando ao longo do decurso do jogo. Esta curva vai reflectindo a distância a que ambas as equipas se encontram à medida que o jogo se vai precipitando para o seu final. Tendo em consideração o comportamento da *Dp* e reconhecendo-o como um indicador de natureza externa, que de uma forma mais clara, expressa o objectivo decorrente do próprio jogo, parece-nos possível a definição de um parâmetro, que nos auxilie a análise do momento do jogo que potencialmente possa constituir um momento crítico, e consequentemente defina o *grau de criticalidade* de um determinado período do jogo.

$$CVdp = \frac{Dp_2 - Dp_1}{t}$$

Equação 1. Coeficiente de variação da diferença pontual – retrata a diferença pontual entre as duas equipas para um determinado intervalo de tempo (Dp_2 – diferença pontual no momento 2 do jogo; Dp_1 – diferença pontual no momento 1 do jogo; t – intervalo de tempo considerado)

Denominamos esse parâmetro por *Coeficiente de Variação da Diferença Pontual (CVdp)*.

Entende-se por *Coeficiente*[3] uma *"condição ou circunstância que coopera para um determinado fim"*. No caso, o CVdp exprime uma condição que pretende caracterizar a variação da diferença pontual ao longo do jogo, em função de um determinado intervalo de tempo predefinido. Independentemente do intervalo temporal considerado, trata-se de um factor que resulta numa *quantidade* de variação que o resultado entre as duas equipas apresenta ao longo do jogo.

Da definição deste factor resulta a aceitação de um outro aspecto metodológico desta reflexão:

> *"o Grau de Criticalidade dos diversos momentos do jogo pode ser observado com base num indicador de avaliação externa que resulta da determinação do coeficiente de variação da diferença pontual – pode ser um parâmetro quantificável que corresponda à evolução dinâmica do resultado do jogo num determinado intervalo de tempo"*

A aceitação deste pressuposto permite-nos dar um primeiro passo na objectividade conceptual e metodológica do momento crítico. Para um determinado intervalo de tempo, quanto maior for o valor observado pelo CVdp, tanto mais crítico pode ser em termos potenciais, o momento do jogo em causa. Isto porque quanto maior for este valor, maior será a expressão das diferenças no resultado parcial, ocorridas nesse intervalo de tempo do jogo.

A quantificação do intervalo temporal de análise do momento potencialmente crítico, pode definir o maior ou menor grau de sensibilidade do CVdp e naturalmente condicionar a expressão quantitativa do valor encontrado neste factor. Da análise da literatura revista e de uma interpretação lógica, que a natureza do próprio jogo de Basquetebol nos induz, parece-nos razoável definir o intervalo de tempo (t) na ordem dos 5 minutos de jogo. O conjunto de razões que sustentam este posicionamento é resumido nos seguintes aspectos:

---

[3] Definição do termo *Coeficiente* expressa por: Costa, J., & Melo, A. (1995). *Diccionário Da Lingua Portuguesa* (7ª ed.). Porto: Porto Editora.

- Knight e Newell (1989) ao se referirem, ainda que de forma empírica, à ideia de que o jogo possui momentos que podem condicionar determinantemente a tendência para o seu desfecho final, aborda-nos o problema dos momentos críticos em "pedaços" temporais na ordem dos 5 minutos de jogo, que se situam muito concretamente em determinados tempos da evolução do mesno;

- Kozar, Vaughn, Whitfield, Lord e Dye, (1994) ao estudarem a importância do lance livre em diferentes momentos do jogo de Basquetebol, dividem temporalmente o jogo em duas grandes "fatias": os primeiros 35 minutos e os últimos 5 minutos;

- Kaminsky (1990) no seu trabalho de determinação dos períodos críticos do jogo e a sua relação com o sucesso competitivo, recomenda o estudo do jogo em "pedaços" de 5 minutos, quando confrontado com os períodos temporais de 2 minutos. Sustenta a sua visão no facto de se tratarem de períodos temporais mais justos para a análise do comportamento das duas equipas. Em intervalos de 5 minutos o número de posses de bola que são disputadas e repartidas pelas equipas que jogam, constituem uma amostra mais fiel para a análise das intenções estratégicas que estão em disputa e consequentemente mais adaptadas à realidade do jogo em análise;

- Quadro temporal de divisão do jogo em partes, por períodos de 10 minutos, com complementos de 5 minutos, no seu final, caso não se encontre um vencedor definido (Regras Oficiais de Basquetebol), são suportes à sensibilidade empírica de que a riqueza da análise do jogo efectuada por intervalos de tempo na ordem dos 5 minutos, podem ir de encontro ao que se deseja, isto é, uma fatia temporal do jogo que nos permita caracterizar um momento reflector de uma tendência.

    "a fixação do intervalo de tempo t em 5 minutos pode ser capaz de resumir um período do jogo de Basquetebol a um valor que expresse a relação pontual entre as duas equipas para esse tempo, sendo possível situar com objectividade o

grau de criticalidade de um momento do jogo para intervalos temporais dessa dimensão"

Um exemplo concreto do pressuposto atrás definido pode ser demonstrado pelas figuras seguidamente representadas.

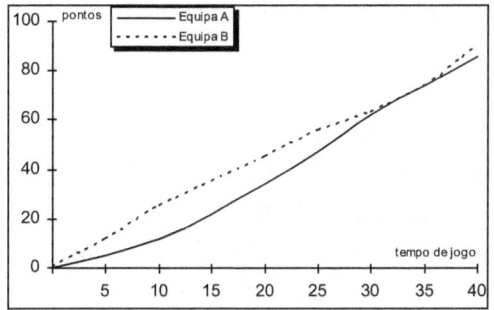

Figura 4. Evolução dos pontos marcados ao longo do tempo de jogo entre as equipas A e B.

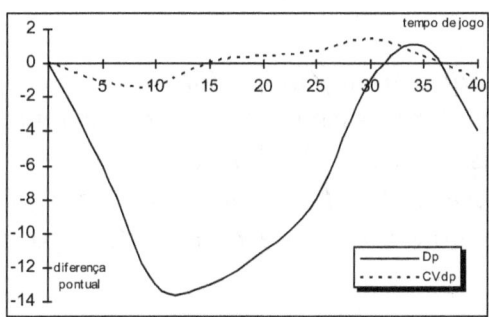

Figura 5. Comportamento de *Dp* e *CVdp* ao longo do tempo de jogo, baseado no exemplo da marcha do marcador registado pelas equipas A e B.

A figura 4 descreve a evolução do marcador, registado por ambas as equipas, durante o desenrolar de um determinado jogo. A figura 5 retrata o comportamento da Dp e do CVdp, tendo por base os valores registados para o jogo em análise. Podemos observar que, desde o início do jogo, uma das equipas acentuou o seu domínio, atingindo um valor de diferença pontual máximo aos cerca de 15 minutos. A partir daqui verificou-se uma lenta recuperação, da equipa então em desvantagem, para aos cerca de 30 minutos jogados, encontrarmos uma situação de efectivo equilíbrio. A figura 4, apresentando um traçado relativamente distinto, descreve precisamente a mesma realidade. Observa-se no traçado da Dp, o domínio progressivo de uma das equipas, que atinge o valor máximo aos 14 pontos de vantagem, para a reposição do equilíbrio do resultado se proceder ao 30º minuto. Pelo traçado do CVdp verificam-se a existência de três momentos particularmente interessantes: um primeiro, (1) que se caracteriza pelo ocorrido no 1º período, ou seja, que começa com o início no jogo e se prolonga até ao 10º minuto; mais tarde, (2) a rápida recuperação de uma desvantagem do 25º ao 30º minuto e finalmente, (3) a definição do vencedor que se determina nos últimos 5 minutos do mesmo e onde é verificado um ligeiro aumento do traçado da curva em análise. Note-se que na figura 5, os valores positivos e negativos da Dp e do CVdp, correspondem, respectivamente, a cada uma das equipas que se encontram em situação de visitado e de visitante. O comportamento de ambas as curvas resulta dos valores registados em cada intervalo de 5 minutos de jogo. Da análise do traçado da curva do CVdp, julgamos ser possível definir um terceiro pressuposto que do ponto de vista metodológico se pode constituir de extraordinário interesse:

> *"com base na análise do comportamento do coeficiente de variação pontual, expresso em intervalos de 5 minutos, e determinando assim o Grau de Criticalidade desse momento do jogo, é possível classificar em função de alguns critérios os momentos potencialmente críticos do jogo de Basquetebol"*

Pretendemos com isto afirmar, que pela análise do traçado do *CVdp*, parece-nos possível distinguir momentos pelos que o jogo passa e que potencialmente podem ser distintamente críticos. Desta forma, estes períodos do jogo podem ser classificados e estudados em função de vários critérios, contribuindo para uma taxonomia dos momentos críticos do jogo de Basquetebol.

4. CONCLUSÃO

Sustentamos a nossa análise nos modelos de explicação do *momentum*, como fenómeno de natureza psicológica, que diversas situações da actividade desportiva impõem. No entanto, afirmamos que o interesse em tais modelos resulta da exploração teórica que o fenómeno proporciona para a discussão conceptual do que pretendemos. O que os modelos de explicitação do *momentum* apontam como as consequências comportamentais de uma complexa cadeia de reacções psicológicas, são análogas ao que muitos relatos de treinadores e investigadores do jogo designam por *momentos críticos*. Desta forma, procuramos no jogo, através da sua evolução singular, características que nos permitam definir com objectividade, um conceito que muitos definem na base da percepção individual e por isso portador de grande subjectividade. O Coeficiente de Variação da diferença Pontual é o indicador que definimos como o instrumento de medida do *grau de criticalidade* de um determinado momento. Conceptualmente, o momento crítico do jogo pode ser definido como um intervalo de tempo no qual a diferença pontual entre duas equipas possui um íntimo significado relativamente ao seu desfecho final.

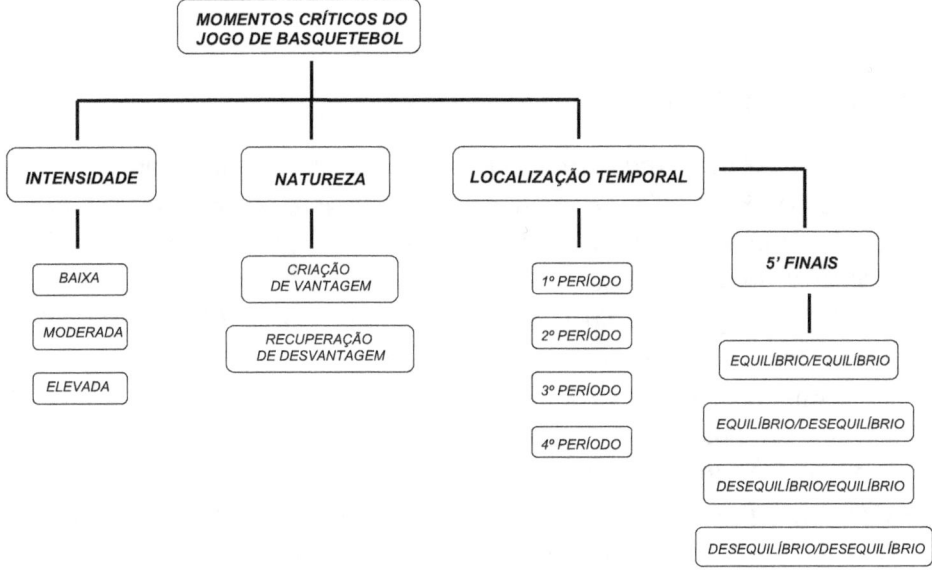

Tal como a análise dos resultados ao questionário efectuado aos treinadores deixa crer, o estudo dos momentos críticos do jogo de Basquetebol deve ter um carácter multidimensional. A construção da reflexão que aqui deixamos, permite-nos afirmar que o ângulo de abordagem aos momentos críticos pode ser diverso. No entanto, face à latitude com que esta problemática pode ser vista só a definição de critérios suficientemente objectivos, nos permitirá estudar com o rigor devido, uma realidade não linear e complexa como é o jogo. Neste sentido a taxonomia e a classificação é um passo para arrumar e sistematizar o conhecimento. Parece-nos ser desejável perceber o momento crítico em função da sua intensidade, da sua natureza e da sua localização temporal, entendendo nesta um momento particular do jogo em casos cujo equilíbrio seja dominante na relação de oposição – os seus últimos 5 minutos.

Traçar caminhos metodológicos que nos permitam estudar uma realidade tão pouco consistente no âmbito das seguranças conceptuais, que se associa a um fenómeno cuja variabilidade é a essência da sua existência – o Jogo, ilustra de facto a dificuldade da problemática que aqui deixamos. O nosso objectivo foi unicamente contribuir para o levantamento de alguns desses problemas.

REFERENCIAS

Araújo, J. (2000). *Como Formar A Melhor Equipa*. Lisboa. Caminho.

Cachulo (1998). *Análise Quantitativa Em Basquetebol Feminino: Um Estudo Centrado Na Identificação Dos Momentos Que Decidem O Desfecho Final Dos Jogos*. Monografia, UTAD.

FPB. (2001). *Regras Oficiais De Basquetebol E Manual Do Árbitro*. Lisboa. Instituto Nacional de Formação e Estudos do Desporto.

Giambrone, C. (1977). *The Influence Of Situation Criticality And Game Criticality On Basketball Free Throw Shooting*. Master Thesis. Urbana-Champaign. University of Illinois.

Kaminsky, J. (1990). *Critical Game Time Periods In Relation To Team Success In College Basketball.* Master Thesis. Kent. Kent State University.

Knight, B., & Newell, P. (1989). *Basketball According To Knight And Newell (Vol.I)*: Seymour, Graaessle-Mercer.

Kozar, B., Vaughn, R., Whitfield, K., Lord, R., & Dye, B. (1994). Importance Of Free-Throws At Various Stages Of Basketball Games. *Perceptual And Motor Skills, 78*, 243-248.

Krane, V., Douglas, J., & Rafeld, J. (1994). Competitive Anxiety, Situation Criticality And Softball Performance. *The Sport Psychologist, 8*, 58-72.

Latyskevich, L. (1991). *Balomano*. Barcelona: Paidotribo.

Marques, F. (1990). *A Definição De Critérios De Eficácia em Desportos Colectivos*. Provas de Aptidão Científico-Pedagógica-Trabalho de Síntese, Faculdade de Motricidade Humana, Lisboa.

Mikes, J. (1987). *Basketball Fundamentals. A Complete Mental Training Guide*. Champaign, Illinois. Leisure Press.

Moreno, J. (1989). *Baloncesto. Iniciación Y Entrenamiento* (2ª ed.). Barcelona. Editorial Paidotribo.

Sampaio, A. (2000). *O Poder Discriminatório Das Estatísticas Do Jogo De Basquetebol Em Diferentes Contextos. Novos Caminho Metodológicos De Análise*. Tese de Doutoramento. Vila Real. UTAD.

Taylor, J., & Demick, A. (1994). A Multidimensional Model Of Momentum In Sports. *Journal of Applied Sport and Sport Psychology*, 6, 51-70.

Vallerand, R., Pasquale, G., & Colavecchio Pelletier, L. (1988). Psychological Momentum And Performance Inferences: A Preliminary Test Of The Antecedents-Consequences Psychological Momentum Model. *Journal of Sport and Exercise Psychology, 10*, 92-108.

9. ANÁLISE DA EFICÁCIA COLECTIVA AO LONGO DO JOGO DE BASQUETEBOL: PERSPECTIVAS TRANSVERSAIS E LONGITUDINAIS CENTRADAS NOS RESULTADOS DE UMA EQUIPA DE ALTO NÍVEL

Jaime Sampaio
Dapartamento de Desporto da Universidade de Trás-os-Montes e Alto Douro. Portugal.

1. INTRODUCCIÓN

Nos últimos tempos, a investigação produzida no âmbito da análise do jogo em Basquetebol tem contribuído de uma forma importante para o esclarecimento do papel das estatísticas do jogo no quadro conceptual das performances em equipas de alto-nível. As soluções mais importantes nestes domínios foram surgindo em três etapas sequenciais, que se constituem como a base fundamental para o seu melhor entendimento, que passamos a descrever muito sumariamente.

1.1. A primeira etapa foi de carácter metodológico

O contributo que surgiu a partir da redefinição do conceito de posse de bola foi determinante para a resolução do problema da avaliação da performance das equipas nos jogos. Neste particular, considera-se que uma equipa tem a posse da bola (PB) quando tem um controlo ininterrupto e completo da bola. A PB termina com a ocorrência das seguintes situações: lançamento de campo tentado (sempre que não se conquiste o ressalto ofensivo); perda de bola; bola-ao-ar; lance-livre tentado (sempre que não seja o primeiro de dois tentados e desde que não se conquiste o ressalto ofensivo). Desta forma, a conquista do ressalto ofensivo não se considera como uma nova PB mas como um "reavivar" da PB anterior, para que no final dos jogos, as equipas em confronto, usufruíram aproximadamente do mesmo número de PB, uma vez que uma equipa não pode dispor de PB consecutivas. A partir deste pressuposto mais sólido, os pontos marcados e as estatísticas do jogo passaram a ser analisados após normalização ao valor de 100PB, facto que lhes proporciona uma enorme estabilidade e, consequentemente, uma enorme utilidade. A partir destas estatísticas inovadoras tem sido possível traçar caminhos de análise longitudinais e, desta forma, alargar os horizontes do conhecimento do jogo. O trabalho de Sampaio e Janeira (2001) apresenta, com mais detalhe, esta caminhada metodológica realizada na rota das estatísticas e da análise do jogo.

1.2. A segunda etapa foi de carácter contextual

A análise do jogo a partir das estatísticas deve ser realizada em função do contexto específico do jogo, particularmente no que diz respeito ao tipo, local e categoria dos diferentes jogos em análise. De facto, as diferenças na variação dos valores das estatísticas quando comparados os jogos da fase regular e do playoff, os jogos disputados em casa e disputados fora e os jogos equilibrados, desequilibrados e muito desequilibrados são de tal maneira expressivas, que inviabilizam uma análise do jogo mais consistente. O trabalho de Sampaio (2001) apresenta, com mais detalhe, as justificações para a inclusão destes factores nas análises a realizar.

1.3. A terceira etapa é de carácter integrativo

Por razões óbvias, a intervenção dos treinadores nas competições é sempre contaminada de alguma subjectividade. De facto, como nestes domínios o tempo para tomar decisões é escasso, a estratégia a seguir tem que ser cuidadosamente preparada nas sessões de treino. Ou seja, cabe às equipas técnicas a tarefa de identificar os pontos fortes e fracos das equipas em confronto e perspectivar os múltiplos cenários que podem ocorrer em situação de competição. O sucesso neste processo está fortemente dependente da utilização uma metodologia sólida (etapa 1), ajustada ao contexto (etapa 2), capaz de integrar e condensar grandes volumes de dados em informação simples e directamente utilizável pelos treinadores no treino e/ou na competição. Trata-se de suportar as decisões dos treinadores com informação gerada sobre uma perspectiva longitudinal (inter-jogos) e/ou transversal (intra-jogos).

De facto, apesar da investigação produzida na generalidade destes domínios se poder considerar substancial, certo é que a informação ainda não foi suficientemente organizada para que os treinadores sintam a sua relevância (e posteriormente a sua necessidade). O facto das estatísticas do jogo serem sistematicamente recolhidas em equipas dos mais variados níveis competitivos, justifica ainda mais que o tratamento realizado à informação e a posterior análise se consubstanciem em estruturas orientadoras sólidas no sentido da sua utilização na preparação desportiva das equipas.

Com o presente trabalho, pretendemos apresentar o resumo de uma destas estruturas, que será ilustrada com um exemplo relativo à performance da equipa Leche Rio Breogán (BRE) aquando da sua participação na fase regular 2002-2003 da Liga ACB de Espanha. Em simultâneo com a apresentação e discussão dos resultados, procuraremos fundamentar o caminho percorrido.

2. OS RESULTADOS

A equipa disputou 34 jogos, venceu 17 (50%) e saiu derrotada em 17 (50%) jogos. As vitórias ocorreram maioritariamente nos jogos disputados em casa (13 vitórias, 77%), relativamente aos jogos disputados fora (4 vitórias, 23%). Das vitórias em casa, 4 foram equilibradas (31%), 8 foram desequilibradas (62%) e 1 foi muito desequilibrada (7%). As 4 vitórias fora foram equilibradas (100%). Das derrotas em casa, 2 foram equilibradas (50%) e 2 foram desequilibradas (50%). Das derrotas fora, 3 foram equilibradas (23%), 7 foram desequilibradas (54%) e 3 foram muito desequilibradas (13%). As 4 vitórias fora foram equilibradas (100%).

Perante este primeiro conjunto de resultados, parece notória a influência da vantagem casa no desfecho final dos jogos, facto que transparece claramente no Tabela 1 onde se apresenta a variação dos valores das posses de bola (PB) e do coeficiente de eficácia ofensiva (CEO) em função do local do jogo e da volta do campeonato.

Tabela 1. Variação das PB e do CEO em função do local do jogo e da volta do campeonato.

Contexto	Jogos (n)	PB (x±sd)	CEO (x±sd)	Vitórias BRE
Todos os jogos	34	62,0±5,8	132,8±15,7	17(50%)
Jogos em casa	17	62,3±7,9	131,1±13,9	13(76%)
Jogos fora	17	61,8±3,0	133,8±14,6	4(24%)
1ª volta				
Jogos em casa	8	66,1±6,1	129,8±18,3	5(63%)
Jogos fora	9	63,2±2,1	135,8±14,3	2(22%)
2ª volta				
Jogos em casa	9	58,8±8,0	132,2±9,6	8(89%)
Jogos fora	8	60,2±3,2	131,6±15,6	2(25%)

Perante este conjunto de resultados, poderá ser útil identificar as diferenças no perfil das estatísticas do jogo que diferenciam a equipa do BRE quando joga em casa e fora. Após a aplicação da função discriminante (ver Tabela 2) foi possível verificar que nos jogos em casa (76% de vitórias) as diferenças no perfil estatístico da equipa do BRE relativamente à sua prestação fora (24% de vitórias) situaram-se essencialmente nos valores dos lances livres cometidos (LLC, em casa 33±8 e fora 25±9). Adicionalmente, identificamos os casos excepção, ou seja, os jogos que não confirmam o modelo matemático desta função (para este caso particular, os jogos das jornadas 7,8,11 e 18).

Tabela 2. Resultados da função discriminante para os jogos em casa vs. jogos fora para a equipa do BRE.

Contexto	Eigenvalue	χ^2	P	|CCE|≥0,30	Leave-one-out	Jogos excepção
Casa vs. Fora	1,6	25,0	<0,05	LLC	85,3%	J7; J8; J11;J18

A Figura 1 apresenta os valores desta estatística do jogo ao longo das jornadas da fase regular, note-se que os valores nos jogos fora são substancialmente mais baixos.

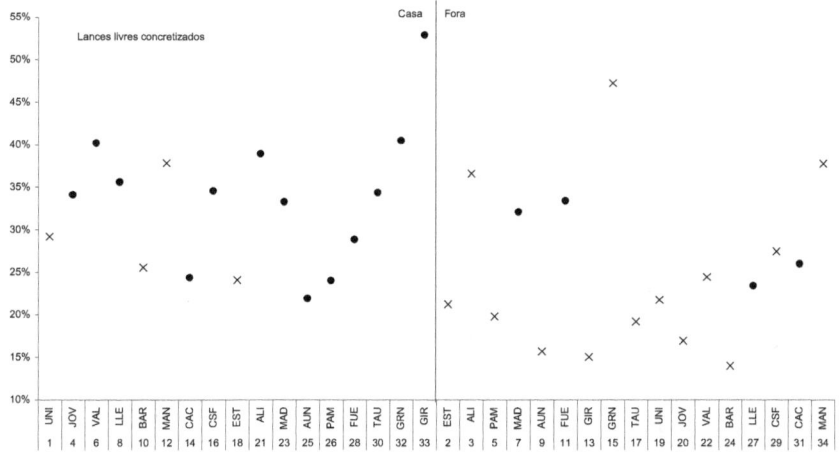

Figura 1. Variação dos valores dos lances-livres concretizados ao longo da época. Legenda: • vitórias; × derrotas.

Posteriormente, repetimos a análise mas agora com os registos estatísticos das equipas adversárias, quando em confronto com o BRE. Ou seja, na tentativa de identificar as diferenças no perfil das estatísticas do jogo que diferenciam as equipas adversárias quando jogam em casa e fora. Após a aplicação da função discriminante (ver Tabela 3) foi possível verificar que nos jogos em casa as diferenças no perfil estatístico das equipas adversárias do BRE relativamente à sua prestação fora situaram-se nos valores dos turnovers cometidos e lances livres concretizados (TO, em casa 21±5 e fora 26±6; LLC em casa 34±8 e fora 26±9).

Tabela 3. Resultados da função discriminante para os jogos em casa vs. jogos fora para as equipas adversárias (quando em confronto com o BRE).

Contexto	Eigenvalue	χ^2	P	$|CCE|\geq 0,30$	Leave-one-out	Jogos excepção
Casa vs. Fora	1,8	28,0	<0,05	TO; LLC	88,2%	J1; J7; J11; J18

As Figuras 2 e 3 apresentam os valores destas estatísticas do jogo ao longo das jornadas da fase regular, note-se que os valores nos jogos fora são substancialmente piores.

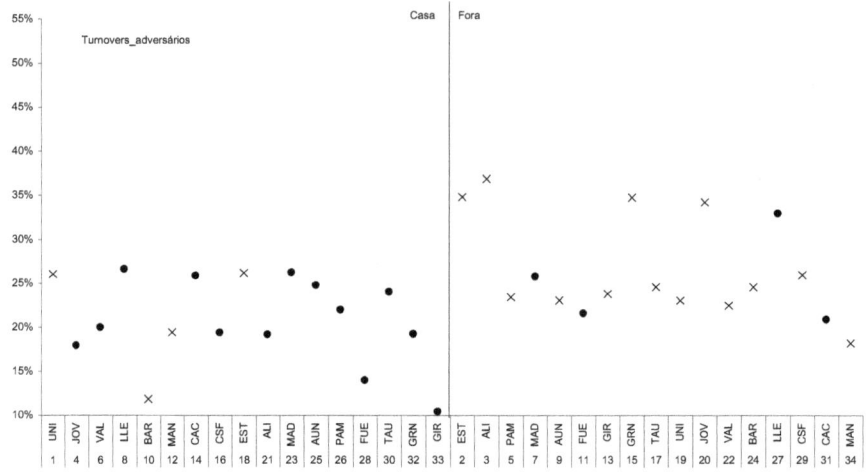

Figura 2. Variação dos valores dos turnovers das equipas adversárias ao longo da época. Legenda: • vitórias; × derrotas.

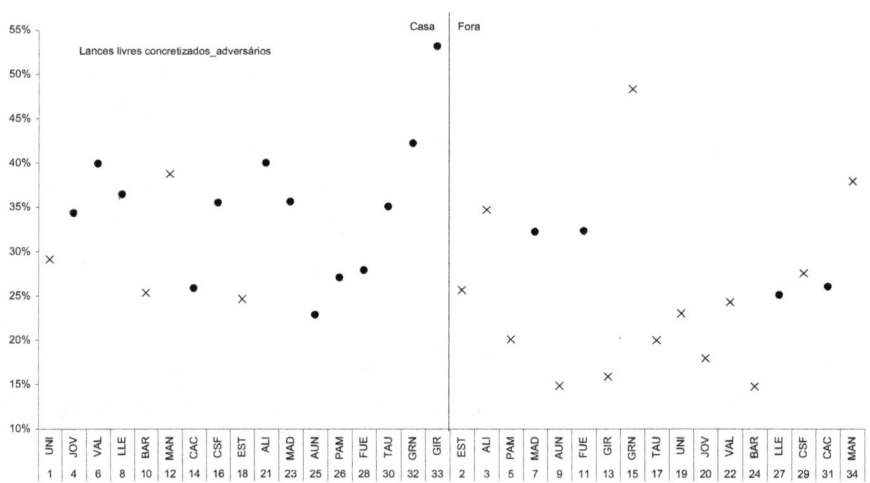

Figura 3. Variação dos valores dos lances-livres concretizados das equipas adversárias ao longo da época. Legenda: • vitórias; × derrotas.

Noutra dimensão de análise, o Tabela 4 apresenta os resultados das PB e CEO para um contexto distinto. Após ter sido realizada uma análise de classificação automática dos jogos em função do número de

PB para os integrar em dois grupos (jogos mais rápidos e jogos mais lentos), foram comparados os valores das PB e dos CEO em função desses mesmos grupos. Os resultados evidenciaram, de forma clara, uma mudança de ritmo da 1ª volta para a 2ª volta da fase regular e, simultaneamente, um aumento na percentagem de vitórias sempre que o jogo decorria mais lento (ver Tabela 4). De facto, na 2ª volta do campeonato atingiram-se os valores mais baixos nas PB e mais altos no CEO.

Tabela 4. Variação das PB e CEO em função do ritmo de jogo e da volta do campeonato.

Contexto	Jogos (n)	PB (x±sd)	CEO (x±sd)	Vitórias BRE
Todos os jogos	34	62,0±5,8	132,8±15,7	17(50%)
Jogos mais rápidos	24	64,6±4,7	131,8±16,8	12(50%)
Jogos mais lentos	10	55,8±2,7	135,3±13,0	5(50%)
1ª volta				
Jogos mais rápidos	16	64,9±4,4	133,7±16,9	7(44%)
Jogos mais lentos	1	59,3±0,0	129,8±16,7	0(0%)
2ª volta				
Jogos mais rápidos	8	64,1±5,3	128,1±16,3	2(25%)
Jogos mais lentos	9	55,4±2,6	135,9±13,0	8(89%)

De forma semelhante à anterior, aplicamos a função discriminante (ver Tabela 5) para separar os jogos rápidos (25% de vitórias) e lentos (89% de vitórias) da 2ª volta do campeonato e diferenças no perfil estatístico da equipa do BRE relativamente a estes dois contextos situaram-se nos valores dos lançamentos de 3 pontos convertidos.

Tabela 5. Resultados da função discriminante para os jogos rápidos vs. jogos lentos para a equipa do BRE.

Contexto	Eigenvalue	χ^2	P	$|CCE| \geq 0,30$	Leave-one-out	Casos excepção
Rápidos vs. Lentos	1,6	25,0	<0,05	L3C	91,4%	J30;J34

A Figura 4 apresenta os valores desta estatística do jogo ao longo das jornadas da fase regular, note-se que os valores nos jogos mais lentos são substancialmente melhores.

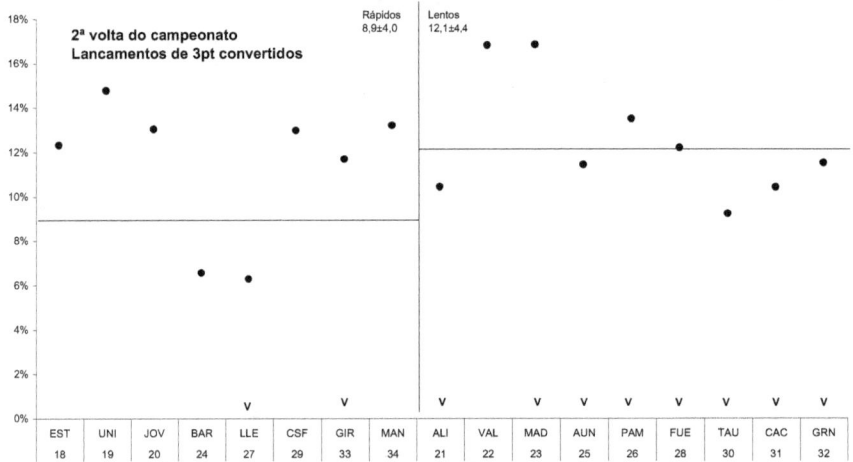

Figura 4. Variação dos valores dos lançamentos de 3pt concretizados em função do ritmo do jogo na 2ª volta do campeonato.

Numa perspectiva transversal (intra-jogos), a medição dos CEO ao longo do jogo oferece-nos uma visão mais detalhada do efeito de alguns dos seus acontecimentos. Com este tipo de análise pretende-se essencialmente identificar os acontecimentos (faltas, substituições, descontos de tempo) que provocaram uma perturbação ou um momento crítico no jogo (identificado pela variação "anormal" dos CEO das equipas em confronto).

Metodologicamente, este não foi um problema simples de resolver, mesmo após a criação de um software capaz de medir os CEO em tempo real. Neste momento, os procedimentos que utilizamos consistem na introdução (software Basquestadística 1.1. ©, Sampaio,

2000) dos resultados produzidos pelas tabelas de jogada-a-jogada, para calcular automaticamente os CEO de cada equipa. À medida em que se introduzem os dados registam-se igualmente os seguintes acontecimentos que, à priori, se supõe que poderão ter alguma influência na variação dos CEO: i) inicio/final de período (Q); ii) desconto de tempo (DT); iii) substituição (S); iv) falta técnica (FT); v) quinta falta de um jogador (5F); e vi) quarta falta da equipa no período (4F).

Estes acontecimentos são identificados por equipa e/ou por jogador, ou seja, se ocorre a quinta falta do jogador número 11 da equipa do Breogán, regista-se o código do acontecimento (5F) seguido do código da equipa (BRE) e do número do jogador. Neste exemplo, este acontecimento registava-se com o código "5F_BRE_11". Nas substituições, regista-se primeiro o jogador que sai e depois o que entrou no campo. Por exemplo, se ocorreu uma substituição do jogador 10 pelo 11, o código a registar seria "S_BRE_(10, 11)".

Após esta fase, os dados são exportados para uma folha de cálculo, para serem normalizados pelo método dos *z-scores*, e assim obter uma medida da variação do resultado em função do seu valor médio. Finalmente, calculam-se os coeficientes de correlação (producto-momento de Pearson) entre os CEO das equipas em confronto. Consideramos que ocorreu um momento crítico quando "r" atinge valores negativos e superiores a 0,5. Após esta identificação, analisa-se graficamente a variação dos CEO na tentativa de perceber a explicação do momento crítico. A Figura 5 apresenta os resultados para o jogo da primeira jornada (BRE-UNI) que terminou com o resultado de 78-79. Neste jogo foi identificado um momento crítico nos instantes finais e os acontecimentos que se supõe terem contribuído para o desenrolar do jogo foram os seguintes: S_BRE(4,11); S_UNI(14,7) e DT_UNI.

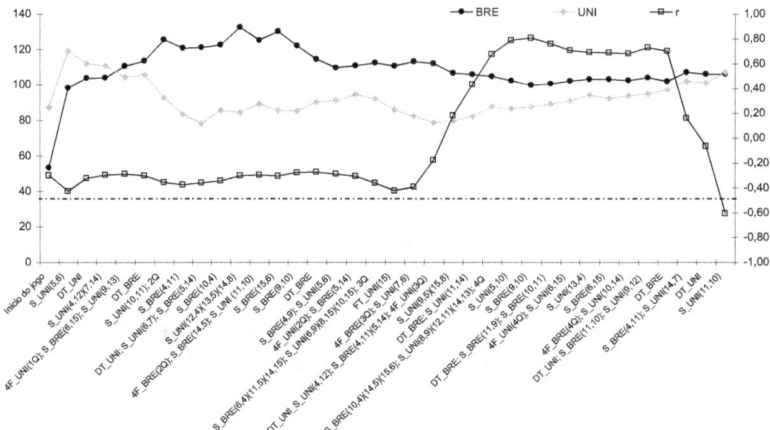

Figura 5. Variação dos valores dos CEO e do coeficiente de correlação no jogo 1 (BRE-UNI).

Na Figura 6 encontram-se os resultados do jogo 31 (CAC-BRE) que terminou com o resultado 69-71. Neste jogo foi identificado um momento crítico nos instantes finais e os acontecimentos que se supõe terem contribuído para o desenrolar do jogo foram os seguintes: DT_CAC; S_BRE(14,5) e 5F_BRE(5); 4F_BRE(4Q); S_BRE(5,14).

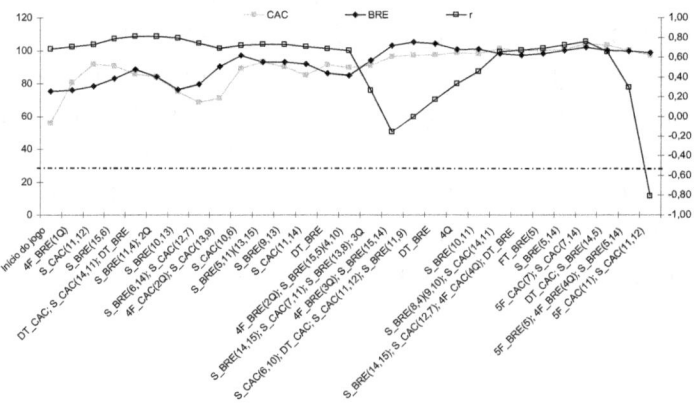

Figura 6. Variação dos valores dos CEO e do coeficiente de correlação no jogo 31 (CAC-BRE).

Por outro lado, a Figura 7 apresenta os resultados do jogo da última jornada (MAN-BRE) que terminou com o resultado 91-81. Também neste jogo foi identificado um momento crítico, no entanto ocorreu nos instantes iniciais. Os acontecimentos que se supõe terem contribuído para o desenrolar do jogo foram os seguintes: 4F_BRE(1Q) e DT_BRE; S_BRE(5,14); 4F_MAN(1Q).

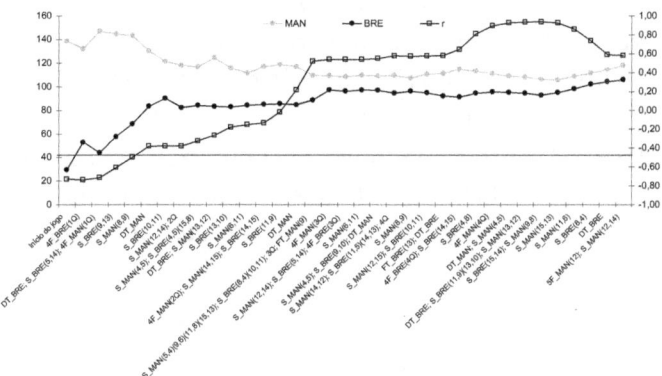

Figura 7. Variação dos valores dos CEO e do coeficiente de correlação no jogo 34 (MAN-BRE).

Este tipo de análise é realizada para todos os jogos na tentativa de identificar, por exemplo, o impacto das substituições dos jogadores na eficácia da equipa e desta forma identificar os jogadores que "aportam mais eficácia" nos momentos críticos. Adicionalmente, também se torna necessário realizar o mesmo tipo de análise às equipas adversárias, ou seja, o relatório de *scouting* deve conter informação acerca dos pontos fortes e fracos das equipas nestes domínios. A utilização destes dados na preparação das competições deverá ser realizada em sinergia com a percepção do treinador.

Como se pode constatar na análise das três ultimas figuras, a variação intra-jogo do CEO apresenta características diferentes. Neste particular, não se trata de procurar "obsessivamente" padrões de comportamento das equipas e/ou jogadores, mas sim de entender toda a informação que as estatísticas do jogo nos podem oferecer de uma forma integrada. De facto, o treinador tem que entender a análise do jogo como uma ferramenta de excelência para melhorar a qualidade das decisões que toma no treino e na competição.

REFERENCIAS

Sampaio, J., & Janeira, M. (2001). Uma caminhada metodológica na rota das estatísticas e da análise do jogo de basquetebol. *Lecturas: Revista Digital de Educación Física y Deporte, 39*.

Sampaio, J. (2000). O poder discriminatório das estatísticas do jogo de basquetebol: novos caminhos metodológicos de análise. Dissertação de Doutoramento. Departamento de Desporto, UTAD.

Sampaio, J. (2001). Análise do jogo em basquetebol: estudos e perspectivas. In: F. Tavares, M. Janeira, A. Graça, D. Pinto, E. Brandão (Eds.) *Tendências actuais da investigação em basquetebol* (pp. 16-30) FCDEF-UP, Porto.

10. PLANO DE PREPARAÇÃO DA SELECÇÃO DE PORTUGAL PARA O CAMPEONATO DA EUROPA DE CADETES MASCULINOS 2004: RESULTADOS DE 1 ANO DE TRABALHO

Manuel Janeira[1], Eurico Brandão[1], Rui Alves[2]
[1] *Faculdade de Ciências do Desporto e de Educação Física, Universidade do Porto. Portugal*
[2] *Federação Portuguesa de Basquetebol. Portugal*

1. CARACTERIZAÇÃO

A preparação da Selecção Nacional de Cadetes Masculinos, iniciada em Setembro de 2003, visa a participação no Campeonato da Europa de 2005, composto pelas seguintes fases:

- 1ª Fase: Fase de Qualificação, em Agosto de 2004, com o apuramento dos 3 primeiros classificados de cada grupo, para a 2ª Fase;

- 2ª Fase: Meias-Finais (Challenge Round), em Abril de 2005, com o apuramento dos 3 primeiros classificados de cada grupo para a 3ª Fase;

- 3ª Fase: Fase Final, em Julho de 2005.

Os objectivos a atingir são os seguintes:

1. Conseguir o apuramento para as Meias-Finais do Campeonato da Europa;

2. Preparar a médio e longo prazo jogadores para o alto nível de rendimento desportivo.

A Selecção Nacional de Cadetes Masculinos, constituída por jogadores nascidos em 1988 e 1989, está concentrada no Centro Nacional de Treino do Porto (CNT Porto), em regime de internato.

Este grupo de atletas será reavaliado em Junho de 2003 e novos jogadores poderão ser integrados na selecção.

O plano de treinos semanal é o seguinte:

Tabela 1. Plano de treinos semanal

	2ª Feira	3ª Feira	4ª Feira	5ª Feira	6ª Feira
Horário	06,00/07,45	06,00/07,45			06,00/07,45
De Treino	18,00/19,30	17,00/19,00	17,00/19,00 Jogo	15,30/18,00	

Para além deste plano básico de preparação, serão ainda realizados outros estágios de preparação, inicialmente destinados à observação de jogadores não incluídos no CNT Porto e posteriormente integrados na preparação e participação da selecção em torneios internacionais e no Campeonato da Europa.

Num plano mais interno e regular, a vertente competitiva da preparação da Selecção Nacional de Cadetes Masculinos constará da participação nos seguintes campeonatos:

- *Na época de 2002/2003:* (1) Campeonato Distrital da 1ª Divisão de Cadetes Masculinos da Associação de Basquetebol do Porto, (2) Jogos-treino oficiais com equipas de Juniores "B" das Associações de Basquetebol de Aveiro e do Porto, e (3) Fase Zonal Norte da Taça Nacional de Juniores "B" Masculinos.
- *Na época de 2003/2004:* (1) Campeonato Distrital da 1ª Divisão de Juniores "B" Masculinos da Associação de Basquetebol do Porto, (2) Jogos-treino oficiais com equipas de Juniores "B" e "A" das Associações de Basquetebol de Aveiro e do Porto, e (3) Fase Zonal Norte do Campeonato Nacional de Juniores "B" Masculinos.

2. ESTRATÉGIA DE PREPARAÇÃO

Um dos factores mais determinantes do potencial desportivo dos atletas tem a ver com as suas marcas genéticas. Por outro lado, em jovens atletas, a quantidade e qualidade do treino a que foram sujeitos bem como os seus índices de saúde e o seu regime alimentar condicionam fortemente as expectativas de *performance* desportiva.

A população portuguesa é hoje de cerca de 10 milhões de habitantes e a cultura desportiva está fortemente influenciada pela prática do Futebol. Estas questões condicionam em larga escala a base de recrutamento dos jovens para a prática do Basquetebol.

Por outro lado, a vincada pequenez dimensional dos jovens basquetebolistas portugueses e igualmente a reduzida qualidade e quantidade de treino a que são sujeitos na maioria dos clubes em Portugal, constituem-se igualmente como factores fortemente condicionantes de maiores e melhores performances desportivas nesta modalidade.

Face às questões anteriormente colocadas, decidiu a Federação Portuguesa de Basquetebol constituir o CNT Porto onde se procura potenciar os mais aptos para a prática do Basquetebol. O recrutamento dos atletas foi realizado a partir da observação da prestação em jogo, com realce particular nos domínios volitivo e da agressividade, e tendo em atenção particular as suas características antropométricas. Ou seja, procurou identificar-se os mais altos, os mais fortes e os mais aptos em jogo para cada uma das posições específicas.

Posteriormente definiu-se um conjunto de estratégias de preparação desportiva que melhor se ajustassem às características destes jogadores com particular atenção ao controlo dos seus níveis de saúde e à qualidade da alimentação. Este plano integrado de preparação resultou de um interface estabelecido entre a Federação Portuguesa de Basquetebol, o Centro de Medicina Desportiva do Porto e o Gabinete de Basquetebol da Faculdade de Ciências do Desporto e de Educação Física a Universidade do Porto.

3. CONCEPÇÃO DE PREPARAÇÃO DESPORTIVA PARA A SELECÇÃO NACIONAL DE CADETES MASCULINOS 2004.

A preparação desportiva deste grupo de atletas foi concebida tendo em atenção (i) a caracterização estrutural do esforço em Basquetebol, e recorreu a uma metodologia que integrava, por um lado, o designado (ii) treino integrado ou económico e por outro, contemplando, sempre que necessário, uma ideia de (iii) treino físico mais analítico, ou seja promovido fora do treino específico do Basquetebol. Para cada um destes três aspectos anteriormente referidos, apresenta-se seguidamente o quadro teórico de referência.

3.1. Caracterização Estrutural do Esforço do Jogo de Basquetebol

O Basquetebol é uma modalidade desportiva muito exigente do ponto de vista físico, caracterizando-se por um conjunto de acções extremamente vigorosas tais como deslocamentos de diferentes intensidades, saltos e mudanças de direcção, entre outras.

Estudos anteriores às alterações às regras realizadas em 2000 mostraram que um basquetebolista sénior percorre em média por jogo uma distância de aproximadamente 5 km, dos quais cerca de 1/3 são realizados a intensidades elevadas (Colli e Faina, 1985; Riera, 1986; Moreno, 1988; Janeira, 1994; Oliveira, 2001). Por outro lado, a importância dos saltos e das mudanças de direcção, acções altamente agressivas do ponto de vista muscular têm uma ocorrência média por jogo bastante elevada (Araújo, 1982; Colli e Faina, 1985; Moreno, 1988; Janeira, 1994). Esta mesma ideia de exigência foi identificada por Brandão (1991) em jovens jogadores do escalão de Cadetes.

Atendendo às alterações regulamentares introduzidas pela FIBA em 2000, o Gabinete de Basquetebol da FCDEF-UP desenvolveu um conjunto de estudos centrados na avaliação das modificações estruturais do jogo a partir essencialmente da regra dos 24 segundos. Os resultados até agora disponíveis (Sousa, 2002) mostram que um jogador durante este "novo jogo" percorre em média cerca de 5800 metros, utilizando preferencialmente os deslocamentos de intensidade lenta

(2743 metros) e média (1332 metros). No entanto, as principais alterações estruturais do esforço dos jogadores relativamente aos dados avaliados antes de 2000, traduzem-se na maior distância percorrida pelos jogadores em deslocamentos de maior intensidade, na maior quantidade de saltos e ainda no maior número de tempos de acção e de pausa. Todas estas alterações induzidas pela regulamentação em vigor exigem, de facto, um maior esforço aos atletas durante o jogo e acentuam a importância do metabolismo anaeróbico nos domínios da preparação em Basquetebol. Todavia, este facto vem reforçar igualmente a importância do metabolismo aeróbico na perspectiva das maiores exigências do jogo e nos domínios da recuperação.

3.2. Métodos de Treino

A maior parte do treino físico em Basquetebol deverá ser realizado com bola, já que esse tipo de treino contém em si uma série de vantagens. Primeiro, porque se mobilizam, obrigatoriamente, os grupos musculares mais utilizados no jogo. Segundo, porque o atleta desenvolve simultaneamente os seus níveis técnicos e tácticos sobre condições semelhantes aquelas que encontra nos jogos. Em terceiro lugar, porque este tipo de treino é altamente motivador para os atletas, quando confrontado com o treino sem bola. Todavia, treinar com bola pode não ser suficientemente exigente face aos objectivos que se pretendem. No treino com bola, muitos factores podem concorrer para o facto da intensidade dos exercícios não ser a mais ajustada, dos quais as limitações tácticas são, habitualmente, apontadas como as mais condicionadoras deste ponto de vista (Janeira, 2001). Com o objectivo de se aumentar as exigências de um treino com bola, é muitas vezes necessário modificar as regras do jogo. Por exemplo, durante um jogo formal, "retirar" os tempos de paragem faz diminuir os tempos de recuperação e coloca a dimensão do esforço em parâmetros mais aeróbicos. As vantagens deste tipo de treino relativamente à corrida contínua ou mesmo ao treino intervalado de corrida (sem bola) são assinaláveis. Contudo, e em condições muito particulares, o treino sem bola pode ser indispensável. Estão neste caso alguns treinos da fase de preparação inicial e pré-competitiva onde os alicerces aeróbicos (p.ex. corrida contínua) e anaeróbicos (p.ex. séries de 200 m), respectivamente, devem ser consolidados a partir de treinos sem bola e em pistas de atletismo. Outro exemplo claro diz respeito ao designado treino de força e ao recurso habitual ao peso do corpo, na perspectiva do treino pliométrico, e aos pesos livres e a ergómetros isocinéticos. Todos os outros tipos de treino, mesmo que realizados sem bola, devem ser efectuados dentro do pavilhão de jogo, com o equipamento adequado ao jogo e com exercícios construídos a partir de movimentos do jogo (Basketball Canada, 1987; Garchow & Dickinson, 1992).

3.3. Treino Físico em Basquetebol

Baseado na proveniência energética dominante, o treino físico em Basquetebol pode ser subdividido em diversas componentes (Figura 1).

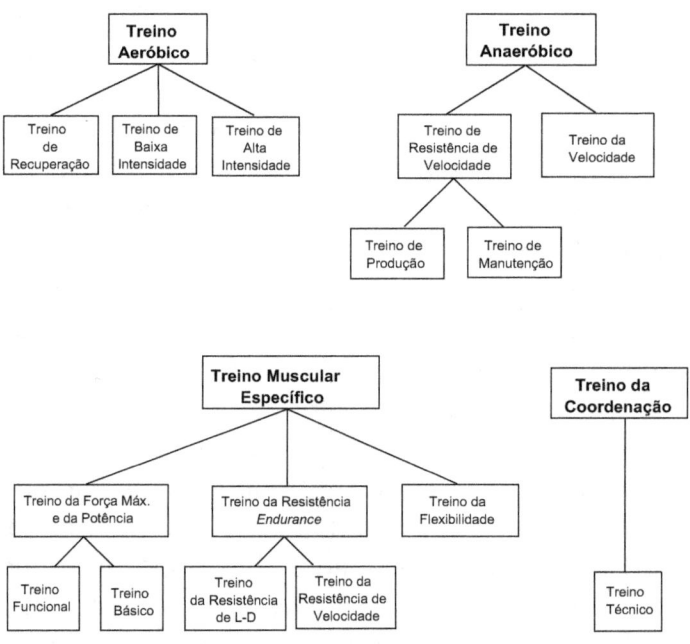

Figura 1 - Componentes do treino físico em Basquetebol. *(Redesenhado a partir de Bangsbo, 1994).*

O <u>Treino Aeróbico</u> pode ser dividido em três subcategorias: Treino Aeróbico de Alta Intensidade (TAAI), Treino Aeróbico de Baixa Intensidade (TABI) e Treino de Recuperação (TR).

Um jogador de Basquetebol deve ser capaz de actuar a alta intensidade em qualquer momento do jogo. Este tipo de habilidade deve ser desenvolvida através do Treino Aeróbico de Alta Intensidade. É igualmente importante que o atleta seja capaz de manter elevados níveis físicos e técnicos ao longo de todo o jogo. Dito de outro modo, é necessário que o atleta execute acções a diferentes intensidades por longos períodos de tempo. Este aspecto da preparação dos atletas (muitas vezes designada por treino da resistência aeróbica, capacidade aeróbica ou de *endurance*) deverá ser implementado através do Treino Aeróbico de Baixa Intensidade. Por outro lado, nos dias de treino imediatamente a seguir à competição ou após períodos de treino muito intensos, o atleta necessita de recuperar do esforço a que foi sujeito. Este objectivo pode ser conseguido através da execução de actividades de pequena exigência física, ou seja com o designado Treino de Recuperação. Para além disso, o Treino Aeróbico globalmente entendido pode ajudar a minimizar a deterioração dos níveis técnicos dos atletas e a combater os lapsos de concentração induzidos pela fadiga, com ocorrências mais frequentes com o aproximar do final de um jogo ou de um treino.

O Tabela 1 estabelece as fronteiras das 3 categorias do Treino Aeróbico em função dos valores da FC (expressa em valores percentuais e absolutos).

Tabela 1. Intensidade dos exercícios para as diferentes categorias do TA, definida a partir dos valores absolutos e relativos da FC

Frequência Cardíaca				
	% FC máx.		bpm	
	média	amplitude	média*	amplitude*
T. Recuperação	65	40-80	130	80-160
T. Baixa Intensidade	80	65-90	160	130-180
T Alta Intensidade	90	80-100	180	160-200

*Para valores da Fcmáx=200bpm

Durante o TAAI, o sistema de produção de lactato pode ser igualmente estimulado em curtos períodos de tempo. Ou seja, parece existir por momentos uma sobreposição dos 2 tipos de treino (TAAI e Treino Anaeróbico). Face a esta particularidade, o treinador deve ter em atenção o facto da intensidade do exercício durante o TAAI não dever exceder, por muito tempo, os valores de referência (ver Tabela 1 e 2). Se a intensidade for muito alta, os atletas não serão capazes de manter uma taxa de trabalho elevada nos subsequentes períodos de trabalho e perder-se-ão os desejados efeitos do TAAI.

Tabela 2. Temporalidade e intensidade dos exercícios intermitentes utilizadas no TAAI (intensidade definida a aprtir dos valores relativos da FC).

Tipo de exercício	Tempo de acção	Tempo de recuperação	FC
a)	15 seg.	15 seg.	90-100%
b)	30 seg.	30 seg.	90-100%
c)	2 min.	1 min.	85-95 %
d)	4 min.	1 min.	80-90%

O <u>Treino Anaeróbico</u> pode ser dividido em treino da velocidade (TV) e treino da resistência de velocidade (TRV). Nas acções de alta intensidade realizadas durante um jogo, o atleta percorre em média uma distância situada entre os 3 e os 7 metros e o tempo gasto nesta tarefa não excede, em média, os 2-3 segundos. Todavia, a realização de acções de alta intensidade pode ser decisiva para o resultado final de um jogo, facto que justifica a importância da utilização do treino da velocidade na preparação de uma equipa de Basquetebol. Muito concretamente, no jogo de Basquetebol a velocidade de execução duma determinada acção não depende, exclusivamente, da capacidade física do atleta. Nela está envolvida uma rápida tomada de decisão, facto que concorre para a execução de movimentos rápidos. De facto, o objectivo fundamental do treino da velocidade em Basquetebol tem a ver com a necessidade dos atletas desenvolverem a habilidade para perceberem, avaliarem e agirem de forma rápida em situações onde as particularidades de um indivíduo ser veloz são essenciais.

O Tabela 3 apresenta as temporalidades e intensidade dos exercícios para o Treino de Velocidade.

Tabela 3. Temporalidade e intensidade dos exercícios para o TV.

Treino da Velocidade

Tempo de Acção	Tempo de Recuperação	Intensidade	Nº repetições
2 – 10 seg.	> 5x a duração do ex.	Máxima	2 – 10

Durante acções de curta duração e grande intensidade (*sprints* de 1 a 5 segundos, por exemplo) a energia é produzida a partir dos fosfogénios (fosfatos de alta intensidade-sistema anaeróbico aláctico), embora o sistema de produção láctica seja igualmente utilizado sempre que as acções de jogo de maior intensidade se estendem para além daquela temporalidade. De facto, avaliações da concentração de lactato durante um jogo de Basquetebol têm evidenciado valores que, em muitos casos, excede os 9mmoles/l (Janeira, 1994). Estes resultados evidenciam a importância deste sistema de produção de energia e remetem para a necessidade de treino específico nesta vertente da preparação física em Basquetebol. Melhorias neste domínio podem ser alcançadas através do treino da resistência de velocidade, aspecto que procura que os atletas sejam capazes de realizar acções de grande intensidade de forma repetida ao longo dos 40 minutos de jogo.

Os Tabelas 4 e 5 apresentam as temporalidades e as intensidades dos exercícios para o Treino de Produção e para o Treino de Manutenção, respectivamente.

Tablea 4. Temporalidades e intensidade dos exercícios para as diferentes categorias do TRV – TP.

	Duração	Tempo de Recuperação	Intensidade	Nº repetições
IIa	20 – 40 seg.	> 5x a duração do ex.	Quase Máxima	2 – 10
IIb	20 – 40 seg.	Jogo aeróbico de baixa intensidade com duração igual 5x a duração do ex.	Quase Máxima	2 - 10

Tabela 5. Temporalidades e intensidade dos exercícios para as diferentes categorias do TRV – TM.

Treino de Resistência de Velocidade – Treino de Manutenção				
	Duração	Tempo de Recuperação	Intensidade	Nº repetições
Ia	30 – 90 seg.	Igual à duração do ex.	Quase Máxima	2 – 10
Ib	30 – 90 seg.	Jogo aeróbico de baixa intensidade com duração igual 3x a duração do ex.	Quase Máxima	2 - 10

Treino Muscular Específico (Força)

Qualquer tipo de exercício é um excelente auxiliar para a manutenção e desenvolvimento dos níveis de resistência dos músculos activos dos jogadores de Basquetebol. Ou seja, os jogadores podem desenvolver níveis elevados de resistência muscular, fundamentalmente nos grupos musculares mais solicitados (músculos das pernas e braços, através dos saltos, das corridas, dos passes, dos lançamentos e de todas as acções particulares envolvidas no jogo propriamente dito - paragens, travagens, arranques, mudanças de direcção, etc.), através da participação regular nos treinos e nas competições.

Todavia, um desenvolvimento mais consistente destes grupos musculares e de todos aqueles menos solicitados durante o jogo deve ser obtido pelo treino específico de resistência muscular. Este tipo de treino tem a ver com a activação dos grupos musculares a partir de movimentos isolados bem determinados com recurso a máquinas de musculação, aos pesos livres, a bolas medicinais e ao peso do próprio corpo.

Para jovens atletas, o treino de força pode ser desenvolvido a partir das seguintes formas básicas da sua manifestação: treino resistente, treino potente e treino da flexibilidade.

A Resistência de Força é a capacidade do organismo e particularmente dos grupos musculares resistirem à fadiga quando confrontados com a necessidade de vencer uma resistência ao longo do tempo. Os basquetebolistas necessitam implementar os seus níveis de resistência muscular para repetirem correctamente ao longo do jogo as acções técnico-tácticas fundamentais nos domínios da *performance* (Stone e Steingard, 1993; Janeira, 1994).

A Força Explosiva / Potência assume maior relevância na execução de movimentos explosivos: *sprints*, saltos, lançamentos, acelerações, desacelerações e mudanças de direcção (Santos, 1995; Janeira, 2000). Ou seja, a velocidade e agilidade necessárias para acelerar rapidamente e rapidamente efectuar mudanças de direcção, dependem dos níveis de força dos atletas. Por outro lado, a importância de aumentar "centímetros" à habilidade de salto dos atletas é um aspecto fundamental do rendimento em Basquetebol (Alves, 2001).

O Treino da Flexibilidade deve ser realizado durante toda a época desportiva e concorre de forma decisiva para a manutenção da amplitude dos movimentos técnicos dos jogadores e parece ter um papel importante na prevenção de lesões e na velocidade de recuperação após o esforço (Janeira, 2000). Por este facto, o treino da flexibilidade deve ser incluído nas rotinas de aquecimento e arrefecimento das equipas de Basquetebol.

O Treino da Coordenação está fortemente associado ao treino da técnica individual dos jogadores. Esta componente do treino pode ser dividida em 3 domínios fundamentais de aplicação: construção, complexidade e manutenção (ver Janeira 2000).

No contexto do treino da força, a literatura tem evidenciado preocupações ao nível da rentabilidade e economia do tempo de treino de atletas (i.e. Wescott, 1995; Alves, 2001).

Grosso modo, a questão colocada tem sido a seguinte: Porquê 1 série e não 2 ou 3 séries do mesmo exercício como é tradicional no treino da força? Wescott (1995) afirma que o sucesso do trabalho de preparação desportiva deve equacionar não só a eficácia mas igualmente a eficiência dos programas de treino. E a resposta deste autor parece ser clara se atendermos aos valores descritos na Revista Nautilus – Summer 1995 (America's Fitness Magazine) para o trabalho de Resistência de Força e adiante traduzidos no figura 2 para as modificações da força do tronco e no figura 3 para as modificações da força dos membros inferiores.

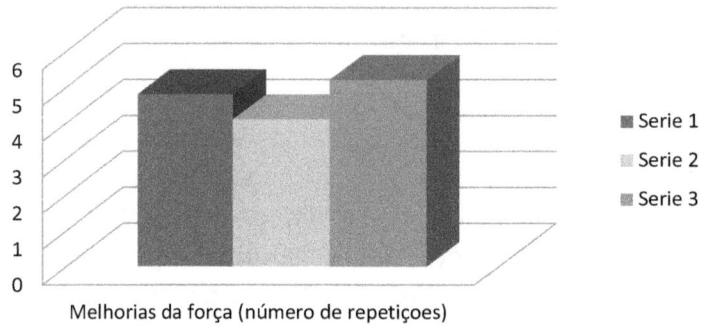

Figura 2. Modificações da força do tronco (1 série / 2 séries / 3 séries)

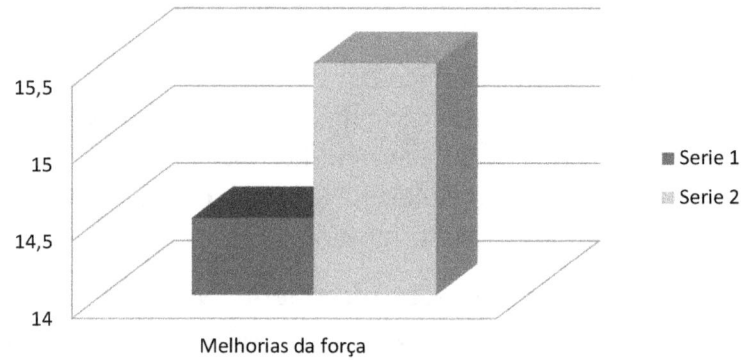

Figura 3. Modificações da força dos membros inferiores (1 série vs. 3 séries)

Esta mesma ideia é clara no trabalho desenvolvido por Alves (2001), no plano da Força Explosiva / Potência Muscular. O autor procurou (i) avaliar os efeitos diferenciados do treino pliométrico (1 série vs. 3 séries) a partir de indicadores da potência muscular de jovens jogadores de Basquetebol (14 anos de idade) e, (ii) identificar os efeitos da prática exclusiva do Basquetebol nos indicadores seleccionados.

Para tal, dois grupos de atletas (GExp1; n=11 e GExp3; n=10) foram submetidos a dois programas de treino pliométrico constituído por exercícios pliométricos simples (multissaltos) durante 8 semanas. Os dois programas aplicados distinguiram-se pelo volume de trabalho que solicitaram (3 séries no GExp3 e 1 série no GExp1). Um terceiro grupo serviu de controlo (GC; n=10) sendo submetido, exclusivamente, ao treino específico de Basquetebol.

A *performance* dos atletas foi avaliada através dos seguintes indicadores da Potência: (i) salto a partir de uma posição estática (SE), (ii) salto com contra-movimento (SCM), (iii) salto com contra-movimento e acção dos membros superiores (SCMMS) e (iv) Agilidade (10x5 metros). Para a avaliação da altura dos saltos recorreu-se ao protocolo descrito por Bosco (1994) e para a avaliação da agilidade utilizou-se o protocolo descrito por Marques et al. (1990).

Os resultados da comparação de médias para os indicadores da força explosiva do pré para o pós-teste, para os GExp1 e GExp3 estão expressos na tabela 6.

Tabela 6. Resultados de comparação de médias para os indicadores de potência do pré para o pós-teste, para os GExp1 e GExp3.

Grupo	Variáveis	Pré-Teste	Pós-Teste	Ganhos Absolutos	%
GExp1	SE (cm)	34.27±4.17	36.35±3.23	2.08	5.72
	SCM (cm)	37.22±4.63	38.67±2.92	1.45	3.75
	SCMMS (cm)	42.50±4.35	44.04±3.03	1.54	3.50
	Agilidade (Seg.)	17.84±0.92	17.67±0.81	-0.17	-0.96
GExp3	SE (cm)	34.11±5.22	36.02±5.65	1.91	5.30 (*)
	SCM (cm)	38.63±4.17	40.39±4.71	1.76	4.36
	SCMMS (cm)	41.56±5.52	45.01±5.20	3.45	7.66 (*)
	Agilidade (Seg.)	19.84±0.79	18.75±0.92	-1.09	-5.81 (*)

Os valores são média ± desvio padrão.

(*) Valores superiores e estatisticamente significativos do pré-teste para o pós-teste.

Face aos resultados observados, as principais conclusões deste estudo evidenciam que: (i) o treino pliométrico revelou-se um tipo de trabalho eficaz na melhoria dos indicadores de potência considerados no estudo; (ii) o treino pliométrico (1 série *vs.* 3 séries) produz modificações significativamente diferentes entre si nos valores dos indicadores da potência muscular dos jovens basquetebolistas; e (iii) o treino exclusivo de Basquetebol parece potenciar o desenvolvimento da Agilidade.

No entanto, este estudo aponta, numa ideia de rentabilidade do treino de potência, para o recurso à realização de 1 série de exercícios em detrimento de 3 séries de exercícios.

Em conclusão, os resultados da literatura revista mostram que a realização de 1 série de exercícios de pliometria e de força resistente apresentam ganhos semelhantes relativamente à realização de 3 séries de exercícios, quando apreciados em termos percentuais.

4. PLANO DE PREPARAÇÃO 2002/2004

O plano de preparação da Selecção Nacional de Cadetes Masculinos foi desenhado tendo em conta o curto tempo de preparação da equipa e o objectivo de competição a atingir – o apuramento para as meias-finais do Campeonato da Europa.

Embora os objectivos a atingir sejam bastante ambicioso, as diferentes entidades envolvidas neste projecto comprometeram-se fortemente com o desafio. Ao Gabinete de Basquetebol da FCDEF-UP coube a tarefa de planear e controlar a preparação física da equipa.

O caminho a seguir alicerçou-se no quadro teórico anteriormente referido o qual tem permitido não só identificar o esforço típico do jogador mas também definir orientações metodológicas de preparação. Para além disso, recorreu-se a um "quadro conceptual de ruptura" proposto por Cometti (2002). Este autor defende que a programação de um trabalho de preparação física nos jovens deve ser orientado para a activação das fibras rápidas com repercussões positivas na realização de esforços curtos e intensos e não numa perspectiva de sobrecarga das fibras musculares "lentas".

Foi a partir do compromisso entre os dois posicionamentos anteriormente referidos (quadro teórico de referência e quadro conceptual de ruptura) que desenhamos o plano de preparação que se apresenta graficamente na Figura 4.

Como atrás referido, este plano faz apelo a duas perspectivas metodológicas distintas. A primeira, mais conservadora relativamente ao planeamento e à periodização do treino, decorreu entre Setembro e Dezembro de 2002. A segunda, rompendo com a perspectiva mais tradicional da preparação, decorrerá entre Janeiro de 2003 e Agosto de 2004.

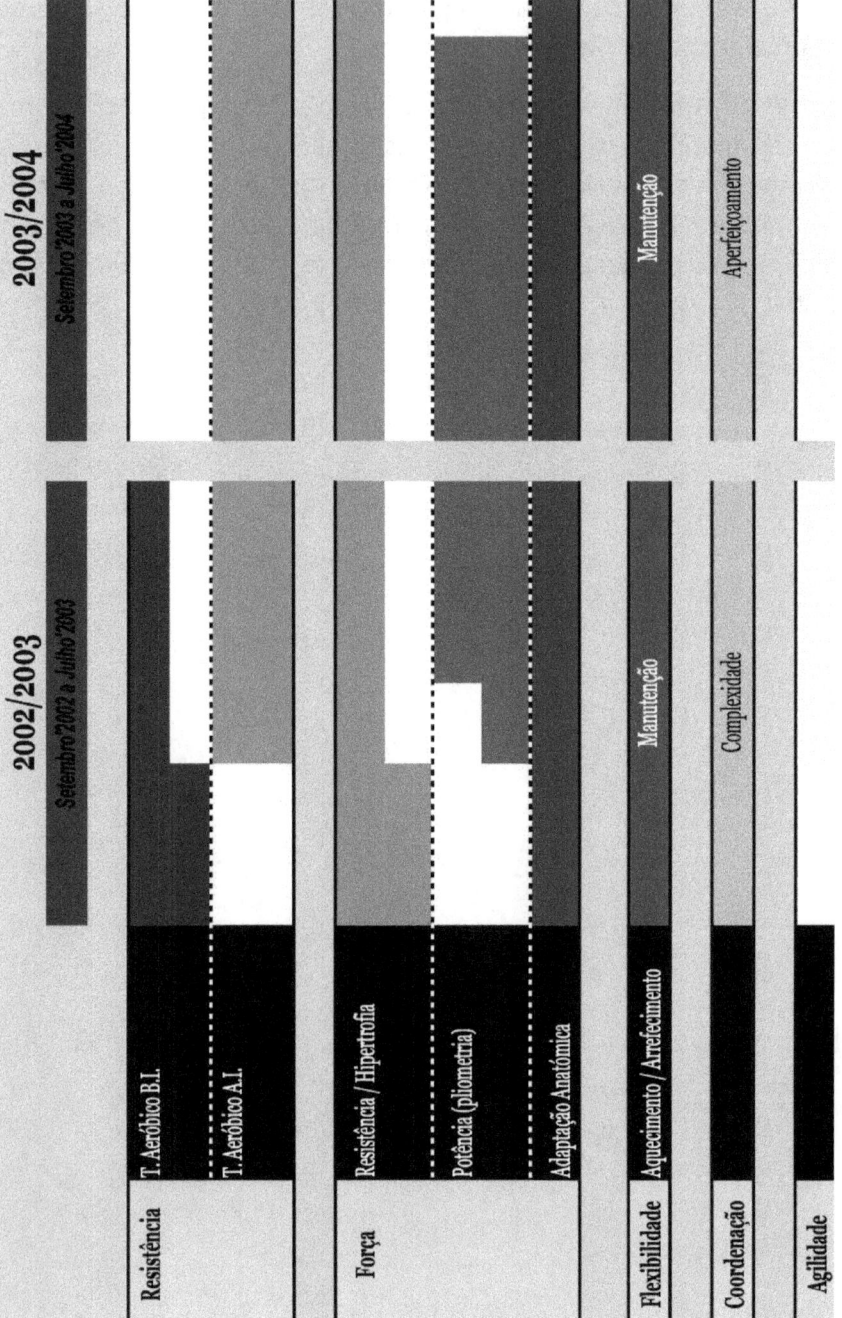

Figura 4. Plano de Preparação Física da Selecção Nacional de Cadetes Masculinos' 2002/2003 e 2003/2004

No plano das componentes do treino da Força e da Resistência, esta primeira fase – Setembro a Dezembro de 2002 - teve por objectivo a criação dos alicerces de uma forma desportiva suficientemente sólida para resistir a um modelo de preparação seguinte mais exigente e fora dos padrões tradicionais. Concretamente, procurou-se conceber um tipo de treino centrado na vertente resistente da força e igualmente um treino energético a partir de estruturas tácticas e elementos técnicos do jogo (ver tabela 7). Desta forma pretendeu-se aumentar os níveis de hipertrofia muscular dos atletas e igualmente promover um quadro de adaptações fisiológicas das quais se realça: (i) o aumento da capacidade do sistema de transporte de oxigénio, (ii) o aumento da capacidade dos músculos utilizarem oxigénio durante exercícios prolongados e (iii) o aumento da capacidade de recuperação dos atletas a esforços de alta intensidade. Neste tipo de treino está igualmente presente a ideia de prevenção de lesões e de combate à fadiga e ao sobretreino (Stone e Steingard, 1993).

Tabela 7. Resumo do desenho de treino das componentes Força e Resistência (Setembro a Dezembro de 2003)

Setembro a Dezembro de 2002	
Treino Aeróbico	1xo, 2x0, 3x0 e5x0 Trabalho contínuo sobre estruturas tácticas 130-180 bpm, 3xsemana, 20 minutos
Treino Muscular Específico (Resistência)	*Triceps*, Lombares, Peitoral, Gémeos, *Biceps*, Abdominal, Posterior da Coxa, Anterior da Coxa, Dorsal, Ombros 1 série, 16-18 repetições, 2xsemana, aumento progressivo da carga
Treino Integrado (Treino Aeróbico e Treino Muscular Específico)	1xo, 2x0, 3x0 e5x0 Trabalho contínuo sobre estruturas tácticas 130-180 bpm, 3xsemana, 10 minutos recurso a bolas medicinais

A partir de Janeiro de 2003 inicia-se a segunda fase da preparação (ver tabela 8). No plano do treino energético procuramos desenhar um treino que promovesse adaptações a um esforço mais exigente tendo em conta os alicerces anteriormente construídos.

Para tal, recorreu-se ao designado Treino Aeróbico de Alta Intensidade (TAAI), formulado a partir de estruturas tácticas (tal como o desenho do treino aeróbico na primeira fase da preparação). Com este tipo de treino procuramos melhorar ainda mais os níveis de resistência aeróbica dos atletas, facto que lhes permitirá jogar a mais alta intensidade durante todo o jogo. Para além disso, este tipo de treino permite elevar os valores do limiar anaeróbico e preservar as reservas de glicogénio muscular. Por outro lado, este tipo de treino, ao apresentar alguma sobreposição com o Treino da Resistência de Velocidade, activa o sistema de produção de lactato e promove igualmente adaptações nesta vertente energética.

Relativamente ao Treino da Força, e no plano mais resistente, manteve-se a estrutura formal do treino analítico anteriormente realizado, modificou-se a estrutura da carga e, simultaneamente, introduziu-se o treino pliométrico, com o objectivo de potenciar as acções do jogo de carácter explosivo e igualmente desenvolver os níveis de Agilidade dos atletas (para mais esclarecimentos sobre esta associação, ver Santos, 1995 e Alves, 2001).

Tabela 8. Resumo do desenho de treino das componentes Força e Resistência (Janeiro de 2003 a Agosto de 2004)

Janeiro de 2003 a Agosto de 2004	
Treino Aeróbico	2x1, 3x2, 3x3, 4x4, 5x0 e 5x5 Trabalho intervalado sobre estruturas tácticas: situações de superioridade numérica, defesas pressionantes, contra-ataque 160-200 bpm, 3xsemana, 15" x 15" ou 30" x 30", 3 séries, 4-5 minutos/série
Treino Muscular Específico (Resistência)	*Triceps*, Lombares, Peitoral, Gémeos, *Biceps*, Abdominal, Posterior da Coxa, Anterior da Coxa, Dorsal, Ombros 1 série, 14-16 repetições, 1xsemana, aumento progressivo da carga
Treino Muscular Específico (Potência)	Barreiras, Solo – 4 apoios, Banco Sueco, Saltos à tabela 1 série, 2 passagens (4 primeiras semanas), 2xsemana 1 série, 3 passagens (restante período), 2xsemana aumento progressivo do número de contactos e da altura dos obstáculos e uso de carga adicional (bolas medicinais).
Treino Integrado (Treino Aeróbico e Treino Muscular Específico) prolongamento da rotina de aquecimento	1xo, 2x0, 3x0 e5x0 Trabalho contínuo sobre estruturas tácticas 130-180 bpm, 3xsemana, 10 minutos recurso a bolas medicinais

Por outro lado, a intervenção sobre as componentes do treino físico foi concebida de forma particular e diferenciada. Tal como se percebe na Figura 2 a abordagem da Flexibilidade foi realizada de um modo semelhante ao longo de toda a preparação e integrada nas rotinas de aquecimento e arrefecimento realizadas em todos os treinos e jogos (Stone e Steingard, 1995). A Coordenação foi trabalhada em associação com a técnica e seguiu a lógica de um *contínuum* onde estão presentes as noções de complexidade e aperfeiçoamento (Stone e Steingard, 1995; Janeira, 2000).

5. Quantificação das Actividades Realizadas

O tabela 9 mostra a quantificação (por número de ocorrências ou em horas) de todas as actividades realizadas na Selecção Nacional de Cadetes Masculinos.

Tabela 9. Quantificação das actividades realizadas

Actividade	Nº / Horas
Total de semanas	36
Escola	1193 horas
Total de Treinos	179
Treino técnico-táctico	230 horas
Treino específico de força	34 horas
Treino de lançamento	26 horas
Provas de controlo	13 horas
Jogos - treino	14
Jogos oficiais	27
Total de vitórias	26
Total de derrotas	1
Actividades complementares / convívio	21 / 60 horas

Atendendo aos valores apresentados no Quadro anterior, constata-se que a Escola é um dos vértices mais importantes neste projecto, quando mais não seja pelo volume de horas que os jogadores passam no estabelecimento de ensino.

Estes jogadores realizam, por semana, cerca de 5 treinos, correspondentes a 8,25 horas e ainda 1,13 jogos, sendo 0,75 oficiais e 0,38 de treino.

Realce particular para as actividade complementares / convívio já que reflectem a preocupação pela procura de momentos de convívio e de desenvolvimento cultural e pessoal dos jogadores e da equipa técnica.

8. Avaliação

Na avaliação do programa de treino controlou-se um conjunto de indicadores e recorreu-se a um quadro de procedimentos que a diante se apresenta:

- ✓ Para a avaliação somática dos jogadores procedeu-se ao controlo do peso, altura, envergadura, percentagem de massa magra e de massa gorda (medição de pregas de adiposidade subcutânea), segundo a sugestão de Boileau et al. (1985).

- ✓ Para a avaliação da Potência Aeróbica foi usado o *Yo-yo Endurance Intermitent Test – Level II* (Bangsbo, 1996);

- ✓ Para a avaliação da Resistência Muscular procedeu-se ao controlo da evolução do aumento da carga, mantendo-se estável o número de repetições a realizar em cada exercício - entre 16 e 18 repetições e entre 14 e 16 repetições, consoante o período de preparação (Baechle, 2000);

- ✓ Para a avaliação da Força Explosiva / Pliometria é realizada em 3 componentes, com utilização da plataforma *Ergojump*:

  - Teste de Força Explosiva Contráctil - Salto Estático (SE), de acordo com os procedimentos definidos por Bosco (1994);

  - Teste de Força Explosiva Elástica – Salto com Contra Movimento (SCM), de acordo com os procedimentos definidos por Bosco (1994);

  - Teste de Força Explosiva Elástica com Acção dos Membros Superiores (SCMMS), numa aproximação a alguns requisitos técnico-tácticos do Basquetebol.

Os valores iniciais das componentes do programa de treino desenhado e dos indicadores somáticos estão descritos nos tabelas 10, 11 e 12.

Tabela 10. Caracterização inicial das dimensões somáticas

Jogadores	Peso (Kg)	Altura (cm)	Envergadura (cm)	Composição Corporal (% Gordura)	Composição Corporal (% Massa Magra)
Cristiano	70,1	184,6	184	9,91	63,87
Armando	91,5	192,4	191	12,61	74,55
Bento	77,2	173,1	179,8	11,8	64,92
Cláudio	85,9	199,1	213,8	11,77	77,73
Edgar	68,7	187,4	188,3	9,96	61,32
Arlindo	64,2	189,6	195,5	9,21	53,84
Hugo	67,7	183,5	184,4	12,68	60,07
João	68,4	181,9	185	10,05	61,7
Zé	69,9	185,5	188,7	10,25	60,58
Miguel	89,5	192,7	192,3	17,53	71,83
Pedro	86,6	186,1	189,2	16,2	69,72
Pereira	58,3	175	172,5	8,75	51,28
Média	74,8	185,9	188,7	11,7	64,3

Tabela 11. Caracterização inicial dos valores da potência aeróbica

Jogadores	Yo-yo teste (metros)
Cristiano	640
Armando	360
Bento	840
Cláudio	320
Edgar	720
Arlindo	720
Hugo	560
João	1040
Zé	960
Miguel	440
Pedro	560
Pereira	560
Média	**698**

Tabela 12. Caracterização inicial dos valores da força resistente

Jogadores	Tríceps (Lb)	Bíceps (Lb)	Supino (Lb)	Ombros (Lb)	Coxas (Kg)	Gémeos (Kg)	Lombares (Kg)	Abdominais (Kg)	Dorsal (Kg)
Cristiano	50,5	64	50,5	50,5	50	31,82	31,82	27,27	31,82
Armando	64	50,5	37	37	61,36	36,36	36,36	31,82	36,36
Bento	50,5	50,5	50,5	50,5	61,36	45,45	31,82	31,82	36,36
Cláudio	37	50,5	50,5	37	61,36	36,36	36,36	27,27	27,27
Edgar	50,5	64	50,5	50,5	50	31,82	31,82	31,82	31,82
Arlindo	37	50,5	50,5	37	50	36,36	36,36	27,27	27,27
Hugo	50,5	50,5	37	37	61,36	27,27	31,82	31,82	31,82
João	50,5	64	50,5	50,5	50	36,36	36,36	31,82	31,82
Zé	50,5	50,5	37	37	61,36	27,27	31,82	31,82	31,82
Miguel	64	50,5	37	23,5	38,64	31,82	36,36	31,82	36,36
Pedro	50,5	64	50,5	37	38,64	36,36	36,36	31,82	36,36
Pereira	37	50,5	50,5	37	27,27	27,27	27,27	22,73	22,73
Média	49,38	55	43,75	40,38	50,95	33,71	33,71	29,93	46,21

8. Resultados

8.1. Desenvolvimento Físico

8.1.1. DIMENSÕES SOMÁTICAS

As figuras 4 e 5 representam a evolução média das dimensões somáticas dos jogadores da equipa ao longo da época desportiva de 2002/2003.

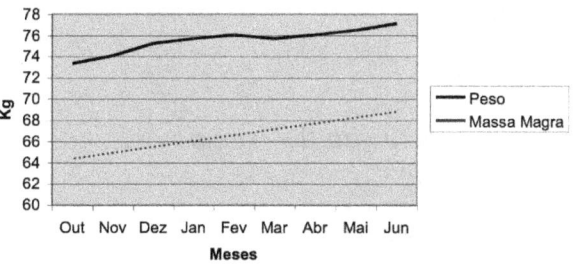

Figura 4. Evolução do Peso e da Composição Corporal

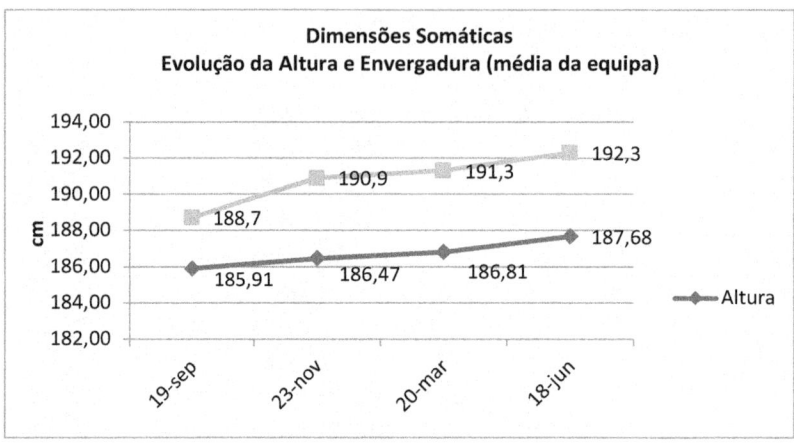

Figura 5. Evolução da Altura e da Envergadura

Relativamente ao Peso observa-se claramente uma diminuição inicial e posteriormente um aumento progressivo. Estes resultados parecem reflectir bem as exigências de adaptação a que os jogadores foram sujeitos face a um tipo de preparação não habitual nos jogadores jovens. Por outro lado expressa igualmente efeitos do crescimento em altura e a substituição de valores de massa gorda por níveis superiores de massa muscular

Estes gráficos evidenciam que o trabalho físico no âmbito da força interferiu decisivamente nas dimensões somáticas dos jogadores, nomeadamente no peso e na composição corporal e em valores médios, a equipa perdeu mais de 1,5 Kg de peso entre Setembro e Outubro o que, à luz destes resultados, nos permite acreditar que se tratava de gordura corporal.

8.2. Treino Aeróbico

Figuras 6 e 7 mostram a evolução do Treino Aeróbico, a partir do *Yo-yo intermitent test – level II*.

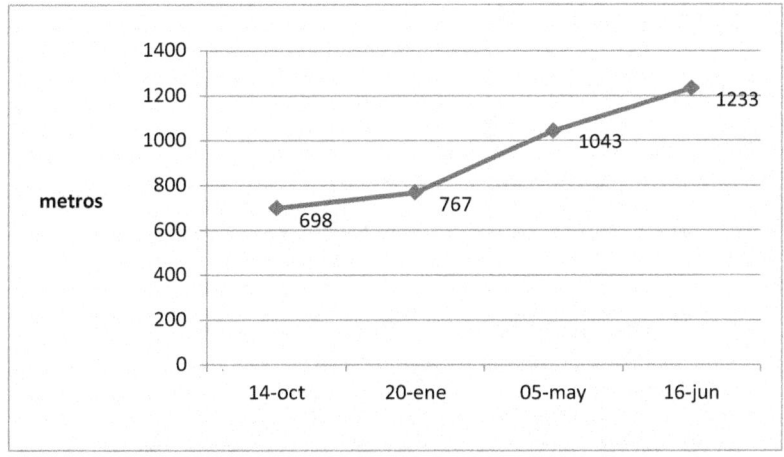

Figura 6. Evolução dos metros percorridos na avaliação do Treino Aeróbico

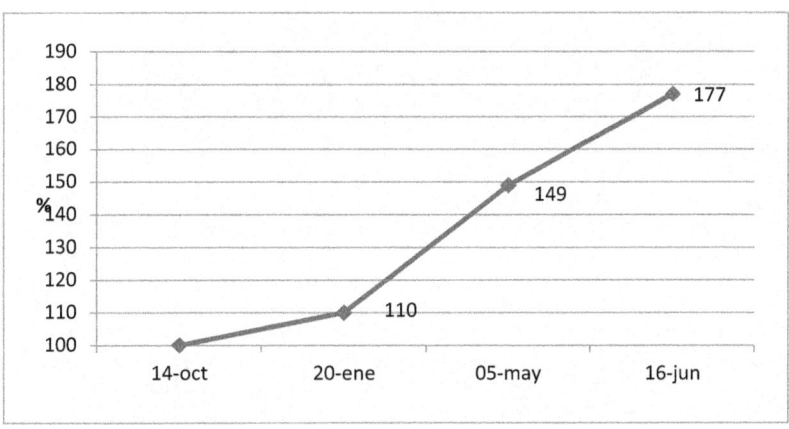

Figura 7. Evolução Percentual dos metros percorridos na avaliação do Treino Aeróbico

A evolução média de 88,2% no desempenho do teste é bastante elucidativa do desenvolvimento desta capacidade. Parece-nos importante realçar que metade dos jogadores conseguiram, pelo menos, duplicar os resultados obtidos na primeira avaliação.

8.2. Treino de Força

8.2.1. Força Resistente

as figuras 8, 9, 10 e 11 mostram a evolução do Treino de Força Resistente para os membros superiores, membros inferiores, tronco/dorso e valores médios totais, respectivamente.

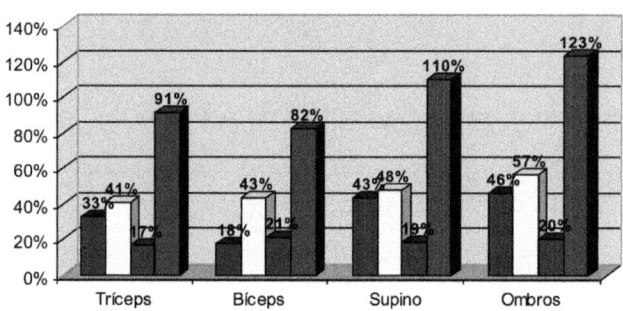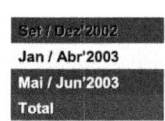

Figura 8. Evolução Percentual dos ganhos de Força Resistente para os Membros Superiores

Na observação do Figura 8 saliente-se os incrementos da força dos grupos musculares dos membros superiores de 91% (Tríceps) e 123% (Ombros).

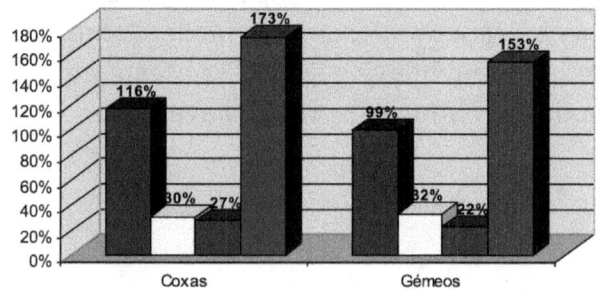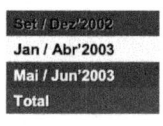

Figura 9. Evolução Percentual dos ganhos de Força Resistente para os Membros Inferiores

No que se refere aos membros inferiores (Figura 9), os ganhos são mais elevados comparativamente aos dos membros superiores (153% para os Gémeos e 173% para as Coxas). Estes valores são claramente atribuídos ao tamanho dos grupos musculares em comparação.

Nota-se contudo um aumento muito mais significativo nos grandes grupos musculares (membros inferiores), para o período compreendido entre Setembro e Dezembro de 2002. Entre Janeiro e Abril de 2003, tal como era esperado, os ganhos observados foram invertidos, isto é, registou-se uma maior evolução nos grupos musculares dos membros superiores e portanto de menor dimensão.

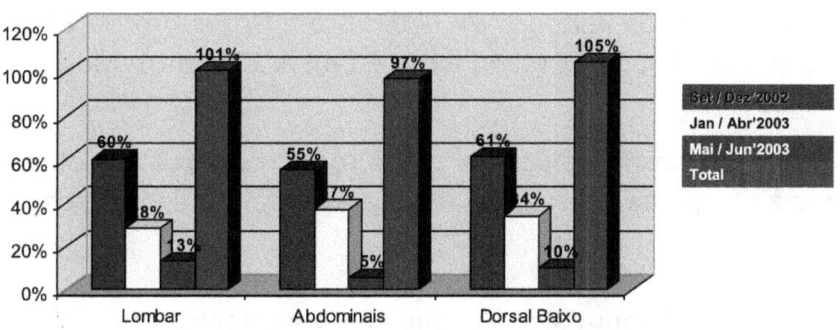

Figura 10. Evolução Percentual dos ganhos de Força Resistente para o Tronco / Dorso

A evolução dos ganhos dos grupos musculares do tronco (Figura 10) segue o mesmo padrão dos resultados observados para os membros inferiores – um grande incremento de Setembro a Dezembro de 2002 e ganhos gradualmente menores ao longo do restante período de preparação.

A figura 11 apresenta a evolução do Treino de Força Resistente para os membros superiores, membros inferiores, tronco/dorso e valores médios totais.

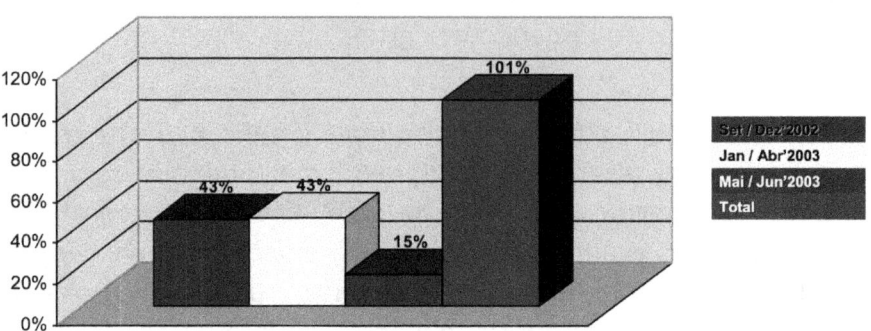

Figura 11. Evolução Percentual dos valores médios totais de Força Resistente

Constata-se que os níveis iniciais de força foram duplicados (101%) no final deste período de preparação, sendo os ganhos igualmente distribuídos pelos períodos de Setembro a Dezembro de 2003 e de Janeiro a Abril de 2003 (43%) e os restantes 15% entre Maio e Junho de 2003.

A Figura 12 mostra os ganhos absolutos dos valores da Força Resistente ao longo da época desportiva para cada um dos grupos musculares.

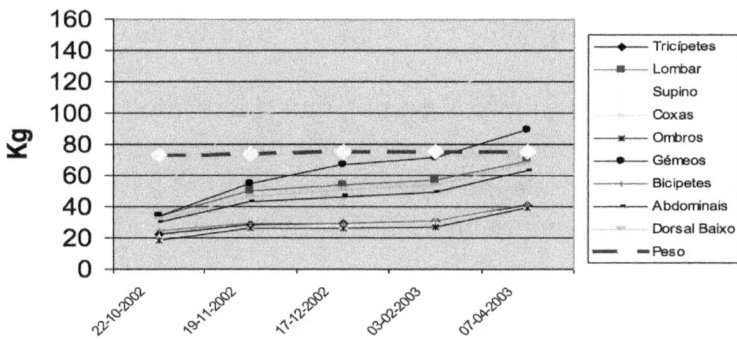

Figura 12. Ganhos absolutos dos valores médios de Força Resistente para cada um dos grupos musculares.

8.2.2. TREINO PLIOMÉTRICO – MEMBROS INFERIORES

O Treino Pliométrico foi dividido em dois programas. O primeiro programa foi exclusivamente de treino pliométrico simples, com utilização de barreiras e multissaltos, e teve a duração de 8 semanas. O segundo programa decorreu durante 5 semanas e teve uma componente de saltos em profundidade associada ao treino de pliometria simples. A frequência de cada um destes programas foi bissemanal.

A figura 13 mostram os resultados absolutos e percentuais registados nos 3 momentos de avaliação (antes do primeiro programa - Janeiro de 2003; após o primeiro programa e antes do segundo - Abril de 2003; e após a aplicação do treino com saltos em profundidade - Junho de 2003).

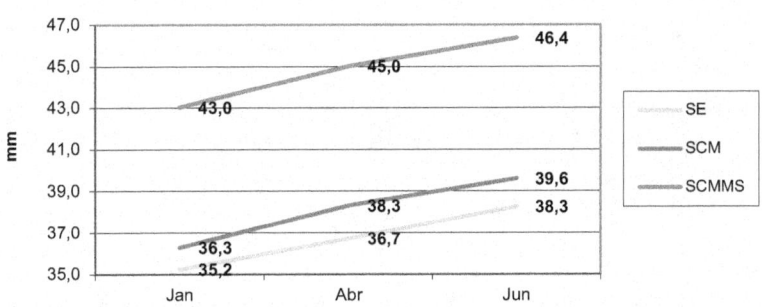

Figura 13. Ganhos Absolutos e Evolução Percentual dos valores médios do Treino Pliométrico

Na avaliação do Salto Estático (SE) podemos verificar que os ganhos médios foram de 3,1 centímetros (correspondentes a 8,5%). Os resultados evidenciam também que o programa de treino com saltos em profundidade potenciou mais a capacidade de impulsão vertical padronizada neste salto em relação ao trabalho de pliometria simples.

Na avaliação do Salto com Contra-Movimento (SCM) e do Salto com Contra-Movimento e balanço dos Membros Superiores (SCMMS) os ganhos médios observados foram de 3,3 centímetros, equivalentes a 9,2% e 7,8%, respectivamente. Ao contrário do Salto Estático, nestas avaliações o treino de pliometria simples produziu melhores resultados do que o treino com saltos em profundidade.

Estes resultados parecem estar de acordo com as sugestões de Schmidtbleicher (1996) acerca da forma diferenciada como os saltos em profundidade e a pliometria simples se expressam nos domínios da impulsão vertical.

As figuras 14 e 15 apresentam os ganhos percentuais do Treino Pliométrico, com utilização de pliometria simples e com recurso aos saltos em profundidade, respectivamente, e expressam de forma mais clara os efeitos dos dois métodos aplicados em cada um dos testes de impulsão vertical realizados (SE, SCM e SCMMS).

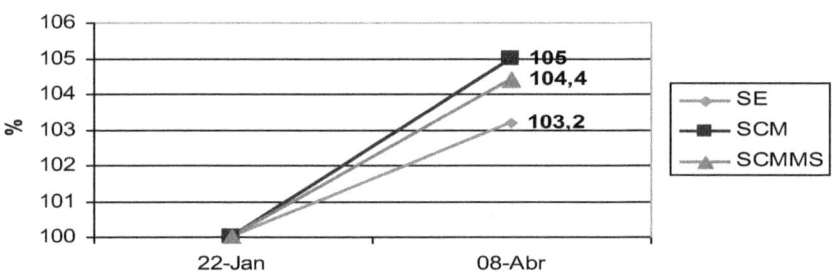

Figura 14. Ganhos percentuais do Treino Pliométrico com utilização de pliometria simples.

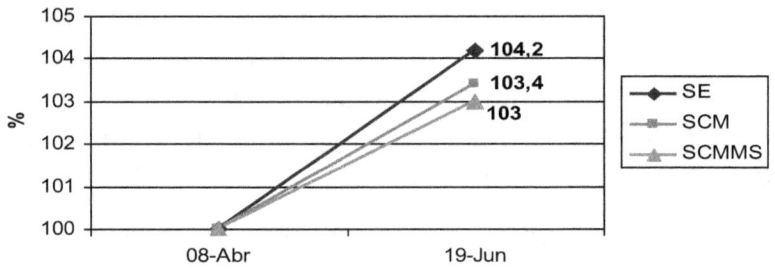

Figura 15. Ganhos percentuais do Treino Pliométrico com recurso aos saltos em profundidade.

9. Conclusões

Em síntese, o bloco do programa de treino em análise concebido para a Selecção Nacional de Cadetes Masculinos mostrou-se eficaz atendendo aos ganhos em toda a dimensão muscular (100% para a Resistência de Força e 8-9% para a Força Explosiva) e energética (88% para a Potência Aeróbica) com repercussões igualmente evidentes na composição corporal dos jogadores (aumento dos valores da Massa Magra).

Estes resultados revelam por um lado a eficácia do programa, mas fundamentalmente a solidez do caminho traçado na preparação dos atletas. De resto, esta solidez da preparação parece manifestar-se igualmente na evolução técnico-táctica dos jogadores e nos resultados desportivos alcançados.

Os desafios colocados a este grupo de trabalho são elevados. Aliás basta atender aos objectivos de preparação desta Selecção e igualmente reconhecer aspectos do senso comum tais como a pequenez dimensional da população portuguesa e a estreita base de recrutamento de jogadores em Portugal. Contudo, face aos níveis de eficácia do programa de treino e aos níveis de empenhamento de toda a equipa, entendemos estar em presença duma base sólida de preparação que exaltará a excelência desportiva destes atletas em contextos competitivos mais exigentes.

REFERENCIAS

Alves, R. (2001). Efeitos do treino específico da potência muscular realizando uma e três séries em Basquetebolistas cadetes masculinos. Monografia de Licenciatura, FCDEF-UP.

Araújo, J. (1982). Basquetebol português e alta competição. Editorial Caminho, Lisboa.

Baechle, T., y Earle, R. (2000). Essentials of Strength Training and Conditioning. Human Kinetics, Campaign, Illinois.

Bangsbo, J. (1994). Fitness Training in Football – a Scientific Approach. August Krogh Institute, University of Copenhagen, Denmark.

Bangsbo, J. (1996). Yo-yo tests. University of Copenhagen, Denmark.

Boileau R.A.; Lohman, T.G.; Slaughter, M.H. (1985). Exercise and Body Composition of Children and Youth, Scandinavian Journal of Sports Science, 7, 17-27.

Bosco, C. (1994). La valoración de la fuerza con el Test de Bosco. Deporte e Entrenamiento. Editorial Paidotribo.

Brandão, E. (1991). Caracterização estrutural dos parâmetros de esforço do jovem basquetebolista. Monografia de Licenciatura, FCDEF-UP.

Basketball Canada – Level 2 Technical (1987). National Coaching Association of Canada, Canada.

Cometti, G. (2002). La preparación física en el Baloncesto. Editorial Paidotribo.

Colli, R.; Faina, M. (1985). Pallacanestro: ricerca sulla prestazione. Sds 2,22–9.

Garchow, K.; Dickinson, A. (1992). Youth Basketball. A complete handbook. Cooper Publishing Group, Carmel, Indiana.

Janeira, M. (1994). Funcionalidade e estruturas de exigências em Basquetebol: um estudo univariado e multivariado em atletas seniores de alto nível. Dissertação de Doutoramento, FCDEF-UP.

Janeira, M.A. (2000). O treino da força em Basquetebol. Programa Nacional de Reciclagem de Treinadores – nível de aperfeiçoamento FPB/ENB, texto de apoio, Porto, Julho.

Janeira, M.A. (2001). Métodos de treino. Treino Desportivo nº 4 (especial), pp.30-32. CEFD. Lisboa.

Marques, A., Costa, A., Maia, J., Oliveira, J., y Gomes, P. (1990). Aptidão física. In: F. Sobral, A. Marques (Coords.) FACDEX – Desenvolvimento somato-motor e factores de excelência desportiva na população escolar portuguesa (vol. 1), 33-51. Ministério de Educação, Lisboa.

Oliveira, S. (2001). Caracterização estrutural dos parâmetros do esforço da jogadora de Basquetebol. Monografia de Licenciatura, FCDEF-UP.

Riera, J. (1986). Análisis cinemático de los desplazamientos en la competición de baloncesto. Ver. Investigación e Documentación sobre Ciencias de la E.F. y Deporte 3, 18 – 25.

Santos, E. (1995). Efeitos do treino e destreino específicos na força explosiva dos membros inferiores em Basquetebolistas masculinos do escalão de iniciados. Dissertação apresentada às Provas de Mestrado em Ciências do Desporto, na área de especialização de Desporto de Crianças e Jovens. FCDEF-UP.

Scmidtbleicher, D. (1996). O treino da força e da potência em atletas de alto rendimento. Curso satélite do ISBS'96, formação avançada em Treino Desportivo, texto de apoio, Faculdade de Motricidade Humana, 1996.

Sousa, H. (2002). Caracterização e Análise dos Parâmetros de Esforço do Jogador de Basquetebol. Estudo realizado em atletas do escalão de Juniores "B" Masculinos, Monografia de Licenciatura, FCDEF-UP.

Stone, W.J., Steingard, P.M. (1993). Year-round conditioning for basketball. In P. Steingard (Ed.) *Clinics in Sports Medicine*, 12, 2, 173-191. Basketball Injuries. W.B. Saunders Company, Philadelphia.

Wescott, W. (1995). Is One Set Enough. Nautilus. North Carolina.

11. CONSTRUCCIÓN DEL JUEGO OFENSIVO: ELECCIÓN DE CONCEPTOS DE ATAQUE PARA LA CREACIÓN DE UNA ESTILO DE JUEGO. DISEÑO DE SISTEMAS DE ATAQUE

Moncho López

"Es esencial que en tu filosofía de juego se vean reflejadas las virtudes de tu equipo, y elegir sistemas que se adapten a los fundamentos en que se sustentan esas virtudes."
(Bob Huggins, 2000)

1. INTRODUCCIÓN

Reflexionando sobre la actuación de nuestro equipo, posiblemente la mayoría de los entrenadores nos hemos preguntado en más de una ocasión, ¿A QUÉ JUGAMOS?

Tanto en categorías de formación como en el baloncesto profesional nos encontramos con el problema de que nuestros jugadores tienen dificultad para interpretar las situaciones de ventaja que el juego ofensivo nos da frente al rival. Habitualmente asimilan un sistema de juego y lo desarrollan de manera mecánica, con una mal denominada disciplina táctica, y en otras ocasiones automatizan una "coreografía" que se rompe en cualquier momento sin más criterio que la decisión de finalizar por parte de un jugador. Nosotros no estamos en contra de la aplicación de sistemas de juego, pero creemos que éstos en ningún momento pueden ser la base sobre la que construir el juego del equipo, sino más bien un apoyo o complemento a un *estilo de juego*, por conceptos simples o complejos, elegidos por el entrenador, ajustándose a las características individuales de sus jugadores, y también a la configuración o estructura del equipo. Esta filosofía ofensiva la denominaremos Juego Básico por conceptos.

Resulta obvio decir que el entrenador tiene que diseñar el ataque del equipo teniendo en cuenta las características particulares de cada uno de sus jugadores, y fundamentar su juego de conjunto en la suma de las diferentes individualidades. Quizá aquí es dónde radica el futuro éxito o fracaso del rendimiento de un equipo; no resulta fácil prever como entrenador todo el potencial que atesora un grupo de jugadores y lograr a partir de desarrollos tácticos alcanzar un grado de cohesión óptimo entre todas las piezas. Pensemos, por ejemplo, que no siempre se logra compatibilizar a dos talentos exteriores con capacidad anotadora si ambos necesitan similares espacios de acción, como tampoco un gran jugador interior puede desarrollar sus habilidades si no está acompañado de un armazón táctico que cree amenazas exteriores y sobre todo logre una distribución correcta del balón hacia las posiciones cercanas a canasta. Bajo mi punto de vista esta es la faceta más apasionante, por creativa, de todas las que el entrenador puede ejecutar en el ejercicio de sus responsabilidades; el proceso de construcción táctica del juego de un equipo.

Es necesario que nos situemos en el paso previo al análisis técnico-táctico de nuestros jugadores, es decir, en la elección de los mismos. Aquí evidentemente son muchas la circunstancias bajo las que el entrenador realiza su labor, potencial económico del club, filosofía de promoción de la cantera, proyecto de la entidad y plazo en el que se pretende desarrollarlo, etc. Varía también el grado de responsabilidad que el entrenador tiene en la confección del equipo, pudiendo incorporarse a un grupo de jugadores ya formado, o en el extremo opuesto, ser contratado para partir desde cero en la configuración de una plantilla. Existen diferencias también entre la elaboración de una plantilla de club y una selección, y como en este momento, definirlas no es el objetivo, sino el proceso final de elaboración del juego de un equipo determinado, haremos en los dos apartados siguientes un breve desarrollo del método de selección que desde el Gabinete Técnico de la F.E.B. se ha ideado para la confección de una selección nacional.

2. SEGUIMIENTO DE JUGADORES

Quisiera empezar con una reflexión del actual entrenador de la Selección Argentina, Rubén Magnano, como introducción al tema que abordaremos: "Una selección en raras ocasiones reúne a los 12 mejores jugadores del país. Primero tienen que estar los que quieren estar y a veces esa ecuación es más positiva que otras más técnicas. A veces todos los jugadores no poseen el talento depurado de otros pero aportan otras cosas. En los campeonatos necesitas coalición y grupo. Las cosas van muy rápido y sin esta química puedes caer fácilmente".

Veremos los criterios que definen el trabajo de seguimiento de los jugadores que formarán parte de la selección definitiva.

a) Definición del grupo de jugadores, 8 o 9, considerado como básico o fundamental, y que previsiblemente serán los más utilizados durante la competición.

b) Análisis táctico de las competiciones en las que nuestros jugadores participan.

c) Análisis táctico de la filosofía de juego de los equipos a los que pertenecen los potenciales seleccionados.

d) Análisis de la utilización táctica a la que se somete cada jugador dentro del juego global de su equipo.

e) Revisión de datos estadísticos del jugador, con el consiguiente estudio de subidas y bajadas de rendimiento en función del rival, momento de la temporada, competición nacional, Euroliga, etc.

3. ELABORACIÓN DE INFORMES INDIVIDUALES

3.1 Informe escrito

Tradicional informe técnico de un jugador, donde se reflejan en un texto las características técnicas del mismo, destacando virtudes y carencias. El texto va acompañado de la expresión gráfica de los recursos más utilizados por el jugador, así como un reflejo de su **área de acción**, o espacio de juego en el que sus habilidades se ven potenciadas. Vemos a continuación dos informes de jugadores que fueron sometidos a seguimiento técnico durante la temporada 2.002 – 03, un base y un pívot, de los que por razones obvias omitimos sus nombres.

3.1.1. JUGADOR: XXXX PUESTO DE JUEGO: BASE

1x1 Exterior:

- Tiene dificultad para sacar ventaja sobre dribling con su mano izquierda, pero aún así su mejor recurso son las penetraciones desde el eje central con finalización en reverso para tiro corto en suspensión.
- Con espacio en el lado derecho del ataque puede penetrar con gran cambio de ritmo hacia la línea de fondo para finalizar en bandeja. Suele utilizar esta finalización en las transiciones o contraataque. Sobre este lado puede llegar en dribling y pararse para lanzar desde 6,25.
- En el lado izquierdo del ataque su juego es más limitado, siendo el tiro en suspensión sobre bote el fundamento que domina.

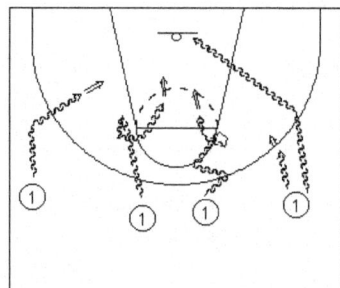

Bloque directo:

- Cuando sale sobre su mano derecha es más peligroso, siendo la penetración por el centro su finalización más habitual. Si su defensor pasa por detrás puede pararse y tirar desde 6,25. **Nota:** En su equipo juegan para él situaciones de bloqueo directo en el centro del ataque, buscando su salida sobre la derecha.
- Si recibe el bloqueo para salir con su izquierda no es tan ofensivo, busca el pase a la continuación y puede finalizar con tiro sobre reverso.

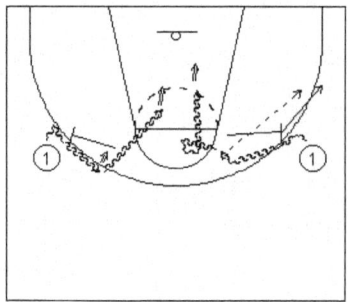

Lanzamientos 6,25:

- Es un buen tirador, aunque prefiere lanzar por encima de la prolongación de tiro libre, siendo menos efectivo desde las esquinas.
- En su equipo juega movimientos con bloqueos múltiples, y puede lanzar con efectividad si su salida es sobre su hombro izquierdo.

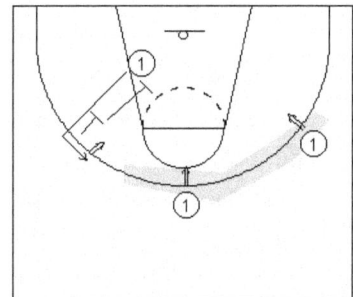

IMPORTANTE: Tiene buena técnica individual, siendo la táctica individual, y la comprensión táctica del juego el aspecto a mejorar. En la Selección potenciaremos su 1x1 central con sistemas específicos. Los sistemas de juego deben permitirle la elección de bloqueos directos centrales y laterales.

3.1.2. JUGADOR: XXXX PUESTO DE JUEGO: PIVOT

1 x 1 Interior:

Todos sus movimientos ofensivos los inicia con su mano izquierda.

- En el poste derecho tiene dos movimientos de gran calidad en su ejecución y además complementarios. Su primera intención es la penetración por el centro botando con su mano izquierda, para finalizar en bandeja o semi-gancho según la oposición defensiva. Si le cierran el centro, hace un reverso para lanzar un gancho a tablero con la mano derecha.

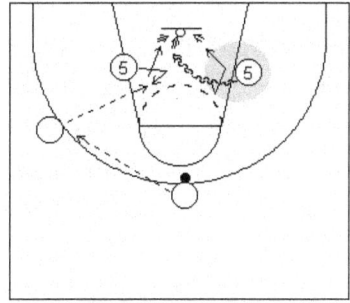

- En el poste del lado izquierdo, gana la posición con "flash pivot" para recibir con los dos pies en la pintura y pivotar sobre su hombro derecho, lanzando un gancho a tablero con la izquierda.

Juego sin balón:

Ya hemos mencionado sus movimientos de recepción en el lado izquierdo del ataque, con flashes y pivotes.

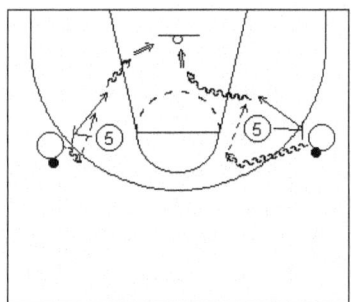

- Es un buen bloqueador en situaciones de 2x2, jugando perfectamente las continuaciones del "pick and roll" si su hombre ha tenido que ayudar, recibe en movimiento y con un sólo bote con la izquierda penetra a canasta.
- Gran reboteador ofensivo desde el lado de ayuda.

Contraataque / Transición:

- Corre perfectamente como primer pivot, buscando rápidamente el poste bajo dónde tenga más posibilidades de recibir en función de la posición de su defensor.
- Si utiliza el bloqueo directo en transición juega con gran criterio las continuaciones hacia canasta.

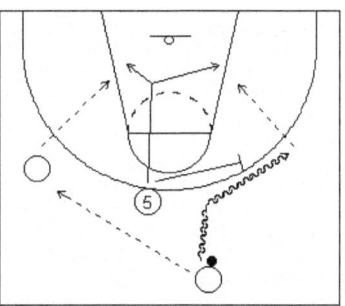

IMPORTANTE: Es un jugador de gran utilidad táctica por su inteligencia y conocimiento de recursos. Creamos sistemas que le permitan elegir el poste bajo en el que quiere recibir, generando espacio para su dribling con mano izquierda. Desarrollar también su utilización del bloqueo directo llegando en contraataque.

3.2. Informe audiovisual

Sin duda el más importante, por la utilización práctica que le damos en nuestra metodología de trabajo. Montaje de vídeo que se ajusta al informe escrito, y en el que vemos al jugador en acción con su equipo de procedencia, pero también con referencias visuales de su juego en la Selección si ya ha sido internacional.

4. ELECCIÓN DE CONCEPTOS DE ATAQUE

Evidentemente en la elección de conceptos de juego que haga el entrenador, un factor importantísimo es el nivel actual o categoría del equipo, siendo más simple en jugadores de bajo nivel técnico, y con mayor riqueza conceptual en equipos con alto nivel de técnica – táctica individual. La experiencia nos demuestra que la aplicación de un Juego Básico, sirve además como elemento de desarrollo de la utilización correcta de los fundamentos individuales, es decir, la comprensión del juego a partir de la táctica individual. Queremos enseñar a los jugadores como jugar, no como hacer sistemas. Nuestra intención es mejorar a cada individuo, pues con cada mejora de los fundamentos individuales, en su concepción técnica y táctica, el equipo mejora.

4.1. Juego Básico por conceptos de la Selección Española de Baloncesto

En el trabajo con selecciones nos encontramos con la necesidad de lograr un nivel óptimo de juego a corto plazo, bajo unas circunstancias determinadas de entrenamiento y configuración de equipo:

a) Pocas sesiones preparatorias como conjunto antes de afrontar una competición de máximo nivel. Lógicamente no podemos pretender que los jugadores asimilen un amplio número de sistemas de ataque para dar respuesta a todos los argumentos tácticos que nos encontraremos.

b) Los jugadores proceden de diferentes equipos, en ocasiones de diferentes competiciones, y han actuado bajo filosofías y conceptos de juego dispares.

c) En la selección muchos de sus componentes ejecutarán un rol de juego diferente al que tienen en su club, tanto a nivel de presencia en cancha como de toma de decisiones en el juego.

El Juego Básico puesto en práctica por una selección, nos ayudará a homogeneizar un *ESTILO*, dicho estilo de juego respetará, mejor dicho, definirá las referencias de juego sobre las que construiremos nuestro ataque; obviamente entendemos como referentes a nuestros mejores jugadores.

Definición de conceptos: normas de aplicación común a situaciones de juego:

A. *Referencia Interior:*

1. Juego libre para definir lado de inicio: botar / pasar y cortar / pasar y bloquear.
2. Sistema con opción inicial de pase interior.

B. *Balón Interior (receptor en poste medio):*

1. Reglas de actividad sin balón:
    - Distracción en lado fuerte (desplazamientos de amenaza ofensiva).
    - Distracción en lado de ayuda: Pívot decide (abrir / cortar)
2. Juego dentro – fuera:
    - D-F + cortar / abrir
    - D-F + repostear
    - D-F + Bloqueo directo: lateral / inicial

C. *Poste Alto (recepción):*

1. Finalización
2. Triangulación: corta (juego entre pívots) / larga (receptor esquina)
3. Inversión + triple opción de juego: cortar / bloqueo indirecto / b. Directo

Desarrollamos a continuación de manera detallada y gráficamente el ataque por conceptos que desarrollo la Selección Española durante la temporada 2.002 – 03 en la fase de clasificación y en el Campeonato de Europa de Suecia.

A) *Referencia Interior:*

- El primer objetivo del ataque es la utilización de un jugador situado en el poste medio, como potencial receptor del balón.
- El jugador elegido servirá de referencia ofensiva a partir de la cual las acciones de ataque se desarrollarán según los conceptos de juego predeterminados.

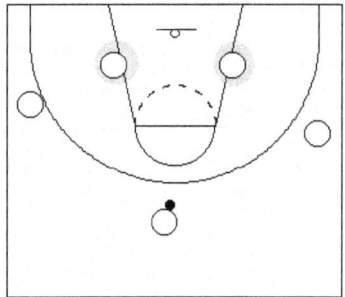

A.1. Juego Libre:

- Pasar: vemos como el lado de inicio se define con pase. Los exteriores dispondrán de diferentes opciones de recepción, utilizando incluso a los jugadores situados en poste medio como elemento de bloqueo.

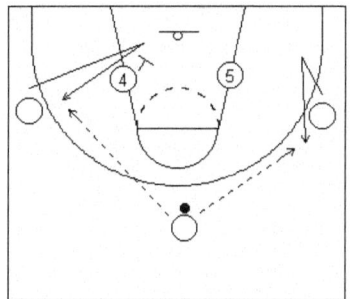

- Botar: el hombre balón se decanta hacia un lado difiniendo con su desplazamiento el poste medio elegido como primera opción de juego.

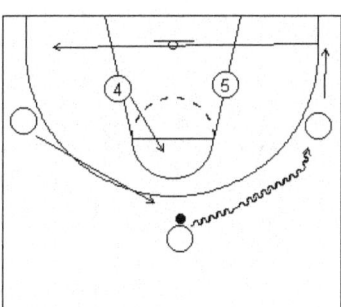

- El jugador exterior situado en el lado fuerte corta hacia el lado contrario, mientras que el eje central del ataque lo puede ocupar un exterior reemplazando, o el pivot del lado contrario subiendo al poste alto. Esta última es la opción que preferimos, siempre que un 4 tirador (Garbajosa, Gasol) está en cancha.

A.2. Sistema:

- A través de un sistema de ataque situamos a un jugador en el poste medio, no tiene por que ser un pivot.
- Vemos la utilización de un movimiento de corte UCLA, para que un jugador exterior (Grimau, Navarro) ataque de espaldas a canasta.

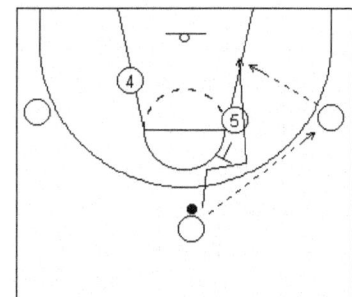

- Como ejemplo, otra posibilidad de utilizar un sistema de ataque cuya primera opción de juego es un exterior (Jiménez) que sale de un bloqueo para recibir en el poste medio.

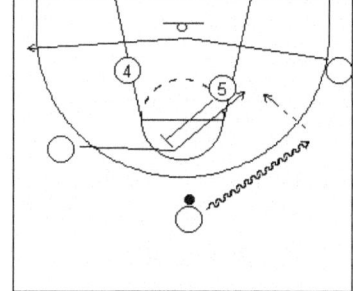

- El pasador tiene **tres opciones de juego**, pasar y cortar, pasar y bloquear, y por último pasar y aclarar.
- La opción de **pasar y cortar** creemos que es la menos útil, debido a la ubicación de dos atacantes en los postes, con la evidente falta de espacio para que el cortador pueda realizar su acción con ventaja.

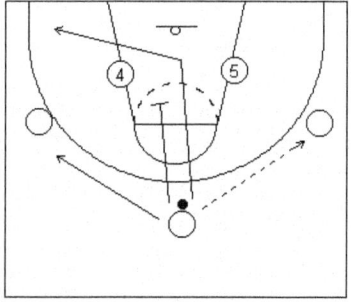

- **Pasar y aclarar**: es el concepto de ataque que preferimos; queremos aclarar el eje central para que el otro pivot suba y decida jugar en poste alto o más allá de 6,25.
- Podemos adoptar una formación de cuatro exteriores, además de distraer a la defensa ante una posible recepción de 5.

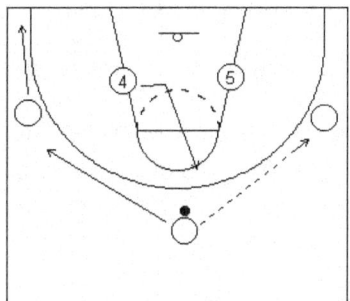

- **Pasar y bloquear**: también como movimiento de distracción defensiva, pero además como recurso táctico para liberar a un pivot (4) que puede amenazar de cara a canasta.

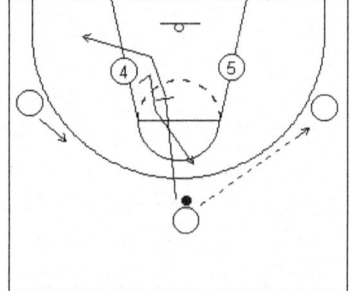

- **Bloqueo ciego**: en aquellas ocasiones en que el pivot del lado contrario sube antes del desplazamiento del exterior central, también si éste retrasa su toma de decisión.

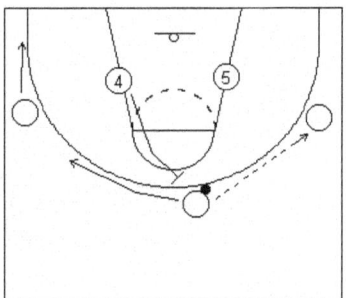

B) Balón *Interior:*

B.1. Reglas de actividad sin balón:

- Distracción en **lado fuerte**: el pasador realiza desplazamientos de amenaza ofensiva, totalmente adecuado para recibir y tirar.

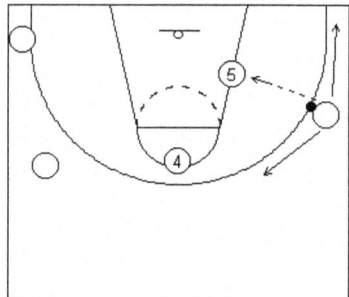

- Distracción en el **lado de ayuda**: Pivot decide (abrir / cortar). Según sus características, tirador o no, o como respuesta a las acciones defensivas. 4 tiene la dobe opción de permanecer abierto o cortar con fuerza hacia el interior de la zona.
- Si se produce el corte del pivot, los exteriores reemplazan ocupando el espacio central, y lateral en función de la posición de 4.

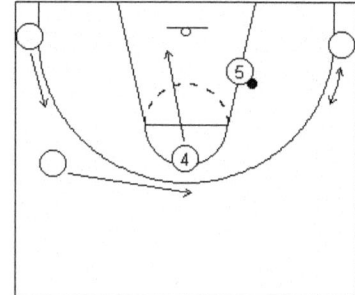

- Si 4 permanece abierto, los exteriores realizan cortes desde el lado de ayuda a la espalda de la defensa. El objetivo es recibir con ventaja en el corte, o generar la atención defensiva como distracción de las posiciones de ayuda.

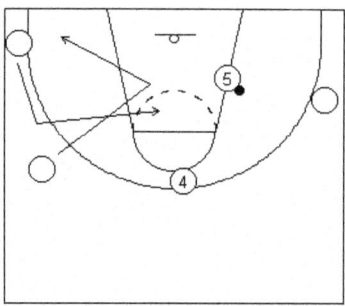

- Cuando el jugador situado en poste alto no tiene cualidades para amenazar desde el exterior, obligamos a jugar el concepto de corte interior.
- Este corte también se puede realizar por lectura de una posición de ayuda del defensor del poste alto; cortamos fuerte a su espalda con la intención de recibir o alejarlo de la posición de ayuda.

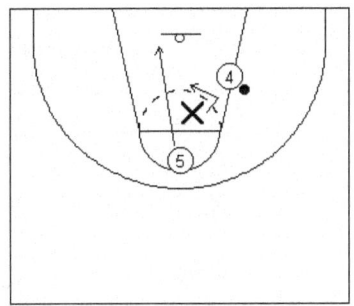

- Por norma preferimos que el pasador no corte desde el lado fuerte, pero se pueden dar excepciones.
  - 2 corta por lectura a la espalda de su defensor.
  - 2 corta porque el pivot ha recibido con los pies fuera de la pintura, y necesita espacio para el dribling en su 1x1.

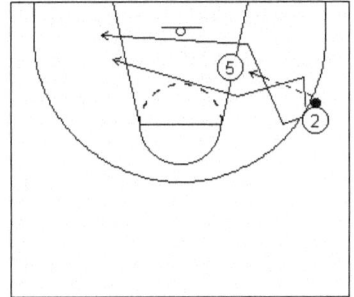

  - El atacante situado en poste medio se abre para una recepción exterior, en ese caso 2 tiene espacio para jugar pasar y cortar. El corte de 2 también sirve para aclarar la situación de 1x1 de 4.

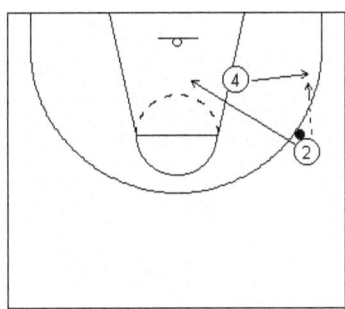

- Si el pasador es un alero alto (3), le damos la opción de cortar, pues quizá no esté cómodo en los desplazamientos en lado fuerte, y además ocupa mucho espacio de acción del poste receptor.
- Cuando 3 toma la decisión de cortar, un exterior reemplaza desde el lado contrario para equilibrar espacios de ataque.

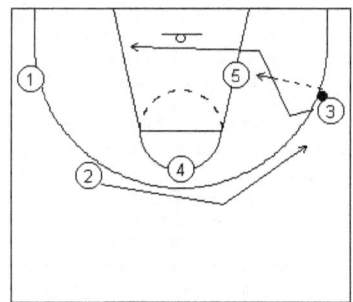

- Al corte de 3 le podemos dar la utilidad táctica de ventaja en el poste (Jiménez, De la Fuente, Yebra), a través del concepto ofensivo de inversión y triángulo de pase.

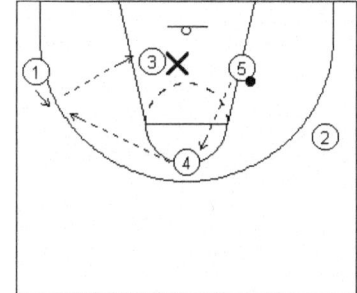

B.2. Juego dentro - fuera:

- Dentro - fuera + cortar / abrir
  - Ante un pase hacia el centro, el pivot juega una acción de *pasar y cortar* hacia el interior de la zona para una nueva recepción con ventaja.

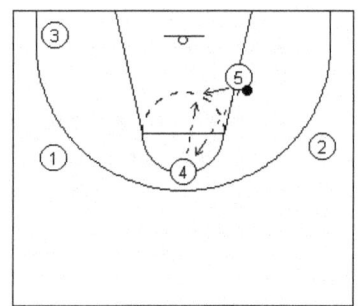

  - Un pivot con recursos de cara a canasta, puede jugar *pasar y abrise* al exterior, contra un defensor más grande y lento.

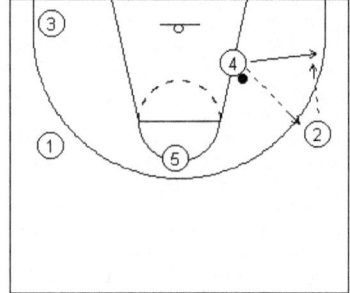

- Dentro - fuera + repostear

    - El pivot saca el balón y aprovecha la momentánea relajación defensiva para ganar mayor espacio interior y recibir de nuevo.

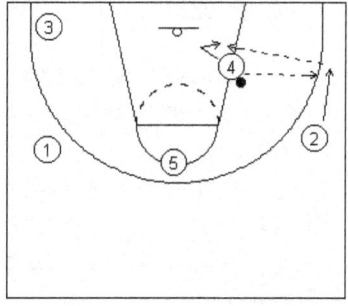

- Dentro - fuera + bloqueo directo: lateral / inicial

    - En función de la ubicación del receptor exterior, por debajo o por encima de la prolongación de tiro libre, jugamos con un determinado ángulo el bloqueo directo.
    - *Lateral*: cuando la recepción se produce por debajo de tiro libre, el pivot sale con rapidez a bloquear al defensor exterior que está recuperando sobre el receptor.

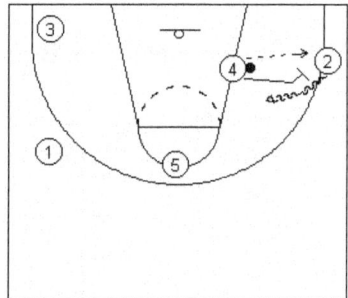

    - *Inicial*: cuando la recepción es por encima de tiro libre, el pivot bloquea para que el driblador juegue hacia la línea de fondo.

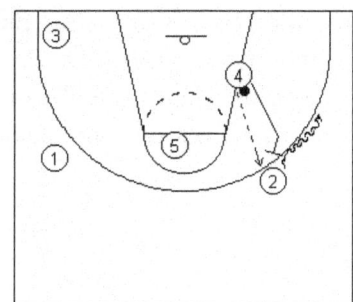

C) Poste Alto:

C.1. Finalización:

- La recepción del poste alto puede ser desde el exterior, o desde el receptor interior.
- El pivot que recibe en poste alto puede finalizar con diferentes opciones: tiro desde el poste, tiro desde 6,25 y penetración en 1x1. Por las características de nuestros pivots, potenciamos el concepto de jugar con el poste alto.

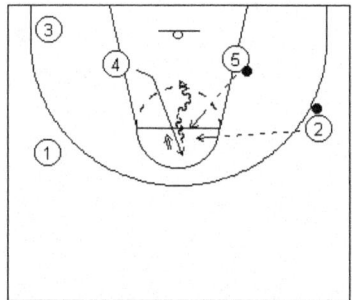

C.2. Triangulación: corta / larga:

- La recepción de 4 puede abrir una línea de pase a 5, produciéndose un juego entre pivots a través de una triangulación corta.

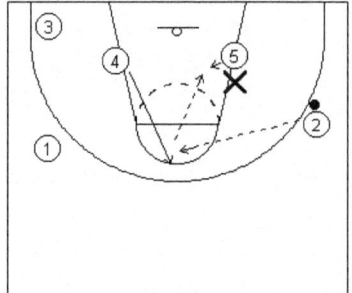

- Si no hay pase pivot - pivot, 4 leerá posiciones defensivas para invertir a la esquina, abriendo línea de pase a 5 a través de una triangulación larga.

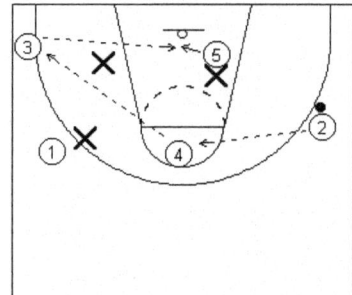

C.3. Inversión + triple opción de juego: cortar / bloqueo directo / bloqueo indirecto

- Cuando el receptor del poste alto invierte, tiene tres opciones de toma de decisión.
- Si tiene ventaja, por rotación o recuperación defensiva, a) juega *pasar y cortar* al poste medio.

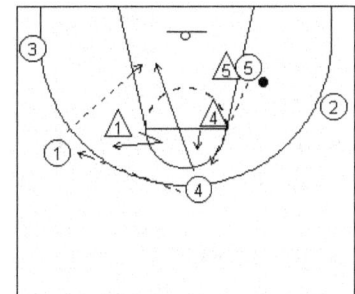

- En recepciones de pivots no tiradores, b) 5 puede jugar *pasar y bloquear indirecto*, sobre todo como opción de liberar a un 4 tirador.

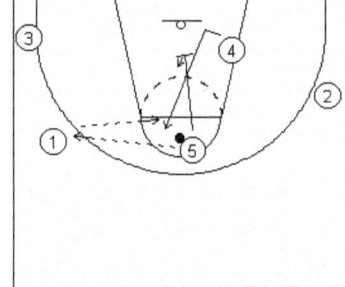

- Tanto 4 como 5 pueden atacar la posición defensiva de su par, c) invirtiendo y saliendo rápido de la zona a realizar un *bloqueo directo*.

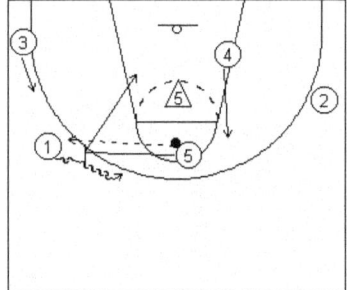

- Cuando 4 invierte y bloquea directo; el exterior del lado balón corta para aclarar continuación a 4 (Garbajosa, Gasol, Bueno), que puede bloquear y continuar abierto, o jugar hacia el interior.

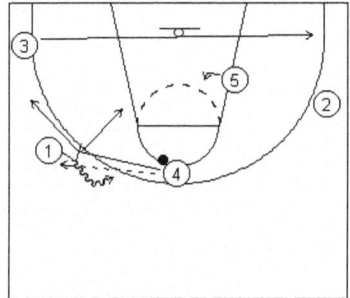

5. DISEÑO DE SISTEMAS DE ATAQUE.

Pretendemos que el Juego Básico predomine en nuestras acciones de ataque, entendiendo además que éste es de aplicación en todas las fases del juego ofensivo; contraataque, transición y juego en media cancha. La utilización de sistemas de juego se optimizará gracias al juego por conceptos; en la aplicación de un sistema le estamos comunicando a nuestro equipo sobre qué ventaja ofensiva queremos construir el ataque, sobre la primera opción de finalización que nos dé el sistema, se generarán más opciones como resultado de un juego de reacción ante respuestas defensivas.

El juego por conceptos o Juego Básico nos permitirá variaciones sobre sistemas de juego, e incluso estructuras de equipo variables durante un mismo partido. Los jugadores asimilarán sin dificultad las variaciones tácticas, con el consiguiente rendimiento inmediato.

En definitiva, podemos considerar que nuestra intención en ataque consiste en *crear juego (movimiento) a partir de una ventaja, en contra del movimiento automático en la búsqueda de una ventaja final.*

12. ANÁLISE DA EFICÁCIA COLECTIVA AO LONGO DO ANÁLISE DO JOGO COMO SUPORTE DO RENDIMIENTO DOS JOGADORES E DAS EQUIPAS

Fernando Tavares
Faculdade de Ciências do Desporto e de Educação Física. Universidade do Porto, Portugal.

1. INTRODUÇÃO

A procura constante de elementos e indicadores, que permitam uma maior e melhor rentabilização e efectividade do rendimento dos jogadores e das equipas é o objectivo da *performance* desportiva que todos os treinadores e investigadores perseguem. Podendo ser observada no comportamento e nos resultados dos jogadores em tarefas de treino e de competições, justifica-se que a mesma seja analisada. Isto é, o valor prático da análise da *performance* é a de que quando são bem escolhidos os indicadores da mesma, eles permitem aos treinadores identificar as razões das boas ou más prestações das equipas e dos jogadores e facilitar a análise comparativa com outras equipas e jogadores.

De acordo com o Conselho Australiano de Treinadores um dos principais objectivos do treinador desportivo é "ajudar os atletas a desenvolver todo o seu potencial ". Pese embora a grandeza desta tarefa, verifica-se, por vezes, a existência de dificuldades naturais por parte do treinador no alcance deste objectivo. De entre os vários meios existentes e aos quais o treinador pode socorrer-se, a observação do jogo é utilizada, usualmente, como meio de recolha de informações que permite de alguma forma melhorar o treino dos seus jogadores e logo melhorar a sua *performance* competitiva.

Como podemos constatar, a actividade do treinador, em qualquer escalão etário, desenrola-se num contexto muito vasto e complexo em que lhe é solicitado, entre outras coisas, o desempenho de várias tarefas como: (i) observar, avaliar e seleccionar jogadores; (ii) dirigir o treino, organizar a aprendizagem e orientar a competição; (iii) estabelecer metas e promover o progresso dos jogadores coerente com o grau de exigência suportável pelo nível de *performance* que está de facto ao alcance dos jovens; (iV) optimizar as capacidades dos jogadores ao nível do alto rendimento.

No entanto a análise da *performance* quer pelos treinadores quer pelos investigadores coloca várias questões quando falamos do jogo nos jogos desportivos e nomeadamente no Basquetebol. Será que a observação do jogo realizada pelos treinadores é a mais objectiva? Em que se baseia? Quais os meios que utilizam? Recorre a entidades especializadas no assunto? Que avanços tecnológicos tem havido ao nível dos sistemas de observação? Assim, pretendemos com este trabalho abordar as questões relativas à análise do jogo de basquetebol e realçar o seu contributo e importância para o processo de treino, equacionando os meios tecnológicos utilizados e realçando as vantagens para os treinadores que o recurso à análise do jogo traz para a preparação de jogadores e equipas com a finalidade de melhorarem o rendimento dos mesmos.

2. A ANÁLISE DO JOGO COMO SUPORTE DO PROCESSO DE TREINO

No âmbito das Ciências do Desporto a análise do jogo têm vindo a constituir-se, cada vez mais, como uma área de investigação de grande dimensão e de crescente importância, devido ao facto de através dela ser possível obter informações essenciais para o processo de treino e para a *performance* desportiva. A prática desportiva é demasiado complexa para ser descrita através da apresentação de simples resultados, sendo antes o resultado da interacção de comportamentos humanos, i.e., da *performance* dos jogadores.

Para que seja alcançado um nível de *performance* superior, os treinadores empenham-se constantemente para desenvolver as capacidades dos seus jogadores. Contudo, talvez poucos serão aqueles que conseguem argumentar que um dos principais aspectos da sua intervenção seja a de proporcionar aos jogadores uma prática que conduza a um rendimento eficaz e eficiente. Ou, a de saberem que quando o jogador consegue comparar internamente a *performance* desejada com o movimento final realizado, a probabilidade de aprendizagem aumenta. Por este motivo, e no sentido de contribuírem para o entendimento dos aspectos que, no âmbito das Ciências do Desporto, justifiquem a necessidade dos treinadores realizarem uma observação e análise das prestações dos jogadores e das equipas, os investigadores da Análise da Performance esforçam-se em fornecer dados aos treinadores com a intenção destes poderem desenvolver a *performance* dos seus jogadores. A este respeito, podemos considerar o contributo resultante da informação tecnológica usada para proporcionar ao jogador e treinador informação sofisticada e objectiva acerca da *performance* no desporto.

Com a análise do jogo procura-se optimizar o comportamento dos jogadores e das equipas na competição. Apesar da importância da análise do jogo, verifica-se ainda que nem sempre é utilizada pelos treinadores. Estes, na maior parte dos casos, ainda observam o jogo sem qualquer sistema de apoio à observação, baseando-se na sua intuição, i.e., realizando uma análise subjectiva da prestação dos jogadores e das equipas. Este facto foi comprovado por McDonald (1984) num estudo onde detectou que todos os treinadores, em situação de jogo, cometem erros de percepção quando analisam a prestação dos jogadores e da equipa. Tais falhas, parecem estar relacionadas com perturbações intrínsecas e extrínsecas ao próprio treinador e que, naturalmente, fazem parte do jogo (i.e., erro de tendência central, erro de lógica, perturbações ambientais na avaliação). Por isso, como refere Grosgeorge (1990), a avaliação e análise das prestações dos jogadores e das equipas constituem um momento chave para os treinadores. A este propósito, Franks (1983), acerca da importância da quantificação da prestação dos jogadores, em situação de jogo, refere que os treinadores (mesmo os mais experientes) conseguem apenas recordar 12% do que se passou no jogo e após este, pelo que só uma reduzida informação é recordada.

Com a finalidade de contrariar esta tendência, vários especialistas (Franks, 1983; Dufour, 1989; Grosgeorge, 1990; Gréhaigne, 1992; Hughes, 1997), têm procurado chamar a atenção para a análise do jogo, dado que as competições são a fonte privilegiada de recolha de informações úteis para o processo de treino. Os referidos autores, argumentam que é a partir do jogo que se aprende o que se deve treinar, para jogar melhor, e a orientar o processo de treino para os objectivos definidos. Ou seja, a construção do treino nos jogos desportivos, deve decorrer, numa grande parte, da informação obtida do jogo (por exemplo: natureza dos movimentos e das tarefas, zonas de intervenção predominantes, modelo de jogo, etc.).

De acordo com Hughes (1997) o incremento de sistemas vídeo mais sofisticados têm tido um papel importante ao nível dos *feedback* após os eventos, permitindo ultrapassar as análises subjectivas do treinador em análises mais objectivas e detalhadas através de sistemas de notação. Neste contexto, os desportos de equipa, como o basquetebol, podem beneficiar imenso com o desenvolvimento da análise da *performance* computadorizada, pois a gestão de dados disponíveis pode ajudar o treinador no seu esforço de melhorar a *performance*. Esta informação pode ser utilizada para diversos objectivos como sugerem Franks et al. (1983): (i) *feedback* imediatos; (ii) desenvolvimento de base de dados; (iii) indicação de áreas que requerem aperfeiçoamento; (iv) avaliação; (v) como mecanismo para investigação selectiva através do registo vídeo do jogo. Todas estas funções têm importância suprema para o processo de treino, que é a principal razão de ser da análise do jogo.

De uma forma geral, ao nível da investigação têm sido apresentados os seguintes objectivos da observação para os treinadores nos jogos desportivos colectivos: (i) objectivar as tácticas anteriormente utilizadas pelas equipas de melhor nível de performance; (ii) identificar o que é mais eficaz para a sua própria equipa; (iii) avaliar a frequência de utilização de certas acções do jogo; (iv) comparar as formas de jogo da sua própria equipa com as mais acessíveis na hierarquia; (v) comparação entre vencedores e vencidos; (vi) comparação da eficácia entre equipas de diferentes níveis competitivos; (vii) identificação de perfis dos jogadores; (viii) caracterização de certos períodos do jogo; (iX) saber o que o adversário conhece da sua equipa.

No entanto, e de acordo com Lames e Hansen (2001), deve haver um cuidado extremo na obtenção dessas informações, pois todo este processo só será suficiente para alcançar relevância prática, caso a análise das tarefas básicas de suporte do jogo de alto nível de rendimento seja realizado segundo a associação entre a informação resultante da observação do jogo e a do processo de treino do jogador ou da equipa. Esta associação entre o comportamento da competição e a do treino pode ser considerado como um processo em três etapas (Lames & Hansen, 2001) (Figura1)

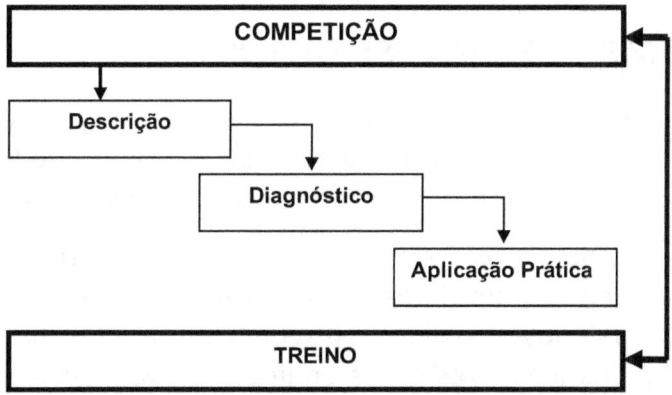

Fig. 1 - Mecanismo da competição e do treino através da observação do jogo num processo de três fases (Lames & Hansen, 2001).

De acordo com o mecanismo referido, Lames e Hansen (2001) consideram que em primeiro lugar é necessário uma descrição detalhada do comportamento da competição através de um sistema de observação apropriado. Numa segunda fase do processo, deve ser realizado um diagnóstico em que a informação tem de ser analisada no sentido de detectar indicadores informativos para o treino. Por isso é essencial e fundamental existir uma adequada interpretação dos dados ou informações numéricas ou visuais e que podem ser consideradas: (i) particularidades individuais (tácticas, estratégia); (ii) aspectos situacionais como a motivação; (iii) processos físicos e cognitivos durante o jogo; (iv) a qualidade do opositor; e (v) o nível de preparação. Estas características interpretativas do diagnóstico tornam-se às vezes mais óbvias quando é considerada a segunda tarefa, a investigação para as razões do comportamento diferenciado em competição. Na terceira etapa, é transferido o resultado do diagnóstico, que é uma lista de objectivos potenciais do treino, em medidas práticas para o treino. Por isso, ao nível da investigação têm sido realizados trabalhos (Silva, 1996; Silva, 1998; Araújo, 1998) com o intuito de verificar até que ponto o jogo reflecte a concepção idealizada pelo treinador e os seus jogadores interpretam consciente e adequadamente o papel que o seu treinador lhes propõe. Ou seja, será convergente o jogo realizado com o jogo idealizado? ¿E este será adequado às características da equipa?

3. SISTEMAS DE ANÁLISE DE JOGO

No que diz respeito aos sistemas de análise de jogo, os especialistas têm procurado desenvolver instrumentos e métodos que lhes permitam reunir material importante para treinadores e investigadores.

O processo de observação e análise do jogo tem experimentado uma evolução evidente ao nível dos sistemas utilizados. Diagnosticar, coligir e tratar os dados recolhidos e disponibilizar as informações sobre a prestação dos jogadores e das equipas, são as principais funções dos sistemas de análise de jogo (Garganta, 1998). Apesar dos sistemas de notação serem muitas vezes ou na maior parte dos casos usados pelos investigadores, não nos podemos esquecer que o principal objectivo do seu uso é fornecer informação aos treinadores e atletas. Kilb et al. (2001), consideram que o uso da tecnologia com a finalidade de elevar o treino e a *performance* tem sido reconhecida como um importante empreendimento. No entanto muitas dos instrumentos de avaliação não são orientadas para os treinadores que deveriam usar a referida tecnologia.

Uma das dificuldades sentidas, deve-se ao facto de no Basquetebol, as capacidades dos jogadores serem condicionadas fundamentalmente pelas imposições do meio, i.e., pelas sucessivas configurações que o jogo vai experimentando, o que torna a observação de todos os jogadores em movimento muito complexa (Grosgeorge, 1990). De igual modo, Dufour (1989) considera que a interdependência dos comportamentos constitui um obstáculo difícil de ultrapassar. Por este motivo, nos jogos desportivos, tem-se verificado uma crescente utilização de metodologias com recursos a meios cada vez mais sofisticados. Ou seja, cada vez mais se recorre à análise do jogo apoiada por computador, que devido às suas elevadas capacidades de registo e memorização tendem a constituir-se como equipamento importante para o treinador e para o investigador (Dufour, 1989; Grosgeorge, 1990).

A este respeito, Toledano et al. (2001) consideram que actualmente existem poucos instrumentos que ajudem os treinadores a reunir informação objectiva em tempo real acerca das acções dos jogadores, tal como eles desenvolvem durante a competição. Durante o treino e a competição os treinadores tomam decisões técnicas e tácticas, baseadas na sua intuição e experiência sem o suporte de dados objectivos. Por esta razão, é importante desenvolver instrumentos para o registo, análise e avaliação de elementos quantitativos e qualitativos na prática desportiva.

Os treinadores usualmente confiam nos programas de computador para realizar e analisar a informação assim que o treino ou o jogo acabam. Estes programas compilam informação quantitativa, revelando uma visão descritiva das acções dos jogadores que são facilmente quantificáveis, i.e., estatísticas desportivas. Os dados provenientes destes programas só são concedidos aos treinadores para analisar os factos depois de ocorridos e de decisões tomadas posteriormente, i.e., *post-active decisions*. Os treinadores têm tradicionalmente resolvido estes problemas realizando a recolha de informação quantitativa e qualitativa com carácter acessória durante o treino e a competição. Contudo, na última década alguns programas de computador, que têm sido experimentados para analisar as acções dos jogadores nos jogos desportivos colectivos, têm sido comercializados.

A este propósito, Grosgeorge (1990) desenvolveu sistemas *integrados (hardware e software)* para coligir uma larga quantidade de informação e análise em tempo real, usando pequenos computadores pessoais.

Também o investigador Dufour investiu no desenvolvimento de um sistema de observação sistemática do comportamento motor dos jogadores. Este sistema, que faz parte dum projecto designado CASMAS (*Computer Assisted Scouting-Match Analysis System*) permite seguir uma equipa em tempo real (Dufour e Verlinden, 1993). O sistema, ao utilizar um algoritmo específico, permitiu a Dufour apresentar uma análise do jogo de futebol, centrada nas dimensões física, técnica e táctica, através do qual salientou o interesse que as informações assim obtidas podem representar para os treinadores e investigadores.

Recentemente, Toledano et al. (2001) apresentaram uma aplicação de computador com a finalidade de ajudar a desenvolver estes instrumentos, concedido para a compilação, análise e avaliação das acções dos jogadores em tempo real. O objectivo é tentar ajudar os treinadores a tomar decisões inter-activas, fornecendo-as com a informação em variáveis que tradicionalmente tem dependido de subjectividade (acções técnicas e tácticas que convencionalmente as estatísticas não coligem, sequência e eficácia dos sistemas de jogo, etc.) fazendo a possível quantificação e análise em tempo real. No sentido de desenvolver o programa, os referidos autores estabeleceram com objectividade vários indicadores os quais concedem a informação exigida pelos treinadores durante o treino e a competição para ser coligida em tempo real. Uma vez validados os indicadores procederam ao *design* e criação de instrumentos (*hardware e software*) compilando a informação, analisá-la e passá-la ao treinador durante a sessão de treino e a competição.

Com o avanço das tecnologias, apareceram *softwares* que utilizam de forma integrada sistemas de vídeo e multimédia, transformando o computador em *workstation* (posto de trabalho) para organizar, analisar e apresentar material vídeo. Com ele os treinadores de jogos desportivos podem analisar padrões de jogo, acções tácticas, interacções e cooperação das suas equipas ou das do adversário. Benefícios deste tipo de sistema: (i) permite uma pesquisa interactiva elevada através do vídeo, com imediato acesso aos eventos, o que é ideal para o treinador rever o jogo e para o treino individual; (ii) reduz horas de vídeo a uma apresentação sumária compacta para avaliação técnica; (iii) mostra aos observadores só as imagens que interessam, criando sínteses por jogador, padrão de jogo ou qualquer outro evento codificado.

Como podemos verificar, com sistemas avançados tecnologicamente os treinadores têm a sua vida simplificada pois a análise do jogo torna-se extremamente facilitada.

4. CONSIDERAÇÕES FINAIS

- A observação e análise do jogo é uma tarefa fundamental no apoio das equipas de Basquetebol de alto nível de rendimento, pois permite obter informações para a preparação da equipa no confronto com os adversários e também permite que essa informação seja utilizada no processo de treino.

- Até ao momento parece não existir nenhum sistema de observação que, por si só, forneça toda a informação contida num jogo, pelo que ela terá valor se associada aos conhecimentos que os treinadores possuem.

- O Basquetebol pode beneficiar imenso com o desenvolvimento da notação computadorizada, pois a manipulação de dados disponíveis pode ajudar o treinador no seu esforço de melhorar a *performance*.

- Estamos em plena era da informática, pelo que a recolha e armazenamento de dados tornou-se um procedimento comum e frequente. Este facto, permite uma base informativa preciosa para os investigadores e responde às questões pertinentes colocados pelos intervenientes na actividade desportiva, i.e., treinadores e jogadores.

- O incremento de sistemas vídeo mais sofisticados tiveram ou têm tido um papel importante ao nível dos *feedback* após os eventos, permitindo ultrapassar as análises subjectivas do treinador em análises objectivas mais detalhadas através de sistemas de notação.

- O percurso evolutivo da observação e análise do jogo, permite constatar que muito mais importante que descrever, é descobrir as inter-relações que se estabelecem entre os diferentes elementos de uma dada situação. A ideia base é observar para compreender e poder depois passar à acção relativamente a um aspecto em particular, sem no entanto esquecer o todo.

REFERENCIAS

Araújo, A. (1998). *Congruência entre o modelo de jogo do treinador e o futebol praticado pela equipa. O contra-ataque – um estudo de caso em futebol de alto rendimento*. Tese de Mestrado, FCDEF-UP, (não-publicado).

Bartlett, R. (2001) Performance analysis: can bringing together biomechanics and notational analysis benefit coaches? *Journal Analysis of Performance, 1*

Dufour, R. 1989). Les techniques d'observation du comportement moteur. *Revista Education Physique et Sport,* pp. 217.

Franks, I., Goodman, D., e Miller, G. (1983). Analyse de la performance qualitative ou quantitative. Science du Sport, Strategie GY-1.

Garganta, J. (1998). Analisar o jogo nos jogos desportivos colectivos: uma preocupação comum ao treinador e ao investigador. *Horizonte, 24*(83).

Gréhaigne, J. (1992). *L' Organisation du jeu en football.* Joinville-le-Pont: Editions Actio.

Grosgeorge, B. (1990). *Observation et entrainement en sports collectifs.* INSEP.

Hughes, M. (1997). *Notational analysis of sport.* London: E. & F.N. Spon.

Kilb, B., Raz-Lieberman, T., e Katz, L. (2001). The role of techonology in coaching: Enchncing the pratctice through education, drills databases and practice planning. In Mike Hughes (eds.) *Proceedings of V Notational Analysis of Sport.* Cardiff.

Lames, M., e Hansen, G. (2001). Designing observational systems to support top-level teams in game sports. *Journal Analysis of Performance, 1.*

Marques, F. (1990). *A definição de critérios de eficácia em desportos colectivos.* Provas de APCC, FMH (não-publicada).

Moutinho, C. (1991). A importância da análise do jogo no processo de preparação desportiva nos jogos desportivos colectivos: o exemplo de voleibol. In *As Ciências do Desporto e a Prática Desportiva* (vol.2). FCDEF-UP.

Silva, P. (1996). *A relação entre as concepções de jogo do treinador e o desenvolvimento das acções de ataque no jogo de basquetebol. Estudo no escalão de cadetes femininos de basquetebol.* Tese de Mestrado, FCDEF-UP, (não-publicado).

Silva, A. (1998). *Congruência entre o modelo de jogo do treinador e a prestação táctica de uma equipa de futebol. Estudo das características do processo ofensivo da selecção nacional portuguesa de futebol feminino.* Tese de Mestrado, FCDEF-UP, (não-publicado).

Toledano, M.; Garcia, M.; Ibanez, S. (2001). Software for the analysis and the quantitative and qualitative evaluation in sports of team. In Mike Hughes (eds.) *Proceedings of V Notational Analysis of Sport.* Cardiff.

13. ANÁLISIS DE LA FORMACIÓN DE LOS JUGADORES Y JUGADORAS INTERNACIONALES EN ESPAÑA

Pedro Sáenz-López Buñuel
Universidad de Huelva

1. INTRODUCCIÓN

1.1.- Justificación

Nuestro interés por el deporte ha tenido siempre una orientación educativa. Por esta razón, nos llamó la atención el dato aportado por García y Leibar (1997) en el que demostraban que el porcentaje de chicos que destacaban en cadetes en la prueba de 1.500 en atletismo y luego se mantenían a ese nivel en senior, era mínimo (3 de 2000). Nos interesamos por saber qué ocurría en el deporte que más nos apasiona: el baloncesto. Diseñamos dos proyectos de investigación sobre las claves que determinan que los jugadores lleguen a la elite, que fueron subvencionados por el Consejo Superior de Deportes en el 2001 el masculino y en el 2004 el femenino. Aprovechamos la cantidad de datos que manejamos para publicar otros estudios como la evolución en la participación de los jugadores en las diferentes categorías de la selección española de baloncesto o los lugares y clubes de formación de los jugadores de ACB. Presentamos en este informe una síntesis de todas estas investigaciones.

1.2. Planteamiento del problema

La necesidad de diagnosticar con tiempo los talentos en una determinada especialidad deportiva ha provocado numerosos estudios. Sin embargo, la mayoría de estas publicaciones tienen una orientación bio-médica y muy pocas abordan el problema desde una perspectiva más social. Los datos de muchos deportes confirman que no todos los deportistas que destacan en sus inicios, continúan haciéndolo en su madurez. La realidad es que no sabemos con certeza por qué algunos jóvenes talentos no llegan al máximo nivel y por qué otros que destacaban menos terminan siendo los mejores (Campos, 2003).

Algunos estudios como los de García y Leibar (1997) o Sánchez (2002), nos aportan datos que avalan el hecho de que en un deporte como el baloncesto donde muchos jugadores se mantienen en la alta competición hasta una edad bastante avanzada, el inicio debe ser bastante progresivo y escalonado con objeto de que la llegada a la alta competición se haga en el momento preciso y no antes.

Nuestro interés por este tema, nos ha llevado a plantearnos cuál es la evolución de los jugadores que destacan siendo jóvenes y que acuden a las convocatorias de la selección nacional española en categorías de formación (cadete, júnior o Sub 22). En función de este dato, nos interesa analizar las claves de la formación de los jugadores que terminan llegando a la elite.

1.3. Objetivos de la investigación

En base al planteamiento del apartado anterior, nos proponemos los siguientes objetivos:

- Conocer la evolución de la participación de los jugadores en las distintas categorías de la selección nacional.
- Analizar los aspectos claves que han llevado a los jugadores y jugadoras internacionales de baloncesto a la alta competición, analizando las diferencias.
- Profundizar sobre los distintos ámbitos del entrenamiento (físicos, técnicos, tácticos y psicológicos) que deberían tenerse en cuenta en la formación de jugadoras con talento en categorías inferiores.

2. LA FORMACIÓN DEL JUGADOR DE BALONCESTO

2.1. Etapas

Los jóvenes que comienzan a practicar un deporte determinado, deben seguir un proceso de formación lo más adaptado posible a su edad y nivel. Es importante el establecimiento de unas fases en las que se programe el trabajo con nuestros deportistas con tiempo suficiente, de forma progresiva y coherente, sin tener prisas, y evitando que nos saltemos pasos y escalones necesarios en la educación motriz de los jugadores (Ramos y Taborda, 2001; Giménez, 2000).

Actualmente en España tenemos dos ejemplos contradictorios de cómo puede ser la formación de un jugador: Pau Gasol y Ricky Rubio. El primero, que ya lo ha sido todo, ha tenido una evolución lenta y progresiva, comenzando a destacar en la categoría senior, ya que siendo junior del Barcelona no tenía ningún protagonismo, ni tampoco en la selección española que ganó la medalla de oro en Lisboa en 1999. Sin embargo, Ricky es un jugador precoz que debuta en ACB con 14 años y mantiene una progresión enorme para su joven edad. Nos preguntamos cuál de los modelos es más adecuado para la formación del jugador.

Puig (1995: 458) describe los itinerarios deportivos de 14 deportistas de alto rendimiento y comenta que la etapa de competición está "precedida por una fase de aprendizaje, seguida -o acompañada- de algunas prácticas recreativas, calificadas, según los testimonios, de complementarias a su actividad principal. Sin embargo, en la posterior etapa de máxima intensidad competitiva llegan a abandonar otras prácticas para que no interfieran en la actividad principal que están realizando".

En esta línea, algunas investigaciones reflejan que los deportistas que triunfan han llevado un proceso de formación adecuado, mientras que, por el contrario, los que tuvieron una pronta especialización y adelantaron su rendimiento abandonaron la práctica deportiva antes (Hohmann y Seidel, 2003).

Observando la edad media de los equipos de alta competición y selecciones nacionales de baloncesto, apreciamos que los jugadores comienzan a alcanzar sus máximas prestaciones a partir de los 25 años, alargando su carrera deportiva al más alto nivel más allá de los 35 años. Este hecho debe hacernos reflexionar sobre cuál debe ser la edad en la que hay que detectar al joven talento, a qué edad trabajar con él al máximo nivel, así como la forma de hacerlo para que el resultado final sea el óptimo.

En este sentido, autores como Ruiz y Sánchez (1997) diferencian al deportista "experto" del "talento" cuando el sujeto alcanza altas cotas de rendimiento y muestra un elevado compromiso con el entrenamiento para desarrollar sus aptitudes iniciales, estamos hablando de un sujeto experto. Para Sánchez (2002), el deportista experto es el resultado de un entramado complejo y dinámico de experiencia, práctica deliberada, guía, conocimiento, eficacia, éxito y deseo de excelencia. Por tanto, los sujetos con cierto talento deben desarrollarse a través de un proceso para poder convertirse en deportistas expertos.

En la última década numerosos investigadores han puesto de manifiesto que el rendimiento experto sólo puede ser entendido desde una perspectiva holística, es decir, que además de tener en cuenta el número de horas que dedica el deportista a entrenarse, hay que considerar una serie de factores de tipo biológico, psicológico, perceptivo-cognitivo y social en continua interacción (Abernethy, Thomas y Thomas, 1993; Housner y French, 1994; Thomas, 1994; Ruiz, 1998; Singer y Janelle, 1999). Este enfoque multidimensional del experto establece que sobre una base genética es necesaria la coincidencia de numerosas variables para que un deportista alcance un rendimiento excelente. Desde la presente perspectiva, el deportista excelente nace, pero sobre todo se hace, siendo el proceso más importante que el talento (Ruiz y Sánchez, 1997; Singer y Janelle, 1999). Es decir que afirma que "el éxito deportivo es una confluencia del binomio integrado por las características naturales del deportista (aptitudes hereditarias) por un lado y el entorno social por otro" (García, 1996:10)

Vamos a analizar cuál es la evolución de los jugadores de baloncesto que participan en la selección nacional desde la categoría cadete hasta la absoluta.

2.2. Evolución en la participación en las diferentes categorías de la selección nacional

Conociendo los datos de otros deportes, nos planteamos analizar la correlación de la participación de los jugadores de baloncesto entre las selecciones nacionales en las categorías cadetes, junior, sub-22 y absoluta (Sáenz-López, Ibáñez y Feu, 2006). La muestra seleccionada ha estado compuesta por los jugadores españoles nacidos entre 1974 y 1981 (un total de 161), actualizada hasta el 2003. Los datos han dado unos resultados muy interesantes.

Comenzando por la categoría cadete, podemos observar que de 54 internacionales sólo 1 llega a la absoluta y la mitad llegan a la ACB (Figura 1).

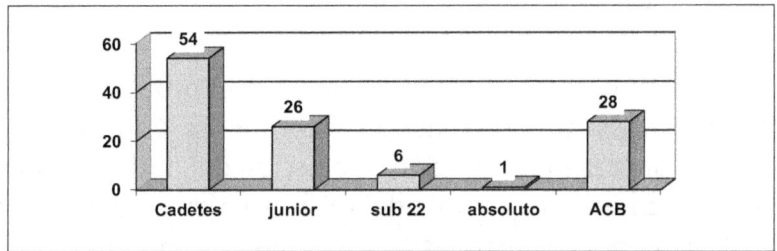

Figura 1. Evolución de los jugadores cadetes que participan en categorías superiores.

Sin embargo, estos datos parecen suavizarse en la categoría júnior. De los 71 jugadores júnior participantes, 28 llegan a la categoría absoluta y 55 a la Liga ACB (Figura 2). Aunque sigue sin haber una relación significativa estadísticamente, parece que los jugadores internacionales en estas edades tienen más probabilidades de jugar en la absoluta.

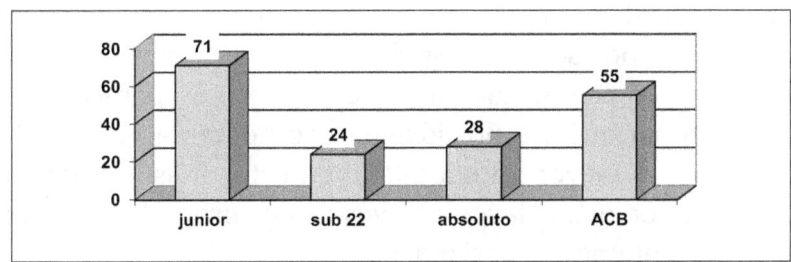

Figura 2. Evolución de los jugadores júnior que participan en categorías superiores.

Por último, en la muestra encontramos 37 jugadores de categoría Sub 22 de los cuales 9 llegan a categoría absoluta y 35 a la liga ACB (Figura 3). Las relaciones analizadas entre la categoría Sub 22 y la absoluta, confirman que aquellos jugadores con una participación cualitativa mayor en la categoría Sub 22 mantienen esta tendencia en la participación en la categoría absoluta.

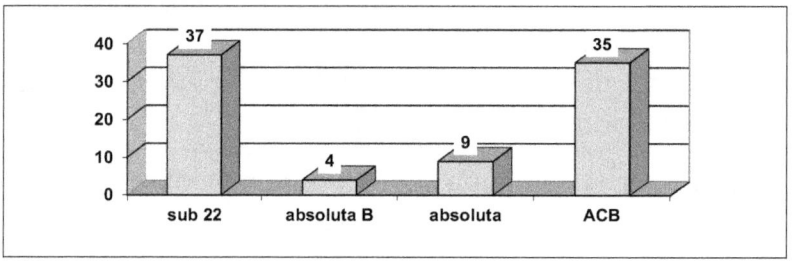

Figura 3. Evolución de los jugadores Sub 22 que participan en categorías superiores.

Estos resultados nos hacen reflexionar sobre el proceso de selección de talentos en las categorías cadetes y anteriores. Consideramos que es tan importante la identificación y selección del potencial futuro del joven talento como el desarrollo del mismo, ya que, aunque la detección y selección sea correcta, es en el proceso de formación donde se pierden más talentos cuando éste no se produce de forma adecuada (Williams y Reilly, 2000; Abbott y Collins, 2004).

En este sentido, a pesar de que la mayoría de los expertos en la materia coinciden en señalar las variables que influyen en el éxito deportivo, su importancia y la forma en que estos factores afectan al resultado final plantean numerosas dudas e incertidumbres (Campos, 1996). Aunque se han hecho esfuerzos por descubrir las claves que delimitan los procesos de formación de los talentos deportivos, existen en la actualidad grandes interrogantes aún por resolver. En particular, todavía no se ha llegado a clarificar por qué algunos deportistas consiguen llegar a la élite y otros desaparecen en el intento, o bien por qué algunos jóvenes sobrepasan el rendimiento de compañeros con mayor potencialidad en categorías inferiores. Queremos indagar en estas claves a través de dos proyectos de investigación que presentamos a continuación.

3. CÓMO CONOCER LAS CLAVES DE LA FORMACIÓN: METODOLOGÍA

3.1. Diseño

Los dos estudios se plantearon bajo el paradigma interpretativo, utilizando una metodología cualitativa a través de entrevistas. El método empleado es el fenomenológico, cuyo propósito, según Carrasco y Caldero (2000:108), es *descubrir las formas de comprensión que la gente tiene de fenómenos específicos para encuadrarlos dentro de categorías conceptuales*.

Atendiendo a la clasificación metodológica que proponen Rodríguez et al (1996), el esquema del proyecto de investigación responde a un diseño de casos múltiples con varias unidades de análisis (antropometría, cualidades físicas, contexto, aspectos psicológicos, técnica y táctica) al objeto de describir y explicar las claves de formación de jugadores de baloncesto a partir de los relatos de los deportistas y entrenadores.

3.2. Sujetos participantes

El universo de referencia está constituido por un total de 48, que se dividen en: jugadores (7) y jugadoras (14) españoles que han llegado a ser internacionales, entrenadores nacionales de ACB (9) y de Liga Femenina (6), coordinadores de cantera de los clubes de ACB (5) y de Liga Femenina (2) y expertos en baloncesto y Ciencias del Deporte (5).

La muestra la conforman cuatro grupos de sujetos que han sido seleccionados de acuerdo con el método *no probabilístico-opinático* (Vallés, 1997). De esta forma se pretende que el criterio del equipo investigador permita tener una muestra lo más representativa posible a efectos de la investigación. Cada uno de los grupos cumple una serie de criterios de experiencia, representación de diferentes zonas geográficas, etc. (Sáenz-López et al, 2005; Sáenz-López et al, 2007).

3.3. Material y método: entrevista

El instrumento utilizado en los estudios ha sido la entrevista que ha sido diseñada por los componentes de los equipos de investigación y validadas por expertos y tras realizarse un pilotaje. Tras la grabación en audio, las entrevistas han sido transcritas literalmente tras lo cual se han ido clasificando en códigos previamente establecidos como primer paso del análisis cualitativo. Este proceso se ha realizado por los equipos de investigación con un nivel de fiabilidad superior al 80% de coincidencias.

Un importante avance en el procesamiento de la información cualitativa ha sido la posibilidad de utilizar la informática, siendo el programa Aquad el más conocido en nuestro contexto. Su autor, Huber (1989), justifica su utilización por lo penoso que resulta trabajar con datos cualitativos y, porque sin una labor muy sistemática, podríamos perder fácilmente el sentido del trabajo. Por tanto, el siguiente paso consiste en introducir los códigos en el ordenador a través del programa Aquad, lo que facilita el proceso de reducir los datos, contar los códigos y manejar los textos. Por último, se realiza el análisis de los datos que presentamos a continuación.

4. RESULTADOS Y DISCUSIÓN

Se puede comenzar el análisis cualitativo por el recuento de códigos (Rodríguez, 1995; Huber, 1989). Aunque en realidad éste es un proceso cuantitativo, nos puede servir para organizar la presentación de los resultados y para intuir la importancia que los entrevistados han dado a cada código. Comprobamos en la figura 4, que la mayor frecuencia se la lleva el contexto. En segundo lugar, aparece la dimensión psicología individual que en el baloncesto femenino parece que le otorgan más importancia que en el masculino. Otra diferencia es que en hombres aparece la táctica como el tercer factor, mientras que en el femenino se da más importancia a la condición física y a la técnica. En ambos estudios, la antropometría y la psicología social aparecen como los factores menos relevantes.

LOS PROCESOS DE FORMACIÓN Y RENDIMIENTO EN BALONCESTO

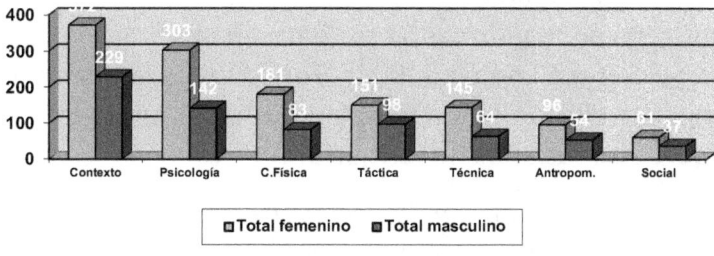

Figura 4. Frecuencias totales en ambas investigaciones.

Vamos a presentar un resumen de los aspectos que más destacan como claves en la formación de los jugadores y jugadoras dentro de cada dimensión.

4.1. Contexto

Como acabamos de comentar, en esta dimensión se agrupa el mayor número de referencias por parte de los entrevistados.

Como observamos, en la tabla 1, en cada dimensión, vamos a exponer los códigos ordenados por el número de entrevistados que los citan.

Tabla 1. Aspectos del contexto citados por los entrevistados.

CÓDIGO	Breve descripción
Entorno	Familia, amigos
Entrenador	En su formación
Cantera	en su formación
Jugar	Fuera de los entrenamientos
Estudios	Durante formación
Oportunidad	para debutar
Competición	Nivel

El aspecto que más destacan todos los entrevistados es el entorno del deportista, en el que las referencias más importantes se refieren a los padres, y a la necesidad de su apoyo (Knop, 1993):

"Creo que el entorno en el 90% de los casos es el que va a decidir si el jugador va a seguir adelante o no va a seguir adelante" (entrenador 4).

En segundo lugar, aparece el entrenador tiene una gran importancia en esta dimensión, confirmado este dato en investigaciones como las de Saura (1996) o Giménez (2003). Todos los jugadores y jugadoras hacen especial alusión a la necesidad de haber contado con buenos entrenadores en sus años de formación:

"la verdad es que yo he tenido una suerte de tener siempre buenos entrenadores. Porque bueno, pues no sé si ha sido por la altura y tal pero siempre he estado en proyectos que se han hecho de cara a trabajar con gente joven" (jugadora 3).

Los entrevistados describen la relevancia capital que tiene el trabajo de cantera y dentro de esta la educación que se le da al deportista. En otros casos se destaca la competitividad que aprendieron en sus etapas de formación. Esta necesidad de competición en estas categorías es comentada por Añó (1997):

"Evidentemente se nota si un jugador ha estado siempre en la cantera de un equipo modelo, serio, con disciplina, con rigor, con orden que ha primado siempre la formación del chico en el ámbito académico, que han hablado claramente con los padres, que cuando ha tenido cualquier problema el jugador le han atendido, le han intentado orientar" (entrenador 6).

Sin embargo, no hay que confundir la capacidad de competir con el rendimiento precoz. La paciencia parece importante en el proceso de formación colaborando en no buscar el rendimiento prematuro ni individual ni colectivo. En esta línea, Pesic, entrenador de gran éxito, afirma en una entrevista que *nunca hay que obligar a los entrenadores de la cantera a que ganen campeonatos con los jóvenes* (Clinic, 2003). Más duro es Obradovic, entrenador campeón de euroliga, quien afirma con contundencia que *no hay nada peor para los jugadores más jóvenes que se busquen resultados* (Clinic, 1995a).

De hecho, la mayoría de los jugadores (las jugadoras menos), comentaban que habían sido jugadores buenos en categorías inferiores, pero raramente de los mejores. Óscar Yebra, jugador de ACB, comenta: *cuando tenía trece años me hice unas pruebas en el Forum y aparte de decirme que no llegaría a 1,95, me comentaron que me dedicase a otra cosa* (Gigantes, 2004). Hay otros ejemplos sorprendentes de jugadores que explotan tarde como Dirk Nowiski que estuvo a prueba en el juvenil del Barcelona o que Michael Jordan siendo cadete no fuera seleccionado para representar a su Instituto. Parece que en el baloncesto femenino es diferente y aunque hay jugadoras que eran buenas y no han llegado, la mayoría de las que han llegado ya destacaban de jóvenes.

Por otra parte, son numerosas las veces en que las jugadoras y jugadores se refieren a que jugaban mucho por su cuenta:

"sí, cuando era pequeña, en iniciación, siempre estaba con un balón, me iba con mis amigos allí, a un polideportivo que había en Cádiz y pasaba muchísimas horas jugando... muchísimas horas fuera de los entrenamientos que es donde se hace un jugador yo creo"
(jugadora 2).

Otro factor, a destacar son las constantes alusiones a la necesidad de divertirse jugando y disfrutar del baloncesto, tal como exponen numerosos autores como Hahn (1989) o Martens et al (1989):

"hay que divertirse, si no te diviertes y no tienes ilusión por jugar a un deporte no llegarás nunca a nada si no te diviertes" (jugadora 2).

El tema de los estudios es realmente interesante y más de la mitad de los jugadores comentan la importancia de los estudios en el proceso de formación:

"Hay muchos jugadores que desde pequeños piensan que con el baloncesto ya tienen la vida solucionada y dejan o apartan los estudios, eso creo que no es bueno. Los estudios te ayudan mucho para ser un buen jugador porque te ayuda a entender el juego. Cuando un jugador no ha estudiado nada se le nota algo raro en el campo"
(jugador 2).

Además, se comenta cómo en baloncesto femenino la mayoría no abandona los estudios y llegan a tener una carrera universitaria, a diferencia de los hombres:

"de las mujeres que estamos aquí, la mayoría hemos estudiado una carrera, y los chicos ninguna. De los chicos de la selección masculina no han hecho nada, excepto alguno..." (jugadora 10).

La mitad de los entrevistados destacan la importancia de tener una oportunidad en el momento adecuado. Muchos menos comentan la necesidad de participar en competiciones igualadas.

En definitiva, coincidimos con Puig (1995) y García et al (2003) consideran que los factores relacionados con el contexto tienen tanta importancia como el propio entrenamiento para el éxito del deportista.

4.2. Psicología individual

Las capacidades psicológicas individuales aparecen como el segundo aspecto clave en la formación de jugadores y jugadoras internacionales. La mayoría de los entrevistados así lo reconocen. Algunos, especialmente en el baloncesto femenino, incluso opinan que la psicología es lo más importante:

"Yo creo que el nivel psicológico es lo más importante porque si no estás bien en tu cabeza pues no vas a llegar, creo yo al baloncesto de élite" (jugadora 9).

Tabla 2.- Aspectos de psicología individual citados por los jugadores y jugadoras.

CÓDIGO	Descripción
Trabajo	Capacidad de trabajo
Motivación	Hacia el baloncesto
Aprender	Capacidad de aprender
Equilibrio	Emocional
Disciplina	
competir	Capacidad para competir
Confianza en uno mismo	
Inteligencia	
Humildad	
Concentración	
Presión	Soportar presión del entorno

Todas las jugadoras y jugadores reconocen que han trabajado mucho para poder llegar, siendo necesarias capacidades como la constancia, la disciplina o la humildad. Dan Peterson, entrenador en Italia y en la NBA, afirma que *de los jugadores me fijo antes que nada en su 'cora-*

zón', en su carácter, en su capacidad de sufrir y superarse (Clinic, 1988):

"Pero yo creo que el trabajo diario es el que al final te da la suerte de estar ahí" (jugadora 4).

"Yo creo que, he entrenado mucho, mucho siempre, o sea, siempre he estado en equipos donde se ha entrenado mucho y yo creo que la clave para... para coger esa experiencia es entrenar" (jugadora 8).

Algunas jugadoras describen el coste que esta dedicación ha tenido por tener que renunciar a muchas cosas y reconocen que es muy duro llegar al máximo nivel, aunque afirman que la recompensa les merece la pena. De todas las capacidades psicológicas, la que más destacan las jugadoras es la motivación. Disfrutar y divertirse haciendo baloncesto, es un aspecto fundamental para soportar el esfuerzo que deben realizar (Giménez, 2000):

"Que juegue a divertirse que... si no te diviertes y no tienes ilusión por jugar a un deporte... y no llegarás nunca a nada" (jugadora 2).

Otra de las capacidades psicológicas que más destacan es el deseo de aprender. Prácticamente todas las jugadoras consideran que es imprescindible no ser conformista, tener afán de superación y ser humilde para mejorar día a día (Sánchez, 2002). Esta idea la confirma Hubie Brown, entrenador de Pau Gasol en la NBA (2003/04), al afirmar que *en mi país hay muchos jugadores con talento, pero siempre escogemos al chico que sea más entrenable, que pueda asimilar mejor los conocimientos* (Clinic, 1995b).

"Yo pienso que a mucha gente le falla esto, cuando en categorías inferiores se creen muy buenos y si no han tenido la formación de entrenadores que le hayan parado los pies, o que le hayan dicho tú eres bueno, pero tienes que seguir mejorando para conseguir esto o lo otro" "intentar mejorar cada día en cualquier aspecto" "yo siempre he intentado aprender algo más..., intentar ser un jugador completo porque para jugar en ACB o en la selección hay que ser jugadores completos" (jugador 4).

El equilibrio emocional y, sobre todo, la capacidad de autocontrol, es una cualidad importante para que las jugadoras puedan llegar al máximo nivel (Buceta, 1998). Se valora mucho la capacidad de superar los momentos malos que va a haber durante el proceso de formación, en los que la familia va a ser muy importante:

"Y qué destacaría, evidentemente la dureza mental. El sobreponerte a lesiones, el sobreponerte... a malos momentos durante una temporada, sobre todo sabiendo que tienes que rendir siempre"
(jugadora 13).

A más distancia aparece la disciplina como una cualidad deseable para que la jugadora pueda asimilar las enseñanzas de los entrenadores:

"Yo aprendía mucho y que le hacía caso siempre" (jugadora 13).

Los entrevistados que mencionan este tema, destacan la importancia de que la jugadora tenga capacidad para competir, tenga un carácter ganador, que tenga desparpajo y sea intensa jugando (Cárdenas, 2003).

"Yo por ejemplo en la pista soy muy competitiva" (jugadora 1)

Algunos entrevistados consideran importante la confianza, creer en tus posibilidades y convencerte de que puedes hacerlo:

"Lo primero es que tú tienes que tú tienes que creer en ti y en tus posibilidades" (jugadora 5).

También destacan la inteligencia como una cualidad muy necesaria para las jugadoras que llegan a la elite. Antón (1989) confirma que el baloncesto como deporte de oposición es, por encima de todo, un juego de resolución de problemas:

"Buscándote la vida ¿sabes? pues... intentando ser un poquito más inteligente que la jugadora que tienes en contra" (jugadora 14).

Otra cualidad que ha salido reflejada indirectamente en otros códigos es la humildad. Ser modesta y no creárselo es clave para que la jugadora trabaje y mejore día a día:

"Con modestia sobre todo por todo porque... yo he visto a muchas veces a niñas con talento de pequeñitas que han empezado a pensarse que eran Michael Jordan y luego no han llegado a nada"
(Jugadora 11).

La concentración también es citada por algunas jugadoras y jugadores como una cualidad útil para llegar a la alta competición (Williams y Weinreb, 2002). La presión del entorno, aparece de forma destacada en los hombres como causa para que no lleguen los jóvenes talentos, mientras que no es citado por las jugadoras.

Como resumen de los factores psicológicos individuales, los sujetos entrevistados destacan la capacidad y deseo de aprender que estará muy unida a la inteligencia y a la capacidad de trabajo.

4.3. Condición Física

Tabla 4.- Aspectos de condición física citados por los entrevistados.

CÓDIGO
Velocidad
Fuerza
Coordinación
Salto
Resistencia

En tercer lugar, aparece la condición física, aunque en el baloncesto masculino la táctica es la que ocupa esta posición. En cualquier caso, casi todos los sujetos participantes en el estudio hacen referencia de una forma u otra a la importancia que tiene la condición física en las jugadoras y jugadores de baloncesto y más en la evolución que se está produciendo en el juego:

"yo creo que, que sí, que es muy importante ahora el físico" (jugadora 7).

La velocidad es la cualidad física que más han destacado los entrevistados. Las intervenciones de las jugadoras se dirigen hacia importancia que tiene esta cualidad en el juego y manifiestan que la velocidad es una de claves para que una jugadora pueda llegar a la alta competición. Este dato también lo confirma H. Brown, entrenador de la NBA quien comenta *el basket es un juego rápido* por lo que *la rapidez y la capacidad de salto* es lo que diferencia el basket americano del europeo (Clinic, 1995b).

"En mi caso... pienso que hay una cosa, el físico pienso es muy importante, yo físicamente, pues bueno, soy muy rápida, soy muy explosiva, yo creo que esto es algo, una característica en baloncesto, es muy buena" (jugadora 6):

La fuerza es la segunda cualidad física que más ha destacado la muestra y en algunas ocasiones ligada con el desarrollo de la velocidad.

"si eres físicamente fuerte, rápida, todo eso te ayuda muchísimo ¿sabes? si saltas mucho, todo eso... son, son cosas que vas añadiendo a tus cualidades" (jugadora 14)

"Yo creo que ahora la fuerza es importante ahora. Sobre todo ahora que el juego está siendo pues mucho más físico, que la gente es mucho más grande... es diferente ¿no?" (jugadora 7).

La coordinación es la tercera de las cualidades físicas que más destacan los sujetos de la muestra. Las jugadoras ponen de manifiesto que sus experiencias previas, de otras prácticas motrices o practicando otros deportes, le han ayudado en su posterior desarrollo como jugadora de baloncesto. Dos ejemplos muy significativos son Fernando Martín que jugó a balonmano a un gran nivel antes que al baloncesto o Carlota Castrejana que fue jugadora profesional de este deporte y posteriormente atleta en triple salto:

"Yo creo que a nivel de condición física es la coordinación, para mí que un jugador sea coordinado físicamente es importantísimo" (entrenador 5).

La resistencia es una de las cualidades físicas menos destacadas en las intervenciones de los sujetos entrevistados (3 de 21). Cuando se refieren a ella lo suelen hacer de forma genérica y dentro de las cualidades globales que deben poseer para poder jugar al baloncesto.

Algunos jugadores recuerdan que en categorías inferiores no destacaban por su físico, lo que incide en la idea, ya anteriormente avanzada, de la necesidad de tener paciencia durante el proceso de formación del jugador de baloncesto.

En este sentido, nos parece muy interesante la opinión de algunos entrenadores recomendando no meter demasiada carga física en categorías inferiores para no quemar a los jugadores, trabajando menos la preparación física y más los aspectos técnico-tácticos. Sin embargo, reconocen que en alta competición el trabajo debe ser exhaustivo e individualizado.

El resumen, los entrevistados coinciden en destacar la velocidad como la cualidad más importante en los jugadores de élite. También la fuerza, fundamentalmente en jugadores interiores.

4.4. Táctica

Tabla 5.- Aspectos tácticos citados por los jugadores y jugadoras.

CÓDIGO	Descripción
Decisiones	Capacidad para tomar decisiones
Polivalencia	Jugar en varias posiciones
"Leer" partido	Capacidad para interpretar los partidos
Situaciones reales	Trabajo técnico en situaciones reales

La táctica es la cuarta dimensión, aunque, como hemos comentado, en el baloncesto masculino ocupa la tercera. Los entrevistados muestran unas interesantes opiniones con relación a la importancia de esta dimensión relacionada con el trabajo técnico.

En este sentido, los entrevistados otorgan una relevante importancia a las tomas de decisión. Consideran que es un elemento indispensable en el desarrollo del juego, al igual que numerosos autores que han estudiado este componente indispensable en los deportes colectivos (Castejón, 2002; Jiménez, 2004; Ruiz y Arruza, 2005; Tenenbaum, 2003):

"¡Hombre!, yo sé que muchas veces, cuando yo juego sin balón me atraigo a dos defensores y luego se queda una sola, eso lo sé, y muchas veces lo hago sin... sabiendo que no me van a pasar, porque no es lo que quiero" (jugadora 13).

El código vinculado a la polivalencia, se considera importante desde la perspectiva de la versatilidad de las jugadoras en las distintas acciones del juego. Asimismo, cabe destacar la importancia de no encasillar en determinado puesto específico a las jugadoras en sus etapas de iniciación (Giménez y Sáenz-López, 2003; Paniagua, 2000) y dotarles de una enseñanza rica y variada que vaya de lo general hacia lo específico:

"Hoy día yo creo que el jugador es completo, ya no es el tema de que tú juegas de base, de alero, de pívot, yo creo que es en general. Hoy día el jugador que más cotizado está es el que yo llamo el jugador de baloncesto, el que puede hacer de todo" (entrenador 9).

Un grupo de entrevistados también refleja una clara conexión entre el concepto de táctica y los de intuición, anticipación y percepción, apareciendo en más de una ocasión el término "leer el juego", muy usual en baloncesto y estrechamente vinculado con la capacidad de las jugadoras de tener una gran calidad en la visión y anticipación en el juego (Abernethy, 1991; Buceta, 1998; Espar, 1998; Ruiz, 1999; Ruiz y Arruza, 2005). Coinciden todos, principalmente los entrenadores, en que el conocimiento del juego, la capacidad de interpretar lo que ocurre en un partido de baloncesto, es un factor táctico común de los jugadores que llegan.

"...a mí siempre me decían que, que yo leía bastante bien el juego ¿no? Que... había un entrenador que me decía que me parecía a los bases yugoslavos" (jugadora 11).

Con relación a las situaciones reales, algunos entrevistados consideran que el trabajo de 2x2 y 3x3 es mejor y más eficaz. También abordan la importancia de la táctica colectiva y la repercusión en el juego. En esta línea, consideran imprescindible que la técnica individual se desarrolle en situaciones reales, por lo que muchos piensan que el desarrollo de la capacidad táctica es más importante que la técnica. En cualquier caso, los entrevistados defienden la necesidad de trabajar la técnica y la táctica conjuntamente (Antón, 2003).

"Conjugamos la técnica y la táctica, que en realidad van unidos. Combinamos la técnica y la táctica por un cambio social... si tú te dedicas a trabajar exclusivamente la técnica como lo hacíamos antiguamente, nos estamos perdiendo el factor táctico que antes se trabajaba de manera oculta en los patios" (coordinador 2).

El resumen, dentro de los factores tácticos destaca el conocimiento del juego, es decir, la capacidad de interpretar la situación del partido. Este aspecto se relaciona con otro ya citado en los factores psicológicos como es la inteligencia y su capacidad de tomar decisiones. También coinciden en destacar la importancia de trabajar la técnica en situaciones tácticas.

4.5. Técnica

Tabla 6.- Aspectos técnicos citados por los jugadores y jugadoras. La técnica se considera como una dimensión importante, pero al servicio de la táctica. No obstante, parece que en el baloncesto femenino se valora algo más.

CÓDIGO
Tiro
Defensa
Trabajar técnica junto a táctica
Pase
Bote
Rebote

Dentro de esta dimensión, casi todos los entrevistados opinan que mejorar la técnica requiere mucho trabajo y excesivo tiempo de práctica deliberada (Castejón, 2003; Lorenzo y Sampaio, 2005; Sánchez, 2002). La repetición es el exponente de la mayoría de las jugadoras, incluso alguna comenta que eran entrenamientos aburridos, debido a la repetición. Coinciden en que la han trabajado muchísimo en las etapas de iniciación:

"Pues... Trabajé mucho porque te digo, estaba en Siglo XXI y ahí se trabaja mucho individualmente y colectivamente. Entonces, pues, lo normal; mucha técnica individual, de tiro, de manejo de balón, de todo" (jugadora 10).

El tiro, es el fundamento que más valor tiene para los entrevistados e insisten en la necesidad de entrenar mucho este fundamento (Sáenz-López e Ibáñez, 1994).

Las opiniones en torno a la defensa son destacadas por menos de la mitad de los entrevistados. Se observa, en algunas opiniones, que la vinculación entre técnica y táctica es evidente, tanto como concepción del juego como al plantear propuestas de trabajo de la técnica

(Tavares, 1997). La desmitificación de la técnica como trabajo preponderante, y descontextualizado, en la fase de iniciación y formación quedan reflejadas en esta respuesta:

"Hubo un entrenador puntualmente, que era bueno tácticamente... apuntillaba muchas cosas de táctica... más detalles que no reparábamos y él te lo hacía ver, te preguntaba, te obligaba a estar pendiente, y era un poco, lo que te digo el paso del jugador 1x1"
(jugador 3).

En cuanto al pase, algunos entrevistados le dan mucha importancia, pero ni mucho menos que la que manifiestan respecto al tiro. Constatan la necesidad de pasar, no solamente desde una perspectiva de la técnica, sino de la táctica. Algunas opiniones contemplan que no se trabaja lo suficiente:

"Jugar, no sé, me., la verdad es que me gusta pasar, me gusta... prefiero dar una buena asistencia a.... hacer un tiro ¿no?" (jugadora 8).

El resumen de este código recuerda que este trabajo debe estar desarrollado a través del táctico, siendo el fundamento más citado el tiro.

4.6. Antropometría

Tabla 7.- Aspectos antropométricos citados por los entrevistados.

CÓDIGO
Altura
Envergadura
No especializar por la altura
Peso

Los factores antropométricos juegan un papel importante en la formación de una jugadora, pero no son excluyentes. Casi todos los sujetos entrevistados destacan el papel relativo que tiene los factores antropométricos en el desarrollo de la jugadora. Tiene más posibilidades para llegar la jugadora que posea unas características antropométricas ideales para este deporte, pero quizás también aquellas que sepan aprovechar sus propias cualidades personales, supliendo las carencias antropométricas. Los dos factores que más destacan es la relación entre la altura y la envergadura del jugador:

"No son determinantes porque a los hechos me remito. Jugadoras que miden uno sesenta y son auténticos fenómenos en la NBA y en otra competición. Lo que pasa es que sí que es cierto, es que jugadoras de uno sesenta hay muchísimas y entonces... claro, para poder llegar aquí, pues aparte de medir uno sesenta tienes que tener muchísimas otras cualidades que son difíciles" (jugadora 3).

Uno de los tópicos más recurrentes en las entrevistas realizadas es el de la altura. Si bien la muestra manifiesta una importancia relativa, se trata de un elemento facilitador de su desarrollo como jugadoras más que limitador. La ausencia de una gran altura no coarta la formación de las jugadoras ya que éstas pueden suplir esta característica antropométrica con otros factores.

La segunda característica antropométrica que más destacan los sujetos entrevistados es la envergadura. Una constante en sus intervenciones es la relación que tiene que existir entre altura y envergadura. Poseer una gran envergadura ayuda a que las jugadoras evolucionen y progresen desde la jugadora con talento a la jugadora experta.

Por otra parte, algunos comentan que no es recomendable especializar desde pequeñas por la estatura porque las que son altas de pequeñas pueden terminar jugando de aleros e incluso de bases.

El peso es la característica antropométrica que menos relevancia tiene por el número de respuestas tiene en la muestra analizada. Puede tener cierta relevancia en función del puesto específico que ocupe la jugadora en el equipo:

En resumen, la unión de la estatura y envergadura es muy valorada en el jugador de élite, aunque estas cualidades no deberían condicionar la detección de talentos ni la especialización temprana del jugador. En jugadores interiores es importante el peso para jugar en la máxima categoría.

4.7. Psicología colectiva

Tabla 8.- Aspectos de psicología social citados por los entrenadores.

CÓDIGO	Descripción
Clima	Clima del equipo
Relaciones	Con compañeras y entrenador
Aceptar roles	Dentro del equipo

En el aspecto psicológico colectivo, algunos entrevistados destacan que al ser un deporte de equipo, es muy importante la capacidad de entender que el jugador está en un proyecto común en el que hay que aceptar roles diferentes. Sin embargo, hay sujetos que consideran que no es un factor clave para llegar a la máxima competición:

"Es importante... pero tampoco creo que sea determinante" "puede darse una persona así un poco introvertida... pues puede llegar" (jugadora 9).

"Hay jugadoras que eran muy buenas y destacaban jugando solas ¿no? Pues esas jugadoras tarde o temprano se han... se han estrellado en el camino" (jugadora 3).

En esta línea, muchos consideran que es muy importante sentirse a gusto en el grupo, creando un clima positivo:

"Que haya una buena química de grupo, que todos sean una piña es fundamental para el progreso individual y para el éxito de cualquier equipo" (jugador 4).

El baloncesto es un deporte colectivo que obliga a que haya relaciones entre jugadoras y con los entrenadores. El entrenador no puede considerar que las relaciones se producen solas, sino que tiene que aprender a gestionar el grupo, marcando objetivos, ofreciendo protagonismo a todos los jugadores o haciendo disfrutar en los entrenamientos. Los jugadores destacan la importancia del buen ambiente tanto para jugar como para trabajar:

"Está claro que el compañerismo... el convivir en grupo, eso ayuda muchísimo a que sigas o lo dejes" (jugadora 13).

En resumen, se destaca la necesidad de hacer equipo y sobre todo de que el jugador entienda que está en un proyecto común donde él es una parte más.

5. CONCLUSIONES

5.1. Conclusiones a partir de los objetivos

Vamos a presentar las conclusiones tratando de responder a cada uno de los objetivos que nos planteábamos.

En primer lugar, queríamos conocer la evolución de la participación de los jugadores en las distintas categorías de la selección nacional. Comprobamos que en la muestra que hemos estudiado, casi todos los internacionales cadetes no llegan a debutar en la selección absoluta y la mitad ni siquiera en ACB. La participación en la categoría junior ofrece unos datos mejores, pero estadísticamente no se garantiza que puedan llegar a la absoluta. Sólo la participación en la categoría sub22 es significativa con la selección nacional absoluta en los campeonatos oficiales. Estos datos nos hacen reflexionar sobre el proceso de detección y formación de talentos.

En segundo lugar, pretendíamos analizar los aspectos claves que han llevado a los jugadores y jugadoras internacionales de baloncesto a la alta competición, analizando las diferencias. Partiendo de la idea del carácter multidisciplinar de la formación del jugador, el aspecto que más destacan los entrevistados es el contexto que rodea al jugador. También consideran fundamental sus capacidades psicológicas. La dimensión táctica y la capacidad física aparecen a continuación.

En tercer lugar, nos planteábamos profundizar sobre los distintos ámbitos del entrenamiento que deberían tenerse en cuenta en la formación de jugadoras con talento en categorías inferiores. Dentro del contexto destacan la influencia de la familia y de tener buenos entrenadores que les ilusionen y les enseñen. En el aspecto psicológico, destacan la motivación, la capacidad de aprender y el esfuerzo que tienen que hacer para llegar a la elite con la suficiente humildad para no dejar de trabajar y mejorar nunca. A nivel físico, la cualidad más citada es la velocidad. En el aspecto táctico destacan la capacidad de leer el partido y tomar decisiones adecuadas. Técnicamente, el tiro parece el medio más importante.

5.2. Perspectivas de futuro

De este conjunto de estudios, surgen nuevas ideas, líneas y dudas que se podrían resolver con otros proyectos de investigación.

- Analizar los clubes que más jugadores de elite forman.

Comenzamos presentando los datos que analizamos en un estudio anterior (Sáenz-López y Ponce, 2004), con los que podemos afirmar en la muestra estudiada:

- El 45% de los jugadores de ACB son extranjeros o comunitarios por lo que el número de jugadores seleccionables se ha reducido considerablemente en los últimos años.
- Dentro de nuestro país el 37% de los jugadores nacionales han nacido en Barcelona o Madrid. Por tanto, Cataluña, Madrid y a cierta distancia Andalucía, son las comunidades que más jugadores aportan (64% entre las 3).
- Sólo el 10% de las canteras que han formados jugadores de ACB, han colaborado en la formación de más de un jugador.
- Las canteras que más jugadores de ACB han formado son por este orden: Joventut, Estudiantes, Real Madrid, Barcelona y Málaga.
- De los clubes que no han sido de ACB destacan: San José de Badalona y Unió Manresana.

Por tanto, proponemos analizar los citados clubes comprobando cómo trabajan o tienen en cuenta los factores que hemos citado en la presente publicación.

- Evolución de los talentos

Con los datos que hemos planteado, surge un difícil dilema: mejorar el sistema de detección en la categoría cadete de los futuros talentos frente a la idea de que este rendimiento precoz dificultará su evolución a la alta competición. Esta cuestión podría resolverse con otros estudios. En cualquier caso, hay que valorar el esfuerzo y los resultados de la Federación Española de Baloncesto al establecer otro tipo de concentraciones y campeonatos territoriales que permiten controlar a más jugadores. Quizás con investigaciones más longitudinales que incluyan estudios de caso se podrían aportar más datos a esta temática.

- Diferencias entre el baloncesto masculino y femenino.

A pesar de que nuestro estudio refleja algunas diferencias como que en el femenino se da más importancia al aspecto físico o técnico que en el masculino, que las mujeres suelen destacar antes que los hombres, etc. consideramos una necesidad abordar una investigación específica para profundizar en este aspecto.

- Estudiar otros deportes

Los datos de investigaciones similares en otros deportes también pueden ayudar a comprender mejor la formación de los jugadores con talento.

5.3. Implicaciones

- Aspectos a tener en cuenta en el entrenamiento deportivo

Queremos comenzar por las razones que se han ido citando a lo largo del trabajo por las que algunos deportistas con proyección no llegan a la élite. Recordamos que todos los jugadores reconocieron que, aunque jugaban bien, siempre había compañeros mejores que ellos en categorías inferiores (sobre todo en masculino) por lo que este aspecto lo consideramos crucial:

- Desarrollo antropométrico y físico precoz, lo que da mucho rendimiento en categorías inferiores, pero posteriormente se estancan.

- Presión del entorno del jugador, que muchos jugadores no son capaces de soportar o se traducen en falta de humildad.

- Esta falta de humildad provoca que el jugador se niegue a seguir aprendiendo, creyendo que nadie puede enseñarle.

- Falta de sacrificio para entrenar duro en una edad en la que lo atractivo es salir con los amigos y amigas.

- Rendimiento prematuro que provoca estar harto de baloncesto en la edad que más necesita entrenar y rendir.

- Excesiva importancia al aspecto físico en categorías inferiores en detrimento de las capacidades técnico-tácticas.

Continuamos las implicaciones con la figura del entrenador de base, al que consideramos el elemento clave en la formación de jugadores, por su responsabilidad en el control de todos los aspectos del entrenamiento. El entrenador de las primeras etapas de iniciación debe ser fundamentalmente un educador, ya que no basta con enseñarle a jugar al baloncesto, sino que debe tener en cuenta otros aspectos. Es muy importante que tenga paciencia, y que evite el rendimiento prematuro. Debe saber motivar, utilizando el juego como medio de enseñanza, debe dar confianza siendo positivo y coherente y trabajar más el ataque que la defensa. Los entrenadores de jóvenes jugadores con talento tienen que fomentar el deseo de aprender, responder a sus expectativas, no especializar a los jugadores por puestos, entrenar la técnica y la táctica conjuntamente, insistiendo en los fundamentos que más le cueste al jugador. Debe prestar especial atención al desarrollo de la percepción, la toma de decisiones y la lectura del juego, e insistir en la táctica individual y colectiva básica, pero no la colectiva compleja. El medio técnico-táctico más importante y al que más tiempo debemos dedicar es el tiro y del resto destacan el juego sin balón o el movimiento de pies. A nivel físico, se debe entrenar la velocidad, la coordinación y el equilibrio, y más adelante la fuerza para coger peso al final del proceso. Todo ello a través de un trabajo global, sin prisas ni excesivas cargas.

El control del entorno y en particular de los padres, es clave para un jugador llegue o no. La excesiva presión que en ocasiones aquellos ejercen sobre el joven es una causa frecuente de muchos fracasos. Coincidimos con Sánchez (2002) al considerar que es fundamental una intervención moderada de los padres, apoyando en todas las necesidades que el jugador tenga, pero sin producir interferencias en su proceso formativo. Por lo tanto, resulta necesario educar a los padres a través de reuniones periódicas, de folletos informativos y de la propia opinión que los jóvenes jugadores deben transmitirles.

El nivel de competición es muy importante en la formación del jugador, por lo que si en el contexto no existe la posibilidad de jugar partidos igualados hay que buscarlos a través de torneos, de repartir los jugadores en varios equipos, etc. En este sentido, parece que la categoría sub 22 es muy importante por lo que consideramos que deberían fomentarse competiciones autonómicas, nacionales e internacionales con jugadores de estas edades para que culminen su formación. También puede ser interesante la inclusión de un número determinado de jugadores Sub 22 en liga LEB.

- **Aspectos a tener en cuenta en la detección de talentos**

Los datos nos recomiendan tener mucha prudencia a la hora de detectar y seleccionar los talentos. La mayoría de los cadetes que destacan no llegan a jugar ni siquiera en ACB. En junior, el porcentaje de jugadores aumenta. En cualquier caso, coincidimos con los expertos en esta temática en que es mejor esmerarse en el cuidado de los jóvenes deportistas que en la detección de los talentos.

A través de las opiniones de los participantes en la investigación se desmitifica la importancia de los factores antropométricos o técnicos que tradicionalmente han predominado a la hora de seleccionar jóvenes en nuestro deporte. Se reconoce que hay que tener en cuenta la envergadura y altura, pero de forma no excluyente. En este sentido, Hoare (2000), citado por Sánchez (2002) desarrolla en Australia un programa de identificación orientado a deportes colectivos, en concreto baloncesto masculino y femenino. Además de registrar las características antropométricas y fisiológicas, analiza los perfiles de actuación en competición de los jugadores. Como conclusión establece que, aunque el perfil fisiológico y antropométrico puede contribuir a los procedimientos de selección en baloncesto, los determinantes de éxito son multifactoriales, por lo que sugerimos que se tenga en cuenta:

- La importancia de conocer el entorno del jugador, especialmente su familia o su historial deportivo (características de los entrenadores, compañeros...).

- A nivel psicológico es de especial interés valorar su capacidad de aprendizaje, así como la confianza en sí mismo, el espíritu de sacrificio, la motivación, su equilibrio emocional, su capacidad de resolver problemas, su capacidad de relacionarse y de integrarse en el grupo o de aceptar roles y responsabilidades.

- En cuanto a las cualidades físicas hemos destacado la velocidad, la coordinación o equilibrio y no tanto su desarrollo físico que puede deberse a la edad biológica. En este sentido, es muy importante medir su velocidad, ya que es una cualidad bastante condicionada genéticamente, así como realizar un test de coordinación.

- Por último, se recomienda valorar más los aspectos tácticos que los técnicos, por lo que es fundamental observar cómo se desenvuelve el jugador tanto en situaciones de 1x1 como en un partido.

6. AGRADECIMIENTOS

Esta publicación surge de diversos trabajos realizados dentro de equipos de investigación de distintas universidades, algunos de ellos financiados por el Consejo Superior de Deportes. Por esta razón, quiero agradecer el nivel de implicación intelectual de Javier Giménez y Ángela Sierra de la Universidad de Huelva, de Sergio Ibáñez y Sebastián Feu de la Universidad de Extremadura, de Ana Concepción Jiménez de la Universidad Politécnica de Madrid, Mauro Sánchez de la Universidad de Castilla La Mancha y Ricardo Pérez, profesor de Secundaria. Asimismo, la ayuda de búsquedas, transcripciones, etc., de alumnos colaboradores como Alberto, Mario, Jorge o Aurelio.

A nivel institucional, queremos agradecer al Consejo Superior de Deportes por financiar dos proyectos de investigación, a la Federación Española de Baloncesto que nos ha facilitado información y documentación y a las universidades, en particular a la Universidad de Huelva por apoyar incondicionalmente estos trabajos. Y por supuesto a los entrenadores, jugadores, coordinadores y expertos entrevistados por su disposición y sus interesantes aportaciones.

REFERENCIAS

Abbott, A.; Collins, D. (2004) Eliminating the dichotomy between theory and practice in talent identification and development: considering the role of psychology. *Journal sport sciences* (22), 395-408.

Abernethy, B. (1991). Visual search strategies and decision-making in sport. *International Journal of Sport Psychology, 22*, 189-210.

Abernethy, B., Thomas, K.T. y Thomas, J.R. (1993). Strategies for improving understanding of motor expertise. In Starkes, J.L. y F. Allard (Eds): *Cognitive issues in motor expertise*. Elsevier, Ámsterdam, p.317-356.

ACB. Website oficial de la Asociación de Clubes de Baloncesto, http://www.acb.com/acb2/main.htm (consulta: noviembre de 2003).

Antón, J. (1989) (Coord.): *Entrenamiento deportivo en la edad escolar*. Unisport. Málaga.

Antón, J. (2003). Bases del entrenamiento de la táctica en los deportes de cooperación-oposición enfocado a los talentos deportivos: aplicación en Balonmano. En Hernández, J.; Gil, G.; Morán, M. (Eds). *Talentos Deportivos. Detección, entrenamiento y gestión*. Gobierno de Canarias.

Añó, V. (1997). *Planificación y organización del entrenamiento juvenil*. Madrid: Gymnos.

Buceta, J. M. (1998). *Psicología del entrenamiento deportivo*. Madrid: Dykinson.

Campos, J. (1996). Análisis de los determinantes sociales que intervienen en el proceso de detección de talentos en el deporte. *Investigaciones en Ciencias del Deporte*, 3, pp. 7-68. Madrid: MEC. Consejo Superior de Deportes.

Campos, J. (2003). Criterios para la orientación del entrenamiento de los talentos deportivos en atletismo. En J. Hernández, G. Gil, y M. Morán (Eds). *Talentos Deportivos. Detección, entrenamiento y gestión*. Gobierno de Canarias.

Cárdenas, D. (2003). El proceso de formación táctica desde una perspectiva constructivista. En A. López, C. Jiménez y R. Aguado (Coord.). *Didáctica del baloncesto en etapas de iniciación*. Madrid: Fundación Real Madrid. INEF.

Carrasco, J.B. y Caldero J.F. (2000). *Aprendo a investigar en educación*. Rialp. Madrid.

Castejón, F.J. (2002). Decisión estratégica y decisión táctica. Similitudes, diferencias y aplicaciones en el deporte. *Revista del Entrenamiento Deportivo, 16* (4), 31-39.

Castejón, F.J. (2003). A vueltas con los expertos y los novatos en el deporte: lo que no hacen, lo que pueden hacer y lo que hacen. En Castejón, F.J. (Coord). *Iniciación Deportiva. La enseñanza y el aprendizaje comprensivo en el deporte*. Sevilla: Wanceulen.

Clinic: Entrevista a Dan Peterson. *Revista Clinic*, nº 2, 1988.

Clinic: Entrevista a Svetislav Pesic. *Revista Clinic*, nº 61, 2003.

Clinic: Entrevista a Zelko Obradovic. *Revista Clinic*, nº 29, 1995a.

Clinic: Entrevista a Hubie Brown. *Revista Clinic*, nº 31, 1995b.

Espar, F. (1998). El concepto de táctica individual en los deportes de equipo. *Apunts. Educación Física y Deportes, 51*, 16-22.

García, J.M.; Campos, J.; Lizaur, P. y Pablo, C. (2003). *El talento deportivo. Formación de élites deportivas*. Madrid: Gymnos.

García, M. (1996). Los deportistas olímpicos españoles: un perfil sociológico. En CSD. *Investigaciones en Ciencias del Deporte*, 7, pp. 9-112. Madrid: MEC. Consejo Superior de Deportes.

García, M. y Leibar, X. (1997). *Entrenamiento de la resistencia de los corredores de medio fondo y fondo*. Madrid: Gymnos.

Gigantes: Entrevista a Óscar Yebra. Gigantes del básket, nº 949, 2004b.

Giménez, F.J. (2000). *Fundamentos básicos de la iniciación deportiva en la escuela*. Sevilla: Wanceulen.

Giménez, F.J. (2003). *La formación del entrenador en la iniciación al baloncesto*. Sevilla: Wanceulen.

Giménez, F.J. y Sáenz-López, P. (2003). *Aspectos teóricos y prácticos de la iniciación al baloncesto*. Sevilla: Wanceulen.

Hahn, E. (1988). *Entrenamiento con niños*. Barcelona: Martínez Roca.

Hohmann, A.; Seidel, I. (2003) Scientific aspects of talent development. *International Journal of physical education*, (40), 9-20.

Housner, L.D. & French, K.E. (1994) Future directions for research on expertise in learning, performance and instruction in sport and physical activity. *Quest, 46*, 241-246.

Hüber, G. (1989). Análisis de datos cualitativos: la aportación del ordenador. En C. Marcelo (Ed.). *Avances en el estudio del pensamiento de los profesores*. Sevilla: Servicio de Publicaciones de la Universidad de Sevilla.

Jiménez, A. C. (2004). *Análisis de las tomas de decisión en los deportes colectivos: Estrategias de las jugadoras aleros de baloncesto en posesión del balón*. Tesis doctoral inédita. Universidad de Castilla-La Mancha.

Knop, P. (1993). *El papel de los padres en la práctica deportiva infantil*. Málaga: Unisport.

Lorenzo Calvo, A. (2002). La detección del talento en los deportes colectivos. *Cronos*, nº 1, pp. 15-24.

Lorenzo, A. y Sampaio, J. (2005). Reflexiones sobre los factores que pueden condicionar el desarrollo de los deportistas de alto nivel. *Apunts. Educación Física y Deportes* (80), 63-70.

Martens, R., Chistina, R.W., Harvey, J.S., & Sharkey, B.J. (1989). *El entrenador*. Barcelona: Hispano Europea.

Paniagua, V. (2000). Aleros. *Basket FEB*(13), 6.

Puig, N. (1995). Itinerarios deportivos juveniles y definición de la situación. En: *Actas Congreso Científico Olímpico - 1992. Actividad física adaptada, Psicología y Sociología* (vol. I). Instituto Andaluz del Deporte. Málaga, p. 456-464.

Ramos, S. y Taborda, J. (2001). Orientaciones para la planificación del entrenamiento con niños. *Apunts de E.F. y Deportes*, (65), 45-52.

Rodríguez, G.; Gil, J. y García, E. (1996) *Metodología de la investigación cualitativa*. Málaga: Aljibe.

Rodríguez, J.Mª. (1995). *Las prácticas de enseñanza en la formación inicial de los profesores*. Servicio de publicaciones de la Universidad de Huelva.

Ruiz, L.M. (1998) Valoración de los elementos motores del joven deportista: Mitos y realidades. En O.R. Contreras, Y L.J. Sánchez (Eds.): *La detección temprana de talentos deportivos*. Cuenca: Ediciones de la Universidad de Castilla-La Mancha.

Ruiz, L.M. (1999). Rendimiento deportivo, optimización y excelencia en el deporte. *Revista de Psicología del Deporte, 8*(2), 235-248.

Ruiz, L.M. y Arruza, J. (2005). *El proceso de toma de decisiones en el deporte. Clave de la eficiciencia y el rendimiento óptimo*. Barcelona: Paidós.

Ruiz, L.M. y Sánchez, F. (1997) *Rendimiento deportivo. Claves para la optimización de los aprendizajes*. Madrid: Gymnos.

Sáenz-López, P. e Ibáñez, S. J. (1994). El tiro: clasificación, evaluación y su entrenamiento en cada categoría. *Clinic* (27), 29-34.

Sáenz-López, P.; Ibáñez, S.J.; Feu, S. (2006). Estudio de la participación de los jugadores españoles de baloncesto en las distintas categorías de la selección nacional. *Apunts: Educación Física y Deportes*, nº 85, pp.36-45.

Sáenz-López, P., Ibáñez, S.J., Giménez, J., Sierra, A. & Sánchez, M. (2005). Multifactor characteristic in the process of development of the male expert basketball player in Spain. *International Journal of Sport Psychology, 36 (2),* 151-171.

Sáenz-lópez, P.; Jiménez, A.C.; Giménez, F.J.; Ibáñez, S.J. (2007). La autopercepción de las jugadoras de baloncesto expertas respecto a sus procesos de formación. *Cultura, Ciencia y Deporte,* vol. 3, año IV, nº 7, 35-41.

Sáenz-lópez, P.; Ponce, A. (2004). ¿Dónde se han formado los jugadores de ACB? *Clinic,* nº 66, año XVII, 18-25.

Sánchez, M. (2002). *El proceso de llegar a ser experto en baloncesto: Un enfoque psicosocial.* Tesis doctoral inédita, Toledo: Universidad de Castilla-La Mancha.

Saura, J. (1996). *El entrenador en el deporte escolar*. Lérida: Instituto de Estudios Ilerdenses.

Singer, R.N. y Janelle, C.H. (1999). Determining sport expertise: From genes to supremes. *International Journal of Sport Psychology*, Vol. 30, 2, pp. 117-150.

Tavares, F. (1997). El procesamiento de la información en los juegos deportivos. En A. Graça y J. Olivera (Eds.), *La enseñanza de los juegos deportivos* (pp. 35-46). Barcelona: Paidotribo.

Tenenbaum, G. (2003). Expert Athletes: An integrated approach to decision making. En J. L. Starkes y K. A. Ericsson (Eds.), *Expert Performance in sport*. Champaign: Human Kinetics.

Thomas, K.T. (1994). The development of sport expertise: From Leeds to MVP Legend. *Quest, 46*, p. 199-210.

Vallés, M.S.: *Técnicas cualitativas de investigación social. Reflexión metodológica y práctica profesional.* Madrid: Síntesis Sociológica. 1997.

Williams, P. y Weinbrek, I. (2002). *Con la fuerza de Jordan. Lecciones vitales para alcanzar el éxito*. México: Alamah.

Willians, A. M.; Reilly, T. (2000) Talent identification and development in soccer. *Journal of Sport Sciences*, (18), 657 – 667.

14. ÁRBITRO Y ARBITRAJE DEPORTIVO

Miguel Ángel Betancor León
Universidad de las Palmas de Gran Canaria

1. INTRODUCCIÓN

La esencia cultural que posee la Educación Física y el Deporte, a pesar de tener carácter universal, mantiene, no obstante, un desarrollo propio. El concepto de deporte, aparte de su consideración tradicional e histórica, en la que se vincula de forma generalizada con las actividades físico-corporales del ser humano, alcanza en el período moderno una función diferente a lo que tradicionalmente se ha destacado como juego popular, ejercicio gímnico o espectáculo. Actividades éstas conectadas con las diversas realidades y contextos en los que se desarrollaban (el cuerpo humano como uso religioso, rito, como instrumento político y guerrero, el cuerpo agonístico y su función social, como diversión personal y colectiva, como culto, etc.). Ante esta situación lo que debe entenderse como árbitro y arbitraje comprende ese largo proceso histórico de la actividad física, donde el deporte contemporáneo y sus antecedentes han producido una manera distinta de entender cómo una persona coordina y controla la actividad físico-corporal.

Aunque muchos autores Cruz (1997) diferencian entre las funciones propias de un juez deportivo para los deportes sin oposición -la gimnasia, por ejemplo-, donde se evalúa la actuación del deportista comparándola con unos criterios prefijados en el reglamento, siendo la precisión y la objetividad de sus decisiones claves para determinar la clasificación de los deportistas, y las propias de un árbitro para los deportes con oposición (el baloncesto), donde se sancionan las infracciones al reglamento con el fin de garantizar que el resultado dependa sólo de la preparación física y técnica de los jugadores, así como de la táctica empleada por los equipos contendientes. A pesar de esta distinción, la función reguladora de la actividad física siempre estuvo marcada por los parámetros de una autoridad ligada al propio contexto en el que ésta se producía. Así en la Antigua Grecia esa figura arbitral, representada de ordinario por los presidentes eleos, poseía una autoridad social más que deportiva. Evidentemente, la posición del árbitro históricamente estará determinada por el propio desarrollo cultural en la que se inserta su actividad, bien sea ésta lúdica o deportiva.

Actualmente, el deporte ha perdido su carácter lúdico en favor de su carácter social, entendido éste como el entramado de intereses económicos y políticos que rigen su acontecer diario. Además, como señala Jorge Teixeira de Sousa (1983), la propia regla deportiva marca diferencias para poder entender la figura del árbitro y su función en contraposición a los juegos tradicionales, con reglas mucho más simples y naturales. Así, por ejemplo, la regla deportiva comporta una mayor complejidad dependiendo de la estabilidad reglamentaria de cada deporte, de la evolución técnica de los deportistas (búsqueda de un mayor rendimiento a partir de las propias reglas), de una evolución táctica y de un desarrollo social del deporte, llegándose a lo que hoy se denomina "espectáculo deportivo", donde el interés colectivo e individual hacen que el árbitro tenga una mayor dificultad a la hora de poseer una representatividad deportiva de prestigio más que de crítica.

En el Baloncesto se observan claramente estos condicionantes a la hora de poder situar y definir la función arbitral. Las reglas han evolucionado desde su inicio (finales del siglo XIX) hasta la actualidad, dependiendo de factores como la propia condición física de los jugadores, que provoca que determinadas reglas cambien para no producir ventaja con respecto a la propia esencia del juego. Podremos describir a este respecto la implantación de la regla de los tres segundos en un área restringida cerca de la canasta para no dar privilegio a los jugadores altos, que, por su condición físico-biológica, introducían el balón sin ningún gesto técnico, convirtiéndose en una labor más individualista que colectiva. Del mismo modo podemos reseñar la evolución organizativa y estructural del juego de la canasta, basándonos en los cambios habidos desde su origen hasta hoy día, desde un baloncesto educativo-escolar (Naismith), amateur, de participación social-federativa, hasta un baloncesto de alto rango profesional, como la NBA, la FIBA, la ACB, etc. Toda esta dinámica lleva aparejado un proceso paralelo a la hora de comprender el concepto de árbitro de baloncesto y su función arbitral.

La figura del árbitro, a medida que el baloncesto retomaba nuevos cauces, va a ser acogida-capturada-captada-controlada por una institución oficial (Federación, Instituciones Públicas, etc.), sin contar con los participantes, y no como ocurría a finales del XIX en otros deportes, donde sus funciones eran amistosas y donde eran elegidos por los equipos contendientes (Soto, 1930).

Se parte de un poder superior alterándose el primer principio, la aceptación del árbitro por todos los intervinientes. El árbitro será designado sin ningún concierto deportivo, variándose así su visión histórica. Por ello, su trabajo será observado desde formas distintas de intervención (sin derecho al error o con muy escaso margen para el mismo). En definitiva, el árbitro era una persona considerada socialmente como una autoridad; en cambio, hoy en día es una figura impuesta por una institución superior (Federación), y no por toda la colectividad.

Actualmente el árbitro vive en un mundo de intereses propios en los que es necesario dignificar y respetar su organización, no sólo por parte de los agentes activos del deporte, sino también por los propios árbitros. Su autoridad, al ser impuesta, debe ser reconocida, y para ello deberá conseguir el respeto de todos los participantes activos y pasivos del deporte, siendo su formación, un reflejo claro de su identidad e imagen sociodeportiva. Con ella el hecho arbitral se desarrollará en la propia realidad social, conforme a un espíritu deportivo en el que la figura del árbitro (su actitud y aptitud) contribuirá a la mejora y al engrandecimiento del espíritu deportivo. Los papeles básicos de esta figura arbitral aparecen definidos en nuestra investigación empírica.

Conseguir el propósito hasta ahora manifestado requiere de un trabajo temprano y sistemático por parte de las organizaciones y responsables de la formación arbitral.

El devenir histórico de la figura arbitral comprende, en resumidas cuentas, la transformación que se opera desde su primitiva y primaria representatividad sociodeportiva hasta su plena adaptación al formalismo institucional actual que lo deja fuera y al margen de la propia estructura del deporte.

Este desarraigo deportivo se manifiesta en detalles como su consideración como no deportista, su no inclusión en el plan de titulaciones deportivas, en proyectos de investigación específicos para la mejora del arbitraje deportivo, etc. Estos hechos y otros han propiciado un sentimiento generalizado de considerar al árbitro como un *mal necesario*, como un ente alejado del contexto sociodeportivo pero paradójicamente inserto institucionalmente en él.

2. ÁMBITOS DE ACTUACIÓN Y COMPETENCIA

La función del árbitro consiste en valorar y penalizar la transgresión de la norma percibiendo, comparando y sancionando la situación real del juego, lo que requiere una interpretación adecuada de las reglas según la experiencia adquirida. Esta actuación arbitral comprendería los siguientes campos:

1. Institucional, en el que el árbitro se comporta como el garante del cumplimiento de las reglas de juego. Su funcionamiento depende de la propia organización colegial y federativa; en este sentido, el árbitro se muestra ante la competición como una imposición oficial.

2. Sociológico. La figura del árbitro se presenta como el blanco perfecto donde se dirigen los dardos del comportamiento social deportivo; tanto si el equipo gana como si pierde, el colegiado se convierte en el responsable de esa victoria o derrota. Incluso durante el desarrollo del encuentro la figura arbitral se erige en la justificación ante los errores de jugadores y entrenadores, que propician esa misma presión social con el objeto de alcanzar una ventaja. La función arbitral se observa como parte del folklore del aficionado, representando desde el punto de vista social una vía de escape de los fracasos de un público, por lo general, exacerbado.

3. <u>Ético-moral</u>. El árbitro busca con su actuación el equilibrio del juego siguiendo una pauta de comportamiento neutral, aséptica, donde lo importante es el juego en sí mismo. La honestidad y la imparcialidad son requisitos indispensables de su competencia profesional. La finalidad del acto de juzgar reside, en un primer momento, en resolver un conflicto con el fin de proteger la propia naturaleza del juego. Este aserto en su vertiente jurídica lo da a conocer Paul Ricoeur (1995) al aplicarlo a la sociedad entendida como empresa de cooperación. En este sentido, la imparcialidad se observa como sinónimo de justicia. Brian Barry (1997) señala la existencia de una "imparcialidad desapasionada", donde tanto un juez como un árbitro deportivo deben tener presente la exclusión de consideraciones personales libre de favoritismos dentro de su trabajo. Es lo que hemos dado en llamar "la distancia natural del árbitro", basada en una moralidad de sentido común que asegura la imparcialidad del árbitro como una virtud. La equidad del procedimiento implica una conducta imparcial de los jueces que han de juzgar los hechos y las acciones, estableciendo los límites exteriores de un comportamiento aceptable. En ocasiones se censura a los árbitros como injustos por crear grados de imparcialidad, es decir, aplican este concepto según quiénes sean los participantes del juego, su grado de experiencia, su grado de fama, etc. El árbitro debe ser íntegro, sin dejarse influir por el entorno deportivo que en muchos momentos ejerce presión sobre él para obtener ventaja en las decisiones. Por tanto, el árbitro no debe tomar decisiones políticas que entienda le puedan beneficiar, máxime en situaciones donde determinados clubes tienen influencia en la designación arbitral. Un ejemplo ilustrativo lo constituyen los llamados "árbitros caseros", que, por lo general, no gustan ni a unos ni a otros, mostrándose hacia ellos más bien una cierta desconfianza. Ante tales extremos, el árbitro debe erigirse en la ley personificada y humanizada.

4. <u>Relaciones humanas</u>. El árbitro se comporta como un verdadero psicólogo que tiene en cuenta de una forma conductista la acción de los participantes en el contexto deportivo. Debe poseer habilidades mentales (resistencia mental, control emocional, concentración, consistencia, autoconfianza, decisión, rapidez,

integridad, motivación y disfrute de la actividad, etc.) ya que como afirman Weinberg y Richardson (1990) el 70% del éxito arbitral depende de dichas cualidades.

Hay que tener presente además el contacto humano frente a la frialdad de la regla escrita. El árbitro, como buen comunicador, debe entender y hacerse entender. Hay que tener en cuenta, sin embargo, a aquellos árbitros que se exceden en las relaciones, confundiendo el respeto, la amabilidad y la educación con una mayor permisividad en el juego. El árbitro debe saber trazar la línea divisoria entre su capacidad arbitral y sus relaciones humanas. Una actitud arrogante con gestos y palabras puede provocar un enfrentamiento previo con los participantes. El uso del lenguaje verbal y corporal se constituye así en una habilidad arbitral más en la toma de decisiones. De este modo, ante la toma de una decisión perjudicial para unos, la señalización debe realizarse con buenas maneras y sin aspavientos. Debe mantener lo que podríamos denominar "la distancia natural del árbitro". En este sentido, el autocontrol del colegiado es vital; un árbitro debe mostrarse siempre calmado, ya que una actitud de excesivo nerviosismo provoca el desequilibrio entre los equipos e induce a comportamientos no deseables entre los jugadores; como indica Bunn (1968), el árbitro está para calmar, no para generar nervios. En este sentido habría que tener presente el estudio de Anshel (1995) "Behaviorally Anchored Rating Scale (BARS)", que evalúa la competencia de los árbitros de baloncesto de acuerdo con una escala de uno a trece, sistema donde la habilidad en la comunicación verbal tiene un papel destacado, siendo los indicadores conductuales los siguientes:

a) Habla con un tono de voz adecuado.

b) No discrimina a los jugadores, entrenadores o compañeros.

c) No utiliza términos malsonantes.

d) Mantiene una actitud de respeto hacia sus compañeros y participantes.

e) Posee un buen sentido del humor.

Su relación personal con los intervinientes del juego podría dividirse, desde un punto de vista metodológico, en dos partes. Por un lado, entre los árbitros, partiendo del principio básico de que el trabajo arbitral es cooperativo y de equipo, tanto en la mecánica de dos y de tres como con los oficiales de mesa y comisario. Para ello hay que evitar el protagonismo individual, la crítica no constructiva, el no apoyar públicamente las decisiones de los compañeros, el no asumir las responsabilidades, el no ayudar a la formación de los árbitros inexpertos, etc. Se trata de tener fe en el otro.

En la relación con los jugadores, entrenadores y espectadores, el árbitro debe mantener una posición independiente. No debe comportarse como su amigo ni como su enemigo.

Los intervinientes del juego consideran que el árbitro debe asumir su papel como tal y no adquirir roles que le sean ajenos. La relación humana del árbitro debe prevalecer, manifestándose en el respeto que siente hacia ellos, para poder así ganarse de esta manera el respeto de los mismos. Como acertadamente señala Cruz Feliú (1997) existen factores de carácter disposicional y situacional, como el estado emocional del árbitro que depende a su vez de las reacciones del público, del entrenador y de los jugadores, o como el resultado y el tiempo del partido, además del comportamiento del público que puede llevar a apreciaciones diferentes y equívocas de una misma jugada.

5. Dirección. El árbitro es un verdadero director de orquesta que ejecuta magistralmente la sinfonía deportiva, coordinando a la perfección los diferentes elementos del juego según el propio ritmo del encuentro. Dicho ritmo debe partir de un conocimiento mecánico que busque una señalización, una situación y una posición adecuadas en el terreno de juego, con el fin de conseguir una mejor decisión, aunque muchas veces se confunde lo mecánico como procedimiento puramente formal, olvidándose por completo que el árbitro utiliza dicha mecánica de acuerdo con unos jugadores que se mueven en un rectángulo de juego y dentro de una estrategia particular. Como botón de muestra podemos citar a los árbitros inexpertos quienes, precisamente haciendo suya una dirección puramente mecánica, no llevan a cabo una observación selectiva del juego, centrándose fundamentalmente en las zonas

con balón y no teniendo presente que el baloncesto concentra tanto el juego con balón como el juego sin balón.

En consecuencia, la mecánica arbitral se presenta como un recurso, no como un dogma preceptivo que no tiene en cuenta su adaptabilidad a los diferentes momentos del juego. También hay que tener presente que la dirección debe adaptarse a los distintos niveles de competición. Debemos contextualizar la toma de decisiones, tanto en el deporte base, de acuerdo con un baloncesto más educativo, como en el de élite, donde el contexto es totalmente diferente, aunque las reglas sean las mismas. Así Hogue (1978) señala que el juez árbitro debe tener en cuenta los niveles competitivos a la hora de ejercer su función.

6. Filosofía. El árbitro en su afán de que el baloncesto y la competición progrese con el menor número de obstáculos posible debe presentarse como un conocedor exhaustivo de dicho deporte, no sólo del reglamento, sino de los entresijos del juego no escritos, es decir, de su filosofía. No sólo debe conocer las reglas sino comprenderlas para aplicarlas de manera rápida y segura en el juego.

Muchos términos que aparecen registrados en el reglamento suelen ser ambiguos (tacteo, bloqueo, etc.), hecho que hace necesario para el árbitro de baloncesto una adecuada y correcta interpretación de estos vocablos a partir de un buen conocimiento de la filosofía del baloncesto. Es más, debe saber aplicar las reglas con un criterio adecuado a las distintas circunstancias, hasta tal punto de que faltas aparentemente cometidas no necesitan ser sancionadas para no interrumpir el ritmo del partido, ya que no suponen ventaja alguna para el infractor. Como aducen Clegg y Thompson (1979) se puede hacer uso de un "arbitraje preventivo" que establezca una sutil e incuestionable influencia sobre el juego mediante la prevención activa de una serie de infracciones específicas.

En definitiva, lo que se pretende es que el árbitro, siguiendo el espíritu del reglamento, pueda tomar decisiones a través de su presencia constante como elemento de control del juego, con una capacidad de reacción inmediata ante las infracciones al reglamento. Este arbitraje preventivo puede servirse del lenguaje verbal con los jugadores con el fin de prevenir acciones punibles que pueden dificultar el control del partido. Un ejemplo muy usual se refiere a las acciones llevadas a cabo por jugadores de poste bajo en el uso de manos y cuerpo por conseguir la posición, conjunto de movimientos que provoca mucho contacto personal, siendo el árbitro quien determina con dicho actuar preventivo el control del juego sin necesidad de pitar. Los buenos árbitros anticipan la jugada, la acción, nunca la pitada; para ello hay que sentir el juego, analizando todos los factores que intervienen en el desarrollo del mismo.

7. <u>Jurídico-administrativo</u>. Practica una justicia inmediata y sin apelación. Se convierte en un juez impuesto que reparte justicia, da y quita la razón, y castiga según un código normativo durante el encuentro. En consecuencia, determina la validez legal de una acción, individual o grupal, y valora y otorga tales acciones. Por otra parte, el árbitro, provisto de un poder ejecutivo, aplica un conjunto de reglas competicionales en su modalidad deportiva, llevando a cabo los dictados expuestos por una administración reguladora de las normas de competición. Así, las reglas compendian los conocimientos que los participantes del juego, incluidos los árbitros, deben tener presente para conocer los límites del mismo.

Si una regla se establece como principio común que procura una buena relación entre los jugadores y la propia naturaleza de cada deporte, teniendo un carácter convencional y obligatorio, de asunción disciplinar, sin embargo, no describe ni explica ni predice la acción, sino que sencillamente la orienta. De ahí que la regla sea anterior a la acción, y explicar una acción es encontrar las causas de la misma.

Según este criterio Gil Robles[4] diferencia tres tipos de reglas, a saber, ónticas, técnicas y deónticas. Las primeras señalan e indican los elementos necesarios de la convención, esto es, el campo y el tiempo de la acción, los sujetos de la misma y las competencias respectivas de éstos. Las segundas establecen los elementos mínimos, básicos y fundamentales para las diversas acciones

---

[4] Este planteamiento aparece en el libro *Las reglas del derecho y las reglas de los juegos*, Universidad de Palma de Mallorca, 1984.

(procedimientos). Las terceras, también llamadas normas, en cuanto disposiciones sancionadoras que marcan los límites de la acción, fijan claramente los deberes con el objeto de controlar el juego. Todo ello demuestra la necesidad por parte del árbitro de analizar y comprender la complejidad del reglamento de juego, no sólo teniendo en cuenta los aspectos convencionales sino también las causas y los efectos que provocan dichas reglas.

El juzgar no reside en aplicar la ley a un caso concreto sino en interpretar esa ley en situaciones diferentes. La acción propia del juego requiere de una adecuada interpretación. Juzgar consiste en respetar los derechos y deberes de cada participante en la realidad práctica del baloncesto. Sólo así se entiende el adagio romano *suum cuique tribuere* "atribuir a cada uno lo suyo". En suma, parafraseando a Aristóteles, podemos afirmar con él que "el árbitro considera la equidad, el juez la ley" (Doval, 1994).

8. <u>Físico-deportivo</u>. El árbitro se considera como un deportista más, que gracias a una preparación física, técnica y humana, dirige el buen orden deportivo del baloncesto. Su competencia le cualifica como un deportista íntegro a la hora de dirigir un encuentro. El baloncesto exige árbitros activos físicamente, que se amolden al propio ritmo de juego y a las circunstancias del mismo. Si uno no posee una buena condición física es difícil que se mueva y reaccione rápidamente y sea capaz de mantener un seguimiento satisfactorio de los jugadores. El árbitro de baloncesto debe estar en el lugar y en el momento adecuados.

9. <u>Autoridad interpretativa</u>. Existe una potestad de interpretación que flexibiliza la intransigencia de la norma y humaniza a quien la impone. Como señala Toro (1996):

"Si la justicia es ciega, simbolizando con ello su imparcialidad, el árbitro está obligado a verlo todo: la acción y la intención. Debe ser pues "veedor" para percibir lo superficial y "vidente" para descifrar las causas ocultas de la posible infracción".

En definitiva, regula la competición a través de una intervención mínima pero necesaria. De ahí que deba poseer una habilidad especial para intervenir en el juego sin interferir en el mismo. Su actuar se asemeja a la música de una película, que no debe ser más importante que el guión de la misma. No es el protagonista de la acción deportiva y no debe erigirse en el primer actor del juego con sus intervenciones (López, 1983). Dicha autoridad interpretativa puede reforzarse, si conoce los puntos fuertes y las debilidades de los competidores, el estilo y la forma de juego. Hay que interpretar el reglamento selectivamente (evaluar el momento del juego) según los conceptos de ventaja/desventaja. Por ello, el cumplimiento de la regla es un concepto elástico; hay que saber cumplir el reglamento según la dinámica del partido, ya de una manera flexible (ventaja/desventaja), ya de una manera estricta.

El baloncesto requiere un conjunto de decisiones arbitrales sobre el efecto de las acciones de los participantes a lo largo del encuentro, por lo que se demanda una mayor habilidad interpretativa por parte de los árbitros. El conocimiento de las reglas puede llevarse a cabo en un año de estudio, pero el criterio y el juicio se realizará a través de un análisis continuo y permanente de la globalidad del juego según las reglas.

10. Ritual. El árbitro se convierte en el oficiante de un rito o gran ceremonia de una modalidad deportiva que algunos hoy en día equiparan con una nueva religión laica. El colegiado representa al gran padre espiritual de esa nueva creencia.

11. Educación. El árbitro es un educador, defiende la regla para un mejor conocimiento del baloncesto, y a través de ella, enseña a los participantes cómo deben ser las pautas de comportamiento técnico y humano a seguir. Corrige una y otra vez con sus intervenciones, y este hecho provoca un aprendizaje de la norma de juego.

12. *Fair play* y deportividad. Se comporta como el depositario de los valores esenciales del baloncesto, conservando un legado que se caracteriza por la defensa del juego limpio. Dirime y determina con su criterio la posible violencia de los participantes, aspecto de vital importancia por cuanto que su pitada educa y evita conductas reprobables.

13. <u>Imagen personal</u>. El árbitro debe ser capaz de diferenciar entre el ser y el representar. Un colegiado debe arbitrar como es y no de manera artificial, ya que su formación personal incide de forma clara en su competencia profesional. Este aserto quedó puesto de manifiesto por Schwartz (1977) al desarrollar y trazar la importancia de la personalidad como factor determinante en la competencia arbitral.

    No se entiende al árbitro sin su persona, hasta tal punto que diferentes personalidades provocan distintos estilos de arbitraje (el autoritario, el inflexible, el reglamentario, el indiferente, el protagonista, el político, etc.). Por tanto, debe mantener un cierto decoro personal antes, durante y después de un encuentro, lo que implica un compromiso serio y un alto grado de responsabilidad. Por otra parte, la apariencia personal, la actitud atlética y la conducta apropiada son herramientas adecuadas para convencer en sus decisiones.

14. <u>Autoridad arbitral.</u> Debe cumplir y hacer aplicar la regla sin caer en lo que podríamos llamar "despotismo arbitral", es decir, ser el director del juego, al servicio del juego y de los participantes, pero sin contar con los participantes. La firmeza frente al autoritarismo. El árbitro ejerce dos tipos de autoridad: una autoritaria y otra integradora. La primera obstaculiza la relación con los participantes creando un clima de sumisión y de miedo ante el error, disminuyendo así su eficacia. En cambio, la segunda, la integradora, provoca una mayor colaboración con los participantes del juego, aclarándose por parte del árbitro circunstancias confusas del mismo que facilitan un arbitraje eficaz y eficiente.

Tras haber analizado las distintas características que forman parte de lo que entendemos como <u>arbitraje</u>, podemos deducir las siguientes conclusiones:

a) La acción arbitral forma parte de un conjunto de emociones personales y colectivas que se deben tener en cuenta a la hora de tomar diversas decisiones.

b) El arbitraje como medio educativo. Muchos individuos consiguen formarse gracias a la impresión de estabilidad y coherencia en la toma de decisiones. El acto arbitral es un método educativo en el deporte y en la educación física, no sólo para entender el juego por parte de los intervinientes sino también para actuar como personas en las relaciones humanas (respeto, saber estar, etc.).

c) El arbitraje no es fruto de una interpretación literal del reglamento, sino que supone una labor dilatada de interpretación y adaptación de ese reglamento a las circunstancias del juego en cada competición. Hay que procurar superar la dicotomía entre teoría y práctica, entre el espíritu y la letra.

d) El buen uso del arbitraje viene dado también por medio de la participación activa en el deporte para una mejor comprensión del mismo. Se basa en la formación práctica del árbitro, observando el baloncesto desde diversos puntos de vista (entrenador, jugador, espectador, a través de un entrenamiento específico que simule estos roles).

e) El arbitraje regula más que castiga. La firmeza frente al autoritarismo o al dejar hacer.

f) El arbitraje requiere una buena dosis de experiencia práctica para tomar decisiones firmes al instante debido a la complejidad de numerosas reglas.

g) El arbitraje es la habilidad que con la suficiente capacidad y motivación permite dirigir la competición de una manera efectiva y eficiente.

h) El arbitraje supone un conjunto de técnicas y estrategias a dominar.

i) El arbitraje comprende los procedimientos que aseguran que los jugadores practiquen un baloncesto basado en las reglas de juego. Se trata, por tanto, de un mecanismo regulador del juego.

j) El arbitraje desarrolla habilidades de autocontrol, liderazgo, etc., aspectos psicológicos que inciden de manera positiva en la labor arbitral.

Como corolario de lo expuesto podemos indicar que el reglamento de juego comprende el conocimiento metódico de las normas que regulan el baloncesto y su aplicación por parte de los árbitros se constituye en un arte[5]. Como señala Odums (1984) el arte en sí mismo requiere de una cualificación arbitral desde un punto de vista colectivo. El arbitraje tiene una función práctica de realización y las normas poseen un valor instrumental, y conjuntamente han de aplicarse de manera adecuada al contexto deportivo del propio baloncesto.

El árbitro debe dominar ese conocimiento metódico (el reglamento) pero, sobre todo, debe interpretarlo y aplicarlo para conseguir un baloncesto justo y real. Aplicando las normas deportivas se consigue un resultado equitativo y necesario para todos los participantes. En este sentido, distinguimos entre los árbitros "legalistas" y los árbitros "artistas" que con su sentido del juego y de la regla regulan con coherencia las competiciones que arbitran.

El árbitro, al ser persona y compartir sus decisiones entre personas (deportistas en general), hace que su relación humana sea trascendental para ejercer este principio. El árbitro no es una máquina ya que posee los dones del ser humano (la intuición, la anticipación, la prevención, la comunicación, etc.), necesarios para ejercer la función arbitral. Hay que saber combinar la ciencia y el arte de arbitrar.

3. LA FORMACIÓN DEL ÁRBITRO DE BALONCESTO

El elemento principal para que un sistema deportivo alcance cotas satisfactorias de calidad radica en la formación de sus miembros. Como señaló el presidente de la Comisión Estadounidense de Deportes Olímpicos en su Convención anual de 1976 "para la mejora de los atletas y deportistas americanos en competiciones internacionales, los árbitros deportivos en general necesitan una formación adecuada, mediante un desarrollo y unos procedimientos formales, que mejoren su calidad. La falta de preparación de los árbitros contribuye al fallo o falta de éxito de los atletas norteamericanos en dichas competiciones. Los deportistas deben entrenarse en competiciones previas con un arbitraje de calidad que facilite su rendimiento en aquellos eventos deportivos futuros que así lo exijan" (Evenbeck, 1983). Pese a estas

---

[5] Entrena Kleft, C.M., *La equidad y arte de juzgar*, Ediciones Aranzadi, Pamplona, 1979, p.82, donde se dice "arte es el conjunto de procedimientos combinados y peculiares que para alcanzar un resultado bello o útil emplea el hombre o un grupo humano".

palabras que se pronunciaron hace ya más de dos décadas, la formación del árbitro no ha sido ni mucho menos una constante de estudio e investigación por parte de los especialistas, sino que más bien ha sido relegada y minusvalorada en las sucesivas políticas deportivas.

Históricamente han sido muchas las imágenes empleadas para caracterizar al árbitro: como persona, como regulador del juego, como juez, como amigo del juego, como legalizador del juego, como coordinador del juego, como responsable del juego, como autoridad deportiva, como técnico del juego, como facilitador del juego, etc. En este sentido hay que tener presente el momento en el que se desarrolla dicha actividad, ya que el contexto cultural y social influyen de manera determinante en la fisonomía deportiva. Así, por ejemplo, el Dr. Arnold Mandell de la Universidad de California en San Diego, sugiere la existencia de razones culturales que acontecen en la actividad arbitral. El cambio social que representan los movimientos juveniles en los años sesenta, con la paulatina adopción de una serie de actitudes más liberales, de protesta, activistas, provocan en el deporte un sentido análogo en el que los jugadores y otros participantes ponen en tela de juicio a los árbitros, cuestionando su autoridad. Este cambio cultural que afecta al orden legal establecido, incide en el deporte y en sus miembros, de tal modo que la formación de los árbitros requiere un replanteamiento a la luz de los nuevos tiempos. La contextualización de la formación arbitral queda de manifiesto, pues cierta dosis de irracionalidad (agresividad, tensión) acontece en los deportistas, convirtiéndose el árbitro en la víctima propiciatoria con sus decisiones. Por esto, la formación del árbitro no puede ajustarse exclusivamente a un marco conceptual de la noción de árbitro en sí mismo. Pitar, que es algo que cualquiera hace en una actividad o momento deportivo, no es lo mismo que arbitrar (ser un árbitro).

Arbitrar supone tratar con otras personas (jugadores, entrenadores, directivos, público, mass-media, otros árbitros o auxiliares, informadores y supervisores, etc.) que trabajan en organizaciones (clubs, federaciones, prensa, radio, televisión, colegios de árbitros, escuelas deportivas) para conseguir la mejor eficacia y eficiencia arbitral posible.

En esta afirmación se comprenden los diferentes ámbitos que hemos considerado y que vienen a configurar los fundamentos de una dimensión conceptual diferenciada de la formación del árbitro: los árbitros como profesionales, las escuelas, colegios, asociaciones, centros de formación donde se imparten las enseñanzas para asumir la labor arbitral.

Una sólida formación académica y profesional junto con una elevada capacidad de reflexión sobre la práctica arbitral, combinada con una profunda convicción de la validez del trabajo colectivo, capacita al futuro árbitro para desarrollar su quehacer adaptándose a los avances del conocimiento científico, arbitral y deportivo. Algunos autores como Toolson y Clare han subrayado la importancia de la formación arbitral en su consideración del árbitro como "la tercera dimensión del deporte" junto a entrenadores y jugadores.

O'Bryant en el año 1991 propuso una guía para el aprendizaje de los árbitros deportivos con una duración de cuatro años, cada uno de los cuales presentaba a su vez cuatro fases: entrenamiento y actividades fuera de temporada, pretemporada, temporada y postemporada. Se hacía hincapié en la preparación física del árbitro, conocer las reglas de juego y la mecánica arbitral, cuidar su imagen, participar en clinics, conocimiento de la competición, practicar las señales arbitrales, pitar partidos amistosos, arbitrar semanalmente, cuidar la interpretación de las reglas, ayudar en obligaciones auxiliares como cronometrador y anotador, ver partidos desde la grada, participar en actividades del comité de árbitros, intentar que otros árbitros te vean arbitrar, actualizar los conocimientos, visionar los partidos arbitrados, dedicar al menos dos horas por semana al estudio y práctica de la mecánica arbitral.

Stabenow en 1985 propuso un método formativo basado en un Taller de Formación Arbitral, con el fin de comprender las reglas de juego, cuyas características principales son:

1. Se incentiva el conocimiento de las reglas mediante la participación en los grupos. Los individuos que no participan activamente se dan cuenta que todavía les queda por aprender.
2. Los árbitros están activos en el proceso de aprendizaje.

3. Reforzamiento positivo e inmediato y se estimula "las preguntas".
4. La competición bien entendida fomenta la concentración e incentiva a la participación.
5. Las discusiones provocan que todos los aspectos de las reglas salgan a colación.
6. Todos los árbitros reciben la misma información y entrenamiento. Los árbitros que estuvieron ausentes pueden utilizar el material preparado para el taller como una guía de estudio.
7. Las personas con menor conocimiento son fáciles de identificar.
8. Un gran número de árbitros puede recibir entrenamiento simultáneamente.

Este Taller lo han utilizado en las Universidades de Michigan, Miami y Dayton.

Wade y Greenfield (1991), de la Universidad del Sudoeste de Missouri, planteaban la formación arbitral como un dilema entre un tipo de arbitraje formal y otro tipo de arbitraje alternativo, consistente en el Auto-Arbitraje, para tener un mayor número de árbitros en las competiciones, donde cada equipo aportaba dos miembros considerados aptos para arbitrar los partidos en los que ellos no participaban.

El Centro de Formación de Arbitraje "Alfredo Volpini" de Las Palmas de Gran Canaria, utiliza un método en donde pueden participar como miembros del Centro todos los jugadores en activo que quieran, con el fin no sólo de arbitrar competiciones en la iniciación sino también con la finalidad de conocer el baloncesto desde la perspectiva del arbitraje, proporcionándoseles una formación más amplia en la que se ha comprobado que los futuros árbitros desarrollan una mejor comprensión del baloncesto para la toma de decisiones arbitrales.

La acción arbitral como profesión requiere que las personas que la ejecuten tengan una preparación adecuada de la ciencia, técnica y arte de la misma, es decir, que posean capacidad profesional. Dicha profesionalidad debe circunscribirse a su formación inicial y permanente, con la puesta al día en diversos ámbitos curriculares y mediante una relación estrecha con la práctica arbitral actual.

La preocupación por la formación de los árbitros es relativamente reciente. Si tenemos en cuenta las referencias bibliográficas que nos suministra *Referee*, revista americana especializada de ámbito mundial, observamos que la necesidad de una formación arbitral se hace patente en la confección de programas, titulaciones, certificaciones y procedimientos dentro del marco federativo. Podemos considerar la formación del árbitro como el proceso mediante el cual se adquieren el dominio del contexto y los procesos del conjunto sistematizado de conceptos, procedimientos, actitudes y valores que le capacitan profesionalmente para desarrollar con éxito la acción arbitral. De esta manera, la formación del árbitro representa una dimensión de la enseñanza y del aprendizaje enmarcada como actividad intencional, que se desarrolla para contribuir a la profesionalización de los árbitros encargados de regular y dirigir las actividades o acciones del juego y el deporte.

Actualmente, la formación del árbitro se compone de un conjunto de experiencias puntuales poco coordinadas, diseñadas por los propios árbitros para mantener un grupo arbitral débilmente preparado que asuma las responsabilidades del arbitraje. No es suficiente. Se requiere una interacción entre formador arbitral y árbitros en formación, que considere marcos evolutivos (edades, desarrollo de capacidades, perfiles de conocimiento) y los niveles formativos que presentan, con una intención de cambio progresivo en la toma de decisiones arbitrales, desarrollada en un contexto de juego o deporte organizado e institucional.

Utilizando las palabras de Berbaum (1982), podríamos destacar que

"se llamará acción de formación a aquella en que el cambio se consigue a través de una intervención a la que se consagra un tiempo determinado, por la cual hay participación consciente del formado, en la que existe voluntad explícita a la vez del formado y del formador de conseguir un objetivo explicitado".

"La formación, como actividad humana inteligente, se caracteriza como una actividad relacional y de intercambio, con una dimensión evolutiva y dirigida a conseguir metas conocidas" (Marcelo, 1989).

Según Ferry[6] la formación se entiende como "un proceso de desarrollo individual tendente a adquirir o perfeccionar capacidades".

Desde esta perspectiva, en el ámbito de la formación del árbitro, consideramos importante el término "desarrollo individual" pues, como señala Zanolín (1994) "busquemos primero personas; luego, les haremos árbitros".

Se trata de una formación en la que se ha de combinar el conocimiento técnico (reglamento, normativas legales, derechos y deberes, conocimiento del juego, señalización y mecánica del arbitraje, etc.) con el cómo desarrollar en la práctica los mismos (comunicación arbitral, interpretación del juego, lenguaje no verbal, lenguaje verbal, etc.). Es una formación basada en QUÉ conocer y en CÓMO hacerlo.

La formación del árbitro puede ser considerada como un tipo de formación profesional, dado que forma profesionales del arbitraje (aunque como se verá más adelante en los resultados obtenidos tras el análisis de las encuestas, no siempre se asume la profesionalidad como característica de la formación arbitral).

La formación del árbitro representa uno de los elementos fundamentales a través de los cuales el Currículo del Arbitraje (qué enseñar, para qué, cómo, cuándo, quién, cómo evaluar) deberá en un futuro inmediato intervenir y contribuir a la mejora de la calidad de la formación arbitral, proporcionando un diseño curricular ajustado a las necesidades.

La formación del árbitro se presenta como una red disciplinar en la que su progresiva proyección pone de manifiesto un esfuerzo de afianzamiento epistemológico permanente que dé, en un futuro, rigurosidad a sus paradigmas formativos y a sus modelos y métodos de investigación.

Los planes de formación debieran ser estudiados y analizados por expertos en los ámbitos específicos de las ciencias de la Actividad Física y el Deporte (Sociología del Deporte, Psicología del Deporte, Pedagogía del Deporte, Educación Física y Deportes, etc.) y su relación, al objeto de realizar propuestas de diseño formativas, diseños que por otro lado requieren "ir elaborando propuestas", tanto teóricas como prácticas,

---

[6] *Op.cit.*, p.36.

didácticas y organizativas, que sean capaces de integrar un conjunto multidisciplinar, que sea de utilidad para la mejor respuesta formativa que facilite la toma de decisiones arbitrales, frente al actual aislamiento y fragmentación que presentan la mayoría de las disciplinas deportivas en sus contextos arbitrales. Se hace manifiesta la necesidad de introducir en el marco curricular de las Ciencias de la Actividad Física y el Deporte, una materia de estudio y análisis que recoja el conjunto posible de elementos que intervienen o afectan en alguna medida al Arbitraje Deportivo, al objeto de que dicha materia constituya un referente psico-pedagógico en la formación de futuros ciudadanos. Un profesional de la actividad física y el deporte suficientemente formado en el ámbito arbitral será capaz de transmitir a los grupos de sujetos con los que interactúa el conjunto de conocimientos suficientes para generar en los mismos actitudes positivas ante el hecho arbitral, lo cual repercutiría en una concepción comprensiva del arbitraje y del árbitro como un deportista.

La educación recibida desde este marco generaría la adquisición de comportamientos actitudinales positivos en el contexto de las interrelaciones deportivas y sociales (disminución de la agresividad, respeto mutuo, mayor disfrute del deporte, conocimiento del juego, etc.).

Similar experiencia la llevó a cabo Rump (1985), miembro de la Universidad de Vincennes, ofreciendo una asignatura optativa, Arbitraje Deportivo, para obtener buenos árbitros. El curso estaba estructurado para conseguir dos propósitos:

1. Dar a los estudiantes en la especialidad de Educación Física y en otras Áreas curriculares, conocimientos que pueden utilizar después de sus estudios. En el Área de Educación Física y Recreación este curso sería importante porque ayudaría a los estudiantes a adquirir conocimientos básicos en los distintos deportes a través del arbitraje, y les daría experiencia cuando fueran educadores, entrenadores o coordinadores recreacionales.
2. Ofrecer un buen número de árbitros con conocimientos y entrenados para arbitrar.

Este curso no sólo ofrece créditos universitarios sino también experiencia individual, e igualmente este curso está diseñado para crear una concienciación y entendimiento del papel del árbitro.

También Bergen (1990), destacó en un artículo la promoción del arbitraje en Institutos americanos y Centros Educativos en general, donde la profesora Elizabeth Town en Pensilvania, propuso una asignatura optativa de Educación Física, la de Arbitraje. Incluso se ha intentado que se incluyan los cursos de arbitraje en los Currícula de Educación Física de todo el Estado.

En la actualidad el árbitro vive en un mundo deportivo de presión por parte de los jugadores, entrenadores, espectadores, tal como lo demuestra Phillips (1985), donde las reacciones negativas por parte de los participantes son también una parte esperada del juego. Reacciones negativas por parte de ellos son evidentes en todas las esferas del deporte.

Por todo ello consideramos que esta alternativa educativa desde los centros escolares reduciría notablemente esta imagen negativa de los árbitros; se adquirirían buenos conocimientos del deporte y se disfrutaría de un mejor deporte. La formación arbitral necesita elaborar un marco que sea clarificador y oriente su mejora, concrete propuestas programáticas y de investigación y aporte datos que faciliten y perfeccionen ese marco.

Siguiendo a Schwab, citado por Marcelo (1989), la estructura de una disciplina tiene que ver fundamentalmente con la elaboración y desarrollo de dos estructuras: conceptual y sintáctica. La estructura conceptual se refiere a los principios teóricos que orientan y dirigen la indagación en esa disciplina, mientras que la estructura sintáctica representa los métodos heurísticos utilizados para alcanzar la verdad buscada.

El saber educativo sobre el arbitraje, entendido como asignatura, posee una estructura conceptual que, aunque interdependiente de la teoría de la enseñanza y del currículo deportivo, presenta caracteres específicos que la distinguen de otras disciplinas por lo que se hace necesario el estudio que genere los modelos, teorías, conceptualizaciones respecto al arbitraje para que a su vez estas puedan irse implementando de forma progresiva mediante las adaptaciones, acomodaciones y transformaciones que en cada momento requiera dicha disciplina y que será fruto de investigaciones rigurosas.

Puede afirmarse que tradicionalmente la enseñanza, los contenidos desarrollados en el marco de la formación del árbitro de baloncesto, no tienen el potencial formativo suficiente como para orientar, guiar o dirigir completamente la práctica arbitral. Es por lo que la formación del árbitro requiere un marco de estudio que permita la elaboración de teorías prácticas para su formación.

No es descabellado afirmar que la formación del árbitro hoy día no ha desarrollado un campo de investigación propio, indagando problemas específicos de su estructura conceptual. Es fácil comprobar cómo en revistas especializadas, congresos y reuniones científicas, la investigación sobre la formación del árbitro no ha adquirido la suficiente relevancia. Sintomático resulta el hecho de que el arbitraje no aparezca como campo de investigación en el libro verde de I + D en el deporte en España de 1998.

La formación del árbitro de baloncesto requiere un estudio propio (pasos formativos, preparación, profesionalización y socialización de los árbitros). Supone realmente un objeto de estudio específico de la formación del árbitro que le caracteriza de forma diferenciada frente a otros ámbitos del deporte. Además, la formación del árbitro conlleva diversos medios, métodos y modelos arbitrales cuya finalidad será el análisis de los procesos que le permitan aprender a arbitrar.

La presencia de la comunidad científica universitaria que desarrolla su labor investigadora en el marco específico del arbitraje mediante determinados programas y proyectos de investigación facilitarán y darán realce a los trabajos que en este sentido se lleven a cabo. En este campo, el Centro de Estudios del Arbitraje Deportivo de la Universidad de Las Palmas de Gran Canaria constituye un hito en el acercamiento del arbitraje al marco de la ciencia,[7] ofertando la posibilidad de instruir y educar a los responsables de la regulación del juego y del deporte en sus diferentes manifestaciones deportivas. Con este Centro de Estudios se dará asimismo respuesta a los aspectos organizativos de los

---

[7] La creación de este Centro fue aprobada en la Junta de Gobierno de la Universidad de Las Palmas de Gran Canaria con fecha 29 de febrero de 1996.

contextos arbitrales, a los aspectos curriculares, a los aspectos metodológicos del aprendizaje y a la intervención arbitral.

Así pues, la principal característica de este nuevo marco formativo deberá hallarse estrechamente vinculada a los diferentes contextos sociodeportivos sobre los que incidirá la formación y de los cuales se irán demandando y analizando aquellas necesidades de formación arbitral que permitan la contribución de una mejora efectiva del hecho arbitral.

La participación de los árbitros en los programas de investigación debe ser fundamental en la elaboración de los diseños y desarrollos, sobre todo, si se pretende crear un paradigma de investigación serio y riguroso que implique al colectivo sobre el que se dirige la formación arbitral. En este sentido hay que llamar la atención de los políticos sobre la formación del árbitro como pieza clave del desarrollo del juego y del deporte desde una óptica técnica y humana, que comporta una sensibilidad social de la que no puede ser ajena la administración pública (prevención de situaciones violentas que puede conllevar la actividad deportiva: público, jugadores, otros intervinientes). E igualmente la Ley del Deporte español debería recoger la obligatoriedad de cursar unos periodos formativos que en cierta medida garanticen la calidad del árbitro, la toma de decisiones responsables y una ética profesional que respalde las diversas decisiones. Debiera ser un derecho y un deber de todo árbitro recibir una formación inicial que le cualifique y una formación permanente que le permita el crecimiento y conocimiento profesional progresivo.

4. LOS MODELOS EN LA FORMACIÓN ARBITRAL

Cuando nos referimos a la formación del árbitro como campo de conocimiento, observamos una pobreza literaria que dé respuesta a esta cuestión. Las concepciones sobre el árbitro se nos muestran variadas en función de las diferentes orientaciones, con numerosas imágenes referidas a su figura como: eficaz, competente, técnico, persona, profesional, sujeto que toma decisiones, reflexivo, etc.

Ante todo ello, en la formación del árbitro habrá que tener presente sus características personales y humanas, tanto a la hora de abordar el entrenamiento de sus habilidades, destrezas, conductas y competencias, a la hora de considerarlo como un sujeto que toma decisiones profesionales, siendo los elementos cognitivos de su actividad arbitral quienes contribuyan a la mejora formativa del mismo.

Podemos afirmar que cada una de las diferentes concepciones de lo que debe ser un árbitro va a influir de forma determinante en la elección de los contenidos, la metodología y las estrategias para la formación de los mismos. Así, en el estudio realizado por el profesor Navarro (1993) observamos la existencia de distintas concepciones sobre el responsable del hecho arbitral que permiten configurar las siguientes tipologías:

- *Permisivo:* árbitro que bajo su responsabilidad faculta una gran tolerancia respecto a las actitudes y acciones de la práctica deportiva reglada.
- *Didacta:* árbitro que gusta de orientar y dirigir la educación deportiva de los intervinientes en el trascurso de los encuentros.
- *Diplomático:* árbitro astuto, hábil, sagaz, a la hora de solucionar conflictos y quedar bien con las partes.
- *Inseguro:* árbitro que por diversas razones no tiene fe en sí mismo, de baja autoestima, con múltiples dudas a la hora de tomar decisiones sobre las situaciones que lo requieran.
- *Pícaro-camaleón:* árbitro que comete engaños en provecho propio, con habilidad y destreza, cambiando con facilidad criterios de interpretación de la norma según los contextos.
- *Protagonista:* árbitro que se convierte en el personaje principal de la improvisada obra deportiva, mostrándose como la persona más calificada y necesaria del evento que se desarrolla.
- *Autoritario:* árbitro que impone su autoridad a jugadores y técnicos, sin tolerar ninguna clase de oposición.
- *Sociable-dialogante:* árbitro con inclinación al trato y relaciones comunicativas con los intervinientes.

Es evidente que los modelos presentados responden a una red de concepciones, a un conjunto de ideas acerca de los fines del arbitraje y de los medios para conseguirlos, creencias, valores y supuestos referidos a la naturaleza del arbitraje y a los propósitos que se persiguen desde las instituciones deportivas (federaciones, asociaciones, etc.).

Todo ello no puede ser ignorado sino que debe tenerse en cuenta con el fin de lograr una concepción de la enseñanza y el aprendizaje para el desarrollo de la formación arbitral que genere a su vez una teoría acerca del aprender a enseñar a ser árbitro, indicando claramente el marco de actividades prácticas para su desarrollo y promoción, tales como la planificación de las sesiones del programa, el propio programa, la asistencia y aprovechamiento a cursos, la enseñanza y la práctica arbitral, la supervisión y evaluación de las actividades y programas, etc.

¿Podemos hablar de la existencia de modelos para la formación arbitral en la formación actual de los árbitros de baloncesto? En realidad, lo que se ha hecho hasta el momento es una campaña para la captación de árbitros, a los que en el mejor de los casos se les ha instruido en cuestiones técnicas según sus categorías deportivas, desde una perspectiva de enseñanza tradicional, lo que explica la gran variedad de modelos percibidos por los agentes intervinientes en el ámbito deportivo del baloncesto, sin tener en cuenta al árbitro en su conjunto, como sujeto global con necesidades de formación en diferentes contextos. Este intento de aportar la formación desde otra dimensión más allá de la realidad actual es lo que denominaremos como modelo alternativo, sin que ello suponga que los modelos para la formación sean excluyentes entre sí. En la actualidad, posiblemente por la carencia de investigación en el ámbito que nos ocupa, conviven rasgos propios de un enfoque con los de otro de signo contrario, dentro de un mismo plan de formación de árbitros.

Se trata de un fenómeno complejo a lo que hemos de añadir que en la mayoría de los casos estos planteamientos sobre formación de árbitros se dirigen inicialmente a los jóvenes, dado el casi nulo desarrollo teórico y conceptual de la formación arbitral. La formación permanente tendrá que esperar nuevas investigaciones sobre el desarrollo profesional de árbitros expertos.

Ninguno de los enfoques explica y comprende en su totalidad la complejidad de la formación del árbitro. Ninguno ofrece un marco completo para guiar el desarrollo de un programa que ayude a los principiantes a aprender a desarrollar prácticas arbitrales con garantías de éxito.

5. EL MODELO TRADICIONAL: CARACTERÍSTICAS GENERALES

En nuestro país la formación arbitral viene aportando históricamente una concepción restringida de la misma, pues se ha basado en una intervención técnica y de planificación sistemática y estándar para todos los sujetos; en ella se persigue el conocimiento del reglamento y de la mecánica de arbitraje a costa de la relevancia del juego.

Ignora los significados internos que subyacen al comportamiento observable en el desarrollo de la acción arbitral y busca árbitros a imagen y semejanza de un modelo ideal, estandarizado, en el que, en la mayoría de las ocasiones, la abstracción y las generalizaciones de los contenidos se alejan de un conocimiento comprensivo, útil para el arbitraje. Ello implica que la información obtenida resulte problemática a la hora de su puesta en práctica.

Por otra parte, presenta una relación de dominio entre los que detentan el conocimiento arbitral y quienes han de aplicarlo en un marco vertical que limita la posibilidad de reflexión y acción autónoma de los individuos. Así, las características que conforman el modelo son:

1. *La formación debe partir del conocimiento del Reglamento de Juego y de su aplicación sistemática.*

    En nuestro país, el conocimiento de la regla ha venido dado por una simple explicación formal, clase magistral con alto grado de verbalización teórica y una ausencia del conocimiento práctico de la regla. Se exponen vídeos para observar hechos puntuales del desarrollo del juego, sin analizar las causas y consecuencias contextuales, sin contar con una visión global del juego. Esta rigidez formal de entender el reglamento genera una ausencia de interpretación del juego según los niveles de competición en el que se arbitra.

Sabemos que el juego del baloncesto es un juego sin contacto, pero con contacto. Ello implica interpretación real en situaciones acordes al nivel de juego y a sus participantes. Así, por ejemplo, un joven adolescente que atraviesa una fase de crecimiento rápido suele manifestar una ligera torpeza motriz, que se manifestará en descoordinaciones que le van a provocar contactos involuntarios en los que el árbitro deberá valorar los conceptos de ventaja-desventaja, aspectos no descritos en el Reglamento Oficial del juego. En este modelo tradicional el árbitro toma decisiones ajustadas de manera estricta siguiendo la letra del reglamento en las situaciones reales de juego.

2. *La formación a partir del número de partidos arbitrados.*

Se tiene la concepción de que el árbitro adquiere una formación y unos aprendizajes que son fruto de sus experiencias reiteradas en cada partido. A este supuesto autoaprendizaje hemos de añadir la casi ausencia de elementos que faciliten la reflexión y el análisis posteriores a los partidos. El árbitro se hace pitando.

3. *Los árbitros en formación recorren su itinerario formativo a un ritmo uniforme.*

Existen Colegios de Árbitros como únicos Centros Formativos, salvo los que han creado las denominadas Escuelas de Árbitros, que en realidad no son más que pequeños Colegios. En estos casos, los sujetos se han divido en dos grupos, quienes están en el Colegio y en las Escuelas. Esta división responde a un criterio de diferencia de edad y experiencia arbitral, lo cual no implica que la formación que reciban (charlas, visualización de vídeos, pruebas teóricas, etc.) se ajuste a necesidades individualizadas de los diferentes árbitros en formación.

4. *La formación debe centrar su atención en el trabajo unificado y homogéneo de los árbitros.*

Al igual que en el punto anterior, no existe diferencia ni en el tratamiento de los elementos de aprendizaje, dado que lo único importante es el Reglamento y el pitar, ni en la imagen que deben presentar los sujetos en los diferentes contextos de intervención (categorías deportivas). Así, la imagen personal del árbitro como tal es común, pero hay elementos de imagen externa que son necesarios en la élite deportiva (uniforme de chaqueta y corbata antes de los partidos) y que se imponen para determinadas categorías que no sintonizan con la organización ni el contexto en el que se va a intervenir.

5. *La formación es un proceso de transmisión de conocimientos técnicos-mecánicos, centrado especialmente en el dominio formal de los contenidos normativos (señales, situación arbitral, etc.).*

En los manuales de mecánica del arbitraje (posición-situación del árbitro respecto a la posición del balón y espacios lejos de él, señalización o gesticulación en la indicación de infracciones) la rigidez manifiesta y el automatismo hace que el árbitro se presente como un sujeto artificial.

Actualmente, en la mecánica arbitral de dos árbitros, el espacio de observación en una parte de la cancha (zona ofensiva) se divide en seis rectángulos observables según donde esté el balón, espacios que serán observados por uno u otro árbitro que controlarán las acciones del juego con o sin balón, sin tener en cuenta la realidad del juego. Hoy se está introduciendo el mismo concepto en la mecánica de tres árbitros. La señalización del árbitro busca de forma preocupada la elegancia estética del gesto uniforme sin mostrar elementos emotivos que puedan utilizarse como recursos arbitrales.

6. *Los contenidos formativos y métodos se dirigen por igual a principiantes y a árbitros expertos.*

La ausencia de fundamentos para la respuesta formativa ajustada a las diferencias de los árbitros genera la existencia de materiales instructivos (por ejemplo, vídeos) que sirven para la formación unificada de todos los niveles deportivos. Vídeos de baloncesto de élite se utilizan para la instrucción de los árbitros en general.

7. *El árbitro en formación se comporta como un técnico que domina las aplicaciones de resolución en la toma de decisiones arbitrales generadas por otros árbitros.*

Los árbitros con experiencias vividas en la élite del baloncesto sirven como referentes normativos para la copia mimética de unos principios arbitrales que sólo tienen practicidad en ese contexto de élite y no en otras categorías.

8. *Bajo costo en la formación (materiales y desarrollo de programa).*

   No hace falta material diversificado ajustado a diferentes niveles de complejidad en el aprendizaje del arbitraje. Ello supone la inexistencia de expertos y personal de apoyo al desarrollo de la formación.

9. *La formación arbitral con bajo esfuerzo.*

   Tanto por parte de los responsables de la formación como por parte de los sujetos que acceden al mundo del arbitraje se genera un esfuerzo que supone aprendizaje significativo. El aprendizaje, tal como ya hemos citado, se limita a pitar.

10. *Apenas requiere un diseño instruccional.*

    Actualmente podemos afirmar que no existe un diseño racional de formación arbitral. En la mayoría de los casos, existen programas de actividades (charlas, vídeos, etc.) resultado de iniciativas personales de los responsables técnicos del colectivo.

11. *La formación del árbitro se asume como una robotización y el arbitraje como una actividad productiva (sacar partidos). El árbitro como un manual de reglas (casos prácticos, situaciones mecánicas, etc.).*

12. *Fomenta el trabajo competitivo en el ámbito formativo entre los árbitros.*

    El objetivo es ascender de categoría para ganar más estatus (incluso económico), lo cual genera situaciones de crítica destructiva hacia los propios compañeros, envidias y una obsesión por ascender y no por el disfrute de la actividad deportiva arbitral como tal, concluyendo en ocasiones con situaciones de abandono o descenso después de trascurrir un periodo largo de arbitraje sin ascender, por considerarse ineficaz.

13. *La formación arbitral configura un sistema tecnológico que intenta desarrollar unos objetivos de actuación definidos mediante informes técnicos (imagen física, señalización, criterio, etc.).*

Dada la carencia de situaciones de trabajo sistemático que facilite la observación de las mejoras realizadas por los árbitros, hace que los partidos oficiales y algunos torneos amistosos sean los únicos elementos de análisis para la elaboración de informes técnicos ajustados a formalismos que contemplan solamente las decisiones mecánicas del árbitro (decisiones erróneas, señalización, imagen física, situación en el campo, etc.) y que vienen expresados cuantitativamente con puntuaciones que indicarán al final de la temporada su ascenso, permanencia o descenso de categoría. Ello genera que en muchas ocasiones, si conoce al informador, el árbitro actúe según los intereses del informador del partido.

14. *No se preocupa por mejorar la formación. Una vez captado, el árbitro pita olvidándose de organizar actividades de formación como campus, seminarios, clinics.*
15. *Es cerrada. No hay participación.*
16. *La formación del árbitro basada en la imitación irreflexiva de otros árbitros. Se copia modelos y no se tienen en cuenta otros valores, como la comunicación, nivel de intervención, etc.*
17. *Escasa, incompleta y breve formación humanística. Predomina lo técnico sobre la persona.*
18. *El perfeccionamiento (formación permanente) se basa exclusivamente en comportamientos técnicos arbitrales observables (los informes oficiales).*
19. *Serán los partidos el elemento curricular más importante para los árbitros en formación. El arbitrar es el único elemento a observar para su mejora.*
20. *La formación arbitral no se preocupa de dar respuesta al conjunto de necesidades y preocupaciones que manifiestan los árbitros según su vivencia en cada período arbitral. Hay categorías deportivas, pero no niveles de formación.*
21. *Ofrece una perspectiva homogénea del arbitraje en la que la dimensión ética va implícita en la aplicación del reglamento. El reglamento comporta lo ético, pero el que lo interpreta, el árbitro, en general no se plantea seriamente ese sentido de justicia y de ética deportiva.*
22. *No tiene en cuenta la necesidad de una tutorización sistemática y planificada durante las fases formativas iniciales.*

23. Valor "mítico" de la experiencia como fuente de conocimientos arbitrales. Los años parecen ser la única vía de aprendizaje.
24. Mayor carga teórica que práctica. Se aconseja más leer el reglamento que aplicarlo en situaciones prácticas.
25. Más informativo que formativo.
26. Fomenta una promoción profesional basada en criterios de presagio producto en el que la imagen física y las buenas relaciones con el contexto oficial parecen ser determinantes para el ascenso deportivo. Existe un juego de relaciones políticas.
27. Favorece un tipo de aprendizaje pasivo por parte de los árbitros en formación. Poca intervención.
28. Considera que cualquier árbitro en activo puede desempeñar tareas de formación sin ningún tipo de preparación previa.

6. MODELO ALTERNATIVO: UNA NUEVA PROPUESTA DE FORMACIÓN

Se propone servir de alternativa al modelo tradicional ya que considera que el mismo aporta un elevado fracaso formativo y presenta una escasa incidencia en la práctica arbitral. Este planeamiento queda evidenciado en las respuestas de los árbitros en nuestras encuestas.

Pretende contribuir al mejor conocimiento arbitral desde el mejor conocimiento del ser humano como tal y concretarse en el estudio de las necesidades y preocupaciones de los colegiados para ayudar a resolver y manejar las situaciones de diversidad con mayor eficacia. Posee un fundamento humanista para entender la realidad socio-deportiva a la que considera cambiante y dinámica. El baloncesto presenta múltiples realidades (niveles de competición, participantes, etc.) y son los agentes intervinientes en las mismas realidades quienes construyen y determinan las necesidades de respuesta arbitral. Como expresa Silva (1981) en los deportes existen dos tipos de reglas: las constitutivas y las normativas. Las constitutivas son las reglas escritas de un deporte. Las normativas son reglas establecidas por consenso entre los practicantes o conductas legitimadas por el uso, pero que no aparecen escritas en ningún reglamento (Cruz, 1997).

El árbitro de baloncesto debe conocer ambos tipos de reglas y en el modelo alternativo la carga mayor la lleva el ámbito normativo. Constituye un intercambio dinámico entre el reglamento y los datos que aportan las situaciones del juego. Se preocupa más por el desarrollo del baloncesto que por la comprobación estricta de las reglas. La formación del árbitro es decisiva para comprender las realidades en contextos de interacción de los individuos intervinientes en el juego.

Las características que definen este modelo son:

1. *Aprender a arbitrar es un proceso de transformación global, no sólo de conocimientos y destrezas técnicas. Requiere una madurez y una clarificación de ideologías, valores, etc., para entender el hecho arbitral.*
2. *La formación debe partir del entrenamiento práctico (jugar-pitar), y aprender desde la experiencia en situaciones simuladas de juego.*
3. *Los árbitros en formación recorren su itinerario formativo con ritmos personalizados. No todo árbitro posee el mismo nivel de desarrollo profesional. Hay árbitros que poseen condiciones para una categoría y no para otra.*
4. *La formación debe centrar su atención en el trabajo diferenciado de cada árbitro.*
5. *La formación se basa en la conjunción de los comportamientos técnicos observables junto al mayor número posible de variables no observables que inciden en la práctica arbitral (emociones, sensaciones, agresividad, percepciones, etc.). Ello supone la necesidad de flexibilizar las posiciones mecánicas según las necesidades del juego.*
6. *Los contenidos formativos y los métodos difieren según se dirijan a principiantes o a árbitros con experiencia.*
7. *La formación del árbitro como un técnico colaborativo y el arbitraje como un hecho que trasciende a la simple productividad (calidad y disfrute), es un todo.*
8. *Elevado costo en la formación (materiales, desarrollo de programas, organización, espacio, profesionales, etc.).*
9. *La formación arbitral con niveles de dificultad que requieren mayor nivel de esfuerzo. Progresivo y comprometido con todo el arbitraje, donde la participación colectiva es importante en el desarrollo de*

cada árbitro. Las sensaciones de cada árbitro suponen mejoría individual y colectiva.
10. Requiere la formación de un diseño instruccional complejo que facilite la adquisición de competencias y destrezas.
11. Se preocupa por atender el conjunto de conocimientos, saber hacer y actitudes a desarrollar por el árbitro en formación.
12. Fomenta el trabajo colaborativo en el ámbito formativo entre los árbitros.
13. Se preocupa de que el árbitro sea un sujeto intelectualmente capacitado para seleccionar y decidir la mejor respuesta arbitral en situaciones de juego. Hay que trabajar también el ámbito cognoscitivo, es decir, la discriminación, la observación, el lenguaje, la crítica, etc.
14. Sujeto que toma decisiones propias a partir de situaciones reales de juego.
15. La formación utiliza métodos e instrumentos cualitativos y cuantitativos (autoevaluación, entrevistas, observación, vídeo, diario, etc.).
16. Pretende mejorar la formación a partir de la investigación científica: necesidades, contenidos, métodos, evaluación, etc. Es más eficaz.
17. Es flexible. Hay alternativas de otros modelos que pueden resultar útiles.
18. Fomenta la reflexión en un modelo de bucle continuo.
19. La persona con todos sus condicionantes y posibilidades constituye el eje de la formación arbitral. Arbitrar no es sólo una técnica. El recurso más importante del árbitro es él mismo.
20. Se preocupa de capacitar para la mejora del autoconcepto. La madurez personal y arbitral son indisociables.
21. El currículum formativo está conectado necesariamente con la práctica desde un principio y no se reserva para el final del período de formación.
22. La formación arbitral se preocupa de dar respuesta al conjunto de preocupaciones que manifiestan los árbitros según su vivencia en cada período arbitral.

23. El arbitraje es una actividad compleja que se desarrolla en contextos singulares, imprevisibles, en los que la toma de decisiones genera conflictos que requieren opciones de decisión ética.
24. Precisa de una tutorización sistemática y planificada durante las fases formativas iniciales.
25. Serán las prácticas arbitrales (entrenamiento, situaciones simuladas), aquellas en las que los árbitros en formación puedan implementar el conocimiento recibido desde las diferentes áreas curriculares.
26. Mayor carga práctica que teórica.
27. Eminentemente formativa.
28. Permite repensar su teoría implícita del arbitraje, sus esquemas básicos de funcionamiento, las actitudes propias.
29. Favorece un tipo de aprendizaje activo-participativo de los árbitros en formación.
30. Considera imprescindible la planificación y preparación concienzuda de los formadores de árbitros. Nadie puede desempeñar tareas de formación sin algún tipo de preparación previa.

A continuación, recogemos los aspectos básicos del modelo de formación tradicional y del modelo educativo (Tabla 1):

Tabla 1. La formación arbitral

TRADICIONAL	ALTERNATIVA
Homogénea	Heterogénea.
Inicialmente interesada por el dinero.	Inicialmente vocacional.
Basada en el conocimiento del reglamento.	Conocimiento global del hecho deportivo.
Importa pitar.	Importa arbitrar.
Colectiva: Grupal.	Personal, individualizada.
Contenidos iguales para todos.	Contenidos diferenciados en función de la necesidad formativa.
Bajo costo económico.	Elevado costo económico.
Puntual.	Progresivo y comprometido según las fases de formación (iniciación, implementación, permanente)
Carece de diseño o posee uno muy simple.	Requiere un diseño complejo de respuesta a la diversidad.
Fomenta la competitividad entre sujetos.	Fomenta la colaboración entre sujetos.
Importa el árbitro.	Importa la persona.
Es mimética.	Investiga.
Es cerrada.	Es flexible.
No reflexiva.	Reflexiva.
Aplica el reglamento (sin tener en cuenta las situaciones) de forma mecánica.	cuenta el contexto a la hora de aplicar el reglamento.

7. CONCLUSIÓN

Nos parece necesario insistir que la formación del árbitro de baloncesto es como un edificio en construcción en el que están implicadas muchas personas con tareas diferentes, todas importantes, desde el arquitecto al peón, con acciones concretas a desarrollar durante la construcción y posterior mantenimiento, rehabilitación y mejora en la que intervienen elementos materiales, espaciales, temporales, económicos y humanos que coherentemente combinados darán como resultado un edificio sólido, saludable, con calidad de vida, funcional, alegre y seguro.

Si, por el contrario, para abaratar el costo disponemos de malos profesionales, sin formación específica, malos materiales, mala ubicación del terreno sin orden ni planificación según el entorno, absentismo laboral, individualismo, etc., la fragilidad lo impregnará todo. El edificio se convierte en un atentado contra la salud pública dado que, en cualquier momento, estaríamos expuestos a cualquiera de los desequilibrios que se pudieran generar tanto desde los elementos físicos (destrucción o derrumbe del propio edificio) como de desequilibrios psicológicos que pudieran generar un edificio enfermo, afectado por su mala adecuación a la necesidad vital de sus habitantes.

REFERENCIAS

Askins, R.L. (1979). Observation: Oficial new and experienced. Is experience the only difference between a good oficial and a poor on, *Referee, 4*, 17-20.

Barry, B. (1997). *La justicia como imparcialidad*. Barcelona: Ed. Paidós.

Berbaum (1982). *Étude systemique des actions de formation*. Paris: Presses Universitaires de France.

Berg, R. (1990). No referees, no games. *Athletic business, 14*, 30-34.

Betancor León, M. A. (1986). Formación de árbitros. Declaración de principios. En *Congreso Nacional de Escuelas de Árbitros de Baloncesto* (pp. 1-3). Cabildo Insular de Lanzarote.

Betancor León, M. A., y Vilanou, C. (1996). *Historia de la Educación Física y el Deporte a través de los textos*, Barcelona, P.P.U.- U.L.P.G.C.

Bunn, J. (1968). *The Art of Officiatting Sports*. New Jersey. Prentice Hall Inc.

Cabrera, D. (1997). *Perfil de los Jueces de Gimnasia Rítmica*. Tesis Doctoral, Universidad de Las Palmas de G.C.

Caron, G. (1982). *El arbitraje del fútbol*. Barcelona: Hispanoeuropea.

Clegg, R. Y Thompson, W. (1974). *Modern Sport Officiating*. Iowa, WCB.

Cruz Feliu, J, (1997) *Psicología del Deporte*. Madrid: Ed. Síntesis.

Defrance, J. (1987). *L´excellence corporelle: la formationdes activités physiques et sportives modernes*. Rennes: Presses Universitaires de Rennes.

Doval, G., (1994), *Diccionario General de citas*. Madrid: Ed. Prado.

Entrena, C. (1979). *La equidad y el arte de juzgar*. Pamplona: Aranzadi.

Evenbeck, E. J. (1983). *Rating standards and related factors in high levels amateur sports officiating*. Tesis Doctoral inédita. Indiana University.

Honore, B. (1980), *Para una teoría de la formación*. Madrid, Narcea.

King Hogue, M. (1978) The educated judge. *Coaching women´s athletics 4* (2), 14.

López Sudán, M. (1983). Another way of seeing a sporting event: the judge. *Olympic Review*, 188, 391-395.

Marcelo, C. (1989). *Introducción a la formación del profesorado. Teoría y métodos*. Sevilla, Universidad de Sevilla.

Marrero, G. (1998). *Estudio sobre los árbitros de fútbol*. Centro de Estudios del Arbitraje Deportivo. Universidad de Las Palmas de Gran Canaria.

Nar Zanolín. (1994). La formación del árbitro de baloncesto. En *Primeras Jornadas de Formadores de árbitros*. Las Palmas de Gran Canarias: Universidad de Las Palmas de Gran Canaria.

Navarro, F. (1993) Una aproximación a los modelos arbitrales desde la perspectiva de los aficionados y deportistas. En IV Congreso Psicología del Deporte (pp. 27-29). Sevilla.

Odums, R. I. (1984). *Career guide to Sports Officiating. You call the shots*. Cleveland

Philips, C. L. (1985). Sport group behaviour and officials´ perceptions. *Interscholastic Journal Sport Psychology, 16*, 1-11.

Ricoeur, P. (1995), *Le juste*, París: Esprit.

Rump, R. W. (1985). A sports officiating course: more than an elective. *NIRSA, 9*, 44-45.

Schwartz, G. (1977). Officiating personality. What is the relationship between an official´s personality traits and his likelihood of success. *Referee*, 2.5, 17-21.

Soto Barrera, J. (1930). *Historia del fútbol en España*. Madrid: C.I.A.P.

Stabenov, D. (1985). Innovative Training of Sports Officials: The work-shop Method, *NIRSA, 9*, 8-9.

Teixeira, J. (1983), *Conhecimento estructuro-regulamentar da arbitragem deportiva*. Lisboa: Instituto Nacional dos Desportos.

Thompson, W. A., y Clegg, R. (1974). *Modern Sports Officiating: a practical guide*. Dubuquerque: Brown.

Wade, G., Greenfield, R. (1991). The intramural sports officiating dilemma: Is self officiating a viable solution. *NIRSA, 15*, 45-48.

Weinberg, R., y Richardson, P. (1990). *Psychology of Officiating*. Champaign, Illinois: Leisure Press.

15. O PAPEL DO TREINADOR NO ENSINO DO JOGO – UMA REFLEXÃO SOBRE A PRÁTICA E OS MODELOS DE INSTRUÇÃO

Amândio Graça
Faculdade de Desporto, Universidade do Porto

1. INTRODUÇÃO

A prática desportiva não se desenrola numa via única, mas antes numa rede viária diversificada, onde coexistem vias de diferentes perfis e traçados. A comunicação entre as diferentes vias é constrangida por pontos de conversão e reversão, por espaços de confluência e integração, mas também por barreiras de separação e restrição derivadas das necessidades de diferenciação do tráfego em função dos propósitos dos viajantes e atributos dos respectivos veículos, por exemplo, potência, resistência, capacidade de carga, economia e performance.

A prática desportiva é por isso plural nas formas e níveis de expressão, nas formas e níveis de exigência, nas formas e níveis de motivação e empenhamento. Quando falamos em prática desportiva, treino desportivo e treinador temos que situar o âmbito de prática a que nos estamos a referir, porque é ele que dita a incumbência do treinador relativamente aos praticantes e aos objectivos da prática, e que, portanto, baliza os contornos da sua actividade e os requisitos da sua competência profissional.

Os âmbitos de prática situam-se basicamente entre dois pólos extremos, a prática do mais alto rendimento competitivo (prática altamente selectiva, altamente especializada, altamente exigente, de atletas em regime de dedicação exclusiva) e a prática de recreação e lazer (prática altamente flexível em função da variabilidade do nível e da disponibilidade dos praticantes).

O desporto de crianças e jovens incorpora esta diversidade e pluralidade, incluindo a prospecção de talentos e os programas de orientação para o alto rendimento, embora aqui o faça, naturalmente, num grau de diferenciação menos marcado pela especialização do que pela formação multilateral. Isto é tanto mais verdade, quanto mais jovem e inexperiente for o praticante. Ainda assim, tanto o problema da especialização precoce como o problema da ênfase precoce no resultado desportivo marcam presença obrigatória na problemática da modelação do treino de crianças e jovens.

1.1. O talento e excelência desportiva - nature or narture

Nature or narture é a forma como em língua inglesa se popularizou a velha dicotomia inato vs. adquirido em torno da questão do talento, do potencial para atingir níveis de excelência num dado domínio. O talento nasce ou faz-se é uma questão recorrente que faz lembrar o jogo da corda, cada grupo puxa para seu lado e o resultado ora pende para um lado, ora pende para o outro. A convicção reinante no mundo desportivo é de que a excelência desportiva está vedada à generalidade dos praticantes, só tendo acesso a ela quem tiver a sorte de ter nascido com os genes apropriados. Ou seja, o talento é algo com que se nasce, e não há como dar a volta a esta sorte. Os treinadores, com poucas excepções, estão convencidos de que são capazes de reconhecer inequivocamente quem tem talento e quem não tem. Porém, o que mais há no mundo da prática desportiva são jovens promissores que desaparecem pelo caminho, que acabam por se quedar pela mediania, ou que transportam a aura de eterna promessa adiada. Este é um facto bem documentado. Feu, Ibañez e Sáenz-Lopez (Feu, Ibañez Godoy, & Sáenz-López Buñuel, 2006) verificaram que do conjunto dos jogadores escolhidos para representar as selecções nacionais ou regionais espanholas nos escalões de juvenis muito poucos ascenderam sequer à competição de alto nível.

Há evidência empírica de que a selecção dos jogadores feita pelos treinadores é marcadamente influenciada pela precocidade física e pela vantagem etária. Com efeito vários estudos comprovam que no interior dos escalões jovens a selecção dos jogadores é afectada pela data de nascimento, com uma tendência significativa para escolher jogadores do primeiro quarto do intervalo etário do respectivo escalão em detrimento de jogadores do último quarto. Refira-se como exemplo ilustrativo desta realidade o estudo de Helsen, van Winckel e Williams (2005) com as selecções europeias de futebol de sub-15, sub-16, sub-17 e sub-18 e equipas participantes em torneios internacionais de sub-16 da UEFA. A mudança do início da época desportiva no futebol belga de Agosto para Janeiro, ocorrida em 1998, serviu de prova real para a influência da idade na selecção dos jogadores nos escalões (10-12; 12-14; 14-16 e 16-18) (Helsen et al., 2000), tendo-se verificado de imediato (à excepção do escalão 16-18) uma translação dos meses de nascimento dos jogadores avaliados como talentos do antigo primeiro quarto de cada escalão (Agosto, Setembro, Outubro), para o novo primeiro quarto (Janeiro, Fevereiro e Março).

Três argumentos podem explicar este efeito da idade sobre a selecção de jogadores de futebol (Helsen et al., 2000). Primeiro, o grande peso atribuído aos atributos físicos em detrimento da habilidade; segundo, o intervalo etário de 24 meses por escalão enviesa a selecção em desfavor do factor habilidade para dar vantagem ao factor físico; terceiro, o carácter altamente competitivo da prática desportiva ao nível dos escalões mais jovens tende a desfavorecer as oportunidades de prática dos jogadores com idade biológica e cronológica mais baixa, que são obrigados a competir com jogadores mais maduros, mais altos e mais fortes, o que tem implicações também ao nível psicológico. Como referem Abernethy, Baker e Côté (2005), quanto mais velha é a criança ou o jovem relativamente aos colegas da mesma turma ou de equipa, maior probabilidade terá de ser considerada dotada. O sucesso e as experiências positivas na fase inicial aparecem como um factor crítico para colocar o praticante na rota da especialização.

A questão do talento revela-se mais complexa do que o senso comum e a convicção dos treinadores nos querem fazer crer. Os procedimentos de reconhecimento e detecção de talentos deixam-se eles mesmos apanhar num círculo vicioso, acabando por confundir a função explicativa que valida o prognóstico – tem mais talento, vai ser melhor jogador - com a função descritiva – joga melhor, portanto tem mais talento. Desconfiando desta confusão, Howe, Davidson e Sloboda (1998) procuram indagar se o talento inato é um mito ou uma realidade, estabelecendo para o efeito uma definição de talento tão rigorosa quanto possível para permitir o escrutínio da sua validade, sem alienar a base que lhe confere a força intuitiva relevada pelos treinadores e pelo senso comum:

1- O talento deriva de estruturas geneticamente transmitidas e nessa medida é pelo menos parcialmente inato.

2- A totalidade dos seus efeitos pode não ser evidente nas primeiras fases, mas haverá alguns sinais avançados que permitirão a uma pessoa treinada identificar a presença de talento antes de atingir a expressão madura dos níveis excepcionais de performance.

3- Estes sinais iniciais de talento fornecem a base para predizer quem terá probabilidades de atingir a excelência.

4- Apenas uma minoria é talento. Se todas as crianças fossem talentos não haveria maneira de predizer ou explicar a diferença de sucesso

5- O talento é relativamente específico dum dado domínio.

As concepções perfilhadas e em uso de talento têm obviamente fortes repercussões nas práticas de selecção, nas expectativas e exigências comunicadas aos jogadores, nas oportunidades de prática, assim como na motivação, na confiança e no empenhamento dos jogadores. Muitos jogadores ou candidatos a jogadores verão as suas possibilidades comprometidas ou reduzidas quando os treinadores não lhe reconhecem talento suficiente e não apostam confiadamente neles. O inverso também é verdadeiro, inserindo-se os dois casos naquilo que tipifica o fenómeno de pigmalião ou profecia auto-realizadora, em que as avaliações iniciais dos treinadores orientam as suas expectativas num dado sentido, que vai influenciar as suas decisões, interacções com os jogadores e as avaliações futuras (Becker & Solomon, 2005). O modo como os jogadores percebem as expectativas, as avaliações e os comportamentos diferenciados do treinador vão por sua vez influenciar as suas próprias expectativas, níveis de motivação e empenhamento, que tendem, deste modo, a ser puxadas em direcção à conformação com o vaticínio do treinador (ver figura 1)

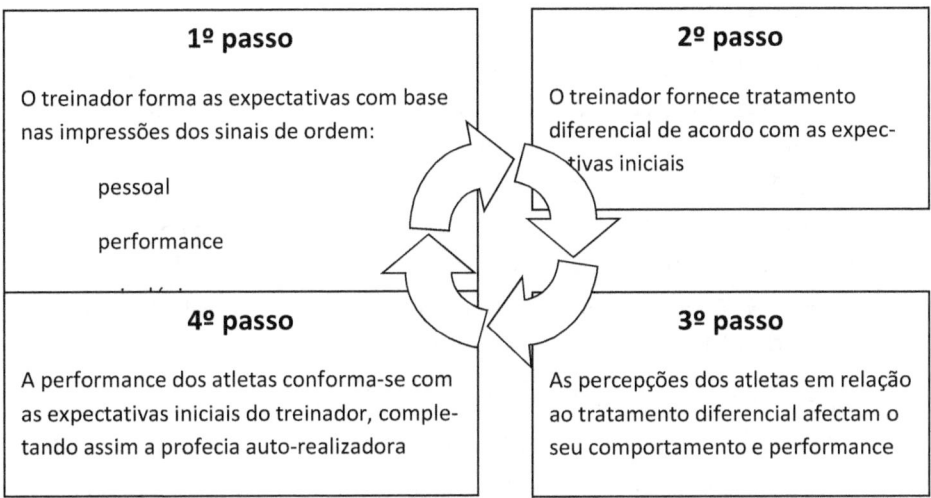

Figura 1. Os 4 passos do ciclo de expectativas (Becker & Solomon, 2005, p. 252)

1.2. A prática deliberada

Em alternativa ao uso do talento inato como argumento justificativo do acesso ao mais elevado rendimento, Howe, Davidson e Sloboda (1998) sugerem outras fontes de explicação da variabilidade humana susceptíveis de influenciar as experiências de aprendizagem de uma pessoa e os seus eventuais tipos de capacidades: (1) conhecimentos e habilidades anteriores relevantes; (2) grau de atenção concentração e distracção; (3) interesses e preferências adquiridas; (4) motivação e competitividade; (5) auto-confiança e optimismo; (6) outros aspectos de temperamento e personalidade; (7) entusiasmo e nível de energia; (8) fadiga e ansiedade.

Porém, o factor decisivo, para estes autores, é a prática. A quantidade e a qualidade de prática têm vindo a destacar-se em muitos estudos como o mais poderoso factor de distinção dos praticantes que atingem os níveis de performance mais elevada dentro de diferentes domínios, como a música, a matemática, o xadrez e o desporto, que requerem um longo processo de treino intenso e instrução (Côté, Baker, & Abernethy, 2003; Ericsson, Krampe, & Tesch-Römer, 1993; Helsen et al., 2000; Howe et al., 1998). Mesmo a crença generalizada no papel determinante do talento, reconhece que sem o trabalho árduo, prolongado e sistemático de preparação não se pode aceder aos níveis mais elevados da performance.

A investigação empírica no domínio da *expertise* verificou que o tempo acumulado de prática deliberada estabelece uma relação monotónica com o nível de performance (Ericsson & Lehmann, 1996). A regra dos 10 anos de preparação específica para atingir o nível superior de *expertise,* formulada por Simon e Chase (1973, citado por Ericsson & Lehmann, 1996) relativamente aos mestres internacionais de xadrez, revelou-se aplicável à generalidade dos domínios da performance de alto nível.

O conceito de prática deliberada proveniente dos estudos sobre os factores distintivos da expertise no âmbito da música (violinistas e pianistas) (Ericsson et al., 1993) congrega as actividades altamente estruturadas, inventadas com o objectivo explícito de ultrapassar as debilidades e de optimizar os factores de rendimento. Implica que as tarefas da prática sejam relevantes para a performance de alto rendimento, coloquem exigências elevadas (mas não insuperáveis) de aprendizagem, refinamento, consolidação, aplicação e avaliação. A conjugação da quantidade e qualidade da prática e instrução aparece destacada no estudo de Baker et al. (2003) envolvendo atletas de basquetebol, netball e hóquei-em-campo. No referido estudo, os autores descobriram que a prática dos jogadores de elite se distinguia da dos restantes jogadores por acumular mais horas de treino com vídeo, competição, treino em equipa e treino individual.

O grau de exigência e solicitação, de intensidade de treino, de repetição e correcção dos erros e insuficiências, coloca problemas de dosagem da carga e da recuperação, para maximizar a aprendizagem e a adaptação do organismo e, ao mesmo tempo, prevenir a instalação da fadiga crónica, a saturação psicológica e a ocorrência de lesões e doenças. Pianistas, violinistas, nadadores, patinadores e atletas de outros desportos individuais de nível internacional apresentam volumes médios de prática deliberada iguais ou superiores a 25 horas semanais, chegando em muitos casos às 4 horas de prática deliberada diária. Dado que o retorno do investimento neste trabalho não é imediato, o factor motivacional e a atitude face ao treino desempenham um papel crucial. Assumir tais níveis de prática deliberada implica comprometimento, dedicação, concentração e um foco claramente orientado e sintonizado para a obtenção de elevado rendimento. Exige esforço, força de vontade, e tenacidade, tanto mais quanto a prática deliberada não tem que ser, e em muitos casos não é, intrinsecamente divertida. Holt e Dunn (2004) destacaram quatro competências psicossociais fundamentais para o sucesso no futebol juvenil de elite: disciplina (dedicação às exigências da modalidade e vontade de sacrifício), comprometimento (motivos fortes e planeamento de objectivos de carreira), resiliência (capacidade de utilizar estratégias de coping (i.e. de confronto com as situações) para ultrapassar obstáculos) e suporte social (capacidade de recorrer a apoios de natureza emocional, informacional e material).

Apesar da constatação da relação monotónica entre o tempo de prática deliberada e o nível de *expertise* atingido, alguns autores sustentam que tais níveis de prática deliberada são uma condição necessária, mas porventura não suficiente para se aceder ao mais alto nível de performance (Johnson, Tenenbaum, & Edmonds, 2006; Smith, 2003). Estes autores reclamam a consideração da propensão genética, de atributos físicos e psicológicos inerentes aos indivíduos na diferenciação do seu potencial para atingir os níveis mais elevados de performance. Johnson, et al. (2006) propõem uma modificação da teoria da expertise baseada na prática deliberada, estabelecida por Ericsson et al. (1993), contrapondo, para o efeito, um modelo interactivo de 4 factores, esquematizado na figura 2.

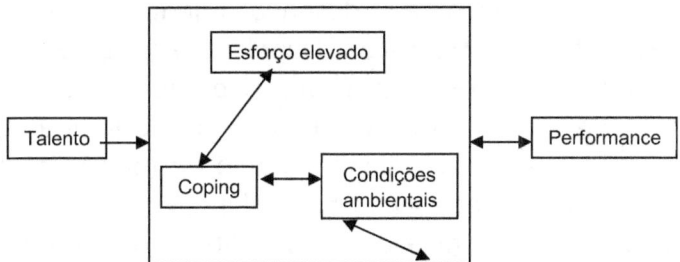

Figura 2. Um modelo de 4-factores que estabelece os factores necessários e suficientes para atingir a o alto nível de performance desportiva (expert athletic performance). (Johnson et al, 2006, p. 134.

De acordo com este modelo explicativo da performance:

> *"As predisposições físicas e psicológicas ditadas à nascença [talento] influenciam a capacidade futura do atleta para realizar esforço elevado (i.e. prática deliberada) e interagir positivamente com um ambiente estimulador através de estratégias de coping facilitadoras à medida que se confronta com desafios de vida e oportunidades de aprendizagem (i.e. resiliência)."* (Johnson et al, 2006, pp. 133-134)

2. ETAPAS DO TREINO E ESPECIALIZAÇÃO DESPORTIVA

Os modelos pedagógicos do treino, de uma forma geral, sempre enfatizaram o princípio da formação multilateral e sempre se preocuparam com os perigos da especialização precoce (Marques & Oliveira, 2001). Por outro lado, a organização da oferta desportiva é predominantemente feita, em separado, por modalidades desportivas; é orientada por pessoas especializadas nessas modalidades. A prática desportiva começa em idades infantis e tem tendência a enfatizar demasiado precocemente o resultado das competições, o que acaba por se repercutir nas práticas de selecção e de treino das crianças e jovens.

A procura de rendimentos desportivos imediatos é apresentada como um factor negativo para o desenvolvimento a longo prazo. Os modelos prescritivos de formação desportiva a longo prazo desaconselham claramente a fixação dos objectivos do treino em torno da maximização de rendimento competitivo nas primeiras etapas da formação. Veja-se, por exemplo, o modelo de formação do atleta a longo prazo (LTAD) desenvolvido por Balyi (1990; 2001; Balyi & Hamilton, 2004), que encontra eco nas políticas de desenvolvimento desportivo de vários países, nomeadamente Austrália, Canada, República da Irlanda e Reino Unido. O LTAD, na sua última forma, prescreve 5 etapas de desenvolvimento da carreira desportiva de um atleta: (1) FUNdamentos; (2) aprender a treinar; (3) treinar para treinar; (4) treinar para competir; e (5) treinar para ganhar; às quais se acrescenta (6) a etapa da retirada da competição. Este modelo de formação a longo prazo toma como lema a regra dos 10 anos ou das

10 mil horas de prática deliberada para atingir o nível de *expertise* em qualquer domínio da performance. Porém até se chegar a um regime de 3 a 4 horas de prática deliberada diária, o praticante que almeja o alto nível deverá por diferentes etapas de treino, com objectivos, conteúdos e regimes de prática diferenciados.

Através de estudos retrospectivos da carreira de atletas de elite, Côté e colaboradores (Baker et al., 2003; Côté, 1999; Côté et al., 2003; Soberlak & Côté, 2003) (Côté, Baker, & Abernethy, 2001 Côté & Hay, 2002), distinguiram 3 grandes etapas de desenvolvimento da sua carreira desportiva: a etapa da experiência desportiva diversificada (sampling years); a etapa da especialização desportiva; e a etapa do investimento. A primeira etapa (6-12 anos) caracteriza-se por uma predominância de actividades de jogo (jogo deliberado) sobre actividades de exercitação (prática deliberada). Os praticantes que atingem o alto nível, enquanto crianças, de uma forma geral, tiveram a oportunidade de passar por várias modalidades desportivas com um cunho marcadamente lúdico. O cunho divertido e a diversidade de actividades parecem exercer um efeito benéfico e potenciador dos factores específicos de rendimento das modalidades desportivas, com uma clara vantagem sobre a prática deliberada precoce. A etapa intermédia (13-15 anos) corresponde aos anos de especialização, o praticante reduz substancialmente o número de actividades em que se envolve, focando-se numa ou duas modalidades específicas. O tempo de prática deliberada equilibra-se com o tempo de jogo deliberado, ou seja a ideia de prática divertida mantém-se, mas vai-se conjugando com a ideia de prática séria e moldando a identificação da criança com uma modalidade específica. A competição funciona como um elemento de diagnóstico das carências e debilidades; de ensaio, aplicação e teste das aprendizagens; e de motivação para a prática, para o empenhamento no treino e na competição. Na terceira etapa, (a partir dos 16 anos), designada de anos de investimento, a prática deliberada passa a predominar claramente sobre o jogo deliberado. O praticante compromete-se seriamente e em exclusivo com os objectivos orientados para o acesso ao alto rendimento numa modalidade desportiva. A competição torna-se bem mais séria; a preparação da competição mais específica, porém não a ponto de favorecer unilateralmente os elementos de sucesso imediato em prejuízo da correcção das debilidades e aprofundamento dos fundamentos técnicos e tácticos.

3. PRÁTICA E INSTRUÇÃO

Se a investigação sobre a *expertise* tem vindo a identificar as características da macroestrutura da prática e a procurar especificar os nexos de causalidade entre essas características e o nível de performance desportiva, já no que diz respeito à relação entre microestrutura da prática, instrução e a aprendizagem, no contexto do treino desportivo, há ainda um longo caminho a percorrer (Williams & Hodges, 2005). Com efeito, o terreno da prática de treino desportivo é demasiado pantanoso, quer dizer, coloca problemas demasiado difíceis para as exigências de controlo e rigor que a ciência requer. Por exemplo, o divórcio entre o mundo da investigação na área da aprendizagem e controlo motor e o mundo da prática de ensino e treino das habilidades complexas, como a dos jogos desportivos, representou uma estratégia deliberada que visou garantir os critérios de cientificidade dos estudos, ainda que o preço a pagar fosse o reduzido interesse do conhecimento produzido para o mundo da prática.

Recentemente, a agenda da investigação nesta área tem vindo a aproximar-se novamente das preocupações reais da instrução e do treino e a focar questões mais directamente relevantes para a optimização da performance em condições reais da prática desportiva (Summers, 2004); ou seja, há hoje um maior comprometimento dos investigadores com o propósito de beneficiar o ensino e treino das habilidades do jogo, nomeadamente nas suas dimensões perceptivas, cognitivas e físicas, por referência ao condicionamento dos factores estratégicos, tácticos e técnicos do jogo. É natural por isso esperar que no futuro próximo haja um maior impacto do conhecimento científico sobre as práticas de treino, que venha a influenciar o próprio processo de transformação das práticas que ocorre pela experimentação e reflexão da prática dos treinadores e demais pessoas ligadas ao ensino e treino dos jogos desportivos. É bom ter sempre presente que qualquer ideia inovadora só tem impacto se passar no crivo da prática, isto é, se convencer os práticos, funcionar na prática e revelar utilidade e eficácia.

4. O ALINHAMENTO DA INSTRUÇÃO

Um problema permanente que se coloca a quem ensina e treina é o de saber se aquilo que é o conteúdo do treino e a forma como se treina é o mais adequado para a preparação da sua equipa e para o desenvolvimento dos seus jogadores. Nesta perspectiva, a qualidade da instrução pode ser entendido como um factor crucial para o acesso ao alto rendimento. Segundo Hodges e Franks (2002), a eficácia da instrução *"requer a aplicação de competências que vão do planeamento e organização da aprendizagem até à apresentação da informação de instrução e feedback"* (p. 793)

A noção de alinhamento da instrução foca precisamente a questão da qualidade da instrução e pretende dar-lhe uma resposta efectiva, através da articulação deliberadamente planeada dos resultados esperados, das situações de ensino e treino estabelecidas para alcançar aqueles resultados e dos procedimentos adoptados para avaliar todo este processo (Launder, 2001; Siedentop, 1996).

No que respeita aos resultados esperados, poderemos dizer que eles serão resultados autênticos na medida em que concorram para a melhoria da performance individual e colectiva, para o desenvolvimento da capacidade de jogo dos jogadores. A ideia de alinhamento da instrução requer congruência e similaridade entre as situações de prática e as situações reais de jogo. Quanto maior a similaridade entre qualquer situação de prática e o jogo real, maior será a probabilidade das novas aprendizagens se transferirem da prática para o jogo (Launder, 2001). Muitas situações típicas do treino são colocadas em questão pela manifesta falta de alinhamento com as exigências específicas do jogo, pelo baixo teor de transferência para o jogo, pelo que constituem de desperdício para o aproveitamento do tempo de treino. É evidente que o que há de mais parecido com o jogo é outro jogo, porém o jogo completo não oferece a quantidade de exercitação necessária para desenvolver os factores de rendimento que lhe estão subjacentes, basta pensarmos na quantidade de prática necessária para desenvolver e consolidar a competência de lançamento e no número de lançamentos que um jogador terá oportunidade de realizar num jogo. Na busca da prática perfeita, do alinhamento óptimo do treino com as exigências da competição – treinar como se joga, jogar como se treina -, Launder (2001) introduz um modelo de ensino dos jogos (extensivo a outros desportos), Play Practice, que se propõe desenvolver em paralelo o sentido de jogo (as componentes estratégica e táctica) e a capacidade técnica, através da estruturação de cenários de prática com ingredientes de jogo e estreitamente alinhados com a versão completa de jogo.

Holt, Ward e Wallhead (2006) realizaram um estudo experimental para testar as assunções do Play Practice, propondo-se examinar a transferência das aprendizagens de situações de exercitação (2x1 e 3x2) alinhadas com uma versão modificada de jogo de futebol (4x4). Os autores constataram que, para haver uma transferência efectiva das aprendizagens da exercitação para o jogo, era necessário exercitar com uma taxa de sucesso superior a 70%. Os praticantes careciam ainda de feedback oportuno e preciso, de modo a prevenir a repetição de erros de pormenor, mas críticos para a realização das acções de jogo.

O problema reside então em desenhar formas de prática e providenciar instrução que visem os constituintes de performance de maneira a optimizar a relação quantidade e qualidade de oportunidades de resposta e as possibilidades de transferência das aprendizagens para o jogo.

5. MODELOS DE INSTRUÇÃO

Os diversos modelos de instrução dos jogos desportivos distinguem-se pela forma como pretendem solucionar este problema. Distinguem-se nomeadamente nos objectivos e conteúdos a que dão prioridade, na natureza das tarefas de aprendizagem que propõem, nos papéis a desempenhar pelos jogadores e pelos treinadores durante o treino e no contexto social que preconizam para a aprendizagem (Anderson, 1989). A crítica às abordagens tradicionais assentes numa prática dominada pela exercitação das técnicas de jogo em situações descontextualizadas, em formatos fechados e pré-determinados pelo treinador, a par da valorização da compreensão táctica, da tomada de decisão, da resolução de problemas serviram de pretexto para a emergência de uma falsa oposição entre a técnica e a táctica. Porém, a uma acentuação unilateral da exercitação técnica não deve contrapor-se uma acentuação unilateral da intelectualização do jogo, antes se deve buscar uma integração de ambos os factores, execução técnica e compreensão táctica, mesmo se num dado momento se pretende dar prioridade a um deles. Do mesmo modo, a justa crítica que se pode fazer ao uso e abuso dos métodos directivos, à falta de ingredientes de autonomia na estrutura da maior parte das tarefas de treino, não equivale a negar a validade e pertinência da instrução directa para apresentar e conduzir diversas situações de treino. Convém aqui tornar claro que a oposição entre abordagens prescritivas vs. heurísticas, ou entre estratégias de aprendizagem explícitas vs. implícitas, nada tem a ver com a oposição entre abordagens técnicas e tácticas, porquanto quer o ensino da técnica, quer o ensino da táctica podem adoptar um ou outro tipo de abordagem e valorizar em maior ou menor grau estratégias de aprendizagem mais implícitas ou mais explícitas, mais centradas na matéria ou mais centradas no praticante (Gréhaigne, Godbout, & Bouthier, 1999).

As abordagens mais prescritivas enfatizam a importância da apresentação de informação e demonstração previamente à prática, a par da qualidade do feedback correctivo e prescritivo. Acentuam o pólo da transmissão, da aprendizagem explícita, da resposta convergente, do modelo pré-formatado. Por seu turno, as abordagens mais heurísticas dão mais espaço ao ensaio e erro, à busca de soluções, à resposta divergente, à aprendizagem implícita, à variabilidade e adaptação aos constrangimentos situacionais (Graça & Mesquita, 2006). É óbvio que, para que estas últimas abordagens não caiam numa deriva inconsequente de actividades exploratórias de ensaio e erro sem nexo, nem perspicácia, as actividades e os contextos de prática que as corporizam têm que ser cuidadosamente delineados de modo a que os jogadores possam interagir de forma produtiva com um envolvimento dinâmico, com as tarefas que mobilizem a atenção, o empenhamento e proporcionem aprendizagens significativas (Seel, 2003).

Os modelos de instrução e as estratégias de aprendizagem preconizadas dificilmente podem ser vistas como tendo validade absoluta, independentemente da experiência, do conhecimento, das capacidades e habilidades dos jogadores, das suas atitudes e estilos de aprendizagem; independentemente da natureza e objectivos das tarefas de aprendizagem, do seu grau de dificuldade e complexidade; ou ainda, independentemente dos constrangimentos situacionais presentes nos envolvimentos de aprendizagem.

Raab (2007) apresenta quatro modelos que comungam da ideia de que, no ensino do jogo, o treino da táctica precisa de ser melhor articulado com o treino da técnica: Teaching Games for Understanding [TGfU] (Bunker & Thorpe, 1982); Decision Training (Vickers et al., 2004); Escola da Bola (Kroger & Roth, 1999); e Situation Model of Anticipated Response [SMART] (Raab, 2007) (ver tabela 1). Estes modelos distinguem-se por referência a duas dimensões – *a dimensão da intencionalidade* da aprendizagem, que define um continuum ao nível de explicitação da informação transmitida ao praticante (explícta vs. implícita); e *a dimensão da transferibilidade*, que define um continuum ao nível do domínio de referência (domínio geral – assume-se a transferibilidade entre jogos, pelo menos da mesma categoria - vs. domínio específico – circunscreve-se a instrução a uma só modalidade desportiva).

Tabela 1. Modelos de treino táctico segundo as dimensões de aprendizagem e domínio (Raab, 2007)

	Aprendizagem implícita	Aprendizagem explícita
Domínio geral	Escola da bola (Kroger & Roth, 1999)	Teaching Games for Understanding (TGfU) (Bunker & Thorpe 1982)
Domínio específico	Situation Model of Anticipated Response (SMART) Raab 2007	Decision Training (Vickers, 2000, 2003)

O modelo de TGfU sublinha a importância da aprendizagem dos conceitos tácticos fundamentais, da aquisição de conhecimento declarativo sobre as regras do jogo, os princípios estruturadores do jogo e regras de acção. No entanto, dado que, nas primeiras fases de ensino do jogo, a técnica não é alvo de atenção do ensino, poderemos deduzir que, se o modelo preconiza estratégias de aprendizagem explícita da táctica, pelo menos nas primeiras fases de ensino, favorece as estratégias de aprendizagem implícita da técnica.

No que diz respeito à prática transferível, o modelo TGfU, desde cedo, enfatizou a classificação dos jogos de acordo com as semelhanças da sua estrutura táctica e sugeriu a possibilidade de os seleccionar e ordenar em complexidade em função dessa classificação (jogos de alvo; jogos de rede/parede; jogos de batimento e corrida; e jogos de invasão ou territoriais). Mais recentemente, alguns estudos têm tentado testar experimentalmente a viabilidade das propostas de prática transferível entre jogos da mesma classe (para uma caracterização mais aprofundada do TGfU, ver Graça & Mesquita, 2007; Griffin, Brooker, & Patton, 2005; Griffin & Butler, 2005).

O modelo de treino de decisão resulta da combinação de métodos sustentados na investigação nas áreas da psicologia cognitiva e aprendizagem e controlo motor (Vickers et al., 1999). Ainda que o modelo proporcione espaço para estratégias de aprendizagem implícitas, toda a lógica do modelo é montada para favorecer a aprendizagem explícitas dos sinais a atender, procurar ou seleccionar; das regras de acção e procedimentos a aplicar na especificidade das situações. Para o efeito, o modelo recorre a um conjunto de ferramentas instrucionais derivadas das conclusões da investigação empírica, nomeadamente: a *variabilidade da prática* (exercitação de uma classe de habilidades em situações variáveis); *a aleatoriedade da prática* (recrutamento e ou conjugação de diversas classes de habilidades em situações variáveis); *largura de banda do feedback* (fornecer feedback apenas quando a realização do praticante cair fora de uma banda de resposta aceitável, e gradualmente retardar ou diminuir a frequência do feedback pedagógico, para diminuir a dependência da informação do treinador); *questionamento* (para indagar o grau de compreensão de decisão tomada pelo atleta); *vídeo feedback* (visionamento para analisar o seu próprio desempenho e o desempenho dos colegas e adversários em situações especificas); *instrução táctica pesada no início* (introdução dos conceitos fundamentais nos primeiros treinos como forma de estabelecer o quadro fundamental de referência para o treino); *demonstração* e exemplificação (concretizar gestos, procedimentos e conceitos técnicos ou tácticos através de modelos e demonstrações realizadas no momento, ou apresentadas num qualquer suporte audiovisual.

O modelo de treino de decisão não se apresenta propriamente como um modelo global de ensino do jogo, é antes um modelo para tratar elementos ou momentos específicos do jogo, como por exemplo marcar ou defender grandes penalidades no futebol, ou tomar decisões no desenvolvimento de um bloqueio directo em função do papel concreto que desempenha e da estrutura da situação e da evolução da relação de forças e das possibilidades de acção. Vickers (2003) preconiza que os treinadores aprendam a trabalhar com este modelo num ambiente de micro-ensino passando por 3 passos de aprendizagem: No primeiro passo pede-se ao treinador que identifique e defina uma decisão que o jogador deverá tomar durante o jogo com base numa competência cognitiva crítica para uma situação específica de jogo (Vickers, 2004):

1. *Percepção:* capacidade de processar informação sensorial em pouco tempo
2. *Antecipação:* capacidade de captar sinais pertinentes antes da acção
3. *Atenção:* capacidade de se fixar numa coisa durante um período de tempo
4. *Foco e Concentração:* capacidade manter a atenção sobre algo durante um longo período
5. *Reconhecimento de padrões*: capacidade de extrair significado a partir de um conjunto de objectos em movimento
6. *Resolução de Problemas:* capacidade de combinar as capacidades cognitivas para chegar a uma solução
7. *Tomada de Decisão:* capacidade de resolver problemas por escolha de alternativas

No segundo passo, o treinador selecciona ou desenha uma ou mais situações de exercitação para trabalhar a decisão identificada num contexto que simule a situação de competição.

No terceiro passo o treinador exercita-se na aplicação de uma ou mais ferramentas de treino da decisão relevantes para as situações de exercitação anteriormente estabelecidas.

O modelo "escola da bola" proposto pelos autores alemães. Klaus Roth e Christian Kröger, e divulgado em língua portuguesa e espanhola por Pablo Greco (Kroger & Roth, 1999) parte do pressuposto de que uma experiência diversificada em ambientes de jogo, ricos de estímulos, proporciona uma base favorável para o desenvolvimento do reportório motor, da capacidade de decisão e da criatividade. Daí que o modelo da "escola da bola" entenda que a tradição de iniciar o ensino dos jogos a partir da especificidade de cada modalidade limita as possibilidades de desenvolvimento futuro da performance. O modelo preconiza o favorecimento das situações de aprendizagem inespecíficas; da transferibidade das aprendizagens entre jogos; da mobilização das estratégias de aprendizagem implícita, de acordo com um trajecto de instrução que se orienta do geral para o específico e do implícito para o explícito. O edifício conceptual da escola da bola ergue-se em torno de 3 pilares – o desenvolvimento da *coordenação motora* (sublinhando a importância de confrontar os praticantes com uma diversidade de problemas motores); o desenvolvimento da *capacidade de jogo* (sublinhando a importância da aprendizagem em contexto de jogo e o confronto com os problemas tácticos do jogo); e o desenvolvimento das *habilidades desportivas* (sublinhando a construção de um reportório motor que começa por ser inespecífico e gradualmente se vai tornando cada vez mais especializado por modalidade desportiva).

SMART, acrónimo de *Situation Model of Anticipated Response consequences of Tactical training*, é um modelo fundado na perspectiva da racionalidade ecológica, ou seja no estudo do modo como as estratégias cognitivas exploram a representação e a estrutura da informação disponível no envolvimento para avaliar e tomar decisões apropriadas. Na perspectiva da racionalidade ecológica, em absoluto, as estratégias de aprendizagem explícitas não são superiores às implícitas, ou vice-versa. A vantagem de uma delas sobre a outra depende do modo como se conjugam os dados fundamentais: "dependendo da situação e da tarefa, uma estratégia pode adequar-se melhor aos constrangimentos do envolvimento e da pessoa do que a outra e vice-versa numa outra relação envolvimento - pessoa" (Raab, 2007, p. 5).

O modelo sugere que nas situações menos complexas as estratégias implícitas podem ser mais produtivas, gerando melhores e mais rápidas decisões, enquanto que nas situações mais complexas se tornará necessária a explicitação das regras de acção (regras do tipo se-então) que lhes são aplicáveis. A concepção teórica geral do modelo SMART é que a aprendizagem da tomada de decisão táctica decorre do mapeamento (implícito ou explícito das regras se-então) entre *a situação* (eg. uma ameaça de penetração em drible pela linha de fundo), o *movimento* (o que fazer e como fazer para impedir a penetração) e os *efeitos antecipados* (incluindo a contra-reacção do adversário). Em termos operacionais, o reconhecimento duma situação específica de jogo, aprendida implícita ou explicitamente, permite ao jogador antecipar o que pode acontecer nessa situação e gerar uma resposta em conformidade. Por sua vez, o efeito produzido pela decisão tomada servirá de informação para futuras decisões em situações análogas. Na figura 3, que representa o modelo SMART, a diferença de carregado das setas pretende significar que o feedback do efeito das decisões tomadas pode induzir mudanças de diferentes magnitudes nas componentes do processo de tomada de decisão.

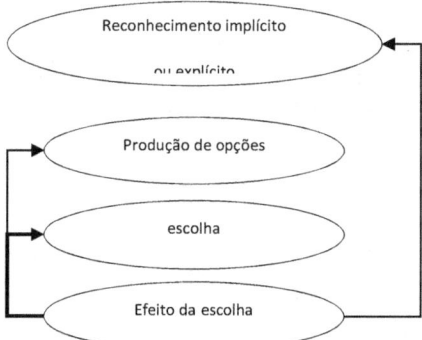

Figura 3: SMART: *Situation Model of Anticipated Response consequences of Tactical training*.

Dado que o modelo SMART está focado sobre o reconhecimento implícito ou explícito de situações específicas a questão da transferibilidade só pode ser equacionada numa banda relativamente estreita de situações de jogo estruturalmente semelhantes.

Em suma, os modelos discutidos não apenas assentam em pressupostos teóricos diferentes sobre o ensino e aprendizagem como atribuem diferentes prioridades à função da intencionalidade e da transferibilidade na aprendizagem, assim como parecem aspirar a níveis de abrangência distintas (globais ou sectoriais) no ensino dos jogos desportivos.

Uma reflexão sobre a prática e os modelos de instrução no âmbito da actividade do professor é necessariamente uma tarefa inconclusiva. Mas, à medida que vamos avançando, na investigação e no estudo das práticas de ensino e treino dos jogos, mais caminho vislumbramos para percorrer, mais claro temos para nós aquilo que ainda não sabemos.

REFERÊNCIAS

Abernethy, B., Baker, J., & Côté, J. (2005). Transfer of pattern recall skills may contribute to the development of sport expertise. *19*(6), 705-718.

Anderson, L. (1989). Classroom Instruction. In M. Reynolds (Ed.), *Knowledge Base for the Beginning Teacher*. Oxford: Pergamon Press.

Baker, J., Côté, J., & Abernethy, B. (2003). Sport-Specific Practice and the Development of Expert Decision-Making in Team Ball Sports. *Journal of Applied Sport Psychology, 15*(1), 12-25.

Balyi, I. (1990). *Quadrennial and double quadrennial planning of athletic training*. Victoria BC: Canadian Coaches Association.

Balyi, I. (2001). Sport System Building and Long-term Athlete Development in British Columbia, Canada. *Coaches Review, 8*(1).

Balyi, I., & Hamilton, A. (2004). *Long-term athlete development: trainability in childhood and adolescence - windows of opportunity, optimal trainability*. Victoria: National Coaching Institute British Columbia & Advanced Training and Performance Ltd.

Becker, A. J., & Solomon, G. B. (2005). Expectancy information and coach effectiveness in intercollegiate basketball. *Sport Psychologist, 19*(3), 251-266.

Bunker, D., & Thorpe, R. (1982). A Model for the teaching of games in secondary schools. *Bulletin of Physical Education*, pp. 5-8.

Côté, J. (1999). The influence of the family in the development of talent in sport. *The Sport Psychologist, 13*(4), 395-417.

Côté, J., Baker, J., & Abernethy, B. (2003). From play to practice: A developmental framewor for the acquisition of expertise in team sports. In J. Starkes & K. A. Ericsson (Eds.), *Expert Performance in Sports: Advances in Research on Sport Expertise* (pp. 89-113). Champaign, IL: Human Kinetics Publishers.

Ericsson, K. A., Krampe, R. T., & Tesch-Römer, C. (1993). The role of deliberate practice in the acquisition of expert performance. *Psychological Review, 100*(3), 363-406.

Ericsson, K. A., & Lehmann, A. C. (1996). Expert and exceptional performance: Evidence of Maximal Adaptation to Task Constraints. *Annual Review of Psychology, 47*(1), 273-305.

Feu, S., Ibañez Godoy, S. J., & Sáenz-López Buñuel, P. (2006). Evolución de los jugadores españoles internacionales de baloncesto nacidos entre loa años 1974-81. *Estudos CEJD, 6*, 29-42.

Graça, A., & Mesquita, I. (2006). La actividad del entrenador desde una perspectiva didáctica. *Revista Española de Educación Física y Deporte, 4*(enero-junio), 57-72.

Graça, A., & Mesquita, I. (2007). A investigação sobre os modelos de ensino dos jogos desportivos. *Revista Portuguesa de Ciências do Desporto, 7*(3), 401-421.

Gréhaigne, J.-F., Godbout, P., & Bouthier, D. (1999). The Foundations of Tactics and Strategy in Team Sports. *Journal of Teaching in Physical Education, 18*, 159-174.

Griffin, L. L., Brooker, R., & Patton, K. (2005). Working towards legitimacy: two decades of teaching games for understanding. *Physical Education and Sport Pedagogy, 10*(3), 213-223.

Griffin, L. L., & Butler, J. (2005). *Teaching Games for Understanding: theory, research, and practice*. Champaign, IL: Human Kinetics.

Helsen, W., van Winckel, J., & Williams, A. M. (2005). The relative age effect in youth soccer across Europe. *Journal of Sports Sciences, 23*(6), 629.

Helsen, W. F., Hodges, N. J., Van Winckel, J., & Starkes, J. L. (2000). The roles of talent, physical precocity and practice in the development of soccer expertise. *Journal of Sports Sciences, 18*(9), 727-736.

Hodges, N. J., & Franks, I. M. (2002). Modelling coaching practice: the role of instruction and demonstration. *Journal of Sports Sciences, 20*(10), 793 - 811.

Holt, J. E., Ward, P., & Wallhead, T. L. (2006). The transfer of learning from play practices to game play in young adult soccer players. *Physical Education & Sport Pedagogy, 11*(2).

Holt, N. L., & Dunn, J. G. H. (2004). Toward a Grounded Theory of the Psychosocial Competencies and Environmental Conditions Associated with Soccer Success. *Journal of Applied Sport Psychology, 16*(3), 199-219.

Howe, M. J. A., Davidson, J. W., & Sloboda, J. A. (1998). Innate talents: Reality or myth? *Behavioral and Brain Sciences, 21*(3), 399-407.

Johnson, M. B., Tenenbaum, G., & Edmonds, W. A. (2006). Adaptation to physically and emotionally demanding conditions: the role of deliberate practice. *High Ability Studies, 17*(1), 117-136.

Kroger, C., & Roth, K. (1999). *Escola da Bola: um ABC para iniciantes nos jogos esportivos* (P. Greco, Trans. 1 ed.). São Paulo: Phorte Editora.

Launder, A. G. (2001). *Play practice: the games approach to teaching and coaching sports*. Champaign, IL ; Leeds: Human Kinetics.

Marques, A. T., & Oliveira, J. M. (2001). O treino dos jovens desportistas. Actualização de alguns temas que fazem a agenda do debate sobre a preparação dos mais jovens. *Revista Portuguesa de Ciências do Desporto, 1*(1), 130-137.

Raab, M. (2007). Think SMART, not hard - a review of teaching decision making in sport from an ecological rationality perspective. *Physical Education & Sport Pedagogy, 12*(1), 1 - 22.

Seel, N. M. (2003). Model-centered learning and instruction. *Technology, Instruction, Cognition and Learning, 1*(1), 59-85.

Siedentop, D. (1996). Physical education and educational reform: The case of sport education. In S. Silverman & C. Ennis (Eds.), *Student learning in physical education* (pp. 247-267). Champaign; Ill.: Human Kinetics.

Smith, D. J. (2003). A framework for understanding the training process leading to elite performance. *Sports Medicine, 33*(15), 1103-1126.

Soberlak, P., & Côté, J. (2003). The developmental activities of elite ice hockey players. *Journal of Applied Sport Psychology, 15*(1), 41-49.

Summers, J. J. (2004). A historical perspective on skill acquisition. In A. M. Williams & N. J. Hodges (Eds.), *Skill Acquisition in Sport: Research, Theory and Practice* (pp. 1-26). London and New York: routledge.

Vickers, J. N. (2003). Decision Training: An Innovative Approach to Coaching. *Canadian Journal for Women in Coaching 3*(3), online.

Vickers, J. N., Livingston, L. F., Umeris-Bohnert, S., & Holden, D. (1999). Decision training: The effects of complex instruction, variable practice and reduced delayed feedback on the acquisition and transfer of a motor skill. *Journal of Sports Sciences, 17*(5), 357 - 367.

Vickers, J. N., Reeves, M. A., Chambers, K. L., & Martell, S. (2004). Decision Training: Cognitive strategies for enhancing motor performance. In A. M. Williams & N. J. Hodges (Eds.), *Skill Acquisition in Sport: Research, Theory and Practice* (pp. 103-120). London and New York: routledge.

Williams, A. M., & Hodges, N. J. (2005). Practice, instruction and skill acquisition in soccer: Challenging tradition. *Journal of Sports Sciences, 23*(6), Pages   637 - 650.

16. ANÁLISE DO TREINO E DA COMPETÇÃO EM JOGOS DESPORTIVOS COLECTIVOS

Jaime Sampaio
Universidade De Trás-Os-Montes E Alto Douro.

1. ANÁLISE DA COMPETIÇÃO EM JOGOS DESPORTIVOS COLECTIVOS

O processo de treino de alto-rendimento é rigorosamente planeado, implementado e controlado por equipas de especialistas em diversas áreas do conhecimento técnico e/ou científico, com o objectivo de induzir modificações observáveis no comportamento dos praticantes (Hughes & Franks, 2004), no sentido de que as mesmas se transfiram para os contextos de competição (Garganta, 2001).

Este é um contexto onde todos os detalhes devem ser entendidos como uma contribuição determinante para desenvolver jogadores e/ou equipas de maior qualidade e sucesso. A investigação científica disponível sobre estes assuntos é quase sempre demasiado analítica e habitualmente faz-nos perder a perspectiva global do processo de preparação desportiva dos jogadores e/ou equipas. Com toda a quantidade de trabalho que supõe, certamente que seriam úteis, estudos sobre os efeitos do processo de treino a longo prazo em todas as suas dimensões (e.g., física, técnica, táctica, psicológica, ...), identificando as múltiplas interacções que se verificam entre essas mesmas dimensões. Em vez disso, o que habitualmente se encontra na literatura disponível são estudos de desenho *dose-resposta* que quase sempre fragmentam as dimensiones do processo de treino e nos oferecem informação do tipo: i) o programa de treino de força induziu determinadas alterações nos jogadores ou ii) o programa de treino mental induziu mais ou menos ansiedade pré-competitiva nos jogadores. Apesar da sua validade (interna) ser indiscutivelmente maior, com este tipo de investigação pode-se perder a perspectiva global da performance desportiva, que deve ser sempre a mais importante, porque é a única que é real! Ou seja, não existem campeões do mundo de Fisiologia, Biomecânica, Psicologia...existem de Natação, Atletismo, Basquetebol, ... É quase como estudar profundamente a situação de 1x1 no Basquetebol e esquecer que o jogo real é de 5x5 e que o mais interessante deste jogo são as interacções que se estabelecem entre os seus figurantes.

Este efeito das interacções pode ser estudado através da análise da competição, realizada com o registo das frequências de determinado conjunto de acções técnico-tácticas realizadas pelos jogadores no jogo, i.e., através das designadas estatísticas do jogo (Tubbs, 1982; Comas, 1991; Vélez et al., 1996). Garganta (2001) refere que esta área de investigação tem possibilitado:

i) Configurar modelos da actividade dos jogadores e das equipas;
ii) Identificar os traços da actividade cuja presença/ausência se correlaciona com a eficácia de processos e a obtenção de resultados positivos;
iii) Promover o desenvolvimento de métodos de treino que garantam uma maior especificidade e, portanto, superior transferibilidade; e
iv) Indiciar tendências evolutivas das diferentes modalidades desportivas.

Para estes domínios, conflui informação proveniente de todas as dimensões do conhecimento de forma totalmente integrada. Tomando o exemplo anterior do Basquetebol, se analisamos os lançamentos livres nos momentos finais das competições é possível obter informação relevante da execução técnica, do estado psicológico, da preparação física... Por outro lado, as estatísticas do ressalto oferecem-nos informação importante do sucesso da estratégia e táctica da equipa, técnica individual, preparação física, ...

Segundo Garganta (2001), os analistas têm procurado coligir e confrontar dados relativos aos comportamentos expressos no jogo, no sentido de tipificarem as acções que se associam à eficácia dos jogadores e das equipas, em três vias preferenciais:

i) Reunir e caracterizar blocos quantitativos de dados;
ii) Centrada na dimensão qualitativa dos comportamentos, e na qual o aspecto quantitativo funciona como suporte à caracterização das acções, de acordo com a efectividade destas no jogo;
iii) Modelação do jogo, a partir da observação de variáveis técnicas e tácticas e da análise da sua covariação.

Particularmente no jogo de Basquetebol, a utilização das estatísticas do jogo é generalizada no estudo e compreensão do jogo por investigadores, treinadores e gabinetes de *scouting*[8]. Contudo, só recentemente é que se conhece melhor a validade dos fundamentos metodológicos que suportam a utilização destas *estatísticas*.

2. FUNDAMENTOS METODOLÓGICOS DE ANÁLISE. A UTILIZAÇÃO DAS ESTATÍSTICAS DOS JOGOS.

As primeiras estatísticas tiveram origem no jogo de Basebol e actualmente constituem-se como uma das formas de estudar os jogos com maior utilização e desenvolvimento (Thorn & Palmer, 1985; Grabiner, 1999; Zaidlin, 1999). Uma das consequências deste desenvolvimento teve a sua máxima expressão em 1971, com a constituição da SABR (*Society for American Baseball Research*). Esta organização foi fundada em Nova Yorque, por L. Robert Davids e mais 15 *Statistorians*[9] com o objectivo de estudar e promover o jogo de Basebol. A SABR conta com mais de 7000 associados enquadrados em 18 áreas de pesquisa e intervenção (biografias dos jogadores, bibliografia disponível, congressos, regras do jogo, *scouting*, análise do jogo,...). A análise do jogo, também designada por *Sabermetrics*, iniciou o seu desenvolvimento de forma mais sistemática a partir de 1974, com as contribuições pioneiras de Pete Palmer, Bill James e Dick Cramer. Bill James, unanimemente considerado como o pioneiro desta área de

---

[8] *Scouting* - processo de recolha e tratamento de informação acerca dos pontos fortes e fracos dos adversários, no sentido da sua utilização na preparação dos jogos (Krause, 1991).
[9] A designação que o fundador deu aos investigadores da história e das estatísticas do jogo.

estudo, refere-se à filosofia e à utilidade deste conhecimento do seguinte modo:

> "What I wanted to write about... is a very basic question. Of all the studies I have done over the last 12 years, what have I learned? What is the relevance of sabermetric knowledge to the decision making process of a team? If I were employed by a major-league team, what are the basic things that I know from the research I have done which would be of use to me in helping that team?" James (1988, p.25)

De facto, esta área de estudo pretende dar respostas objectivas a questões objectivas, tais como: Quais são os factores que distinguem a performance das equipas? Qual foram os jogadores que mais contribuíram para o sucesso da equipa? Que performance se pode projectar para uma determinada equipa?

As respostas a estas questões pressupõem, sistematicamente, o recurso às estatísticas do jogo, que se constituem como as medidas mais válidas, fiáveis e objectivas que se encontram disponíveis (Grabiner, 1999). À utilidade das estatísticas está sempre subjacente a sua total compreensão[10]. Deste modo, a base do conhecimento das *Sabermetrics* centra-se no uso adequado das estatísticas, ou seja, que estatísticas utilizar e com que finalidade? (Grabiner, 1999). É que, segundo Bill James (1988), os investigadores necessitam de ter ideias muito concretas acerca do uso e do "abuso" das estatísticas, pelo que os estudos devem partir de um problema objectivamente definido e utilizar as estatísticas como um meio para o resolver.

De facto, esta opinião é corroborada por Garganta (2001), quando nos refere que o frenesim da sofisticação tecnológica, não raramente com objectivos de marketing científico, pode conduzir a que os analistas sejam cada vez mais especialistas de informática e cada vez menos especialistas do jogo. A suceder, este facto representa a desvirtuação do objecto de estudo (o jogo e o treino) e a alienação do móbil da investigação, i.e., o conhecimento da lógica que governa a actividade desportiva nestes contextos particulares. Neste sentido, o acesso à informação mais útil passa pela definição de referenciais

---

[10] A referência anterior de Bill James: *What is the evidence, and what does it mean?*, tem sido uma das máximas dos investigadores desta área (para mais refs. ver James, 1988).

conceptuais delimitadores das categorias e dos indicadores a seleccionar e estudar.

No Basebol, este processo decorreu progressivamente e direccionado para objectivos muito bem definidos. Grosso modo, as estatísticas do jogo têm como propósito (i) medir e avaliar as performances passadas dos jogadores e das equipas e (ii) prever as performances futuras. Segundo Grabiner (1999), o ponto essencial desta dupla de objectivos é esclarecer a contribuição da estatística dos jogadores (e das equipas) nas vitórias e derrotas.

Neste sentido, o autor apresenta três questões apriorísticas para estudos desta natureza:

i) *Does the statistic measure an important contribution to that goal?*
ii) *How well does the statistic measure the player's own contribution?*
iii) *Is there a better way to measure the same thing?*

Partindo deste quadro operacional, têm sido construídas novas estatísticas, as quais têm permitido alargar os horizontes do conhecimento do jogo e do jogador (James, 1988; Thorn & Palmer, 1993; Grabiner, 1999).

No Basquetebol, aproveitando os recursos tecnológicos actuais, surgiu o *Journal of Basketball Studies*[11]. Dean Oliver, o autor deste projecto, apresenta os seus objectivos do seguinte modo: *"...a compilation of research on the game of basketball whose primary goal is to provide valuable tools for coaches and scouts to analyze teams and individuals for the purpose of helping their teams win."* (Oliver, 1995).

Apesar da revista ter surgido no final dos anos 90, a maioria dos trabalhos publicados datam de meados e finais dos anos 80 e constituem-se numa inovadora linha de investigação. Curiosamente, como nos refere o seu autor, a ideia é oriunda de trabalhos já realizados no Basebol:

---

[11] *Journal of Basketball Studies* (http://www.rawbw.com/~deano/)

"I had already read a book called Bill James' Baseball Abstract that my father had given me and showed me a scientific approach to baseball. Not being one to steal ideas -- I like to extend them -- I was inspired to combine the sometimes esoteric math I was learning with the practical and thoroughly understandable game of basketball." (Oliver, 1995)

Foi partindo deste quadro conceptual que surgiram novos métodos de análise do jogo considerados vitais para o entendimento e para o progresso no estudo do jogo. Uma destas novas perspectivas centra-se na medição da eficácia colectiva em situação de jogo.

2.1. Eficácia colectiva

A eficácia colectiva em situação de jogo é habitualmente expressa pela eficácia ofensiva e defensiva. A eficácia ofensiva associa-se à capacidade das equipas converterem pontos, enquanto que a eficácia defensiva associa-se à capacidade das equipas impedirem a conversão de pontos dos seus adversários. Como o próprio objectivo do jogo o indica, à melhor eficácia ofensiva está associada a capacidade de converter mais pontos, enquanto que à melhor eficácia defensiva está associada a capacidade sofrer menos pontos.

Neste contexto, parece imprescindível associar estes conceitos ao sucesso desportivo das equipas (i.e., à vitória ou derrota nos jogos). Esta lógica na definição de conceitos leva-nos a postular que, no final de um jogo, a equipa vencedora foi mais eficaz (ofensiva e defensivamente) do que a equipa derrotada (porque, simultaneamente, marcou mais pontos e sofreu menos pontos).

Deste modo e num primeiro momento de análise, a medição da eficácia ofensiva e defensiva pode ser realizada através do resultado do jogo, i.e., através do número de pontos marcados e do número de pontos sofridos.

No entanto, o resultado final do jogo é sempre definido pela capacidade ofensiva de uma das equipas em relação à oposição que a outra oferece. Isto é, o jogo apresenta sempre um resultado que, pelos constrangimentos de ordem contextual que apresenta, só terá algum significado quando analisado numa perspectiva transversal. Numa perspectiva longitudinal, o resultado final do jogo perde todo o seu significado já que se encontra "contaminado" pelo ritmo do jogo (dependendo do ritmo do jogo[12], uma equipa pode vencer marcando 50, 60 ou 70 pontos[13]).

Um dos contributos mais importantes para a resolução do problema da avaliação da eficácia colectiva das equipas nos jogos surgiu a partir da construção do coeficiente de eficácia ofensiva (CEO, Smith, 1981; Grosgeorge, 1990). Assim, em vez de se utilizar o total de pontos marcados no jogo, a eficácia ofensiva passou a ser medida pela razão entre o número de pontos marcados e o número de posses de bola da equipa, i.e., pelo CEO. Concomitantemente, a eficácia defensiva passou a ser medida pela razão entre o número de pontos sofridos e o número de posses de bola da equipa, que se designa por coeficiente de eficácia defensiva (CED, correspondendo ao CEO da equipa adversária).

Esta definição de CEO implica a necessidade de se definir o conceito de posse de bola. Para este efeito, Smith (1981) considera que uma equipa tem a posse da bola (PB) quando tem controlo ininterrupto e completo da bola. A PB termina quando ocorre uma das quatro situações seguintes:

i) Lançamento de campo tentado (LCT);
ii) Perda de bola (PdB);
iii) Bola-ao-ar;
iv) Lance-livre tentado (LLT, sempre que não seja o primeiro de dois lances-livres tentados).

A partir da ideia anterior, o cálculo das PB é realizado através da Equação 1.

---

[12] O ritmo do jogo funciona como um referencial de intensidade muito particular, expresso em diferentes velocidades de transição (ofensiva ou defensiva) que as equipas são capazes de utilizar para imporem o seu jogo, ou para condicionarem o do adversário. Neste caso concreto, a aceleração do jogo é conseguida através da realização de contra-ataques, enquanto que a desaceleração é conseguida impedindo as saídas em contra-ataque. Quer um quer outro destes efeitos, ou seja, mudar o ritmo do jogo acelerando-o ou desacelerando-o, decorrem da intervenção e participação dos jogadores no ressalto defensivo para o primeiro caso e no ressalto ofensivo para o segundo caso (Barreto, 1995).

[13] Na fase regular da época de 1997/1998 da Liga de Clubes de Basquetebol, o número de pontos marcados pelas equipas variou entre 35 e 133 (Sampaio, 2000).

$$PB = LCT + \frac{LLT}{2} + PdB$$

Equação 1. Cálculo das posses de bola no jogo (Adaptado de Smith, 1981).

As PB representam as oportunidades que uma equipa tem para converter pontos. Deste modo, pretende-se que o CEO expresse a capacidade das equipas converterem pontos em função das oportunidades que têm para o fazer, enquanto que o CED está associado à capacidade das equipas contrariarem a conversão de pontos do adversário também em função das oportunidades disponíveis.

Neste contexto, à maior eficácia ofensiva deverá corresponder um CEO mais elevado, enquanto que à maior eficácia defensiva deverá corresponder um CED mais baixo. De um ponto de vista teórico, estes coeficientes podem variar entre 0 e 5. Ou seja, a posse de bola pode terminar sem que uma equipa converta algum ponto (0 pontos por posse de bola - PPB) enquanto que o número máximo de PPB é de 4 [14,15].

No entanto, o problema das comparações longitudinais da eficácia colectiva nos jogos através destas estatísticas parece manter-se. Ambos os coeficientes (CEO e CED) só expressam alguma utilidade quando devidamente contextualizados (comparados com os da equipa adversária no mesmo jogo). De facto, o número de posses de bola das equipas ao variar inter e intra-jogo[16] fruto da "contaminação" do ritmo do jogo anteriormente enunciada, limita a utilização destes procedimentos numa perspectiva longitudinal.

Por outro lado, esta forma de avaliação da eficácia colectiva (CEO e CED) apresenta outra limitação, expressa pela possibilidade da equipa que venceu o jogo poder ser considerada "ofensivamente menos eficaz" (i.e., apresentar no jogo um CEO menor, relativamente à equipa derrotada). O exemplo seguinte evidencia, de forma mais precisa, este tipo de acontecimentos.

---

[14] Esta situação pode ocorrer quando se converte um lançamento de 3 pontos e se sofre uma falta (no acto de lançamento) sancionada com 1 lançamento livre.
[15] Na fase regular da época 1997/1998 da Liga de Clubes de Basquetebol, o valor médio por jogo foi de 0,92 PPB, apresentando uma dispersão entre 0,38 a 1,29 (Sampaio, 2000).
[16] Na fase regular da época 1997/1998 da Liga de Clubes de Basquetebol, o valor médio por jogo foi de 89, apresentando uma dispersão entre 68 a 119 (Sampaio, 2000).

> **Coeficiente de Eficácia Ofensiva vs. Desfecho Final do Jogo**
>
> CEO (Equipa A) = PM/PB = 77 / 82 = 0,94 → Derrota
>
> *CEO (Equipa B) = PM/PB = 78 / 89 = 0,88 → Vitória*

Este exemplo refere-se a um dos jogos da época 1997-1998 da Liga de Clubes de Basquetebol, em que a Equipa B venceu o jogo por 1 ponto de diferença (78-77). Note-se que os valores do CEO indicam que no confronto das duas equipas, a Equipa A foi ofensivamente menos eficaz apesar de ter vencido o jogo. De facto, não parece coerente considerar o ataque da equipa que venceu menos eficaz do que o ataque da equipa que saiu derrotada.

Na literatura disponível, não se encontram referências que nos esclareçam acerca da validade destas equações (CEO e CED). Esta ausência de produção científica parece decorrer do conjunto de limitações anteriormente colocado.

Perante este problema de difícil resolução, sentiu-se necessidade de redefinir os processos de avaliação da eficácia colectiva das equipas, de modo aumentar a utilidade destas estatísticas (Oliver, 1990). É neste sentido que Oliver (1990) sugere uma alteração estrutural no conceito de posse de bola, como adiante se descreve.

2.2. Posse de bola

Considera-se que uma equipa tem a posse da bola (PB) quando tem um controlo ininterrupto e completo da bola. A PB termina com a ocorrência das seguintes situações (Oliver, 1990):

i) Lançamento de campo tentado (sempre que não se conquiste o RO);
ii) Perda de bola;
iii) Bola-ao-ar;
iv) Lance-livre tentado (sempre que não seja o primeiro de dois tentados e desde que não se conquiste o RO).

Segundo este "novo conceito" [17] considera-se a conquista do ressalto ofensivo não como uma nova PB mas como um "reavivar" da PB anterior. Desta forma, poderemos constatar que, no final dos jogos, as equipas em confronto usufruíram aproximadamente do mesmo número de PB, uma vez que uma equipa não pode dispor de PB consecutivas. Este aspecto atribuiu a esta estatística uma enorme utilidade. De facto, se as equipas dispuseram do mesmo número de PB no jogo, naturalmente que será mais eficaz a que mais pontos converter (i.e., a equipa vencedora).

As dificuldades encontradas na avaliação longitudinal da eficácia colectiva ficaram assim resolvidas e deste modo eliminou-se igualmente a possibilidade de uma equipa vencer um jogo com um CEO menor do que a equipa adversária. De facto e segundo este método, a eficácia resultante da conversão de pontos em função das PB disponíveis associa-se, de um modo muito mais sólido, à vitória ou à derrota nos jogos (Oliver, 1990). Para além disso, torna os CEO e os CED em estatísticas precisas, do ponto de vista da avaliação da qualidade do ataque e da defesa das equipas.

Retomando o exemplo anterior e apreciados os CEO definidos a partir deste novo conceito de PB, podemos verificar que a situação inicial se alterou, i.e., o CEO da equipa que venceu passou a ser superior ao CEO da equipa que saiu vencida.

Coeficiente de Eficácia Ofensiva vs. Desfecho Final do Jogo

Situação anterior

$$\text{CEO (Equipa A)} = 77 / 82 = 0{,}94 \rightarrow \textbf{Derrota}$$

CEO (Equipa B) = 78 / 89 = 0,88 → Vitória

Situação actual

$$\text{CEO (Equipa A)} = 77 / 67 = 1{,}15 \rightarrow \textbf{Derrota}$$

CEO (Equipa B) = 78 / 66 = 1,18 → Vitória

---

[17] Na verdade, esta definição é oriunda dos estudos de McGuire (1958) e tem sido utilizada por alguns autores de referência (Grosgeorge, 1990). No entanto, fruto da insuficiência de meios de recolha e tratamento da informação nunca foram maximizadas as suas potencialidades.

Para complementar este processo e no sentido de possibilitar a comparação longitudinal dos CEO e CED, Oliver (1990) sugere que se utilize uma medida padrão de 100PB. Ou seja, estes coeficientes passam a representar o número de pontos marcados (ou sofridos) em 100PB e podem ser calculados pela seguinte equação (ver Equação 2):

$$CEO(CED) = \frac{PM(PS) \times 100}{PB}$$

Equação 2. Cálculo do coeficiente de eficácia ofensiva (e defensiva) normalizado à medida padrão de 100PB (Adaptado de Oliver, 1990).

A partir destas estatísticas inovadoras tem sido possível traçar caminhos de análise longitudinais e, desta forma, alargar os horizontes do conhecimento do jogo. Como exemplo, a Figura 1 expressa a variação dos pontos marcados por jogo (PMJ), das posses de bola por jogo (PBJ) e do coeficiente de eficácia ofensiva (CEO) respeitantes à fase regular da NBA das épocas entre 1975 e 1995 (Oliver, 2004).

Como se pode verificar, o jogo tem-se tornado mais lento (decréscimo nas PB) ao longo destas épocas desportivas. No entanto e apesar das equipas converterem menos pontos por jogo, são cada vez mais eficazes (aumento no CEO).

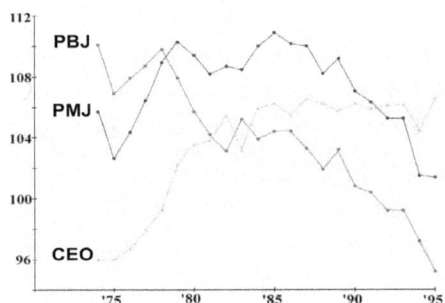

Figura 1. Evolução da eficácia, pontos por jogo e posses de bola por jogo na NBA, desde 1973 a 1995 (Adaptado de Oliver, 2004).

De uma forma semelhante, o estudo da variação destas estatísticas ao longo de um campeonato tem-se tornado fundamental para o conhecimento da dinâmica interna das equipas. A Figura 2 apresenta a variação do número de posses de bola de uma equipa portuguesa da Liga de Clubes de Basquetebol na época 1997-1998 (Sampaio, 1999). Na 1ª volta do campeonato, a equipa em questão jogou a um ritmo superior à média das outras equipas (75PB vs. 73PB) e venceu 80% dos jogos, enquanto que na 2ª volta jogou a um ritmo mais lento do que a média (70PB vs. 73PB) e apenas venceu 63% dos jogos.

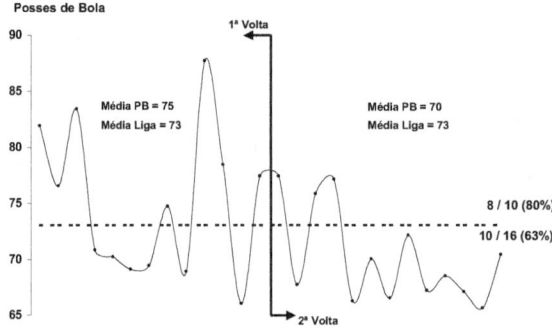

Figura 2. Variação do número de posses de bola de uma equipa portuguesa da Liga de Clubes de Basquetebol na época 1997-1998 (Adaptado de Sampaio, 1999).

Um dos maiores problemas com que Oliver se debateu foi com o cálculo do número de posses de bola no jogo. Enquanto que a utilização do método mais "tradicional" requeria apenas o acesso a algumas estatísticas[18], esta nova formulação exigia a observação directa do jogo para a contabilização do número de PB (o que tornava o processo muito lento e inviabilizava a utilização de bancos de dados já disponíveis). Face a esta dificuldade, o autor desenvolveu um conjunto de procedimentos que resultaram na seguinte equação de cálculo (ver Equação 3):

$$PB = LCT - RO + PdB + 0{,}4 \times LLT$$

Equação 3. Cálculo das posses de bola no jogo (Adaptado de Oliver, 1990).

---

[18] $PB = LCT + (LLT/2) + PdB$

Numa primeira fase, utiliza-se a Equação 3 para calcular as PB para cada uma das equipas (PB_A e PB_B). Posteriormente, considera-se o valor médio destas duas parcelas como representativo do número de PB no jogo (Oliver, 1990).

Cálculo das posses de bola no jogo

Equipa A

$PB_A = LCT_A - RO_A + PdB_A + 0,4*LLT_A$

$PB_A = 59-15+14+0,4*29$

$PB_A = 69,6$

Equipa B

$PB_B = LCT_B - RO_B + PdB_B + 0,4*LLT_B$

$PB_B = 68-11+5+0,4*24$

$PB_B = 71,6$

$$PB = \frac{PB_A + PB_B}{2}$$

PB = 70,6

O exemplo seguinte poderá esclarecer melhor estes procedimentos.

A validade desta metodologia foi examinada no trabalho de Leite (1999), que se centrou nos seguintes propósitos:

- Validar a equação de cálculo das posses de bola (ver Equação 3) apresentada por Oliver (1990);

- Comparar os valores dos CEO e CED (medidos pelo método "tradicional" e pelo método de Oliver) com o desfecho final dos jogos (vitória/derrota);

- Medir a sensibilidade dos CEO e CED face à variação da diferença pontual dos jogos.

Os resultados da validação da equação de cálculo foram apresentados em 4 etapas fundamentais que passamos a descrever (ver Quadro *1*).

Quadro 1. Resultados das etapas de validação da equação de Oliver (1990) realizadas por Leite (1999).

Etapa	Variável	Média ± dp	Dif. Médias	t	r$_{intra-classe}$
1	PB	85,52 ± 8,37			
	PBO	71,84 ± 6,69	13,68	32,95*	
2	PBO	71,84 ± 6,69			
	PBE	71,81 ± 6,99	0,03	0,21	0,98**
3	PBE	71,81 ± 6,99			
	PBM	71,76 ± 6,78	0,05	0,39	0,99**
4	PBO	71,84 ± 6,69			
	PBM	71,76 ± 6,78	0,08	0,62	0,99**

*p<0,05 ** p<0,01

Etapa 1

Comparação entre os valores médios das posses de bola, medidas através da observação em vídeo, pelo método "tradicional" (PB) e pelo método de Oliver (PBO). Os resultados evidenciaram diferenças estatisticamente significativas entre as duas variáveis (t=32,95; p=0,000), pelo que se pôde constatar que se mediram fenómenos diferentes.

Etapa 2

Comparação entre o valor médio das posses de bola medidas pelo método de Oliver (PBO) e o valor médio calculado pela equação de Oliver (PBE). O coeficiente de correlação intra-classe foi bastante elevado (r=0,98) pelo que se concluiu que a perda de informação, quando recorremos à equação em detrimento da observação integral do jogo, não foi significativa.

Etapa 3

Comparação entre os valores das posses de bola calculados pela equação de Oliver (PBE) e o valor médio das posses de bola das duas equipas (calculados pela mesma fórmula, PBM). O coeficiente de correlação intra-classe aumentou ($r^2=0,99$), pelo que se verificou que a utilização do valor médio para ambas as equipas foi a solução que provocou menores perdas de informação.

Etapa 4

Comparação entre o valor médio das posses de bola medidas pelo método de Oliver (PBO) e o valor médio das posses de bola das duas equipas (PBM). O coeficiente de correlação intra-classe foi semelhante ao obtido na análise anterior (r=0,99), facto que confirmou a utilização das PBM como um indicador válido para medição das posses de bola.

A comparação dos valores médios da eficácia colectiva (medida por ambos os métodos) com o desfecho final dos jogos (vitória/derrota), pretendeu determinar a sua qualidade de diferenciação (ver Quadro 2). Os resultados expressaram magnitudes de diferenças (identificadas a partir dos valores de ω^2) superiores para os CEO e CED calculados pelo método de Oliver (CEOMO e CEDMO). Este facto, confirmou a maior utilidade destas estatísticas para a diferenciação das vitórias/derrotas nos jogos.

Quadro 2. Resultados da comparação dos valores médios da eficácia colectiva (medida pelo método "tradicional" e pelo método de Oliver) e o desfecho final dos jogos (Adaptado de Leite, 1999).

	Desfecho	Média ± dp	Dif. Médias	ω^2
CEO	Derrota	86,37 ± 11,08	-11,92*	0,20
	Vitória	98,29 ± 12,57		
CED	Derrota	98,68 ± 11,17	12,36*	0,21
	Vitória	86,32 ± 12,13		
CEDMO	Derrota	116,99 ± 12,12	14,02*	0,24
	Vitória	102,97 ± 12,45		
CEOMO	Derrota	102,45 ± 12,68	-14,81*	0,26
	Vitória	117,26 ± 12,28		

* $p<0,01$

Na fase final do estudo, o autor pretendeu medir a sensibilidade dos coeficientes de eficácia face à variação da diferença pontual dos jogos. Em função dos valores apresentados foi possível verificar que os coeficientes produzidos pelo método de Oliver estão mais associados à variação das diferenças pontuais dos jogos do que os coeficientes habitualmente utilizados ($r=0,865$ e $r=0,789$, respectivamente). Os resultados e as conclusões expressas neste estudo parecem confirmar alguns dos pressupostos metodológicos de análise do jogo anteriormente apresentados. Desta forma, o estudo de Leite (1999) preenche um vazio importante na literatura.

Outra questão que se coloca nestes domínios metodológicos de análise é a seguinte: se o ritmo de jogo "contamina" os valores dos CEO e CED, então tambem "contamina" os valores das restantes estatísticas. Por exemplo, a avaliação da performance de uma equipa que converte 40 lançamentos num jogo de 80PB terá que diferir da avaliação da performance de uma equipa que converte 40 lançamentos num jogo de 70PB. No entanto, do ponto de vista das análises que habitualmente são realizadas estas diferenças têm sido desprezadas, facto que pode comprometer a interpretação mais sólida dos resultados disponíveis na literatura. Neste contexto, parece claro que a normalização de todas as estatísticas do jogo de forma a analisar os seus valores relativamente à medida padrão de 100PB é imperativa. Estes procedimentos têm sido utilizados nalguns estudos da literatura (Sampaio & Janeira, 2003; Gómez *et al.*, 2006) e têm permitido conhecer e desenvolver os efeitos isolados e associados de um conjunto alargado de factores que interagem com o perfil estatístico das equipas e dos jogadores (ver Figura 3).

Figura 3. Factores que interagem com o perfil estatístico das equipas e dos jogadores.

3. CONTRIBUTOS DA INVESTIGAÇÃO NOS DOMÍNIOS DA ANÁLISE DA PERFORMANCE EM BASQUETEBOL PARA O PERFIL DE COMPETÊNCIAS DOS TREINADORES.

Após a construção e o desenvolvimento de fundamentos metodológicos mais válidos e fiáveis, o processo de análise da competição através das estatísticas dos jogos tem-se centrado na caracterização do alargado conjunto de factores que interagem com o perfil estatístico das equipas e dos jogadores (e.g., o tipo de jogo, o local onde se disputa do jogo, o desfecho final do jogo, a categoria do jogo, a posição especifica do jogador, o estatuto do jogador,...). O conhecimento mais aprofundado dos efeitos destes factores, afigura-se como determinante para as decisões dos treinadores em todos os momentos do processo de preparação desportiva (e.g., na formação desportiva, no recrutamento dos jogadores, no planeamento do treino, na direcção da competição). De facto, este tipo de contribuições tem servido para que os treinadores tomem as melhores decisões em situação de competição. Neste sentido, a análise da competição pode ser uma das áreas mais interessantes de desenvolver e uma das pontes mais robustas para que comuniquem definitivamente Ciência e Desporto.

Apresentam-se de seguida alguns estudos que ajudam a conhecer melhor este alargado e diversificado conjunto de factores que influenciam o perfil estatístico das equipas e dos jogadores em situação de competição. Numa primeira parte, apresentam-se os argumentos que justificam o estudo da influência de cada um deles e, posteriormente, os resultados com maior relevância. No final, procura-se destacar o conjunto de implicações práticas dos resultados e são também sugeridas algumas referencias que podem ajudar a aprofundar mais cada tópico.

3.1. O efeito do desfecho final dos jogos, das categorias, do local e do tipo de jogos.

Na actualidade, a performance nos JDC expressa-se ao nível da competição e este facto tem feito emergir a necessidade de analisar as competições e de associar este conhecimento ao seu desfecho final (vitória/derrota). No que diz respeito ao desfecho final dos jogos, as questões que se colocam nestes domínios pretendem dar respostas acerca da hierarquização e do poder associado das estatísticas do jogo na separação das vitórias e derrotas das equipas nas competições. Mais especificamente, poder-se-á perguntar quais são as estatísticas que distinguem, de forma mais determinante, a performance das equipas em confronto?

Por outro lado, este conjunto de estatísticas que determinam o desfecho dos jogos é dependente da sua categoria, que é habitualmente determinada pela diferença pontual final do jogo (ver Figura 4, Marques, 1990; Sampaio, 1997). Este facto, tem como consequência a categorização dos jogos em função da diferença pontual final, de modo a que daí resulte um quadro interpretativo mais válido.

Noutra dimensão de análise, o local onde se disputam as competições é também um factor que influência o perfil estatístico das equipas e dos jogadores em competição. De facto, a vantagem casa nos jogos de Basquetebol disputados em campeonatos com calendário competitivo equilibrado é de aproximadamente 64% (Courneya & Carron, 1992). Estes autores consideram que o estudo do local do jogo implica uma reflexão acerca de três factores relevantes para o seu desfecho final (influência da participação do público, familiaridade com as instalações desportivas e o efeito da quebra de rotinas pela realização das viagens).

As estatísticas que explicam este fenómeno estão associadas com a agressividade funcional[19], definida por Varca (1980) como os comportamentos em situação de jogo que facilitam a obtenção de vitórias (e.g. ressaltos, desarmes de lançamento, roubos de bola). Por outro lado, a agressividade disfuncional refere-se aos comportamentos em situação de jogo que dificultam a obtenção de vitórias (e.g., faltas cometidas).

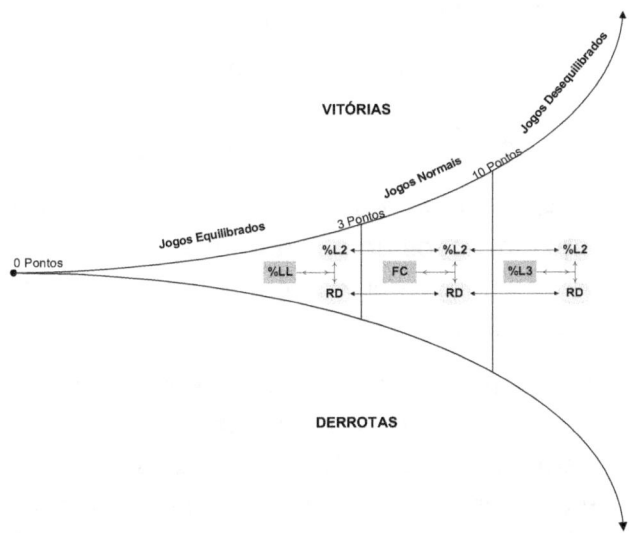

Figura 4. Representação gráfica do valor discriminatório das estatísticas do jogo para a vitória/derrota em Basquetebol (Adaptado de Sampaio, 1997).

Por ultimo, o tipo de jogo em disputa é também um factor a considerar no processo de análise das competições. Por exemplo, o sistema de competições dos campeonatos nacionais e das ligas profissionais de Basquetebol apresenta duas fases distintas: a fase regular e o *playoff*. A estes dois tipos de jogos estão subjacentes valores de importância diferenciados face à classificação final das equipas e que, muito provavelmente, se fazem sentir no perfil das estatísticas dos

---

[19] O que o autor considera agressividade deve ser entendido como assertividade (Courneya & Carron, 1992; McGuire et al., 1992).

jogos. Neste sentido, é provável que os jogos do playoff apresentem maior importância, em virtude da possibilidade da eliminação estar sempre presente. Estas preocupações constantes e igualmente o nível de equilíbrio que se observa nesta fase de competição, implicam cuidados acrescidos na concepção das estratégias ofensivas e defensivas das equipas.

O estudo deste conjunto de efeitos (desfecho final, categoria, local e tipo de jogos) tem permitido perceber o seguinte:

1) Na generalidade, as equipas que conquistam mais ressaltos defensivos e que convertem mais lançamentos de dois pontos vencem mais jogos (Sampaio, 1997).

2) Os valores de corte que sustentam as categorias de análise modificam-se em cada época desportiva (Leite *et al.*, 2004)

3) A vantagem casa é evidente no Basquetebol e identificam-se nas equipas que jogam em casa maior quantidade de comportamentos assertivos (Sampaio & Janeira, 2003).

4) Pela importância que representam na classificação final dos campeonatos, os jogos do playoff decorrem a ritmos mais baixos (menores valores médios de posses de bola e pontos marcados por jogo, Sampaio, 2000).

5) Nos jogos desequilibrados e muito desequilibrados, as diferenças entre equipas vitoriosas e derrotadas são muito acentuadas e identificam-se em quase todas as estatísticas do jogo. Neste sentido, é difícil identificar um lote menor de estatísticas capaz de discriminar os registos das vitórias dos registos das derrotas (Sampaio, 2000 ver Figura 5).

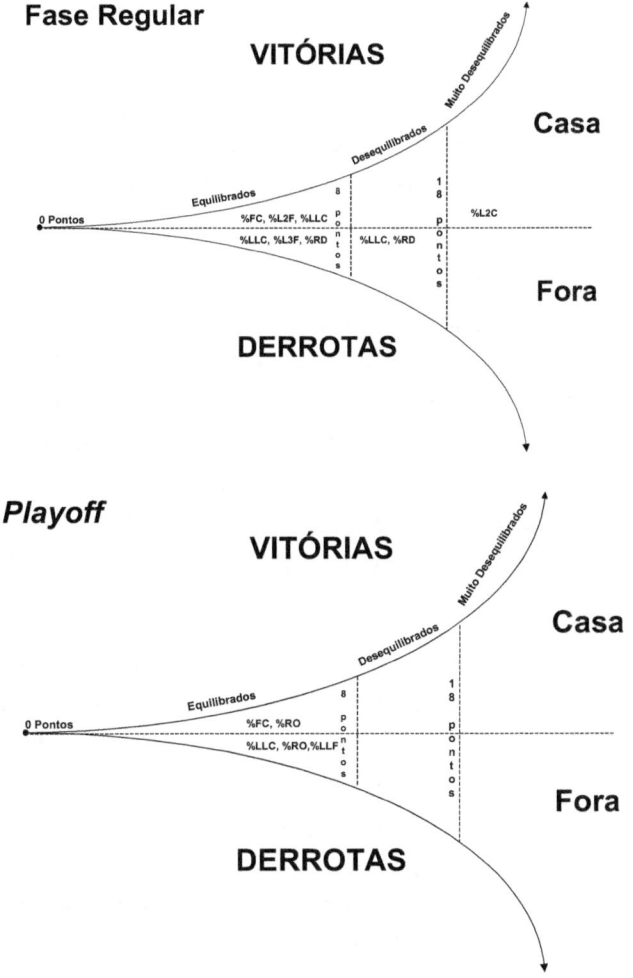

Figura 5. Representação gráfica do valor discriminatório das estatísticas do jogo para a vitória/derrota em jogos da fase regular e em jogos do playoff (Adaptado de Sampaio, 2000).

A investigação científica tem permitido concretizar uma ideia defensiva de pressionar o adversário para lhe retirar comodidade no ataque e aumentar a sua probabilidade de falhar lançamentos e, simultaneamente, por uma ideia ofensiva de direccionar o jogo para posições mais próximas do cesto adversário. Para a ideia defensiva, é requerido que as equipas se preparem construindo uma estrutura defensiva muito estável e colectiva. Para a ideia ofensiva, é requerido que as equipas configurem a sua estrutura ofensiva baseada em situações de penetração para o cesto (e.g., penetrar para assistir) e, por outro lado, que cuidem muito a recepção da bola em posições interiores (e.g., jogar de dentro para fora).

Nos jogos disputados em casa, as equipas assumem mais riscos nos seus comportamentos (e.g., mais roubos de bola e desarmes de lançamento) e nas suas decisões (mais lançamentos exteriores em tabelas mais familiares).

Os jogos do playoff decorrem a ritmos mais lentos, com menores valores médios de posses de bola e pontos marcados por jogo. As estratégias ofensivas deverão centrar-se mais na qualidade da selecção do lançamento. Por outro lado, como "não se podem correr riscos desnecessários" neste tipo de jogos, sempre que os jogadores são ultrapassados na defesa recorrem mais sistematicamente às faltas. Ou seja, as equipas deverão estar preparadas para usufruir de mais oportunidades para converter pontos através dos lançamentos livres.

Mais informação...

Nevill, A. & Holder, R. (1999) Home advantage in sport: an overview of studies on the advantage of playing at home. Sports Medicine, 28, 221-236.

Nevill, A., Balmer, N. & Wolfson, S. (2005) The extent and causes of home advantage: some recent insights. Journal of Sports Sciences, 4, 335-336.

Pollard, R. & Pollard, G. (2005) Long-term trends in home advantage in professional team sports in North America and England (1876-2003). Journal of Sports Sciences, 4, 337-350.

Sampaio, J. & Janeira M. (2003) Statistical analyses of Basketball team performance: understanding teams' wins and losses according to a different index of ball possessions. International Journal of Performance Analysis in Sport, 1, 40-49.

3.2. O efeito do escalão competitivo e do sexo

O contraste entre as performances de ambos os sexos nos escalões competitivos que melhor representam o jogo de alto-rendimento (os escalões seniores e juniores) tem sido realizado nalgumas dimensões da performance (e.g., cognitiva, perceptiva, motora e psicológica) e os resultados têm permitido identificar contrastes substanciais nestes dois efeitos (Durkin, 1987; Derri *et al.*, 1998; Kioumourtzoglou *et al.*, 1998). Neste domínio particular da análise da competição, trata-se de perceber o efeito da idade (e também da experiência competitiva) e do sexo (com as evidentes diferenças no perfil antropométrico, motor e psicológico) no perfil estatístico identificado em situação de competição. A identificação das estatísticas que discriminam estes contextos de performance, pode permitir o estabelecimento de padrões de comportamento mais longitudinais e, por exemplo, aumentar assim a validade do processo de recrutamento de jogadores.

O estudo deste conjunto de efeitos (sexo e escalão competitivo) tem permitido perceber o seguinte:

1) As equipas masculinas são discriminadas das femininas pelas maiores percentagens de desarmes de lançamento e menores percentagens de roubos de bola e lançamentos de dois pontos falhados (Sampaio *et al.*, 2004).

2) As equipas de jogadores seniores são discriminadas das equipas de jogadores juniores pelas maiores percentagens de assistências e menores percentagens de perdas de bola (Sampaio *et al.*, 2004).

Dica ao Treinador

Em função da equipa (masculina ou feminina) o treinador deve configurar diferentes estratégias e tácticas no processo de preparação desportiva. Os homens são mais altos e têm o centro de gravidade mais elevado. Desta forma, estarão menos aptos para aproveitar oportunidades para roubar a bola, que são acções que ocorrem mais perto do solo. Por outro lado, estarão mais aptos e atentos para aproveitar as oportunidades para desarmar lançamentos, estas sim acções mais próprias de jogadores mais altos.

Os jogadores de Basquetebol têm que estar preparados para os confrontos com contextos de competição complexos e dinâmicos. Ao jogador é requerido que rapidamente recolha informações sobre a bola, companheiros e adversários e decida por uma resposta apropriada com pressão de tempo e de espaço (Williams, 2000). Provavelmente, os jogadores seniores são mais rápidos e precisos a reconhecer padrões da comportamento no jogo, antecipam melhor as acções dos adversários, possuem mecanismos de reconhecimento visual mais rápidos e eficientes e são mais realistas nas suas expectativas relativamente ao desfecho de determinadas situações (Helsen & Starkes, 1999; Williams, 2000). Este conjunto de características tem grandes implicações nas acções de domínio da bola (assistências e perdas de bola) e no jogo ofensivo colectivo (assistências).

Mais informação...

Helsen, W. & Starkes, J. (1999) A multidimensional approach to skilled perception and performance in sport. Applied Cognitive Psychology, 13, 1-27.

Sampaio, J.; Ibáñez, S. & Feu, S. (2004) Discriminative Power of Basketball Game-related Statistics by Level of Competition and Sex. Perceptual and Motor Skills, 32, 1231-1238.

Williams, A. & Ericsson, K. (2005) Perceptual-cognitive expertise in sport: Some considerations when applying the expert performance approach. Human Movement Science, 24, 283-307.

Williams, A.; Hodges, N.; North, J. & Barton, G. (2006) Perceiving patterns of play in dynamic sport tasks: Investigating the essential information underlying skilled performance. Perception, 35, 317-332.

3.3. O efeito do ritmo do jogo

O controlo do ritmo do jogo, entendido como a velocidade a que decorre o jogo nas suas diferentes fases (transições defesa-ataque e ataque-defesa, ataque e defesa organizados) é um dos aspectos que os treinadores consideram como mais relevante para o desfecho final dos jogos[20] (Oliver, 2004). Recentemente, Oliver (2004) estudou a variação das posses de bola, pontos marcados e eficácia ofensiva (pontos marcados divididos pelas posses de bola) nos jogos da fase regular da NBA referentes às épocas desportivas entre 1973 e 1995. Os resultados encontrados identificaram um decréscimo do número de posses de bola e pontos marcados mas revelam, simultaneamente, um aumento a eficácia ofensiva das equipas. Nos jogos das finais das competições europeias de Basquetebol disputados entre 1988 e 2006, Malarranha & Sampaio (2007), identificaram uma tendência recente para a diminuição da eficácia ofensiva e dos pontos marcados e um aumento do número de posses de bola por jogo. O sentido de variação deste conjunto de macro-estatísticas do jogo de Basquetebol sugere que os jogos das finais mais recentes são disputados a ritmos mais elevados, mas com diminuição dos pontos marcados e da eficácia ofensiva.

Apesar deste conjunto de resultados poder permitir aos treinadores conhecer melhor as tendências do jogo e, desta forma, reequacionar o processo de recrutamento dos jogadores e de preparação das equipas, ainda não se conhecem as estatísticas que melhor discriminam os jogos de ritmo mais elevado dos jogos de ritmo mais lento. Com este tipo de informação, melhora-se a eficácia do planeamento de todo o processo de preparação desportiva.

---

[20] O ritmo de jogo é medido pelo número de posses de bola em cada jogo (Oliver, 2004).

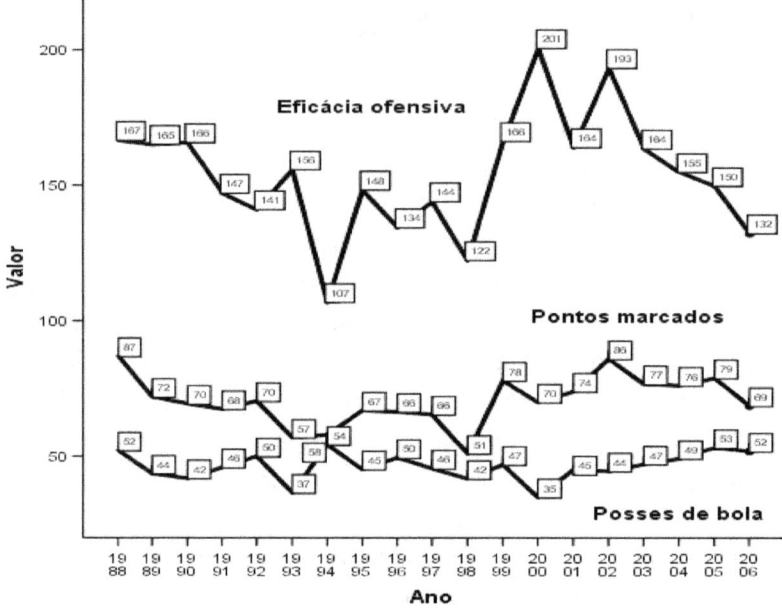

Figura 6. Evolução do número de posses de bola, pontos marcados e eficácia ofensiva, desde 1988 até 2006, nos jogos das finais das competições europeias de Basquetebol (Adaptado de Malarranha & Sampaio, 2007).

O estudo do efeito do ritmo tem permitido perceber o seguinte:

1) As estatísticas que melhor discriminam os jogos de ritmo mais elevado (45,1 ≤ posses de bola ≤ 54,4) dos jogos de ritmo mais lento (34,9 ≤ posses de bola <45,1) são as faltas (cometidas e sofridas), os ressaltos defensivos e os lançamentos livres falhados (Malarranha & Sampaio, 2007).

Dica ao Treinador

As equipas que participam nestes confrontos recorrem às faltas, como meio de impedir a realização de lançamentos fáceis, por exemplo, para impedir situações de superioridade numérica do adversário, impedir recepções de bola em espaços de elevada eficácia ofensiva (i.e., a zona mais próxima do cesto habitualmente ocupada pelos postes baixos) e mesmo tentar anular jogadores de elevada eficácia ofensiva.

Mais informação...

Jones, P.; James, N. & Mellalieu, S. (2004) Possession as a performance indicator in soccer. International Journal of Performance Analysis in Sport, 1, 98-102.

Malarranha, J. & Sampaio, J. (2007) O ritmo do jogos das finais das competições europeias de Basquetebol (1988-2006) e as estatísticas que discriminam os jogos mais rápidos dos jogos mais lentos. Revista Portuguesa de Ciências do Desporto (aceite para publicação).

Oliver, D. (1996) The effects of controlling tempo. Journal of Basketball Studies. Web: http://www.rawbw.com/~deano/

Oliver, D. (1997) How slow can you go? Journal of Basketball Studies. Web: http://www.rawbw.com/~deano/

3.4. O efeito do sucesso a longo prazo

Como foi referido anteriormente, a performance nos JDC expressa-se ao nível da competição e este facto tem feito emergir a necessidade de analisar as competições e de associar este conhecimento ao seu desfecho final (vitória/derrota). Ou seja, a investigação disponível tem contrastado o perfil estatístico das equipas, face a uma medida de sucesso a curto prazo (desfecho final do jogo). Contudo, é um facto que as melhores equipas perdem jogos e, é um facto, que as piores equipas vencem jogos. Neste sentido, uma das questões mais interessantes de investigar seria a utilização de uma medida do sucesso das equipas a longo prazo (e.g., a percentagem de vitórias obtidas durante toda uma época desportiva) para confirmar os perfis já identificados quando realizados os contrastes em função do sucesso a curto prazo.

O estudo do efeito do sucesso a longo prazo tem permitido perceber o seguinte:

1) As melhores e as piores equipas evidenciam ritmos de jogo idênticos. Contudo, face a idêntico número de oportunidades, as melhores equipas são ofensivamente mais eficazes (142±7 vs. 135±7, respectivamente, Ibáñez *et al.*, 2007).

2) Os resultados do contraste dos perfis estatísticos não confirmam os perfis obtidos para os contrastes realizados em função do desfecho final do jogo. Os resultados evidenciam que o sucesso a longo prazo é discriminado por melhores performances nas assistências, roubos de bola e desarmes de lançamento (Ibáñez *et al.*, 2007).

Dica ao Treinador

O sucesso a longo prazo não está associado com o ritmo dos jogos.

As melhores equipas evidenciam superioridade na utilização do passe e na pressão defensiva aos jogadores exteriores e interiores. No processo de recrutamento, treino e direcção da competição deve-se equacionar a importância destas acções, que podem depender fortemente da assertividade, do nível de condição física e da organização defensiva da equipa (Trninić *et al.*, 2000; Dežman *et al.*, 2001).

Mais informação...

de la Porte, Y. & Spamer, E. (2006) The physical and game skills profile of the elite South African schoolboy rugby player. Journal of Human Movement Studies, 51, 291-306.

Ibáñez, S.; Sampaio, J.; Lorenzo, A.; Gómez, M. & Ortega, E (2007) Long-term trends in game-related statistics that discriminate between successful and unsuccessful basketball teams. Journal of Sports Sciences (em fase de 2ª revisão).

Ittenbach, R. & Esters, I. (1995) Utility of team indices for predicting end of season ranking in two national polls. Journal of Sport Behavior, 18, 216-225.

Jones, N.; Mellalieu, S. & James, N. (2004) Team performance indicators as a function of winning and losing in rugby union. International Journal of Performance Analysis in Sport, 1, 61-71.

Trninić, S.; Dizdar, D. & Lukšić, E. (2002) Differences between winning and defeated top quality basketball teams in final tournaments of European club championship. Collegium Antropologicum, 26, 521-531.

3.5. O efeito da posição específica do jogador em equipas de diferentes níveis de qualidade

omo tem sido possível perceber, o sucesso colectivo depende muito da eficácia do processo de recrutamento de jogadores. Neste sentido, é essencial que se formule uma estratégia de recrutamento centrada na procura de candidatos possuidores de atributos complementares, capazes de produzir de acordo com as exigências das suas posições específicas. Estes contrastes entre as posições específicas que os jogadores desempenham têm sido realizados através dos valores do somatótipo, composição corporal e respostas fisiológicas (Ackland *et al.*, 1997; Bale, 1991; Smith & Thomas, 1991). Os resultados evidenciam, por exemplo, que os jogadores postes são mais altos, têm comprimentos segmentares mais elevados e são mais musculados que os jogadores bases e extremos (Ackland *et al.*, 1997).

Não se conhecem os perfis estatísticos em situação de jogo que discriminam os jogadores em função da sua posição específica (bases, extremos e postes). A resposta a esta questão acrescenta um conjunto de informações essenciais para melhorar o processo de recrutamento de jogadores e para melhorar o processo de direcção da equipa.

O estudo do efeito da posição específica do jogador em equipas de diferentes níveis de qualidade tem permitido perceber o seguinte:

1) Nas equipas de nível inferior, os jogadores postes e bases são discriminados pelas tarefas defensivas (desarmes de lançamento, ressaltos defensivos) e pelos lançamentos de três pontos falhados (Sampaio *et al.*, 2006a).

2) Nas equipas de nível médio, os jogadores postes e bases são discriminados pelas tarefas ofensivas (assistências, lançamentos de três pontos convertidos e falhados e ressaltos ofensivos, Sampaio *et al.*, 2006a).

3) Nas equipas de nível superior, os jogadores postes e bases são discriminados pelas tarefas ofensivas (ressaltos ofensivos, assistências e lançamentos de três pontos falhados, Sampaio *et al.*, 2006a).

O perfil estatístico em situação de jogo varia de acordo com a posição específica dos jogadores e este facto parece ser consequência da distância a que os jogadores jogam do cesto.

Em equipas de qualidade inferior, os postes exibem um perfil muito distinto dos restantes jogadores (reforçando a importância da altura e peso dos jogadores e, naturalmente dos jogadores estrangeiros). Em equipas de qualidade intermédia, os perfis são menos especializados. Em equipas de qualidade superior (NBA), as diferenças entre posições são expressivas, provavelmente também como consequência das diferenças nas regras do jogo (e.g., a linha de três pontos encontra-se um metro mais distante do cesto).

Mais informação...

Di Salvo, V.; Baron, R.; Tschan, H.; Montero, F.; Bachl, N. & Pigozzi, F. (2007) Performance characteristics according to playing position in elite soccer. International Journal of Sports Medicine, 28, 222-227.

Madrigal, R. & James, J. (1999) Team quality and the home advantage. Journal of Sport Behavior, 22, 381-398.

Palao, J; Santos, J. & Ureña, A. (2005) Effect of team level on skill performance in volleyball. International Journal of Performance Analysis in Sport, 2, 50-60.

Sampaio, J.; Janeira, M.; Ibáñez, S. & Lorenzo, A. (2006) Discriminant analysis of game-related statistics between basketball guards forwards and centres in three professional leagues. European Journal of Sport Science, 6, 173-178.

3.6. O efeito da posição específica do jogador e do local do jogo

Como já foi referido anteriormente, o local onde se disputam as competições é um factor que influência o perfil estatístico das equipas e dos jogadores em competição. A vantagem casa nos jogos de Basquetebol disputados em campeonatos com calendário competitivo equilibrado é de aproximadamente 64% (Courneya & Carron, 1992) e estas melhores percentagens estão associadas a melhores valores nas estatísticas associadas com a agressividade (assertividade) funcional (Varca, 1980). Por outro lado, Gayton *et al.* (2001) referem que os treinadores preparam e escolhem os jogadores de acordo com o local do jogo e com os adversários a defrontar. Face a estes factos e opiniões e ao conhecimento de que o perfil estatístico dos jogadores varia em função da sua posição específica, surge a necessidade de conhecer a contribuição dos jogadores para a performance da equipa nos jogos disputados em casa e nos jogos disputados fora.

O estudo do efeito da posição específica do jogador e do local do jogo tem permitido perceber o seguinte:

1) As performances dos jogadores postes parecem não contribuir para o estabelecimento da vantagem casa (Sampaio *et al.*, 2007).

2) As performances dos bases são discriminadas pelas estatísticas defensivas (ressaltos defensivos, roubos de bola, desarmes de lançamento e faltas cometidas) e pelas assistências e lançamentos de três pontos convertidos (Sampaio *et al.*, 2007).

3) As performances dos extremos são discriminadas pelos lançamentos livres convertidos, assistências, roubos de bola, desarmes de lançamento e faltas cometidas. Contudo, as performances destes jogadores parece ser superior nos jogos fora (Sampaio *et al.*, 2007).

A vantagem casa parece mais evidente nos jogadores que actuam em posições mais distantes do cesto. Nos postes não se identificam nenhumas diferenças.

Nos bases que jogam em casa identificam-se comportamentos mais assertivos relativamente aos bases que jogam fora. Acontece o contrário com os extremos, ou seja, os comportamentos mais assertivos identificam-se nos extremos que jogam fora.

Face a estes perfis, podem-se equacionar diferentes estratégias e tácticas para direccionar, principalmente, a organização ofensiva das equipas nos jogos em casa para os bases e, nos jogos fora para opções que impliquem maior participação dos extremos no jogo.

Mais informação...

Nevill, A. & Holder, R. (1999) Home advantage in sport: an overview of studies on the advantage of playing at home. Sports Medicine, 28, 221-236.

Nevill, A., Balmer, N. & Wolfson, S. (2005) The extent and causes of home advantage: some recent insights. Journal of Sports Sciences, 4, 335-336.

Pollard, R. & Pollard, G. (2005) Long-term trends in home advantage in professional team sports in North America and England (1876-2003). Journal of Sports Sciences, 4, 337-350.

Sampaio, J.; Ibáñez, S.; Gómez, M. & Lorenzo, A. (2007) Game location influences basketball players' performances across playing positions. International Journal of Sport Psychology (em fase de 2ª revisão).

Sampaio, J.; Janeira, M.; Ibáñez, S. & Lorenzo, A. (2006) Discriminant analysis of game-related statistics between basketball guards forwards and centres in three professional leagues. European Journal of Sport Science, 6, 173-178.

3.7. O efeito do estatuto do jogador, da qualidade das equipas e do desfecho final do jogo.

A escolha dos cinco jogadores que vão iniciar os jogos de Basquetebol é um processo orientado e pode ser decisivo para o sucesso das equipas. Estas decisões são normalmente tomadas pelo recurso à observação de características motoras e psicológicas, interacções sociais e sua relação com a expectativa global da equipa (Case, 1998). As diferenças entre jogadores titulares e suplentes só foram estudadas do ponto de vista fisiológico e psicológico. Caterisano *et al.* (1997) verificaram que, ao longo de uma época desportiva, os jogadores suplentes perderam mais aptidão aeróbica, relativamente aos jogadores titulares. Do ponto de vista psicológico, os jogadores titulares estão mais satisfeitos e confiantes com a sua performance, são mais conscientes das tarefas a realizar e valorizam mais o facto de pertencerem à equipa (Thompson *et al.*, 1988; Gruber & Gray, 1992; Petlichkoff, 1993). Este conjunto de diferenças reflecte-se no perfil estatístico dos jogadores em situação de jogo e varia em função da qualidade das equipas (melhores equipas vs. piores equipas) e do desfecho final do jogo.

O estudo do efeito do estatuto do jogador, da qualidade das equipas e do desfecho final do jogo tem permitido perceber o seguinte:

1) Quando as melhores equipas vencem os jogos, as diferenças entre jogadores titulares e suplentes centram-se nos ressaltos defensivos, assistências e faltas cometidas (Sampaio *et al.*, 2006b).

2) Quando as piores equipas vencem os jogos, as diferenças entre jogadores titulares e suplentes centram-se nos lançamentos de dois pontos convertidos e falhados, ressaltos defensivos, lançamentos livres convertidos e faltas cometidas (Sampaio *et al.*, 2006b).

As acções defensivas (faltas cometidas e ressaltos defensivos) são as estatísticas mais discriminantes entre jogadores titulares e jogadores suplentes.

As melhores equipas parecem perder mais jogos quando a performance dos jogadores suplentes é pior, ao passo que as piores equipas parecem perder mais jogos quando a performance dos jogadores titulares é pior.

Craighead, D.; Privette, G.; Vallianos, F. & Byrkit, D. (1986) Personality-Characteristics of Basketball Players, Starters and Non-Starters. International Journal of Sport Psychology, 17, 110-119.

Sampaio, J.; Ibáñez, S.; Lorenzo, A. & Gómez, M. (2006) Discriminative game-related statistics between basketball starters and non-starters when related to playing standard and game outcome. Perceptual and Motor Skills, 103, 486-494.

Silvestre, R.; West, C.; Maresh, C. & Kraemer, W. (2006) Body composition and physical performance in men's soccer: A study of a National Collegiate Athletic Association Division I team. Journal of Strength and Conditioning Research, 20, 177-183.

Young, W.; Newton, R; Doyle, T.; Chapman, D.; Cormack, S.; Stewart, G. & Dawson, B. (2005) Physiological and anthropometric characteristics of starters and non-starters and playing positions in elite Australian Rules football: a case study. Journal of Science and Medicine in Sport, 8, 333-345.

4. CONCLUSÕES

O conjunto de fundamentos metodológicos apresentados só muito recentemente começou a ter algum impacto no universo dos JDC. Tal como no estudo do Basebol, vai demorar algum tempo até que a utilidade destas diferentes formulações seja mais reconhecida por treinadores e investigadores dos JDC. O título de um dos trabalhos de Zaidlin (1999) não poderia ser mais esclarecedor relativamente a esta matéria: *"Twenty years later, Sabermetrics still largely ignored in baseball's front offices"*, em que o autor aponta algumas razões que justificam a pouca aceitação destes trabalhos no universo do Basebol, centradas nas "particularidades da natureza humana" (Zaidlin, 1999):

> *"...Bill James, Pete Palmer and others come along, and teach us how to analyze the game of baseball. They find little evidence to support the baseball myths. They are Galileo's, with baseball's establishment representing the church. Their conclusions challenge the very heart of the belief system...It would appear to strip the game of the human element and substitute in its place a cold, unfeeling, inhuman, "engineering" approach to the game...and who were these nerdy guys with their computers to tell US, the players, coaches, managers, and GM's that we didn't understand the game?"*.

A performance de um jogador ou de uma equipa em competição deve ser entendida como o produto final de um complexo processo (o treino desportivo) que surge num contexto muito próprio e que todo este contexto dificilmente se repetirá. Apesar deste facto, a investigação produzida nos domínios da análise da performance contribui para desenvolver as competências dos treinadores, preparando-os melhor para as decisões que possam ter que tomar face aos múltiplos contextos, sejam eles mais ou menos familiares. De facto, o conhecimento mais aprofundado dos efeitos destes factores, pode afigurar-se como determinante para as decisões dos treinadores em todos os momentos do processo de preparação desportiva (e.g., na formação desportiva, no recrutamento dos jogadores, no planeamento do treino, na direcção da competição). Ainda neste sentido, actualmente está a surgir uma área de grandes potencialidades desde o ponto de vista prático das funções dos treinadores, que é a análise das competições em tempo real. Analisar a competição em tempo real pode ser uma das metodologias mais interessantes de desenvolver. Trata-se de identificar pontos fortes e fracos nos jogadores e equipas que se enfrentam, construir os múltiplos contextos que podem ocorrer (face à investigação disponível e ao registo das performances passadas) e estar preparado em qualquer momento para identificar as soluções de maior eficiência e eficácia. O tempo real pressupõe que todo o processo se apoie em tecnologia informática e estatística que integre a utilização de metodologias específicas, capazes de recolher, armazenar e tratar grandes volumes de dados para informação simples e directamente utilizável. Por exemplo no Basquetebol, trata-se de conhecer em todos os momentos e em função dos jogadores que estão em campo, os ataques e defesas mais eficazes; o ritmo do jogo e as suas implicações nas rotações dos jogadores, realizar as rotações com a ajuda dos dados das distâncias percorridas pelos jogadores, da velocidade de deslocamento, utilizar os dados da frequência cardíaca para conhecer o estado de fadiga física e emocional dos jogadores em todos os momentos,...enfim, para que a análise da competição seja mais integrada e contextualizada. Este é o objectivo da aula seguinte (nº11), que irá versar sobre os "Sistemas de recolha, armazenamento, tratamento e interpretação de informação do treino e da competição em tempo-real".

REFERENCIAS

Ackland, T.; Schreiner, A. & Kerr, D. (1997) Absolute size and proportionality characteristics of World Championship female Basketball players. *Journal of Sports Sciences, 15*, 485-490.

Bale, P. (1991) Anthropometric, body composition and performance variables of young elite female Basketball players. *Journal of Sports Medicine and Physical Fitness, 31*, 173-177.

Barreto, H. (1995) O Ressalto no Basquetebol: análise do comportamento do lançador. *Dissertação de Doutoramento*, FMH-UTL.

Case, R. (1998) Leader member exchange theory and sport: possible applications. Journal of Sport Behavior, 4, 387-396.

Caterisano, A.; Patrick, B.; Edenfield, W. & Batson, M. (1997) The effects of a Basketball season on aerobic and strength parameters among college men: starters vs. reserves. *Journal of Strength and Conditioning Research, 11*, 21-24.

Comas, M. (1991) *Baloncesto - más que un juego: estadísticas y su utilidad - la tecnología al servicio del Baloncesto*. Gymnos, Madrid.

Courneya, K. & Carron, A. (1992) The Home Advantage in sport competitions: a literature review. *Journal of Sport and Exercise Psychology, 14*, 13-27.

Derri, V.; Kioumourtzoglou, E. & Tzetzis, G. (1998) Assessment of abilities in Basketball: a preliminary study. *Perceptual and Motor Skills, 87*, 91-95.

Dežman, B.; Trninić, S. & Dizdar, D. (2001) Expert model of decision-making system for efficient orientation of Basketball players to positions and roles in the game-empirical verification. *Collegium Antropologicum, 25*, 141-152.

Durkin, K. (1987) Social cognition and social context in the construction of sex differences. In M. A. Baker (Ed.), *Sex differences in human performance* (pp. 141-170). Chichester (UK): John Wiley & Sons.

Garganta, J. (2001) A análise da performance nos jogos desportivos. Revisão acerca da análise do jogo. *Revista Portuguesa de Ciências do Desporto, 1*, 57–64.

Gayton, W.; Broida, J. & Elgee, L. (2001) An investigation of coaches' perceptions of the causes of home advantage. *Perceptual and Motor Skills, 92*, 933-936.

Gómez, M. A.; Tsamourtzis, E. & Lorenzo, A. (2006) Defensive systems in Basketball ball possessions. *International Journal of Performance Analysis in Sport, 6*, 98-107.

Grabiner, D. (1999, acesso em 30/03/1999) The Sabermetric Manifesto. *Baseball SABR*. Web: http://www.baseball1.com/bb-data/grabiner/manifesto.html

Grosgeorge, B. (1990) *Observation et entraînement en sports collectives*. INSEP, Paris.

Gruber, J. & Gray, G. (1982) Responses to forces influencing cohesion as a function of player status and level of male varsity Basketball competition. *Research Quarterly for Exercise and Sport, 53*, 27-36.

Helsen, W. F. & Starkes, J. L. (1999) A multidimensional approach to skilled perception and performance in sport. *Applied Cognitive Psychology, 13*, 1-27.

Hughes, M. & Franks, I. M. (2004) *Notational analysis of sport: systems for better coaching and* performance *in sport*. London: Ed. Routledge.

Ibáñez, S.; Sampaio, J.; Lorenzo, A.; Gómez, M. & Ortega, E. (2007) Long-term trends in game-related statistics that discriminate between successful and unsuccessful Basketball teams. *Journal of Sports Sciences* (em fase de 2ª revisão).

James, B. (1988) *Baseball Abstract 1988*. Ballantine Books, New York.

Kioumourtzoglou, E.; Derri, V.; Tzetzis, G. & Theodorakis Y. (1998) Cognitive, perceptual, and motor abilities in skilled Basketball performance. *Perceptual and Motor Skills, 86*, 771-86.

Krause, J. (1991) *Basketball - Skills and Drills*. Leisure Press, Champaign, Illinois.

Leite, N. (1999) O conceito de posses de bola para a construção de um modelo de avaliação da eficácia ofensiva e defensiva das equipas de Basquetebol em situação de jogo. *Monografia*, UTAD.

Leite, N.; Sampaio, J. & Janeira, M. (2004). Variabilidade no poder discriminatório das estatísticas dos jogos de Basquetebol equilibrados. *Lecturas: Revista Digital de Educación Física y Deporte, 73*.

Malarranha, J. & Sampaio, J. (2007) O ritmo do jogos das finais das competições europeias de Basquetebol (1988-2006) e as estatísticas que discriminam os jogos mais rápidos dos jogos mais lentos. *Revista Portuguesa de Ciências do Desporto* (aceite para publicação).

Marques, F. (1990) A definição de critérios de eficácia em desportos colectivos. *Trabalho de Síntese APCC*. FMH-UTL.

McGuire, E.; Courneya, K.; Widmeyer, W. & Carron, A. (1992) Aggression as a potential mediator of the home advantage in professional Ice Hockey. *Journal of Sport and Exercise Psychology, 14*, 148-158.

McGuire, F. (1958) *Offensive Basketball*. Englewood Cliffs: Prentice-Hall Inc.

Oliver, D. (1990, acesso em 30/03/1999) The fundamentals for analysing Basketball. *Journal of Basketball Studies*. Web: http://www.rawbw.com/~deano/

Oliver, D. (1995, acesso em 30/03/1999) About JOBS. *Journal of Basketball Studies*. Web: http://www.rawbw.com/~deano/

Oliver, D. (2004) *Basketball on paper. Rules and tools for* performance *analysis*. Washington, D. C.: Brassey´s, Inc.

Petlichkoff, L. (1993) Relationship of player status and time of season to achievement goals and perceived ability in interscholastic athletes. *Pediatric Exercise Science, 5*, 242-252.

Sampaio, J. (1997) O sucesso em Basquetebol: um estudo centrado nos indicadores da performance do jogo. *Trabalho de Síntese APCC*. UTAD, Vila Real.

Sampaio, J. (1999) Novos caminhos no ensino e na análise estatística do jogo: um olhar sobre as tecnologias aplicadas. *Comunicação apresentada nas 1ªˢ Jornadas Técnicas de Basquetebol*, UTAD, Vila Real.

Sampaio, J. (2000) O poder discriminatório das estatísticas do jogo de Basquetebol: novos caminhos metodológicos de análise. *Dissertação de Doutoramento*. Departamento de Desporto, UTAD.

Sampaio, J. & Janeira M. (2003) Statistical analyses of Basketball team performance: understanding teams' wins and losses according to a different index of ball possessions. *International Journal of* Performance *Analysis in Sport, 1*, 40-49.

Sampaio, J.; Ibáñez, S. & Feu, S. (2004) Discriminative power of Basketball game-related statistics by level of competition and sex. *Perceptual and Motor Skills, 32*, 1231-1238.

Sampaio, J.; Janeira, M.; Ibáñez, S. & Lorenzo, A. (2006a) Discriminant analysis of game-related statistics between Basketball guards, forwards and centres in three professional leagues. *European Journal of Sport Science, 6*, 173-178.

Sampaio, J.; Ibáñez, S.; Lorenzo, A. & Gómez, M. (2006b) Discriminative game-related statistics between Basketball starters and non-starters when related to playing standard and game outcome. *Perceptual and Motor Skills, 103*, 486-494.

Sampaio, J.; Ibáñez, S.; Gómez, M. & Lorenzo, A. (2007) Game location influences Basketball players' performances across playing positions. *International Journal of Sport Psychology* (em fase de 2ª revisão).

Smith, D. (1981) *Multiple offense and defense.* Englewood Cliffs: Prentice Hall.

Smith, H. & Thomas, S. (1991) Physiological characteristics of elite female Basketball players. *Canadian Journal of Sport Sciences, 16*, 289-295.

Thompson, D.; Fort, I. & Rice, P. (1988) Psychological anxiety of intercollegiate Basketball players as measured by physiological instrumentation. *Journal of Applied Research in Coaching and Athletics, 3*, 48-59.

Thorn, J. & Palmer, P. (1985) *The hidden game of Baseball: a revolutionary approach to baseball and its statistics.* New York: Doubleday.

Thorn, J. & Palmer, P. (1993) *Total Baseball.* New York: Harper-Collins.

Trninić, S.; Dizdar, D. & Dežman, B. (2000) Empirical verification of the weighted system of criteria for the elite Basketball players quality evaluation. *Collegium Antropologicum, 24*, 443-465.

Tubbs, J. (1982) A comprehensive manual of Basketball statistics. *Master Thesis*, Middle Tennessee University.

Varca, P. (1980) An analysis of the home and away game performance of male college Basketball teams. *Journal of Sport Psychology, 2*, 245-257.

Vélez, D.; Contreras, M. & Torres, D. (1996) Control del entrenamiento y la competición en Baloncesto. *Apunts, 46*, 61-71.

Williams, A. M. (2000). Perceptual skill in Soccer: Implications for talent identification and development. *Journal of Sports Sciences, 18*, 737-750.

Zaidlin, M. (1999, acesso em 30/03/1999) Twenty years later, Sabermetrics still largely ignored in Baseball's front offices. *Thinking Baseball*. Web: http://www.thinkingbaseball.com/articles/99033001.htm

17. EL CONTROL DEL ENTRENAMIENTO COMO MEDIO DE FORMACIÓN PERMANENTE DEL ENTRENADOR DE BALONCESTO

Sergio J. Ibáñez, Sebastián Feu, Javier García-Rubio y Maria Reina
Universidad de Extremadura

1. FORMACIÓN DEL ENTRENADOR DE BALONCESTO

El entrenador es el conductor del proceso de entrenamiento, siendo un elemento fundamental en la enseñanza-aprendizaje de los jugadores. La formación del entrenador, tanto inicial como permanente va a condicionar el proceso de formación de jugadores.

La formación inicial del entrenador es adquirida a partir de: (i) Cursos de Entrenador (Monitor, Entrenador, Entrenador Superior), (ii) Formación Universitaria (Graduado en CC.A.F.D, Maestro Especialista en E.F.) y (iii) Formación Profesional (T.A.F.A.D / TECO). Las ventajas de tener una formación inicial es que es reglada, organizada y sistematizada, completa, y se dispone de requisito legal. En contraposición es limitada temporalmente, presencial, y está desvinculada de la práctica, puesto que fundamentalmente es una formación teórica.

La formación permanente del entrenador se obtiene, de manera formal a partir de cursos, congresos, clínic, aulas permanentes, etc. Y de manera no formal a través de comunidades de práctica, charlas con otros entrenadores, lectura bibliográfica, reflexión sobre la acción, observación, etc. Las ventajas de disfrutar una formación permanente es que es ilimitada en el tiempo, permite una mejora continua, es específica, autónoma, variada, compaginable y no presencial. Como inconvenientes a este tipo de formación es que es voluntaria, asistemática y descontextualizada.

Durante la formación inicial el entrenador adquiere conocimientos y capacidades básicas para entrenar, pero su evolución desde la figura de entrenador novel a experto está condicionada por múltiples factores. Se considera a un "Experto" aquel individuo que posee una gran cantidad y calidad de experiencias en búsqueda de la excelencia, a partir de una práctica deliberada que denota entrenamiento, experiencia práctica planificada, dirigida y estructurada con el deseo de mejorar (Ericsson, Krampe, & Tesch-Römer, 1993). Por tanto, el "Entrenador Experto" se define como un entrenador con un alto nivel de compromiso personal y social, alto grado de determinación y de gran perseverancia y constancia para superar adversidades (Bloom & Salmela, 2000).

Conocidas las definiciones de "Experto" y "Entrenador Experto", se ha caracterizado al "Entrenador Español de Baloncesto Experto" como un profesional con ilusión, pasión, diversión y amor por el Baloncesto. Como un gestor de recursos humanos y con capacidad de liderazgo (Lorenzo, Jiménez, Ibáñez, Sampedro, Refoyo y Lorenzo, 2007).

1.1. Recursos y medios para la formación permanente de entrenadores

Los recursos utilizados para la formación de entrenadores no solo recaen en cursos iniciales de formación. Para satisfacer las necesidades de formación permanente, los entrenadores utilizan multitud de estrategias. Mediante una escala Liekert se preguntó a entrenadores por la frecuencia con la que utilizaron una serie de recursos para su formación permanente Feu et al. (2015). Los resultados más representativos fueron: "Observo lo que hacen otros entrenadores más expertos", "Asisto a partidos en vivo", "Mantengo charlas con otros entrenadores "en vivo", "Me comunico con otros entrenadores por internet", y "Participo en un seminario o grupo de trabajo donde comparto y analizo mis experiencias con las de otros entrenadores" (Tabla 1).

Además del estudio de los recursos usados por los entrenadores, se exponen las relaciones entre los recursos utilizados para la etapa formativa en la que los emplean. Se encuentra una correlación positiva en los siguientes recursos empleados en las etapas formativas con la lectura de revistas y libros, la asistencia a cursos especializados, las charlas con otros entrenadores "en vivo" y la búsqueda de información por internet (Tabla 2).

Tabla 1. Utilización de recursos por parte de los entrenadores (Tomado de Feu et al, 2015).

	Nunca	Casi Nunca	A Veces	Casi Siempre	Siempre	Media	SD
Busco soluciones en los apuntes de mi formación inicial	6.6	17.8	45.0	22.7	7.9	3.07	.99
Consulto revistas electrónicas (en internet) sobre mi deporte	5.3	8.6	33.3	35.0	17.7	3.51	1.05
Leo revistas especializadas en soporte papel del deporte que entreno	4.6	19.1	31.5	30.7	14.1	3.31	1.07
Leo libros especializados del deporte que entreno	3.3	12.0	27.7	35.1	21.9	3.60	1.06
Observo lo que hacen otros entrenadores más expertos	1.7	6.2	27.7	34.3	30.2	**3.85**	.98
Voy a cursos sobre temas relacionados con el deporte que entreno	6.1	20.1	33.6	24.6	15.6	3.23	1.12

Realizo mis propias investigaciones o pruebas	3.8	13.0	36.0	33.5	13.8	3.41	1.00
Analizo mi propia práctica como entrenador reflexionando con un diario	17.7	18.1	21.8	25.1	17.3	3.06	1.35
Asisto a partidos "en vivo"	.8	5.8	13.7	37.8	41.9	**4.14**	.92
Realizo visionados y análisis de partidos en vídeo / Tv	11.6	13.6	24.8	28.5	21.5	3.35	1.28
Mantengo charlas con otros entrenadores "en vivo"	4.5	7.9	22.7	38.8	26.0	**3.74**	1.07
Me comunico con otros entrenadores por internet (Chat, Foros,..)	33.6	26.6	22.8	11.2	5.8	2.29	1.21
Participo en un seminario o grupo de trabajo donde comparto y analizo mis experiencias con las de otros entrenadores	34.7	25.6	23.1	12.0	4.5	2.26	1.18
Busco información en internet en páginas de entrenadores, asociaciones…. (no revistas electrónicas)	6.2	11.9	29.2	22.6	30.0	3.58	1.208

Tabla 2. Recursos utilizados por los entrenadores en las etapas formativas (Tomado de Feu et al, 2015).

	Coeficiente Correlación	p	N
Busco soluciones en los apuntes de mi formación inicial	-.129	.045	242
Consulto revistas electrónicas (en internet) sobre mi deporte	-.003	.966	243
Leo revistas especializadas en soporte papel del deporte que entreno	**.145**	**.024**	241
Leo libros especializados del deporte que entreno	**.181**	**.005**	242
Observo lo que hacen otros entrenadores más expertos	-.113	.080	242
Voy a cursos sobre temas relacionados con el deporte que entreno	**.357**	**.000**	244
Realizo mis propias investigaciones o pruebas	.120	.064	239
Analizo mi propia práctica como entrenador reflexionando con un diario	0.61	.347	243
Asisto a partidos "en vivo"	-.017	.798	241
Realizo visionados y análisis de partidos en vídeo/TV	.092	,154	242
Mantengo charlas con otros entrenadores "en vivo"	**.172**	**.007**	242
Me comunico con otros entrenadores por internet (Chat, foros,...)	0.80	.217	241
Participo en un seminario o grupo de trabajo donde comporto y analizo mis experiencias con las de otros entrenadores	.111	.085	242
Busco información en internet en páginas de entrenadores, asociaciones,...	**.143**	**.025**	243

A medida que aumente la formación de los entrenadores, éstos buscan soluciones en medios más especializados, revistas, libros y páginas específicas. En contraposición, cuando disminuye la formación aumenta la utilización de los apuntes obtenidos en la formación inicial.

2. MEDIOS DE FORMACIÓN PERMANENTE MÁS EMPLEADOS POR LOS ENTRENADORES DE BALONCESTO

Ibáñez (1996) realizó un estudio sobre la formación de los entrenadores de baloncesto que aporta mucha información sobre los comportamientos de este colectivo. Existe una gran variabilidad de medios de formación permanente empleados por los entrenadores de baloncesto, y estos, además, difieren según la formación inicial de los mismos, existiendo diferencias estadísticamente significativas en función de la titulación. La asistencia a charlas y coloquios (24,3%) es el medio más usado por el Monitor (12,4%). Esta participación decae cuando el nivel de formación inicial es mayor, 6,5% para el Entrenador y 5,4% para el Entrenador Superior. La lectura de libros especializados es un medio muy usado por los tres niveles formativos (20,5%), para el Monitor 7,3%, el Entrenador 7,6% y el Entrenador superior 5,6%. La televisión es usada principalmente por el Monitor (6,2%), mientras que para el resto de titulados no es representativo.

El Entrenador Superior se diferencia del resto de profesionales estableciendo como medio de formación principal la realización de cursos y clínics (8,5%), además de la lectura de revistas especializadas (5,1%). En el caso del Monitor y el Entrenador la realización de cursos y clínics corresponde a un 3,4% y 5,4% respectivamente, y la lectura de revistas especializadas un 1,7% y 3,7% respectivamente (Ibáñez, 1996) (Figura 1).

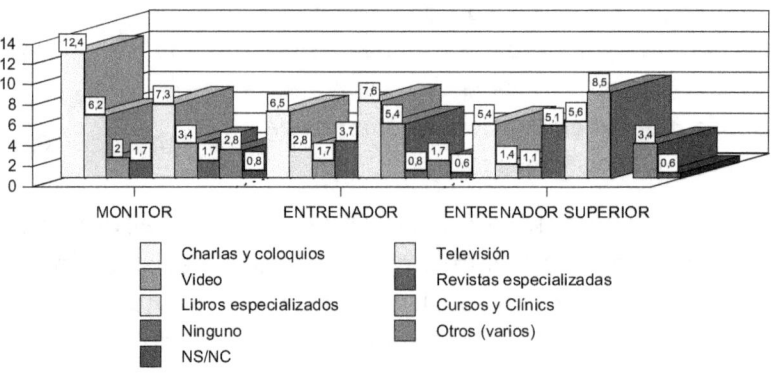

Figura 1. Principales Medios de formación permanente de los entrenadores (Tomado de Ibáñez, 1996)

Tras observar las frecuencias de respuesta obtenidas se percibe la variada distribución entre los medios propuestos. Para la persona en formación es más fácil e incluso motivante recibir información, consejos y orientaciones de otros compañeros o expertos. La búsqueda de soluciones concretas a sus problemas particulares favorece el desarrollo de este medio. Por su parte, las personas formadas, a veces algo individualistas, buscan en textos especializados la fuente de la cual extraer nuevos conocimientos.

Ante la sugerencia de empleo de otros medios para la formación permanente, los entrenadores de baloncesto seleccionan otras alternativas, fundamentalmente seminarios permanentes (34,9%), el control del entrenamiento (19,5%) y la lectura de libros de entrenamiento (11,3%) como los más representativos (Ibáñez, 1996) (Figura 2).

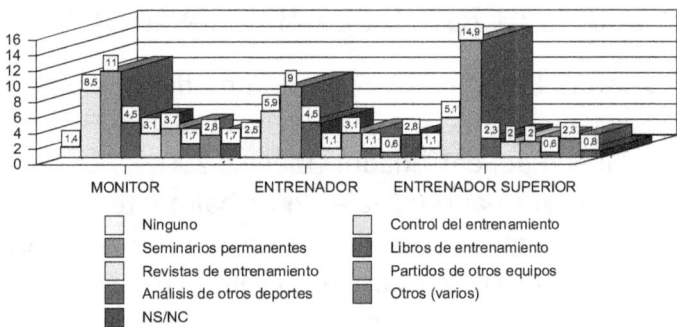

Figura 2. Otros medios para la formación permanente del entrenador (Tomado de Ibáñez, 1996)

Los entrenadores de jóvenes deportistas se forman a través de los programas de iniciación y se socializan en la cultura del entrenamiento deportivo principalmente a través de sus antiguos entrenadores cuando eran jugadores, ayudantes de entrenadores e instructores. Raramente interactúan con otros entrenadores (Lemyre, Trudel, & Durand-Bush, 2007). Debido a este tipo de relaciones, los entrenadores noveles suelen repetir el modelo formativo con el que fueron formados. Repiten sus experiencias como jugadores, mantienen sus creencias. Por este motivo, se cree en la importancia de una correcta formación inicial, así como facilitar una formación permanente que les permita reflexionar "en" y "sobre" su práctica para mejorar.

La experiencia y observación de otros entrenadores es una de las fuentes principales para la formación de otros entrenadores. Esta fuente formativa no se ha utilizado adecuadamente. En la formación del entrenador y el desarrollo profesional continuo se pueden utilizar los consejos y la reflexión crítica para situar el aprendizaje en la experiencia práctica del entrenamiento (Cushion, Armour, & Jones, 2003). Los entrenadores expertos se caracterizan por tener una mejor organización de los conocimientos. Los expertos tienen un mejor conocimiento declarativo y procesal, pudiendo aplicar los conocimientos de forma más eficaz para resolver problemas más complejos. Por lo que, en la formación del entrenador hay que reflexionar sobre los conocimientos que deben enseñarse a los entrenadores noveles y a través de qué métodos (Abraham & Collins, 1998).

3. LA PLANIFICACIÓN DEL ENTRENAMIENTO

La planificación del entrenamiento es un medio que permite concretar las teorías y conocimientos a la realidad diaria. Es la primera fase del ciclo de calidad del entrenador (Ibáñez, 2009), por tanto, es autónoma y sirve de auto-aprendizaje. Principalmente, se aplican experiencias de anteriores sesiones de entrenamiento por lo que permite reflexionar sobre el trabajo realizado. Tanto el monitor, el entrenador y el entrenador superior planifican sus sesiones de entrenamiento siempre (17'5%, 21'4%, 20'8% respectivamente) o casi siempre (15'8%, 7%, 8'5% respectivamente) (Ibáñez, 1996) (Figura 3).

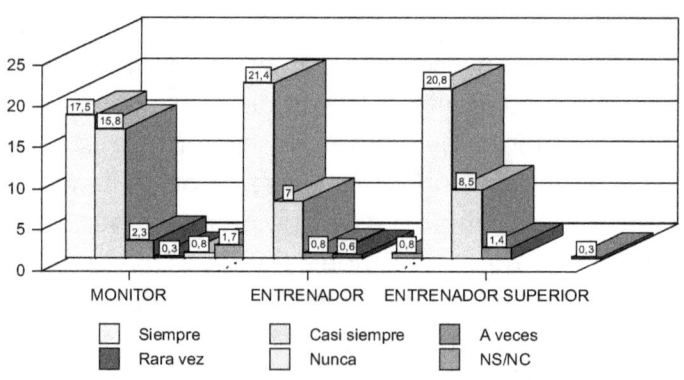

Figura 3. Frecuencia de la planificación de los entrenamientos (Tomado de Ibáñez, 1996)

En cuanto a las personas que participan en la planificación del entrenamiento, las encuestas destacan que en mayor medida el peso del proceso de planificación recae casi exclusivamente en el entrenador (60,3%). En conjunto con el segundo entrenador (15,8%) y todo el cuerpo técnico (6,8%) (Ibáñez, 1996) (Figura 4).

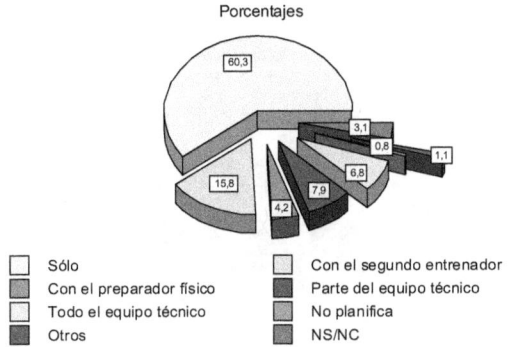

Figura 4. Implicación de otros miembros del cuerpo técnico en la planificación (Tomado de Ibáñez, 1996)

El entrenador aprende a entrenar ejerciendo, experimentando, errando, corrigiendo, etc. Concretamente, los criterios utilizados por los entrenadores para mejorar los entrenamientos se basan principalmente en las experiencias previas (27,6%) y tras reflexionar en equipos (22%) (Ibáñez, 1996) (Figura 5).

Figura 5. Criterios utilizados por los entrenadores para mejorar los entrenamientos (Tomado de Ibáñez, 1996).

Aun así, el proceso de planificación del entrenamiento se fundamenta rigurosamente en una serie de criterios, principalmente las necesidades del momento (23,4%), los conocimientos previos adquiridos por el entrenador (22,5%) y su experiencia previa (18,3%). Los entrenadores utilizan conjuntamente estos criterios para fundamentar adecuadamente su planificación (Ibáñez, 1996) (Figura 6).

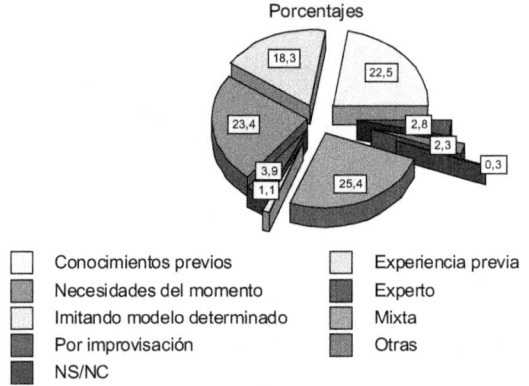

Figura 6. Criterios fundamentales de la planificación del entrenamiento (Tomado de Ibáñez, 1996).

La planificación del entrenamiento es vital, pero no es un proceso cerrado. Existen una serie de problemas a la hora de planificar una sesión de entrenamiento. El entrenador de baloncesto tiene que estar lo suficientemente capacitado para resolver imprevistos y adaptar sus sesiones. La formación inicial, las creencias previas y la experiencia es la base en la que se apoya el entrenador para planificar el entrenamiento. Los entrenadores son sujetos adaptativos, que regulan su intervención en función de las circunstancias.

Los entrenadores que participaron en el estudio tenían diferentes niveles formativos, monitor, entrenador y entrenador superior. Argumentan que la planificación de las sesiones varía principalmente según el número de jugadores que asistan a la misma (11,8%, 9,6% y 6,8%, respectivamente) y, en segundo lugar, se ven obligados a buscar nuevas situaciones de entrenamiento (8,7%, 5,6% y 7%, respectivamente) y, por último, necesitan ajustarse a las necesidades del jugador (7%, 6,2% y 5,1%, respectivamente), entre otras (Ibáñez, 1996) (Figura 7).

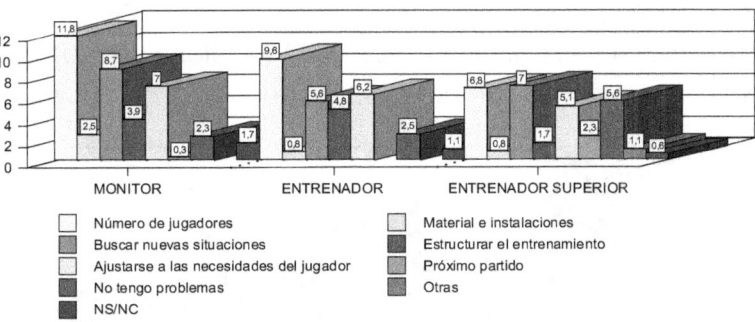

Figura 7. Criterios de organización de los entrenamientos (Tomado de Ibáñez, 1996).

4. REFLEXIÓN SOBRE EL ENTRENAMIENTO

El primer paso a seguir por parte del entrenador después del entrenamiento es su reflexión sobre la propia práctica. A partir de ahí, el entrenador puede recurrir a la repetición de actividades "exitosas", adecuar el tiempo de práctica y realizar modificaciones en base a la organización o la estructura de las tareas, con el fin de conseguir un entrenamiento más eficaz. Se trata de la cuarta y quinta fase del ciclo de calidad de la intervención del entrenador (Ibáñez, 2009)

Para la consecución de estos objetivos el segundo paso a seguir es el control del entrenamiento. Para que el entrenador tenga control sobre su práctica debe adecuarla a un modelo de enseñanza, y es este modelo el que va a permitir la modificación de contenidos, ajustes en la planificación, en los objetivos de la temporada, etc. Es necesario tener en cuenta que la práctica por sí sola no mejora significativamente el conocimiento profesional del entrenador, para ello la práctica debe ser deliberada (Bell, 1997), debe reflexionarse sobre ella (Lemyre et al., 2007; Nelson, Cushion, & Potrac, 2006) y debe estar sustentada en un conocimiento teórico (Cushion, 2005). El aprendizaje debería centrarse en tres modalidades de reflexión: reflexión en la acción, reflexión sobre la acción y una reflexión retrospectiva sobre la acción (Gilbert & Trudel, 2001).

Las actuaciones llevadas a cabo por los entrenadores de baloncesto ante incidencias en el entrenamiento son en primer lugar por parte del Monitor y Entrenador la reflexión sin registro de las incidencias

(13,8% y 10,4%, respectivamente), sin embargo, el Entrenador Superior toma nota de esas incidencias (9,6%) y dialoga con sus ayudantes en busca de soluciones comunes (5,9%) (Ibáñez, 1996) (Figura 8).

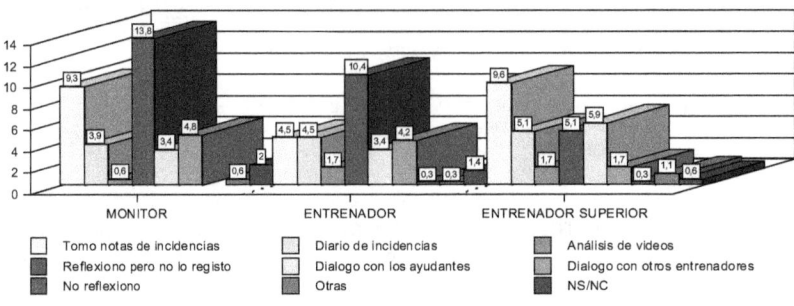

Figura 8. Reflexión sobre los entrenamientos en función del tipo de formación de los entrenadores (Tomado de Ibáñez, 1996).

Las incidencias durante las sesiones de entrenamiento tienen repercusión directa en el proceso de planificación. El entrenador reflexiona sobre su propia práctica y su nivel de formación inicial condiciona el nivel de reflexión y el tratamiento de la información. Para realizar una adecuada reflexión es necesario obtener datos objetivos y fiables que permitan reflexionar también de forma "objetiva". Por ello, en el ciclo de calidad de la intervención del entrenador, la tercera fase es el registro de las incidencias del entrenamiento (Ibáñez, 2009). Los resultados muestran la escasa adaptabilidad y flexibilidad del entrenador durante la práctica pues sólo en un 12,4% de los casos modifica la sesión. En el 51% de los casos reflexionan y buscan no cometer las mimas incidencias en experiencias futuras (Ibáñez, 1996) (Figura 9).

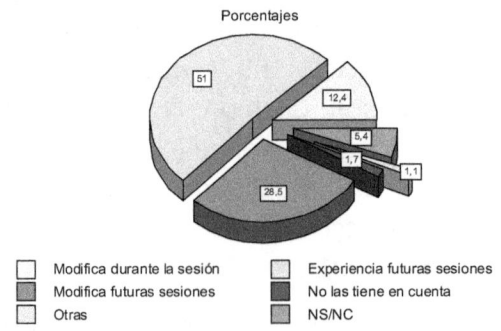

Figura 9. Reorganización de la sesión en función de las incidencias durante la misma (Tomado de Ibáñez, 1996).

5. LA FIGURA DEL TUTOR DURANTE LOS PERIODOS FORMATIVOS

La figura de los tutores está ampliamente implantada y aceptada en la formación de formadores, pero no tiene una gran tradición en el contexto deportivo (Ibáñez, Delgado, Lorenzo, Del Villar y Rivadeneira, 1997). El 89,8% de los entrenadores consideran adecuada o muy adecuada la figura del tutor durante los períodos formativos (Feu, et al., 2015). Es necesario la ayuda de un experto durante los períodos de formación para ayudar y orientar en la reflexión y análisis del proceso de entrenamiento. Por ello, es necesario institucionalizar esta figura dentro de la formación inicial y primeras etapas de la formación permanente (Ibáñez, 1996) (Figura 10).

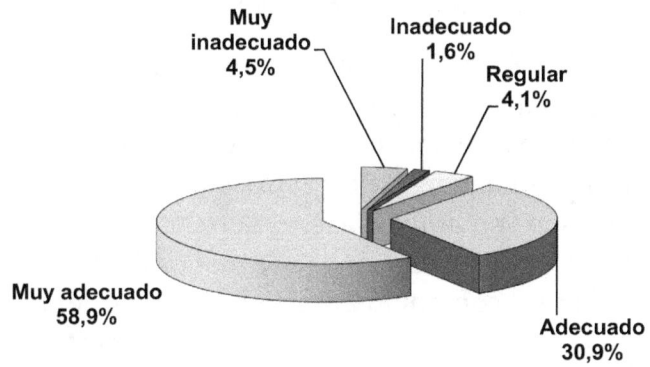

Figura 10. Importancia de la figura del tutor durante la formación (Tomado de Ibáñez, 1996).

Se considera fundamental la inclusión de prácticas tuteladas que completen la formación que el entrenador obtiene de forma teórica. Para los entrenadores la presencia de un profesor tutor es valorada positivamente, para la consulta posterior una vez obtenida la titulación. Es necesario mantener un programa formativo para los primeros años de ejercicio profesional que permita el análisis de la práctica docente y la supervisión de la misma. Estas experiencias deben ir apoyadas de programas donde la tutorización facilite la reflexión sobre la propia práctica y sobre la de otros entrenadores (Cushion et al., 2003; Gilbert & Trudel, 2001; Lemyre et al., 2007; Nelson et al., 2006). El uso del vídeo, por ejemplo, para grabar la práctica docente es una medida efectiva para favorecer el diálogo reflexivo entre los mentores y los aprendices sobre su práctica realizada (Whitehead, Fitzgerald, & education, 2007). Los actuales programas de formación de técnicos deportivos indagan ya esta figura dentro de los periodos de prácticas.

6. PLANIFICACIÓN DE UNA SESIÓN

Para controlar el entrenamiento, se deben registrar obligatoriamente una serie de variables en cada tarea. Ibáñez (2008) propone que se deben registrar al menos: Tiempo para cada la actividad; Representación gráfica; Descripción de la tarea; Organización y material; Fase de juego dominante; Situación de entrenamiento; Contenido de entrenamiento; Medios de entrenamiento; Objetivos de ataque y defensa.

En cuanto a la Fase de Juego, el baloncesto es un deporte de colaboración y oposición que se juega en un espacio común y de forma simultánea por lo que existe una alternancia continua y dinámica entre ataque y defensa (Hernández, 2000). El éxito del juego proviene de la formación del jugador en ambas fases de una forma equilibrada por lo que hay que darle un tratamiento adecuado. En primer lugar, es necesario construir un contenido antes de destruirlo, utilizando fundamentalmente la fase de ataque (Ibáñez, 2000). A partir de ahí se le da un carácter ondulatorio al uso de las fases de juego durante la temporada, encontrando finalmente un uso similar de ambas (Ibáñez, 2011).

En la figura 11 se muestra la evolución ondulatoria de las fases de juego a lo largo de diferentes microciclos de forma conjunta con los contenidos de entrenamiento. Se trata de una propuesta teórica, pues en la práctica, los resultados de las investigaciones que analizan a entrenadores que siguen el Modelo Ondulatorio Progresivo para la Enseñanza/Entrenamiento de los Deportes de Equipo (MOPEDE), muestran la misma alternancia de las fases de juego, pero no tan pronunciadas (Ibáñez, Feu, Cañadas, & Antúnez, 2017) .

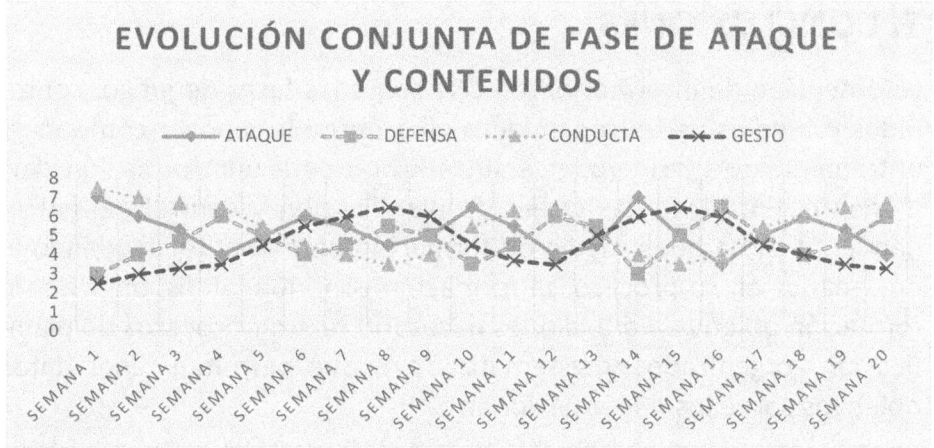

Figura 11. Ejemplificación de un modelo para el trabajo ondulatorio de las fases de juego y contenidos (Tomado de Ibáñez, Feu, Cañadas, & Antúnez, 2017).

En cuanto a la situación de entrenamiento, la metodología constructivista del aprendizaje precisa una progresión adecuada en la dificultad de las mismas. Para ello, a medida que avanza el entrenamiento y la temporada, debe existir una evolución desde situación más simples a más complejas, adaptándolo siempre a la edad y las características de los jugadores. La evolución será diferente dependiendo del momento de la temporada y los diferentes periodos de formación de los jugadores.

Existen múltiples contenidos para desarrollar en el juego, entre ellos encontramos: Gestos técnico-tácticos (Técnica tradicional); Conductas táctico-técnicas (Táctica tradicional); Individuales, grupales y colectivos; Durante la fase de ataque y defensa; etc. El desarrollo de estos contenidos debe ir en adecuación a un programa formativo, ajustándolos al periodo formativo, al modelo de enseñanza y la metodología empleada.

El entrenamiento de un contenido precisa de medios de entrenamiento diferenciados. Existe una gran variabilidad de medios de entrenamiento (ejercicios, juegos, deporte...), los cuales también deben ser adaptados a las características y necesidades de los jugadores. Los medios deben ser seleccionados en consonancia con el modelo formativo que se siga.

7. CONCLUSIONES

La obtención de información precisa sobre las fases de juego, contenidos o medios de entrenamiento va a permitir conocer cómo es el entrenamiento y así ayudar a su reflexión para una formación permanente. Por tanto, las tareas de planificación y control del entrenamiento es un buen medio de formación permanente, ayudando al entrenador en su proceso de formación continua, al disponer de información objetiva. Para ello, es necesario realizar procesos de planificación "organizados y sistematizados", que permitan tener datos objetivos sobre los que reflexionar.

Para ese análisis y reflexión sobre la práctica es de vital importancia poder realizarla bajo la supervisión de tutores expertos en las primeras etapas de formación de un entrenador. Por tanto, deberán incluirse dentro de la estructura organizativa de los cursos de formación y en el proceso de evaluación.

El proceso de planificación y control de entrenamiento precisa tiempo de dedicación, para ello, los entrenadores deben ayudarse con la utilización de recursos tecnológicos a la hora de analizar datos. La información que proporciona un análisis completo de las tareas de entrenamiento, resulta muy útil y eficaz para conocer cómo se está entrenando. Se trata de un instrumento que proporciona datos objetivos y fiables sobre la planificación y el proceso de entrenamiento realizado.

REFERENCIAS

Abraham, A., & Collins, D. J. Q. (1998). Examining and extending research in coach development. *50*(1), 59-79.

Bell, M. (1997). The Development of Expertise. *Joperd, 68*(2), 34-38.

Bloom, G., & Salmela, J. (2000). Personal characteristics of expert team sport coaches. *Journal of Sport Pedagogy, 6*, 56-76.

Cushion, C. (2005). Learning to Coach: Linking theory and practice, novice and expert. *School of Sport and Education, Brunel University, UK*, 5.

Cushion, C. J., Armour, K. M., & Jones, R. L. (2003). Coach education and continuing professional development: Experience and learning to coach. *Quest, 55*(3), 215-230.

Ericsson, K. A., Krampe, R. T., & Tesch-Römer, C. (1993). The role of deliberate practice in the acquisition of expert performance. *Psychological Review, 100*(3), 363.

Feu, S., Vizuete, M., García, A. V., Ibáñez, S. J., Calzado, Z., Villalba, M., & Vázquez, M. J. (2015). Estudio de la formación del entrenador en la edad escolar. In S. Feu & M. Cañadas (Eds.), *Innovaciones y aportaciones a la formación de entrenadores para el deporte en la edad escolar* (pp. 111-173). Cáceres: Universidad de Extremadura Servicio de publicaciones & Editora da UNICAMP.

Gilbert, W. D., & Trudel, P. (2001). Learning to coach through experience: Reflection in model youth sport coaches. *Journal of teaching in physical education, 21*(1), 16-34.

Hernández, J. (2000). *La iniciación a los deportes desde su estructura y dinámica.* Barcelona: INDE publicaciones.

Ibáñez, S. (1996). *Análisis del proceso de formación del entrenador español de baloncesto.* Tesis doctoral. Granada: Universidad de Granada.

Ibáñez, S. J. (2000). La enseñanza del baloncesto dentro del contexto educativo. *Habilidad Motriz: Revista de ciencias de la actividad física y del deporte*, (15), 12-21.

Ibáñez, S. J. (2008). La planificación y el control del entrenamiento técnico-táctico en Baloncesto. En N. Terrados & J. Calleja (Eds.), *Fisiología, entrenamiento y medicina del Baloncesto* (pp. 231-250). Barcelona: Paidotribo.

Ibáñez, S. J. (2009). La intervención del entrenador de baloncesto: investigación e implicaciones prácticas. En A. Lorenzo, SJ Ibáñez & E. Ortega (Coords*.), Aportaciones teóricas y prácticas para el baloncesto del futuro*, 11-30.

Ibáñez, S. J., Delgado, M. A., Lorenzo, M., Del Villar, F., & Rivadeneira, M. L. (1997). Análisis de la formación del entrenador deportivo. El entrenador de baloncesto. En MEC-CSD (Eds.), *Experiencias de formación de docentes y entrenadores en el ámbito de la actividad física y el deporte* (pp. 83-130). Consejo Superior de Deportes.

Ibáñez, S.J. (2011). Modelo ondulatorio progresivo para la enseñanza-entrenamiento de los deportes de equipo (MOPEDE). *Revista Portuguesa de Ciências do Desporto, 11*(4), 26-27.

Ibáñez, S.J., Feu, S., Cañadas, M. & Antúnez, A. (2017). La aplicación del modelo ondulatorio en la enseñanza de los deportes colectivos. En L.R. Galatti, A.J. Scaglia, P.C. Montagner & R.R. Paes (Coord), *Desenvolvimento de treinadores e atletas. Coleccion Pedagogia do Esporte Vol I.* (137-162). Campinas: Editora da Unicamp, Universidade de Campina y Universidad de Extremadura Servicio de Publicaciones.

Lemyre, F., Trudel, P., & Durand-Bush, N. (2007). How youth-sport coaches learn to coach. *The sport psychologist, 21*(2), 191-209.

Lorenzo, A., Jiménez, S., Ibáñez, S., Sampedro, J., Refoyo, I., & Lorenzo, J. (2007). *Las etapas en el desarrollo de la perícia de entrenadores españoles expertos en baloncesto.* Paper presented at the IV Congreso Ibérico de Baloncesto.

Nelson, L. J., Cushion, C. J., & Potrac, P. (2006). Formal, nonformal and informal coach learning: A holistic conceptualisation. *International Journal of Sports Science Coaching, 1*(3), 247-259.

Whitehead, J., Fitzgerald, B. J. T., & education, t. (2007). Experiencing and evidencing learning through self-study: New ways of working with mentors and trainees in a training school partnership. *Teaching Teacher Education, 23*(1), 1-12.

www.ingramcontent.com/pod-product-compliance
Lightning Source LLC
Chambersburg PA
CBHW060504300426
44112CB00017B/2548